Beltz Taschenbuch 106

Über dieses Buch:
Was wissen wir eigentlich über »Jugend«? Wie entwickeln sich »Kinder« in der Zeit zwischen dem 13. und 18. Lebensjahr? Es ist die Zeit der Ablösung, der Pubertät, in der die Jugendlichen uns manchmal völlig fremd sind. Diese Zeit der Neuorientierung, schwierig und aufregend nicht nur für Erziehende, sondern vor allem für die Heranwachsenden selbst, beschreibt Dieter Baacke anschaulich und eindrücklich. Er folgt bei der Darstellung des Jugendalters dem sozialökologischen Ansatz, der die Wechselbeziehung zwischen sozialer Umwelt und sozialem Handeln untersucht. Vor dem Hintergrund der Lebenswelten Jugendlicher werden die körperliche Reifung, ihre psychischen und sozialen Auswirkungen, die Intelligenzentwicklung, Kreativität, Sexualität, Moralentwicklung und politisches Handeln von Jugendlichen dargestellt. Vor allem die die Adoleszenz in besonderer Weise bestimmende Identitätsfindung wird ausführlich diskutiert. Baackes Darstellung läuft auf die Frage hinaus, ob man Jugendliche überhaupt noch »erziehen« kann, darf oder soll. Sein Konzept: Die Beziehung zwischen Jugendlichen und Erwachsenen sollte sich zu einem »Austauschen von Kompetenzen« entwickeln, der Interaktionsstil ein verstehender, unterstützender und von gegenseitiger Akzeptanz bestimmter sein, wenn die »sekundäre Sozialisation« gelingen soll.
Die Neuausgabe dieses Standardwerkes zum Jugendalter wurde von Ralf Vollbrecht überarbeitet und aktualisiert.

Der Autor:
Prof. Dr. Dieter Baacke (1934–1999) lehrte an der Universität Bielefeld. Seine Arbeitsschwerpunkte waren Medienpädagogik, Jugend- und Medienforschung und außerschulische Bildung. Im Beltz Verlag erschienen von ihm die Bücher *»Die 0- bis 5jährigen – Einführung in die Probleme der frühen Kindheit«* und *»Die 6- bis 12jährigen - Einführung in die Probleme des Kindesalters«.*

Prof. Dr. Ralf Vollbrecht, Jg. 1956, lehrt Medienpädagogik an der TU Dresden und ist Autor zahlreicher Veröffentlichungen zur Medienpädagogik sowie zur Kindheits- und Jugendforschung. In der Reihe Beltz Studium erschien sein Buch *»Einführung in die Medienpädagogik«.*

Dieter Baacke

Die 13- bis 18-Jährigen

Einführung in die Probleme des Jugendalters

8., überarbeitete Auflage
Überarbeitung: Ralf Vollbrecht

Besuchen Sie uns im Internet:
www.beltz.de

Beltz Taschenbuch 106

9 10 11 12 13   09 08 07 06 05

© 2003 Beltz Verlag · Weinheim und Basel
Umschlaggestaltung: Federico Luci, Odenthal
Umschlagillustration: © Getty Images, München
Satz: WMTP, Birkenau
Druck und Bindung: Druckhaus Beltz, Hemsbach
Printed in Germany

ISBN 3 407 22106 1

Inhaltsverzeichnis

Vorwort zur achten Auflage

Dieter Baackes »Die 13- bis 18-Jahrigen« ist mittlerweile ein Klassiker der pädagogischen Jugendkunde und Jugendforschung – die erste Auflage erschien bereits vor einem Vierteljahrhundert (1976). Seither ist das Buch unter Berücksichtigung der Veränderungen von Jugend und des jeweils aktuellen Forschungsstands mehrfach überarbeitet und erheblich erweitert worden. In einem unveränderten Nachdruck der siebten Auflage erschien das Buch mit einem neuen Design als Trilogie zusammen mit »Die 0- bis 5-Jährigen« und »Die 6- bis 12-Jährigen«. Für diese Ausgabe hatte Dieter Baacke auch eine inhaltliche Überarbeitung des Bandes »Die 13- bis 18-Jährigen« geplant, die er nicht mehr verwirklichen konnte.

Für die vorliegende achte Auflage wurde der Band mit der gegenüber einem Klassiker gebotenen Zurückhaltung überarbeitet. So wurden inzwischen veraltete Beispiele – etwa von Jugendszenen oder Medien – ersetzt oder mit neuen ergänzt, um sie der Lebenswelt heutiger Leserinnen und Leser wieder anzunähern. Erweitert und leicht umstrukturiert wurden im ersten Kapitel die Abschnitte über die »Veränderungen der Jugendphase« und »Tendenzen der Individualisierung«. Neu hinzugekommen ist auch ein (sechstes) Beispiel zu den »unterschiedliche(n) Lebenswelten Jugendlicher«. Im vierten Kapitel wurde der Abschnitt »Zur Jugendsexualität« aktualisiert und erheblich erweitert. Das Sachverzeichnis wurde etwas gestrafft und – ebenso wie das Literaturverzeichnis – auf den neuesten Stand gebracht. Dass auch einige Errata beseitigt wurden, bedarf im Grunde keiner besonderen Erwähnung.

Zu danken habe ich Jan Köhler, der bei der Einarbeitung der Korrekturen half und das Sachverzeichnis aktualisierte, sowie dem Beltz Verlag und Innazio Fracasso-Baacke für das mir entgegengebrachte Vertrauen, Dieter Baackes »Die 13- bis 18-Jährigen« in seinem Sinne zu überarbeiten.

Ralf Vollbrecht

Vorwort zur ersten Auflage

Während zu Fragen der Kindererziehung zahlreiche Bücher erschienen sind und erscheinen, gibt es zum Thema »Jugend« nur verhältnismäßig wenige Veröffentlichungen. Dies mag verschiedene Gründe haben, etwa: Wenn tatsächlich in der Kindererziehung die entscheidenden Grundsteine gelegt werden, ist für den Jugendlichen das Rennen seiner Chancen und Möglichkeiten ohnehin schon gelaufen, mag man denken – warum dann noch pädagogische Informationen über dieses Alter? Dies Buch will unter anderem zeigen, dass eine solche Ansicht nicht richtig ist. Eher stimmt es einer anderen zu: dass »Jugend« keine im engeren Sinne pädagogische Erziehungsaufgabe mehr stellen könne – dazu sei sie zu selbstständig, selbstsicher, verhalte sich auch zu ablehnend gegenüber Erwachsenen. So liegt hier kein Buch mit Erziehungsanweisungen und Erziehungstipps vor, sondern vielmehr der Versuch, unter bestimmten Leitlinien übersichtlich zu machen, was wir – unter welchen methodischen Voraussetzungen – über »Jugend« eigentlich wissen. Es ist meine Überzeugung, dass es sich um eine von den Erwachsenen – aus Angst, aus Unsicherheit? – vernachlässigte Altersgruppe handelt, die auf Loyalität und Liebe entschieden angewiesen ist. Wenn es dies deutlich machen könnte, hat dieses Buch seinen Zweck erfüllt.

Zu danken habe ich Frau Elsbeth Tuxhorn für die mustergültige Betreuung des Manuskripts – unter Assistenz von Frau Gaby Dieckmann, die beim Abschreiben half. Außerdem gingen Brigitte Sobek und Daniela Winkel bei der Manuskriptherstellung hilfreich zur Hand.

Dieter Baacke

Vorwort zur zweiten Auflage

Das Buch wurde um zwei Kapitel erweitert. Auf diese Weise ist es möglich, die aktuelle Diskussion aufzunehmen und darzustellen sowie psychoanalytisch orientierte Argumentationen zu berücksichtigen. Literatur- und Sachverzeichnis wurden ergänzt. Ich hoffe, dass diese Maßnahmen dem Leser nützen, und danke allen, mit denen ich meine in den beiden letzten Kapiteln vorgetragenen Überlegungen diskutieren konnte.

Dieter Baacke

Vorwort zur dritten Auflage

Nach einigen Nachdrucken der zweiten ist nun eine dritte Auflage notwendig geworden. Während im Vorwort zur ersten Auflage noch gesagt werden konnte, es gebe zum Thema Jugend »nur verhältnismäßig wenige Veröffentlichungen« (1976), so hat sich die Situation angesichts neuer Jugendproteste, einer neuen Jugendbewegung der 80er-Jahre erheblich verändert. Neue Entwicklungen mussten berücksichtigt werden; gleichzeitig habe ich die Gelegenheit wahrgenommen, einige theoretische Teile zu erweitern bzw. zu vertiefen.

Diese dritte Auflage ist um etliche Textstellen (Äußerungen Jugendlicher) erweitert worden. Zugleich habe ich versucht, unter »Jugendlichen« (wie meist der Fall in der Fachliteratur) nicht nur den männlichen Jugendlichen zu verstehen, sondern Probleme der heranwachsenden Mädchen stärker zu berücksichtigen. Noch immer ist dies nicht hinreichend gelungen, nicht zuletzt wegen einer schlechten Literaturbasis für diesen Themenaspekt. Darstellung und Analyse der neuen Jugendbewegungen und Gruppenkulturen sind in den erheblich erweiterten Kapiteln 5 und 6 zu finden. – In eher theoretischer Richtung habe ich versucht, den sozialökologischen Ansatz zu erweitern und das Kohlberg-Konzept der moralischen Entwicklung gründlicher, auch kritischer darzustellen. Auch bemühe ich mich an vielen Stellen, kognitive Entwicklungstheorien, *Eriksons* Identitätskonzept, Lebensweltanalyse und sozialökologischen Ansatz zu integrieren. Das erheblich ergänzte Literaturverzeichnis beansprucht in dieser Auflage fast den doppelten Platz; das Sachverzeichnis ist erweitert und neu angelegt. Trotz des nicht unbeträchtlich gewachsenen Umfangs dieses Buches ist es hoffentlich immer noch übersichtlich genug.

Interessierte Leser, vor allem Lehrer, haben sich noch mehr praktische Handreichung für den Erziehungsalltag gewünscht. So weit es ging, habe ich ihre Wünsche berücksichtigt. Freilich wollte ich keinen Erziehungsratgeber schreiben, sondern – stets bezogen auf pädagogische Probleme und Wertungen – über Hintergründe und Zusammenhänge jugendlichen Aufwachsens so informieren, dass der Leser auf der Basis verlässlicher Wissensbestände ein differenziertes Problembewusstsein erwirbt. Darum ist dies Buch weder eine reine Entwicklungspsychologie noch bietet es ausschließlich jugendsoziologische Erörterungen. Ich habe vielmehr versucht, an den Leitlinien erziehungswissenschaftlichen Interesses wichtige Beiträge unterschiedlicher Wissenschaften und Zugänge in einem die konkrete Lebenswelt Jugendlicher erschließenden Zugriff zu verbinden. Dass disziplinäre Grenzüberschreitungen problematisch sind, ist mir bewusst; ich halte sie aber für notwendig.

Zu danken habe ich Christa Radde und Ingrid Volkmer für ihre Hilfe beim Vorbereiten der dritten Auflage. Danken möchte ich auch dem Beltz Verlag, der die Reihe »U & S Pädagogik« und damit auch dieses Buch in seine Obhut genommen hat. Danken möchte ich schließlich auch den vielen Jugendlichen, mit denen ich im Laufe der letzten Jahre zu tun hatte, mit denen ich reden konnte. Eigentlich erübrigt sich das an dieser Stelle, denn sie sind mit anderem beschäftigt und an anderem interessiert, als dieses Buch zu lesen.

Dieter Baacke

Vorwort zur fünften Auflage

Nachdem die vierte Auflage bis auf minimale Korrekturen einen Nachdruck der dritten Auflage darstellte, war für die nun vorliegende fünfte Auflage eine gründliche Überarbeitung notwendig, die zu wichtigen Ergänzungen und Korrekturen in den vorhandenen Kapiteln führte sowie zu einem völlig neuen 7. und 8. Kapitel. Diese behandeln nun pädagogische und außerpädagogische Handlungsräume und geben damit, deutlicher als bisher, konzeptionelle Hinweise auch für die Praxis. Auch das 6. Kapitel ist durch ein neues ersetzt worden; nach dem (auch gründlich überarbeiteten und stellenweise völlig veränderten) fünften Kapitel über die Identität, setzt es dieses Thema fort, indem es neue Entwicklungen aufgreift. Neue Entwicklungen und Einsichten der Jugendforschung sind insbesondere auch in das erste Kapitel, das ebenfalls neu konzipiert wurde, eingearbeitet worden. Die geringsten Eingriffe waren für die eher entwicklungspsychologisch ausgerichteten Kapitel notwendig (Kap. 2 bis Kap. 4). Dass auch das Literaturverzeichnis aktualisiert und ergänzt wurde, ist selbstverständlich. Um die eingreifende Neufassung auch »nach außen« zu dokumentieren, wurde ein neues Umschlagbild gewählt, das für die Jugend der 90er-Jahre vielleicht typischer ist als das bisherige.

Die Arbeit am Buch hat dem Autor gezeigt, dass gerade die Jugendforschung sich selbst immer wieder historisch überholt, will sie dem Gegenstand, dem sie sich widmet, auf den Fersen bleiben. Dass auch in dieser Neuauflage »Jugend« nicht auf einen wissenschaftlichen Diskurs reduziert wurde, hofft der Autor, der durch einen integrativen Ansatz (Einbeziehung verschiedener Disziplinen auf dem Fundament einer sozialökologischen Basis) eine an pädagogischen Fragen orientierte Jugendkunde nicht nur Lehrern, Erziehern, Sozialpädagogen (diese Ausdrücke werden nicht geschlechtsspezifisch, sondern lediglich als Berufsbezeichnung verwendet) vorlegen möchte, sondern auch Eltern und allen Menschen, die an Jugendlichen und ihrer Veränderung, also schließlich an sich selbst, interessiert sind.

Zu danken habe ich, wie immer, für viele fachkundige Hinweise, nicht zuletzt von Lesern, die mir Verbesserungsvorschläge machten oder ihre Wünsche vortrugen. Dem Verlag danke ich für die zuverlässige Betreuung dieses Buches, das sich weiterhin als nützlich erweisen möge!

Dieter Baacke

1. Lebenswelten der Jugend

»Jugend« im Spiegel der Erwachsenenerfahrung

Viele Themen pädagogischer Reflexion haben die besondere Eigenschaft, dass sie im Alltagswissen desjenigen bereits vorhanden sind, der sich ihnen zuwendet. Während man sich etwa Kenntnisse über die Bedeutung prähistorischer Funde, über die Minnedichtung im Mittelalter, über Grundlagen der Quantenphysik oder über Entwicklung und Anwendung von Programmiersprachen durch besondere und aus dem alltäglichen Lebensvollzug ausgegrenzte Lernakte erst erwerben muss, sind Gegenstände wie Schule, Familienerziehung oder auch Jugend Bestände des eigenen Lebensvollzugs. Man kann hier auf Erfahrungen zurückgreifen, die gleichzeitig oft das Urteil bestimmen. Jeder Erwachsene, der es mit Jugendlichen zu tun hat, war selbst einmal jung und hat bestimmte Elemente dieser Phase seines Lebens in seiner Erinnerung aufbewahrt. Er »weiß« aus eigener Anschauung, welche Probleme Jugendliche haben könnten – er braucht ja nur an seine eigene »damals« zu denken. Wer selbst Lernschwierigkeiten hatte, kann Verständnis für einen Sohn haben, dem es ebenso geht; wer selbst ein abenteuerliches und sorgenloses Leben als Jugendlicher gehabt hat, wird es auch seinen Kindern wünschen usw. Tatsächlich können eigene Erfahrungen eine nützliche Brücke zum Verständnis anderer Menschen sein, die sich offensichtlich in vergleichbaren Situationen befinden. Freilich handelt es sich um die Perspektive eines Erwachsenen, von der aus man auf einen abgeschlossenen Lebensabschnitt zurückblickt. Dies bedeutet u.a., dass man nunmehr – im Vergleich zum Jugendlichen – eine verhältnismäßig große Sicherheit gewonnen hat, was man erreicht hat oder erst erreichen könnte: Die eigene Position ist inzwischen hinreichend definiert. Zudem hat der

Erwachsene bestimmte Aufträge, denen er nachgehen muss und für deren Wahrnehmung er oft bezahlt wird. Es ist verständlich, dass er darauf sieht, seine Pflichten erfolgreich zu erfüllen. So haben Lehrer oder Eltern eine Erzieherrolle übernommen, in der sie sich durchsetzen müssen. Es ist denkbar und tatsächlich häufig der Fall, dass der Anspruch der Aufgaben und die eigenen Schwierigkeiten, ihnen gerecht zu werden, dazu führen, bestimmte, aus eigener Erfahrung gewonnene Urteile zu revidieren. Wer etwa selbst »ein Lausbub« war, nun aber als Lehrer mit ebensolchen »Lausbuben« Disziplinschwierigkeiten hat, die ihn auch bei seinen Kollegen in Misskredit bringen, wird vielleicht seine Kontrollen verschärfen und den Spielraum für Lausbubenhaftigkeit einzuschränken suchen – auch gegen seine eigenen Erfahrungen. Sekundäre Rationalisierungen wie: Er selbst sei damals »nie so weit« gegangen, habe im Grunde gewusst, dass man sich unterordnen müsse usf., helfen dann, das eigene Handeln zu rechtfertigen.

Die besondere Eigenart des pädagogischen Gegenstandes liegt also darin, dass der Erwachsene ihn durch lebensgeschichtlich internalisierte Strukturen in sich selbst zu reproduzieren vermag und von daher seine Handlungskompetenz ableitet. Obwohl er inzwischen an anderer Stelle im Lebenszyklus steht, er selbst also nicht mehr ein »Jugendlicher« ist, misst er doch »Jugend« an sich selbst, dies freilich in widersprüchlicher Weise: teils als jemand, der seine eigene Jugendzeit akzeptiert und bewahrt, teils als einer, der von den nunmehr zugewiesenen Aufgaben her bestimmte Erinnerungen uminterpretiert.

Die im *Jugendwerk der Deutschen Shell* in 5 Bänden herausgegebene Studie »Jugendliche + Erwachsene '85« (1985) hat im Jahr 1984 damals 15- bis 24-jährige junge Menschen und eine Erwachsenengeneration – die der damals 45- bis 54-Jährigen – danach gefragt, ob und was sie voneinander lernen könnten. Bemerkenswert war die Lernbereitschaft beider Generationen. Nur noch ein Viertel der Erwachsenen, also die Elterngeneration der Jugendlichen in den 80er-Jahren, insistierte darauf, Lernprozesse hätten immer in einer Richtung zu erfolgen, nämlich von den Älteren zu den Jüngeren. Immerhin, 87 % der Jugendlichen meinten, die älteren Leute könnten etwas von den jüngeren lernen; die bevorzugt genannten Lerngegenstände waren:

1.	Locker leben	23%
2.	Aufgeschlossener sein / weniger Vorurteile	22%
3.	Toleranz	21%
4.	Mehr Lebensgefühl	13%
5.	Mehr Interesse für die Probleme Jugendlicher	11%
6.	Moderner sein	9%
7.	Kritischer sein / sich nicht alles gefallen lassen	8%
8.–9.	Mehr auf andere eingehen	7%
8.–9.	Moderne Technik / modernes Berufswissen	7%
10.	Zufriedenheit mit dem Gegebenen	6%
11.–12.	Nicht nur an materielle Dinge denken	5%
11.–12.	Partnerschaft, Zusammenleben	5%

Damit haben die Erwachsenen nicht mehr das Monopol, gleichsam ihre Lernprozesse abgeschlossen zu haben und vom sicheren Ort sozialen und pädagogischen Wissens aus handeln zu können. Umgekehrt gestehen Jugendliche aber auch Erwachsenen bestimmte Kompetenzen zu, vor allem
– Lebenserfahrung/Erfahrungswert/Wissen auf allen Gebieten;
– Fleiß/Pflichtgefühl/Disziplin/Leistung/Verantwortungsbewusstsein;
– Sparsamkeit/Umgang mit Geld/Ansprüche zurückstecken;
– Umgangsformen/Benehmen;
– Lebensbewältigung/mit Problemen fertig werden/durch Gespräche, Dialog helfen lassen.

Die Akzente der von Jugendlichen bzw. Erwachsenen vertretenen Lernkompetenzen sind freilich verschieden. Die Erwachsenen fordern von Jüngeren vor allem, dass sie bürgerliche Leistungstugenden (Fleiß, Pflicht, Disziplin etc.) übernehmen und den Angeboten der Konsumgesellschaft stärker widerstehen. Auch legen die Älteren Wert auf gute Umgangsformen der Jüngeren. Diese wiederum bevorzugen eher informelles, spontanes Verhalten (»locker leben«) und fordern mehr Toleranz und Offenheit. In der *Shell-Studie* wird dies so resümiert: »Jugendliche sollen sich alte Werte, Erwachsene neue Werte aneignen« (ebd., S. 78).

Neue pädagogische Beziehungen werden in der Kinder-Eltern-Relation noch deutlicher. Früher wurden Pädagogen (auch in der Schule) vor allem nach Milde oder Härte beurteilt. Heute werden solche archaisch-polarisierten Menschenbilder – der gütige, aber strenge Vater und die emotional ansprechbare, familienfleißige Mutter – abgebaut. Dies hängt offenbar zusammen mit einer Entpädagogisierung des Umgangs. Dem widerspricht nicht, dass Eltern heute eine Fülle psychologischen Wissens verwerten und insofern ihre Erziehungsaufgabe professionell wahrnehmen. Aber diese Professionalität erschließt auch einen neuen Erziehungsstil. Heute ist wichtiger, dass Jüngere und Ältere ein offenes Wort miteinander sprechen und Meinungsdifferenzen austragen (*Shell-Studie*, Bd. 3, S. 151 ff.). So findet sich auch eindeutig ein Abbau des Ideals ›unbedingter Gehorsam‹. Eltern-Kind-Beziehungen orientieren sich heute eher am Leitmuster ›partnerschaftlich-kommunikativ‹ als ›hierarchisch-kontrolliert‹. Selbstbewusstsein, Kritikfähigkeit, Verträglichkeit, Toleranz werden tendenziell von Eltern wie Kindern höher in der Rangordnung platziert als Gehorsam, Anpassung, gutes Benehmen, Pünktlichkeit, Zuverlässigkeit. Die alte Form des autoritären Konventionalismus wird also durch die neue Form »Selbstbestimmung des Jugendlichen« abgelöst. Freilich gibt es Hinweise darauf, dass solche geäußerten Grundhaltungen nicht mit dem realen Erziehungshandeln übereinstimmen müssen; so gibt es Untersuchungen, nach denen Kinder im praktischen Erziehungshandeln der Eltern eher die alten Werte als vorrangig vertreten erfahren. Dabei darf wiederum nicht vergessen werden, dass es durchaus Jugendliche gibt, die die alten Werte vertreten, während es – vor allem im oberen Bildungsspektrum – liberal-orientierte Elternhäuser und

Schulen gibt, die partnerschaftliches Verhalten von Schülern erwarten, die ihrerseits eher die alten Muster von Strenge und distanzierter Gerechtigkeit einfordern.

Es ist also vieles in Fluss gekommen. Die Generationen haben sich aufeinander zubewegt; dabei haben sich generationstypische Schwerpunktsetzungen erhalten, teilweise jedoch auch überkreuzt. Eindrücklich wird, dass es damit nicht möglich ist, von »der Jugend« oder »dem Erwachsenen« zu sprechen. Festzustellen ist eine Pluralisierung von Lebensmodellen, Erziehungsstilen und damit verbundenen Erwartungen. Bei Erwachsenen führen Alltag, Beruf, vorhandene oder fehlende Kontakte mit jüngeren Menschen und biografisch verarbeitete Erfahrungen zu unterschiedlichen Bewertungen der heranwachsenden Generation, auch wenn gewisse Tendenzen, wie eben beschrieben, unübersehbar sind.

Wissenschaft ist dazu da, dies bewusst zu machen. Solches kann sie dadurch tun, dass sie den erziehenden Erwachsenen dazu bringt, sein eigenes Verhalten zu reflektieren. Ein möglicher Weg dahin ist, dass sie einiges bewusst macht, was man entweder vergessen oder verdrängt hat, und darüber hinaus Daten liefert, die deutlich machen, was heute gilt. Denn zweifellos ist »Jugend« eine Lebensphase, die sich schon in kurzen Generationsschüben jeweils unterschiedlich darstellt. Dies hat zwei Gründe: Zum einen ist die Jugendphase im Vergleich zum Status des Erwachsenen relativ kurz; zum anderen sind die wichtigsten Erwachsenenrollen Arbeitsrollen, denen meist in organisierten Institutionen nachgegangen wird. Diese sorgen für relativ überdauernde Handlungsregeln. Ein Lehrer »unterrichtet« heute wie vor hundert Jahren, wenn auch teilweise in anderen Formen. Der Jugendliche hingegen hat noch keine festgelegten Rollen, sondern hat eine Stelle im Lebenszyklus erreicht, an der eigene Ich-Entwürfe, Ansprüche anderer Menschen und gesellschaftliche Ordnungsvorstellungen zusammenwachsen müssen. Die besondere Rollenproblematik der Jugendzeit besteht darin, dass die Verhaltensweisen noch nicht durch Alltagsroutine festgelegt sind, sondern sich erst definieren müssen. Von daher erklärt sich auch die große Zeitanfälligkeit jugendlichen Verhaltens. Wer vom Numerus clausus bedroht ist, wird in der Schule andere Verhaltensweisen zeigen müssen als jemand, der durch Maßnahmen der Bildungswerbung gewonnen werden soll oder als »überragender« Schüler ohnehin keine Sorgen mit seiner Karriere hat. Der Kürze der Jugendzeit entspricht also ein schneller Phasenwechsel, der es zunehmend schwer macht, eine epochaltypische Jugendgestalt zu entwerfen. Neben die zeitliche Differenzierung tritt die soziale. »Jugend ist nicht gleich Jugend«: Geschlechtszugehörigkeit, Unterschiedlichkeit sozialökologischer Gegebenheiten, Struktur der Familie und Ausarbeitung der Familienbindungen, Bildungschancen und Zukunftsaspiration aufgrund sozialer Zugehörigkeit sind zentrale Faktoren, die unterschiedliche Bilder vom Aufwachsen heutiger Jugendlicher entwerfen lassen. Von einem einzelnen Subjekt aus lassen sich keine Perspektiven gewinnen.

Diese einführenden Überlegungen sollten nicht dazu dienen, eigene Erfahrungen als unbrauchbar abzuqualifizieren. Im Gegenteil: Sicher ist es vorteilhaft, wenn jemand, der es mit Jugendlichen zu tun hat, nicht vergisst, dass er selbst einmal jung war. Im erzieherischen Alltagshandeln wird er sinnvoll seine eigenen Erinnerungen, die durch sie geprägten Erfahrungen und die aufmerksame Beobachtung von und die Auseinandersetzung mit Jugendlichen kritisch verknüpfen. Um dies tun zu können, empfiehlt es sich freilich, über ein gewisses Maß von Orientierungswissen zu verfügen. Dieses Kapitel soll dafür den ersten Baustein liefern: Durch eine andeutungsweise Rekonstruktion von Determinanten eines Erfahrungs-und-Handlungs-Zusammenhangs, dem wir den Namen »Jugend« gegeben haben.

Unterschiedliche Lebenswelten: 6 Beispiele

Die folgenden Texte stellen Auszüge aus Autobiografien dar. Dies ist zu betonen, weil Erwachsene auf sich als Kind oder Heranwachsenden zurückschauen und nicht auszuschließen ist, dass sie Situationen und Erfahrungen nachträglich deuten nach dem Bild, das sie nun von sich haben. (Didaktisch ist dies günstig: Die Geschlossenheit der Lebensläufe wird umso deutlicher.)

a) »Wie mir meines Vaters Schwester, Anne Proschin, sagte, kam ich Anno 1745 unter dem Gerstenschneiden an das Tageslicht, aber nicht auf die Welt; denn mein Eingang in die Welt war wunderbar: Indem meine Mutter vom Gerstenschneiden nach Hause kam, entfiel ich ihr unter der Haustür; zum Glück kam meines Vaters Schwester, gedachte Anna Proschin, über einen Berg herunter, eben vom Gerstenschneiden dazu, und machte mich von meiner Mutter los, welche eine überaus große Freude hatte, einer solchen Bürde entlediget zu werden.

Nun (Gott sei Lob) itzt bin ich in der Welt, und in der h. Taufe wurde mir der Name Peterl beigelegt.

Gregori Prosch und Anna Mayrin waren meine sehr armen, aber doch ehrlichen Eltern.

Es waren unser eilf lebendige Geschwisterte, unter welchen ich der jüngste Zweig war; wir wurden alle sehr arm erzogen, so dass wir öfters statt der Morgensuppe bis auf Mittag im Bette mit Schlafen zubringen mussten.

Doch wir wuchsen allgemach herbei, weil unsere Mägen niemals zu stark überladen wurden, und waren insgesamt frisch und munter. Es waren unser noch viere, die jüngsten, zu Hause bei der Mutter, welche nun eine Witwe war (weil unser Vater gestorben ist) und uns mit harter Arbeit und bitterm Schweiß Tag und Nacht kümmerlich ernähren musste. Man weiß wohl, was eine Witwe mit vier Kindern verdienen kann; wir mussten also auch mitarbeiten, so viel in unsern Kräften war, mein Bruder Anton, ich und noch zwei kleinere Schwestern; die Älteren waren alle in Diensten. Da wir sehr arm waren, so hatte ein jedes zwei Pfaiden, oder Hemder, welche uns groß und zum Wachsen gemacht waren. Ich war immer der Liebling meiner Mutter, welche in mir mehrern Geist und Talent erblickte, als in den übrigen meiner Geschwisterten. An einem sommerheißen Tage, als der halbe Wäsche schon eingeweicht war, und ich mein Feiertagshemd anhatte, woran sehr lange Ärmel waren, mussten meine Schwestern Holz klauben, ich das Tuch bleichen und mein Bruder mit meiner Mutter auf dem Berg in den Wald hinaufgehen, um Streue herunterzutragen, damit wir Flachs und Erdäpfel bauen konnten.

Der Kübl zum Tuchspritzen war mir viel zu schwer, und ich machte meine Hemdsärmel bis an die Ellenbogen waschnass; das verdross mich und war mir sehr zuwider. Was brauchest du das?, dachte ich und schnitt die halben Ärmel von dem Hemde weg: Nun ging es leichter, ich dachte aber dabei nicht an meine Mutter.

Um drei Uhr nachmittags kamen meine Mutter und mein Bruder von dem Berge; wie erstaunte aber meine Mutter, als sie sah, wie ich meine Ärmel zerschnitten hatte! Sie ging mit einem Tremmel auf mich los und sagte: ›Warte, du Strick, ich will dich lehren verderben, was mir so viele Mühe kostet!‹«

Dies sind die ersten Abschnitte aus dem Buch: »Leben und Ereignisse des Peter Prosch, eines Tyrolers von Ried im Zillerthal oder das wunderbare Schicksal. Geschrieben in den Zeiten der Aufklärung« (München 1964). Der Autor ist ebengenannter *Peter Prosch*; er lebte vom 28. 6. 1744 bis zum 5. 1. 1804. Sieht man sich die einleitenden Lebensumstände an, wie sie hier geschildert werden, so fällt auf:

- Peters Geburt war offenbar kein besonders erwartetes oder herbeigewünschtes Ereignis; wann sie stattfand, erfährt er später durch eine Tante. Die Geburt wird nicht sonderlich vorbereitet; sie ereignet sich, während die Mutter vom Gerstenschneiden heimkommt.
- Peter hat zehn weitere Geschwister – für arme Leute war dies auch damals eine ganz erhebliche Zahl.
- Die Armut bestimmt die wesentlichen Umstände des Aufwachsens: Das Essen ist knapp und Hungern ist nicht außergewöhnlich (»so dass wir öfter statt der Morgensuppe bis auf Mittag im Bette mit Schlafen zubringen mussten«). »Harte Arbeit« wartet nicht nur auf die Mutter. Vielmehr mussten die Kinder »also auch mitarbeiten«, sofern sie noch nicht »in Diensten« standen.
- Jede Tätigkeit dient der primitiven materiellen Lebenssicherung, die immer gefährdet ist. Auch Kleidung ist knapp; das Abschneiden der tropfnassen Hemdsärmel bringt Peter in die erste peinliche Situation, die er für erzählenswert hält.

Die ländliche Lebenswelt Peter Proschs wird bestimmt durch Armut und Arbeit. Er beklagt dies nicht – im Gegenteil: »Weil unsere Mägen niemals zu stark überladen wurden«, waren alle Geschwister »insgesamt frisch und munter«. Diese positive Einschätzung der Armut ist wohl auch daraus zu erklären, dass der Erzähler schließlich eine gut situierte Position einnimmt: Trotz seiner Armut hat er es doch zu etwas gebracht und kann also zufrieden sein. Auffällig ist, dass die ländliche Lebenswelt ohne jede Sentimentalität, vielmehr mit großer Nüchternheit geschildert wird. Peter hat nie eine Kindheit oder Jugendzeit in dem Sinne gehabt, dass er lernen oder spielen konnte, wie es ihm gefiel. Die Beziehung zu seinen vielen Geschwistern blieb ebenso nüchtern wie die sehr herzliche zu seiner Mutter. Im Sommer verdingt er sich als Hirtenbub; im Winter muss er oft betteln. Bereits mit 10 Jahren geht er vom Zillertal nach Bayern und wird dort Ölträger; dann wird er beim Fürsten Thurn und Taxis Läuferlehrling; mit 13 Jahren ist er in Wien, und mit 18 Jahren, nachdem ihm die Kaiserin Maria Theresia den Hut mit Gold gefüllt hat, so dass er sich ein kleines Haus bauen kann, heiratet er das Geißdirndl Maria Fiechtlin. Bereits in diesem Alter hat er auch die besondere Erlaubnis, Branntwein herzustellen – ein lukratives Geschäft. Die Jugend dieses »armen Jungen vom Lande« ist äußerst kurz und er ist früh selbstständig.

b) »Der Boden, auf dem ich vom Kinde zum Knaben herangewachsen bin, ist ein dürrer und steiniger Boden. Darum war es aber noch kein unfruchtbarer Boden für mich. Zwischen den alten abgerundeten Pflastersteinen aus rotem Sandstein sprossen Grasbüschel und an einigen Stellen sogar winzige Gänseblümchen und verzwergter Löwenzahn hervor. Wenn der grüne Schimmer zu stark wird, der von ihnen über den gepflasterten Hof ausgeht, beginnt mit stumpfen Küchenmessern und rostigen Scherenklingen ein Kampf gegen diese niedrigen, genügsamen Gewächse, die grausam ausgestochen und abgeschnitten werden. Nicht als Bekämpfer, sondern meist nur als sinniger Beobachter beteiligte ich mich daran, staunend über die kräftigen Wurzeln und die derben kurzen Stängel der niedergetretenen Pflanzen, und hocherfreut durch die Entdeckung, dass auch zwischen Pflastersteinen fette Regenwürmer gedeihen.
… Dann stand mir das kleine einstöckige Haus meiner Eltern mitten im Wiesengrün und der frische Duft vom Wachsen und Blühen zog über die zwei niedern Sandsteinschwellen ins Haus herein. Dazu waren diese sehr geeignet, denn die Schritte von Generationen hatten ihnen eine schöne Rundung gegeben. Es saß sich darum so weich auf diesen Steinstufen wie auf einem Polster, doch kühler zuzeiten, und ich habe in meinem Leben keinen Sitz mehr so gern gehabt wie diesen. Dazu trug jedenfalls nicht wenig der tiefdunkle Hintergrund des Hausflurs bei, worin dann und wann ein leuchtender grauer Streif, in dem Billionen Stäubchen tanzten, beim Öffnen einer Tür erschien. Sehr oft stand die Tür unsrer Küche offen, die auf diesen Gang mündete, und aus ihr stahlen sich bläuliche Schimmer von blinkendem Zinn und dumpfroter Glanz von Kupferkesseln heraus. Aber viel mehr interessierten mich Düfte, die denselben Weg nahmen, und viel verheißende Geräusche von dürrem Holze, das in der Flamme zerkrachte, von Fett, das in der Pfanne brotzelte, und von rollenden, hackenden, schneidenden Bewegungen auf einem klappernden Brett. Das war das Kuchenbrett, das ich mir am liebsten mit Mehl bestreut und mit einem eiergelben Teig belegt dachte, aus dem die geschickte Hand meiner Mutter mit der Öffnung eines Wasserglases Küchlein mit erfreulicher Rundung ›ausstach‹, die dann mit Schmalz unter dem erwähnten bedeutungsvollen Geräusch gebacken wurden. Sehr erfreulich waren auch die Düfte langsam dörrenden Obstes, die sehr warm und weich einem besondern Aufbau entströmten, der sich über dem Herd erhob. Und über allem schwebte, gleichsam alle kräftigend, der Geruch der Schinken und Würste, die in dem breiten Rauchfang hingen. Alles das drang aus dem dunkeln Gang zu mir, wenn ich auf den Steinstufen des Häusleins saß und in die lichte Welt hinausschaute. Dem Büblein kam der Gedanke: Die Farben, die Töne, die Düfte besuchen dich auf ihrem Weg ins Freie: Sie wissen, dass dem Büblein der Besuch der Küche verboten ist, und bringen ihm Kunde von dem, was da hinten im Dunkeln vorgeht. Das saß aber geduldig und verträumte die Zeit, bis der Ruf erscholl: ›Büble, essen!‹ Da sah man das Blondköpfchen vor dem kleinen Tische stehn und sein Mittagsgebet

sprechen, währenddessen es freundliche Blicke mit dem Zinnteller vor ihm tauschte, als wollte es sagen: Du hast mir vorhin aus der Küche zugewinkt, ich werde es mir nun gut von dir schmecken lassen.«

Bei diesem Text handelt es sich um die ersten Absätze aus den »Jugenderinnerungen« *Friedrich Ratzels* (München 1966). Sein Leben, das die gleiche Spanne hatte wie das Peter Proschs, begann genau hundert Jahre später: Ratzel wurde am 30. 8. 1844 geboren, und er starb am 9. 8. 1904. Wie ganz anders sind seine ersten Lebenserinnerungen:

- Ratzel betrachtet Kindheit und Jugend mit fast sentimentaler Zärtlichkeit. Er liebt den Boden, »auf dem ich vom Kinde zum Knaben herangewachsen bin«. Freilich müssen weder seine Eltern noch er ihn bearbeiten; allenfalls gibt er Anlass zum »sinnigen« Beobachten. Friedrich ist wohl versorgt; er schaut ruhig zu, wie »mit stumpfen Küchenmessern und rostigen Scherenklingen« etwas gegen Gras und Löwenzahn unternommen wird. Auch dies sind keine Arbeiten, durch die man Geld erwirbt, vielmehr dienen sie der Verschönerung und Pflege des Hofes.
- Friedrich hat jederzeit die Möglichkeit, sich vom Alltag zu distanzieren. Oft sitzt er in der »schönen Rundung« von Steinstufen, die ins Elternhaus führen. Das Kind entwickelt zu seiner Umgebung ein inniges Verhältnis: »Ich habe in meinem Leben keinen Sitz mehr so gern gehabt wie diesen.«
- Friedrichs erste eindrückliche Erfahrungen sind ästhetische Empfindungen: zarte Düfte, »viel verheißende Geräusche«, kräftige Gerüche, Farbenspiele. Nichts steht in nüchternem Zweckzusammenhang. Die Umwelt wird vielmehr animistisch belebt – »die Farben, die Töne, die Düfte besuchen dich auf ihrem Weg ins Freie«. Der Knabe verträumt oft seine Zeit.
- Auch das Essen dient nicht nur oder in erster Linie dem Stillen des Hungers; auch hier geht es um ästhetische Freuden und zärtliche Beziehungen zu den Gegenständen.

Friedrich Ratzel stammt aus Karlsruhe und einem bürgerlichen Elternhaus. Er studiert später Apotheker, dann Naturwissenschaften, lernt als Reiseberichterstatter der »Kölnischen Zeitung« u.a. die Vereinigten Staaten, Mexiko und Kuba kennen und wird 1880 ein angesehener Professor an der TH München. Diese Laufbahn überrascht nicht. Sie war in dem intensiv beobachtenden und gemütvollen Kind angelegt, dem genügend Raum gegeben wurde, seine kontemplativen Interessen zu entfalten. Auch Prosch hat Erfolg; schließlich war er auch »der Liebling seiner Mutter, welche in ihm mehrern Geist und Talent erblickte, als in den übrigen seiner Geschwisterten«. Aber während Ratzel reiste, um zu forschen, tat Prosch dies in erster Linie, um Geld zu verdienen. Schließlich lässt er sich als angesehener Wirt in seinem Heimatdorf Ried nieder, während Ratzels Weg in die damaligen Metropolen München und Leipzig führt. Man kann auch sagen: Nicht die einzelnen Punkte der Laufbahn, aber die Reichweite des Lebensspielraums wird stark durch die Lebenswelt bestimmt, in die man hineingeboren wird. In beiden Fällen kann die Sozialisation gelingen – dann nämlich, wenn zwischen Eltern und Kindern eine freundliche und unterstützende Beziehung besteht.

c) »Ich habe mein Leben begonnen, wie ich es zweifellos beenden werde: inmitten von Büchern. Im Arbeitszimmer meines Großvaters lagen sie überall; es war verboten, sie abzustauben, mit Ausnahme eines Tages im Jahr, vor dem Semesterbeginn im Oktober. Ich konnte noch nicht lesen, aber ich verehrte sie bereits, diese aufgerichteten Steine: Mochten sie gerade stehen oder schräg, dicht gedrängt wie Ziegel auf den Borden des Bücherschrankes oder in noblem Abstand voneinander, wie die Alleen mit vorgeschichtlichen Steinsäulen in der Bretagne, immer fühlte ich, dass der Wohlstand unserer Familie von ihnen abhing. Sie glichen einander alle, ich bewegte mich in einem ganz kleinen Heiligtum, umgeben von stämmigen und sehr alten Monumenten, die zugesehen hatten, wie ich geboren wurde, die mich sterben sehen würden und deren Permanenz mir eine Zukunft garantierte, die so ruhig sein würde wie die Vergangenheit. Ich berührte sie heimlich, um meine Hände durch ihren Staub zu ehren, wusste aber nicht recht, was ich mit ihnen anfangen sollte, und erlebte jeden Tag einige Zeremonien, deren Sinn mir nicht aufging. Mein Großvater, der für gewöhnlich so ungeschickt war, dass meine Mutter ihm die Handschuhe zuknöpfte, handhabte diese Kulturobjekte mit der Geschicklichkeit eines Messdieners. Ich habe tausend Mal gesehen, wie er geistesabwesend aufstand, um den Tisch ging, mit zwei Schritten beim Bücherbord war, ohne zu zögern ein Buch nahm, ohne sich die Zeit zur Wahl zu lassen, es aufblätterte, während er zu seinem Sessel zurückkehrte, um es dann, kaum dass er wieder Platz genommen hatte, durch eine kombinierte Bewegung von Daumen und Zeigefinger brüsk ›auf der richtigen Seite‹ zu öffnen, wobei er es wie einen Schuh krachen ließ. Manchmal kam ich näher, um die Büchsen zu beobachten, die sich aufspalteten wie Austern, und ich entdeckte die Nacktheit ihrer Eingeweide: verschimmelte Blätter, leicht aufgetrieben, bedeckt mit schwarzen Äderchen, die Tinte tranken und wie Pilze rochen.

Im Zimmer meiner Großmutter waren die Bücher gebettet. Sie entlieh sie bei einer Leihbücherei und ich habe niemals mehr als zwei auf einmal gesehen. Dieser Tand ließ mich an die Süßigkeiten zu Neujahr denken, denn die geschmeidigen und glänzenden Blätter sahen aus, als wären sie aus Silberpapier ausgeschnitten. Lebhaft weiß, fast neu, dienten sie als Vorwand für leichte Mysterien. Jeden Freitag zog sich meine Großmutter an, um auszugehen, und sagte: ›Ich will sie zurückbringen.‹ Wenn sie wieder da war, legte sie erst den schwarzen Hut und den Schleier ab, zog sie sodann aus dem Muff, und ich fragte mich irritiert: Sind es dieselben? Sie machte ihnen sorgfältig einen Schutzumschlag, suchte sich dann eins von ihnen aus, nahm in ihrem Ohrensessel nahe am Fenster Platz, setzte die Brille auf, seufzte müde und beglückt, senkte die Lider mit einem feinen und wollüstigen Lächeln, wie ich es später auf den Lippen der Mona Lisa wiederfand; meine Mutter schwieg und hieß auch mich ruhig sein. Ich dachte an die Messe, an den Tod, den Schlaf; ich erfüllte mich mit einem sakralen Schweigen. Von Zeit zu Zeit lachte Louise ein bisschen; sie rief ihre Tochter, zeigte mit dem Finger auf eine Zeile, die beiden Frauen tauschten einen Blick des Einverständnisses. Trotzdem liebte ich diese allzu gesitteten Broschüren nicht sehr. Sie waren Eindringlinge, und mein Großvater verhehlte nicht, dass sie Gegenstand eines minderwertigen, ausschließlich weiblichen Kultes seien.«

Der Abschnitt stammt aus *Jean-Paul Sartres* »Die Wörter« (Reinbek 1965), einem Buch, in dem er ebenfalls die eigene Kindheit und Jugend erzählt. Über Sartre wissen wir Bescheid: Er ist ein Zeitgenosse aus Frankreich, ein politisch engagierter Philosoph.

– Bücher sind von Anfang an sein eigentliches Lebenselement. Sie sind mehr als nüchtern betrachtete Umwelt, werden vielmehr in der Rückschau mythisch überhöht: Es sind »aufgerichtete Steine«; die Bibliothek des Großvaters ist ein »kleines Heiligtum«, der Großvater ein »Messdiener«. Bücher haben über ihr Dasein hinaus einen immateriellen Wert, der dem Knaben zunächst nur ahnbar ist: Sie sind Repräsentanten einer unsichtbaren, geistigen Welt.
– Jean-Paul hält sich gern in der Bibliothek auf; sie ist von früh an seine vertraute Umwelt. Auch er beobachtet, saugt befremdliche Gerüche ein. Wenn er Arbeit kennen lernt, dann *geistige* Arbeit.
– Auch die Großmutter hat Bücher. Freilich dienen sie nur

»für leichte Mysterien«; sie sind »Tand«, lassen an Süßigkeiten zu Neujahr denken. Denn es sind Romane aus der Leihbücherei. Sie repräsentieren nicht die Strenge des Geistes, sondern fordern zur Wollust des Genusses auf. Dieser war nicht ernst zu nehmen, schließlich Weibersache. Aber ein Gebot gilt auch in dieser weiblichen Bücherwelt: Ruhe, Stille, Beschaulichkeit. Der Autor vergleicht die Stimmung mit dem »sakralen Schweigen«, wie es in Kirchen zu herrschen pflegt.

Natürlich war durch diese Umgebung nicht determiniert, dass Sartre Philosoph wurde. Dennoch wurden seine Interessen gelenkt. Während Ratzel sich schon als Kind der Naturbeobachtung zuwandte und später ein bedeutender Kulturgeograph wurde, lebte Sartre in der gleichsam abstrakteren, unsinnlichen Welt der Bücher, die ihn immer wieder auf den Gedanken und die Sprache verwiesen. Trotz unterschiedlicher Lebenszeiten und Lebensläufe sind die Startbedingungen von Ratzel und Sartre vergleichbar, ebenso ihre Karrieren.

d) »Soweit ich mich zurückerinnern kann, wusste ich, dass wir nicht immer dort gelebt hatten, wo wir gerade lebten – in Hammonton, New Jersey, wo wir hingezogen waren, damit Mutter ihre Doktorarbeit schreiben konnte. Ich wusste, dass ich meinen ersten Sommer in einem Ferienort namens Lavallette verbracht hatte, ein Ort, den ich nie mehr besuchte, bis ich siebzehn war, und wo ich dann den einzigen wirklichen Anfall von Heimweh bekam, den ich jemals hatte. Er wurde vom Geräusch der Brandung ausgelöst. Ich wusste auch, dass wir am St. Marks Square in Philadelphia gelebt hatten, weil wir im nächsten Winter in der Nähe des St. Marks Square lebten und noch Leute kannten, die dort wohnten.

Wir lebten jeden Winter in oder in der Nähe von Philadelphia, damit Vater an den Abenden, an denen er an der Universität lehrte, nicht zu weit fahren oder gar in der Stadt bleiben musste. Von meinem siebten Lebensjahr an verreisten wir auch den Sommer über. Also zogen wir vier Mal pro Jahr um, denn im Herbst und im Frühling kehrten wir in das Haus in Hammonton zurück.

Alle anderen Häuser waren seltsame Häuser, die wir so schnell wie möglich vereinnahmen mussten, damit sie nicht mehr so seltsam waren. Das hieß nicht, dass sie beängstigend waren, nur dass wir jeden Schlupfwinkel und jede Ecke kennen lernen mussten, denn sonst war es schwer, Verstecken zu spielen. Sobald wir ankamen, rannte ich voraus, um ein Zimmer für mich zu finden, möglichst weit entfernt von den anderen, am liebsten ganz oben im Haus, wo ich immer durch Schritte gewarnt wurde, wenn jemand kam. Bis wir uns eingerichtet hatten, war ich dann damit beschäftigt, alles zu erforschen und mir die fremde Umgebung zu Eigen zu machen. Später, als ich ungefähr vierzehn war, musste ich mich ums Auspacken kümmern, ums Bettenmachen, ich musste sehen, dass das Essen in den Eisschrank kam und dass die Lampen vor Einbruch der Dunkelheit gefüllt und angezündet wurden.

Als Nächstes wurde die Nachbarschaft ausgekundschaftet. Ich musste herausfinden, was für Kinder in der Nähe wohnten und ob es Wälder, wilde Blumen, Dickichte oder Dschungel gab – ich musste jeden verborgenen Platz finden, der sich in einen kleinen Urwald verwandeln ließ, wo das Leben schnell in einer Fantasiewelt weitergehen konnte.

In Hammonton besaßen wir 5 Morgen Land, wovon ein großer Teil mit verwildertem Gebüsch bewachsen und mit Heidelbeerbüschen übersät war. Die kleinen italienischen Kinder, die neben uns wohnten, pflückten die Beeren und verkauften sie an uns zurück. In Landsdowne und Swarthmore gab es kleine Waldstücke. Aber in Philadelphia gab es nichts außer verschieden hohen Steinmauern, auf denen man gehen konnte. Es gab nichts, außer in dem einen Winter, wo wir am Parkrand in der Nähe des Zoos lebten.

Wie weit weg und wie oft wir auch umzogen, wir kamen doch immer nach Hause nach Hammonton zurück zu den bekannten und geliebten Dingen, die zum Mitnehmen zu empfindlich waren – obwohl Mutter uns sehr großzügig erlaubte mitzuschleppen, was jeder von uns wollte. In Hammonton war immer dasselbe Blaubeergestrüpp, durch das wir auf den alten Pfaden streiften oder uns neue bahnten, dort war dieselbe leichte Kutsche, die wir in einem Fuhrgeschäft mieteten, und dieselbe Tür, die nie geöffnet wurde – die zweite Tür in der Glasveranda des Hauses, die nur ein einziges Mal benutzt wurde, nämlich in jener Nacht, als die Nachbarn dagegen trommelten, um uns darauf aufmerksam zu machen, dass unser Schornstein Feuer gefangen hatte.

Dort stand der große Baum, von dem im Sturm einmal ein Hornissennest herunterfiel. Ich hatte im Wind herumgetanzt, als es herunterfiel, und war, immer noch tanzend, mit den Händen hineingeraten. Ich kann mich noch an den Sturm erinnern, aber nicht mehr an die Stiche, mit denen ich übersät war, wie mir erzählt wurde. Dort standen die großen, immergrünen Koniferen, die den Rasen in kleine Quadrate einteilten. Dort spielte Großmutter immer mit uns bis zu dem Tag, an dem sie sich die Hand aufs Herz legte und dann kein Spiel mehr mitmachte, bei dem man rennen musste. Außerhalb der Pfeifenstrauchhecke fanden wir einmal Fäkalien, und Mutter sagte in einem angeekelten Tonfall, der an Entsetzen grenzte, das seien menschliche Fäkalien.

Dort war der Brunnen mit einer Pumpe, die wir mit heißem Wasser in Gang brachten, bis eines Tages mein fünfjähriger Bruder mit seinem tollkühnen, um ein Jahr jüngeren Freund alles, was sie abmontieren konnten, da hineinwarf. Von da an wurde der Brunnen nie mehr benutzt. Dort stand ein altes Boot, in dem wir Blumen anpflanzten, bis die Buben es zerstörten. Und einmal, als die Scheune neue Schindeln bekommen hatte und die alten für den Winter in der Scheune aufgestapelt waren, warfen die beiden kleinen Jungen alle Schindeln heraus. Großmutter meinte, das zeige, wie zwei Kinder, von denen jedes für sich ganz in Ordnung sei, zusammen auf schlimme Gedanken kommen könnten. Wenn man zwei Kinder zusammenbrächte, könne man nie wissen, was dabei herauskäme. Das erweiterte mein Bild davon, wie Jungen eigentlich waren.

Sie waren das Gegenteil von jener Radierung, die in einem selbst angefertigten Kupferrahmen auf dem Kaminsims stand. Auf diesem Bild waren zwei

Kinder zu sehen, ein kleines Mädchen, das liebevoll einen feinen Saum nähte, und ein wunderschöner, weltentrückter Junge, der einfach nur so dasaß und in die Ferne schaute. Viele Jahre später lieferte mir dieses Bild zentralen Stoff für ein bitteres kleines feministisches Gedicht. Ich schrieb es, als Edward Sapir mir sagte, es sei besser für mich, zu Hause zu bleiben und Kinder zu kriegen, als in der Südsee Studien über heranwachsende Mädchen zu machen:

Miss den Faden, schneid ihn ab,
grad richtig für den Saum,
näh den Stoff um, nicht zu knapp,
kein Platz mehr für den Traum.
(…)
Senk den Kopf und lass dich nicht erwischen
dass du schaust, wohin die wilden Gänse fliegen.

Auch auf Mutters Toilettentisch gab es Schätze – ein Nadelschälchen aus Wedgwoodporzellan, eine kleine Maria mit ihrem Lämmchen, den blassgrünen, geblümten Deckel einer Rosenschale, die zerbrochen war, und Mutters Kamm, Bürste und Spiegel mit silbernem Rücken. All diese Dinge bedeuteten etwas für mich. Jedes einzelne war – und ist immer noch – fähig, einen ganzen Schwarm von Erinnerungen hervorzurufen.«

Verfasserin dieses Textes ist *Margaret Mead*, die 1901 in New Jersey als erste Tochter eines Professors der Wirtschaftswissenschaften und einer Soziologin geboren wurde. Berühmt ist sie durch die Erforschung ferner und primitiver Kulturen (Forschungsaufenthalte in Samoa, Neuguinea und Bali), ihre ethnologischen Forschungen, aber auch ihre sozialpolitischen Äußerungen zur Stellung der Frau oder zum Verhältnis der Generationen. (Zu Letzterem: *M. Mead* 1971) Auch hier handelt es sich um ein akademisch orientiertes Leben mit guten Startbedingungen, um einen Lebenslauf, der in manchen Punkten vergleichbar ist mit dem des um vier Jahre jüngeren *Sartre* (M. Mead wurde 1901 geboren, Sartre 1905). Beide haben eine akademische Karriere gemacht, ohne auf diese als Laufbahn fixiert zu sein; vielmehr sind sie Wortführer in einer internationalen Öffentlichkeit intellektuell-moralischen Engagements und Raisonnements. Aber es gibt auch Unterschiede, die zumindest das Lebensgefühl und die Erfahrung der eigenen Biografie einfärben. Einige Beobachtungen zu *Meads* Darstellung:

– Margaret lebte von Jugend auf in der Spannung von räumlichem Wechsel (dauerndes Umziehen) und Beständigkeit

(»Wir kamen doch immer nach Hause nach Hammonton zurück«). Mit aller Vorsicht kann man vermuten, dass diese frühe Mobilität Margarets spätere Reisebereitschaft in unbekannte Zonen menschlicher Kulturen schon prädisponiert hat. Des Weiteren ist sicherlich wichtig, dass der räumliche Wechsel nicht orientierungslos machte: Es gab Wiederkehr an bestimmte Stellen und Orte, und es gab eine Heimat, einen Bezugspunkt, von dem aus man sich die Welt ordnen konnte. Vielleicht hat diese frühe Erfahrung auch dazu beigetragen, dass Margaret Mead später sich so angstfrei fremden Kulturen aussetzen konnte, ohne doch ihre Identität, die aus einer anderen, hoch entwickelten Kultur kam, zu verleugnen oder in Verwirrung zu geraten darüber, wo ihr eigentliches »Zuhause« sei. Dies ist sowohl die Welt in ihren unterschiedlichen Kulturen als auch die Kultur, in der sie aufgewachsen ist. Diese Sicherheit des Sichzurechtfindens ist in den Erfahrungen des Mädchens bereits eingeübt.

– Immer wieder geht es auch um die *Aneignung der fremden Umwelt.* Zunächst geht es darum, einen Platz, ein Zimmer »für mich zu finden«, dann wird die weitere fremde Umgebung erforscht, schließlich wird die Nachbarschaft ausgekundschaftet, die Chance mit Nachbarkindern zu spielen – und schließlich geht es ins immer Fremdere, Un-heimlichere: Wälder, wilde Blumen, Dickichte oder Dschungel. Diese nicht ohne weiteres besitzbaren Stellen eröffnen dafür den Freiheitsraum der Fantasie, die vorstellen und empfinden lässt, was real nur eingeschränkt denkbar ist. Das Mädchen Margaret hat beinah systematisch ihre sozialökologische Umwelt (vgl. S. 70 ff.) zu erforschen gewusst. Sie hat etwas getan, dessen jeder Mensch bedarf: sich des Raums vergewissert, der ihr zusteht. Darüber hinaus aber hat sie einen explorativen Forscherdrang gezeigt, der auch vor Unbekanntem nicht zurückschreckt: Die Produktivkraft der Fantasie hilft, das Fremde deutend zu erschließen. Hat sie nicht spielerisch vorweggenommen, was sie später als Ethnologin, nunmehr »wissenschaftlich und methodisch bewusst«, unternahm?

– Es gibt – neben Wiederkehr in die Heimat und Aneignung

der Umwelt – ein Drittes, das Beständigkeit im Unbeständigen garantiert: Es sind *Dinge.* Das Nadelschälchen aus Wedgwoodporzellan, die kleine Maria mit ihrem Lämmchen, Deckel einer zerbrochenen Rosenschale ...: Diese Gegenstände auf dem Toilettentisch der Mutter wurden liebevoll angeeignet, an sie heften sich noch jetzt, da Margaret Mead rückschauend ihre Autobiografie schreibt, viele Erinnerungen. Im Folgenden spricht die Autorin von der »Tyrannei der Dinge«, die heute in einer Welt grenzenlosen Konsums und billiger Plastikware Jugendliche überwältigt, so dass sie sie vernichten müssen oder sich von ihnen abwenden, auf der Suche nach einem einfachen Leben. Zu Beginn dieses Jahrhunderts konnte jedenfalls Margaret noch ein ausgeruhtes Verhältnis zu den Dingen ihrer Umgebung entwickeln, weil ihre Anzahl begrenzt und überschaubar, das Einzelne noch wertvoll war. Bestimmte vertraute Dinge, auf die man sich verlassen kann, schaffen einen Wall der Unverletzlichkeit – sie sind häufig unbeachtete und doch tatkräftige Helfer beim Aufbau einer Identität.

– Eine Fülle von *Geschichten* und *Ereignissen* ist mit den Orten und Dingen verbunden, an die M. Mead sich erinnert. An Geschichten rekonstruiert sie wichtige Erfahrungen (dazu: *Baacke/Schulze* 1991). Margaret gerät in ein Hornissennest, das von einem Baum fällt: Aber sie hat keine Erinnerung an Angst oder Schmerzen durch die Stiche, sondern sie denkt nur noch an den Sturm, der durch den Baum ging. Aus der Gefahr, so können wir deuten, kann gerettet werden, wer nicht nur an Angst und Mutlosigkeit fixiert bleibt, die sie heraufbeschwört. Oder die erste Beobachtung des Alterns und Nicht-mehr-Könnens an der Großmutter: Diese legt die Hand aufs Herz und macht fortan kein Laufspiel mehr mit. Oder schließlich die Taten und Untaten des 5-jährigen Bruders und seines tollkühnen Freundes, die ihre Imagination, bisher geheftet auf den »wunderschönen, weltentrückten Jungen« einer Radierung, um ein Stück Realität bereicherten.

– Und schließlich das gesellschaftlich definierte Geschlechterverhältnis. Auf »jener Radierung« ist es das kleine Mädchen, das »liebevoll einen feinen Saum« näht: Sie bereitet sich auf ihre Rolle als Mutter vor, ist fürsorglich, da für die anderen, zärtlich und genau im Kleinen, aber auch darauf begrenzt. Daneben der »weltentrückte Junge, der einfach nur so dasaß und in die Ferne schaute«: *Ihm* wird die Welt gehören, in die er erobernd ausgreifen wird. Mädchen müssen Träume größerer Erwartung früh ersticken. Die Bedeutung dieses Bildes wird wieder evoziert und nun ganz deutlich, als der Kollege Sapir M. Mead davon abrät in die Südsee zu reisen und ihr stattdessen empfiehlt, »zu Hause zu bleiben und Kinder zu kriegen«. Da schreibt sie ein »bitteres kleines feministisches Gedicht« – und sie wird später immer wieder eintreten für die Befreiung der Frau von der ausschließlichen Bindung ans liebevolle Saumnähen.

Welche Fülle von Erfahrungen und Deutungen ist vorwegnehmend in diesen wenigen Szenen der Kindheit eingefangen! Dass *M. Mead* ihre Erfahrungen mit wechselnden Räumen und aussagehaltigen Geschichten, von früh an sensibilisiert, manchmal reflektiert, machen konnte, lag am Milieu der Familie, verdankt sich der Herkunft der Eltern, den Lehren und Hinweisen der Großmutter, kurz: den lebendigen Familienbeziehugen. *M. Mead* schreibt in der Einleitung, ihr sei bei der Arbeit an ihrem autobiografischen Buch »wieder bewusst geworden, wieso meine Erziehung meiner Zeit voraus war. Zum Teil kam es daher, dass ich während meiner ganzen Kindheit die intensive Beziehung meiner Großmutter zur Vergangenheit und zur Gegenwart teilte. Aber es kam auch daher, dass ich das Kind von Soziologen war, die ein tiefes – und unterschiedliches – Interesse am Zustand der Welt hatten. Für mich war es fast dasselbe, zu einer Frau erzogen zu werden, die in der heutigen Welt verantwortlich leben kann, und eine Ethnologin zu werden, die sich der Kultur bewusst ist, in der sie lebt« (S. 10). Dies hat ihr geholfen, ihren »Weg zu gehen«, auch beruflich. Dass hier gesellschaftsspezifische Benachteiligungen vorliegen, deutet sich im Text nur an. Mehr darüber findet sich in *Marie-Luise Könnekers* Band »Mädchenjahre« (1978).

e) Peter Brosch »wird im Frühjahr 1951 unehelich in Frankfurt geboren«; im Jahr 1956 wird er »zum zweiten Male aus seiner Umwelt, an die er sich schließlich gewöhnt hat, gerissen«.

»Er kommt zu einer Pflegefamilie nach Frankfurt-Nied. Seine Pflegeeltern sind 53 und 63 Jahre alt. Die Pflegeeltern haben mit Peter Schwierigkeiten, er ist ihnen zu lebendig, tobt und stellt alles Mögliche an, worauf sie oft nur hilflos mit dem Buhmann ›Polizist‹ drohen können. Trotzdem bedeutet es für Peter eine freiere Entwicklung als im Heim. Er fühlt sich schnell zu Hause, die schreckliche Heimzeit scheint vorbei. Vielleicht werden die Schäden des fünfjährigen Eingesperrtseins durch neue positive Erfahrungen in einem Zuhause überwachsen. Doch das Jugendamt scheint alles daranzusetzen, um Peter nirgendwo heimisch werden zu lassen. Kaum ein halbes Jahr ist Peter bei der Pflegefamilie, da wird er abgeholt und zu einer neuen Pflegefamilie gebracht. Der Abschied ist fürchterlich. ›Er wollte nicht fort. Er hat furchtbar geschrien.‹ Nein, was hat der kleine Kerl geschrien, sagt heute in Rückerinnerung seine damalige Pflegemutter.

Während der Amtsvormund in der Jugendamtsakte angibt, Peter sei für die alten Pflegeeltern zu lebendig, scheint der wahre Grund darin zu liegen, dass man die allzu häufigen Besuche des Vaters, der ja auch in Frankfurt wohnt, unterbinden will. Denn die neue Pflegefamilie wohnt weit weg auf dem Lande im Kreis Schlüchtern. Und das Alter der Pflegeeltern ist ja wohl schon vorher bekannt gewesen.

Während die Mutter ihren Sohn bei einer Lehrersfamilie gut untergebracht glaubt – sie vertraut dem Stadtamtsvormund völlig, sie arbeitet ja auch in einem städtischen Lehrlingswohnheim –, muss Peter bei einer armen Bauernfamilie in der Landwirtschaft helfen. Gleichzeitig wird der Mutter nahe gelegt, Peter im nächsten halben Jahr nicht zu besuchen; er solle sich dort in Ruhe einleben können!

Kinderarbeit auf dem Lande ist bei armen Bauern gang und gäbe, ja notwendig für die materielle Existenz. Die eigenen Kinder der Bauersleute müssen daher genauso wie Peter mithelfen. Und doch befindet sich Peter wie alle Pflegekinder auf dem Lande in einer sklavenähnlichen Situation. Seine neuen Sachen werden eingemottet, und nur zu besonderen Festtagen oder wenn ihn seine Nenntante, eine Freundin der Mutter, besucht, darf er sie anziehen.

Taschengeld bekommt er natürlich keines. Sein Zimmer ist fürchterlich groß, leer und unwohnlich. Eine Bettstelle, eine alte wackelige Truhe und ein Stuhl befinden sich darin. Eine schwache Glühbirne hängt von der Decke. Nachts kann er die Mäuse beim Spazierengehen beobachten. Schläge bekommt er schnell, wenn er was angestellt hat. Insbesondere aber muss Peter eben mehr arbeiten als die eigenen Söhne der Bauern. Während die Bauersfrau mit ihren eigenen Kindern Schularbeiten macht, ist Peter auf dem Feld. Sogar sonntags muss er raus und in den Schulferien natürlich ebenfalls. Es geht sogar so weit, dass er für ein paar Süßigkeiten und ein Abendessen bei anderen Bauern arbeitet. Er wird als billige Arbeitskraft betrachtet und nicht als Pflegekind, das besonderer Hilfe bei seiner körperlichen und seelischen Entwicklung bedarf. Die erste Dorfschulklasse muss Peter daher wiederholen!«

Dieser Text aus dem Buch von *Peter Brosch* »Fürsorgeerziehung. Heimterror und Gegenwehr« (Frankfurt/M. 1971) unterscheidet sich von den vorangehenden in mehreren Punkten. Das hier erzählte Lebensschicksal ist am wenigsten abgeschlossen; vor allem wird nicht aus distanzierender Rückschau, sondern aus unmittelbarer Betroffenheit berichtet. Während es sich in den vorangehenden vier Texten um geordnete Lebensläufe handelt, wird hier ein Leben mit äußerst ungünstigen »Startbedingungen« erzählt. Wesentliche Punkte sind:

– Peter lebt nicht bei eigenen Eltern, sondern wird immer wieder in neue soziale Zusammenhänge »gesteckt«. Peter lebt in einer Welt, in der sein Lebensschicksal zum Verwaltungsakt wird.
– Eine seiner Stationen liegt auf dem Lande; dort lernt er Kinderarbeit kennen. Als »Pflegekind« gehört er jedoch nicht wie Peter Prosch der dörflichen Gemeinschaft an; er ist vielmehr ein Fremder, Ausgestoßener.
– Eine feste Heimat kennt Peter nicht. Die jeweiligen Lebensumstände sind für ihn kaum aushaltbar, doch werden sie oft noch schlechter. So im Nardiniheim, in dem Peter nach eigenem Bericht wie die anderen Kinder von Nonnen gequält wird.
– Menschliche Wärme und einen Rest von Solidarität fühlt er schließlich in offiziell verbotenen sexuellen Beziehungen mit Gleichaltrigen. Sie werden jedoch nicht als durch Lieblosigkeit verursacht oder sinnvolle Rettungsmaßnahme des Jugendlichen gesehen, sondern fallen unter striktes moralisches Verdikt. Nie gelingt es Peter, in dem, was er tut, Anerkennung zu finden.

Peter Brosch hat Chancen, weil er seine Situation durchschaut und solidarische Hilfe findet. Wie die anderen hat er über sein Leben berichtet, wenn auch nur über eine bestimmte Zeit. Denn Brosch geht es weniger nur um den eigenen Lebenslauf, sondern um die Darstellung der »Fürsorgeerziehung« und ihre Kritik. Er ist also politisch engagiert, drängt auf gesellschaftliche Veränderungen. Es ist damit zu rechnen, dass ihm dieses Engagement hilft, trotz starker Behinderungen einen für ihn selbst akzeptablen Weg zu finden.

f) »Manchmal, wenn meine Mutter gute Tage hat, darf ich viel, wenn meine Mutter schlechte Tage hat, darf ich nichts, also es ist immer alles genau auf die Eltern abgestimmt. Du kannst nie deine eigene Meinung sagen oder so. (…) Wenn ich versuche, mit ihnen [ihren Eltern] irgendwas anzufangen oder so, dann fassen die das total anders auf und denken ›Ja, das ist mein liebes Kind‹, und wollen überall angeben: ›Ich hab das bessere Kind‹. (…) Ich glaube wenn ich sagen würde, was ich so den ganzen Tag mache, der [ihr Vater] würde nen Horror kriegen. Der denkt ja noch, ich wäre sein kleines, liebes Mädchen, und ich würde nur machen, was er sagt, und nen besseres Mädchen gibt es nicht und all son Mist. (…) Und dann, da kannste wieder Lügen erfinden und wenn du einmal anfängst, kannste nur noch lügen, kommste nicht mehr raus. Ja und dann, kam das so, meinte er: ›Ja jetzt spielen wir schön mal was, Mensch-ärgere-dich-nicht‹, und da musst du dich auch überwinden, dass du das da mitmachst, aber in Gedanken immer total woanders bist. Ja und dann wieder eben das alte Gesprächsthema: ›Ja, und was habt ihr denn die Woche vor, und schön aufräumen, und wie ist denn Schule, und bald gibts ja Zeugnisse, und …‹ Ahh, bin ich manchmal am, möchte ich wirklich alles hinschmeißen und irgendwie die Tür aufmachen und jetzt bist du in ner total anderen Welt, wo nur noch eben das ist, was du gerne magst, zum Beispiel Stefan [ihr Freund], und nur Stefan da ist, weil dann, also total, dass ich die Tür aufmachen kann, wenn ich möchte, reingehen und dann alles wieder anhören, wenn ich nicht mehr möchte, Tür auf und wieder rausgehen einfach. Aber, das ist auch nur meine Traumvorstellung (…) Ich glaube, wenn meine Mutter sowieso alles wüsste, dann würde ich ihr auch alles sagen. Also, wenn die sich mehr Mühe geben würde, sich mit mir so zu unterhalten und so was. Ich glaube und ich weiß, dass ich Vertrauen zu ihr habe, wenn ich das wüsste, und ich auch weiß, dass ich, wenn ich ihr endlich mal was sage, was ich habe oder so was, dass ich keinen Ärger deswegen kriege. Dann würde ich das auch machen glaube ich …«

Im Unterschied zu den anderen Texten handelt es sich hier um eine Analyse eines biografischen Interviews (vgl. dazu und im Folgenden: *Sander/Vollbrecht* 1985, S. 43 ff.). Wie im vorhergehenden Beispiel wird aus unmittelbarer Betroffenheit und nicht in einer Rückschau berichtet. Die Erzählerin, Anke, ist zum Interviewzeitpunkt 13 Jahre alt. Sie hat zunächst die Hauptschule besucht, ist dann auf die Realschule gewechselt, wo sie nun in die 8. Klasse geht. Ihre Eltern sind seit 15 Jahren verheiratet, leben aber schon länger getrennt und mit neuen Partnern zusammen. Beide Elternteile sind ganztägig berufstätig. Anke und ihre ein Jahr ältere Schwester Christine wohnen meistens bei der Mutter, zum Interviewzeitpunkt allerdings gerade beim Vater. In beiden Wohnungen verfügen die Schwestern über ein gemeinsames Zimmer.

Ein zentrales Problem von Anke ist die Beziehung zu ihren Eltern. Die glückliche Kinderzeit, in der es noch keine Probleme mit Eltern oder Schule gab, ist für sie spätestens seit der Trennung der Eltern unwiderruflich vorbei. Anke macht sich keine Illusionen mehr darüber, dass die Trennung der Eltern endgültig ist, hat die Trennung allerdings noch nicht verarbeitet. Sie fühlt sich hin- und hergerissen zwischen ihren Eltern und deren wechselnden Erziehungsstilen, die zeitweise eher Laisser-faire, dann wieder sorgsam behütend sind. Die damit verbundenen Anforderungen wechseln von relativer Eigenständigkeit bis hin zum Zwang, das ›brave, kleine Mädchen‹ zu schauspielern, das sie längst nicht mehr ist.

In dieser Situation findet Anke emotionale Geborgenheit nicht bei den Eltern, sondern bei ihrem Freund Stefan und einer Clique älterer Jugendlicher, der sie sich angeschlossen hat und besucht auch heimlich deren für sie aus Altersgründen verbotene Treffpunkte wie z. B. eine Szenekneipe. In der Clique fühlt Anke sich aufgehoben und kann ganz sie selbst sein. Ihr Problem ist nun, dass sie ihren Eltern ihr wahres Ich verheimlichen muss in der Annahme, dass die Eltern diese Kontakte nicht gutheißen und verbieten würden. Anke würde dadurch jedoch ihren emotionalen Rückhalt verlieren und gerät so in ein ausweglos erscheinendes Dilemma. So verstrickt sie sich ihren Eltern gegenüber in ein sie sehr belastendes Lügennetz, das sie gerne zerreißen würde. Dies wäre jedoch nur dann möglich, wenn sie ihren Eltern vertrauen könnte, was hier meint, dass die Eltern Ankes Situation und Bedürfnisse verstehen und akzeptieren müssten.

Dieses Beispiel steht nicht nur dafür, welche Konflikte für ein Kind durch die Trennung der Eltern entstehen können. Interessant ist es vor allem durch die zutage tretende hohe Selbstreflexivität und Empathie, über die dieses 13-jährige Mädchen bereits verfügt. Anke unterstellt den Eltern eine Konstruktion ihrer Wirklichkeit, die das Zerrbild einer ›Eltern-Anke‹ hervorbringt, die mit Ankes Selbstbild kaum noch etwas gemein hat. Das elterliche Anke-Bild vom »lieben Kind, mit dem sie angeben wollen«, legt sich wie ein Schleier über die Realität und filtert die Wahrnehmung der Eltern: »Die wollen das überhaupt nicht wahrhaben«. Die Stabilität dieses Bildes zementiert die Ausweglosigkeit von Ankes Situation bezüglich ihrer Eltern, denn deren Deutung der Wirklichkeit ist es, die dominiert. Anke kann, ohne schwer wiegende Folgen befürchten zu müssen, nie die eigene Meinung vertreten, und das heißt letztlich: nie sie selbst sein. Anke sieht sich daher gezwungen, ihre Probleme jeweils elterngerecht zu reformulieren. Dies gelingt ihr zwar in erstaunlichem Ausmaß, vermag ihre Situation auf Dauer aber nicht zu erleichtern, sondern verfestigt eine Problemlage, mit der Anke subjektiv und objektiv überfordert ist. Sie selbst kann die Situation nicht auflösen und erhofft im Grunde genommen von der Mutter, den Knoten zu zerschlagen.

Wie Ankes weiterer Lebensweg zeigt, geht die Geschichte in diesem Fall übrigens gut aus (*Baacke/Sander/Vollbrecht* 1994, S. 11 ff. und S. 131 ff.). Ankes Eltern besitzen genügend Einfühlungsvermögen und Verständnis für ihre Situation, um durch pädagogische Einflussnahme einerseits und kontrolliertes Gewährenlassen andererseits eine tragfähige Lösung zu finden.

Die sechs Lebensläufe aus unterschiedlichen Zeiten und sozialen Kontexten zeigen zugleich sechs unterschiedliche Lebenswelten. Doch gibt es Vergleichbarkeiten (*Ratzel – Sartre – M. Mead; Prosch – Brosch*), so dass dieses Fallmaterial noch einmal den Satz illustrieren kann, *dass die Soziallage des Jugendlichen eine wichtige Determinante für sein gesamtes künftiges Leben darstellt.* So sind Armut oder Nichtehelichkeit soziale Benachteiligungen, ein bürgerlich-mittelständisches Elternhaus und die Stimulierung geistiger Interessen und ästhetischer Empfindsamkeiten stellen dagegen förderliche Elemente dar. Aber abgesehen von solchen sozialstrukturell bedingten Chancenverteilungen, die durch die unterschiedliche Gruppierung bestimmter Lebenswelten im sozialen Stratum einer Gesellschaft bedingt sind, besitzt jedes Leben zugleich auch eine lebensweltliche Einzigartigkeit, die eine genau abbildende Wiederholbarkeit anderswo ausschließt. Ich verstehe also unter »Lebenswelt« nicht nur die ökonomische und sozialstrukturelle Definition von Kommunikations- und Handlungspotenzialen aufgrund bestimmter gesellschaftlicher

Vereinbarungen und Erwartungen im Rahmen bereitgestellter Möglichkeiten – dies wäre der soziologisch-analytische Zugang –, sondern im engeren Sinne auch ihre im Rahmen sozialer und ökonomischer Indikatoren sich jeweils konkret und einmalig konstituierende Verarbeitungsweise im Rahmen einmalig erlebter Umwelt – dies wäre der psychologisch-analytische Aspekt. Man darf beide nicht trennen. Dabei geht es keineswegs darum, einen »individualisierenden Ansatz« in der Weise zu vertreten, dass die einzigartige Persönlichkeit das höchste der Güter sei. Es ist daran festzuhalten, dass es keine »Einzigartigkeit« gibt, die nicht durch die gesellschaftliche Konstruktion der Wirklichkeit erlaubt oder vorenthalten wird (vgl. Kap. 5). Die Rede von »sozialer Schicht« oder »Klassenlage« meint genau dies: dass es strukturell identische und damit vergleichbare Situationen gibt, in denen bestimmte Gruppen von Menschen aufwachsen. Vielleicht hat ein Arbeiterkind mit der Erlebniswelt des Vaters mehr Gemeinsamkeiten als mit der eines gleichaltrigen Gymnasiasten, aber auch ein Mädchen »aus gutem Hause« erheblich mehr Schwierigkeiten zu überwinden in seiner Entwicklung und Förderung als ein Junge aus »gleichen Kreisen« – dann wäre der für beide geltende Oberbegriff »Jugendliche« eine verstellende Zusammenfassung. Hat der pädagogisch Handelnde dies im Blick, wird er jedoch gleichzeitig nicht umhin können, die subjektive Erlebnishaftigkeit jedes einzelnen Lebensschicksals, mit dem er zu tun hat, angemessen zu beachten. Denn er hat es nicht nur mit dem Vertreter einer sozialen Gruppe, sondern mit einem Ich zu tun, das je nach seinen Bedürfnissen eine besondere Art der Zuwendung beansprucht. Dies ist auch deswegen zu betonen, weil diese Grundvoraussetzung im Folgenden nicht jeweils eigens expliziert werden kann. Vielmehr werden wir die »13- bis 18-Jährigen« unter bestimmten Gesichtspunkten als *eine Gruppe* zusammenfassen – eingedenk der Tatsache, wie problematisch das ist.

Pubertät – Adoleszenz

Wir gehen davon aus, dass die Lebenswelt von 13- bis 18-Jährigen, so unterschiedlich sie im Einzelfalle ist, doch bestimmte Elemente enthält, die die Betonung der Gemeinsamkeit eines Lebensabschnittes möglich machen. Was erlaubt nun, gerade die Altersspanne von 13 bis 18 Jahren als Voraussetzung für die Bildung einer Gruppe anzunehmen? Die Antwort geben die Leitbegriffe dieses Abschnitts: Pubertät und Adoleszenz.

Die *Pubertät* ist die Phase, in der der Heranwachsende besonders einschneidende physiologisch-biologische Veränderungen durchmacht (er wird geschlechtsreif) und im Zusammenhang dieser Erfahrungen die allmähliche Ablösung vom Elternhaus intensiviert. Es handelt sich dabei um eine längere und differenzierte Phase mit zeitlich offenen Grenzen. Das heißt, dass weder die physiologischen Entwicklungsschübe noch die mit ihnen korrelierenden psychischen und sozialen Entwicklungen punktuell angebbar beginnen oder abschließen. Insofern sind »13« oder »18« Jahre jeweils nur ungefähre Grenzmarkierungen. Mit 13 Jahren beginnt der »puberale Wachstumsschub«, der von der Reifung der Geschlechtsmerkmale begleitet wird. Er hat seinen Höhepunkt etwa bei 15 Jahren; die physiologisch-geschlechtliche Entwicklung ist in der Regel spätestens mit 17/18 Jahren beendet. Dabei ist die eigentliche genitale Entwicklung zeitlich stärker begrenzt als der Längenschub. (*Rosenmayr* 1969, S. 88). Die unmittelbare Pubertät ist meist schon beendet, ohne dass jedoch ihre sozialen und emotionalen Folgen bereits völlig bewältigt sind. Man spricht daher von Adoleszenz, indem man nicht nur das Ereignis der Pubertät meint, sondern eine länger gestreckte Phase einer Altersgruppe, die umgangssprachlich unter dem Terminus »Jugendliche« zusammengefasst wird. Die Einheit dieses Zeitraums besteht darin, dass durch den Einbruch der Pubertät – der durchschnittlich mit etwa 13 Jahren erfolgt – die selbstverständliche Welthinnahme des Kindesalters abgeschlossen wird und eine neue Einheit aus physisch-psychischen Erlebnis- und Selbsterfahrungen entsteht, die zur wachsend bewussten Entwicklung eines Ich-Gefühls führen, das die Abgrenzung von anderen Personen erlaubt und gerade dadurch die Aufnahme von selbst gewählten Beziehungen auf breiterer Basis ermöglicht. Diese Entwicklung kann schon vor dem 13. Lebensjahr begonnen sein und sie ist in der Regel mit dem 18. Lebensjahr nicht abgeschlossen. Es handelt sich also nur um ungefähre Grenzmarken, die das Ende der Kindheit bzw. den Beginn eines strikteren Übergangs in das Erwachsenenalter anzeigen sollen. Ob die Begrenzungen mit Recht gewählt sind, mag also füglich bestritten werden. Mädchen sind manchmal schon vor dem 13. Lebensjahr geschlechtsreif; häufig werden 18- bis 25-Jährige noch zu den »Jugendlichen« gezählt. Sind die landläufig-griffigen Bezeichnungen wie »Teenager« oder »Twen« nicht ebenso geeignet? So fragt auch *Rosenmayr* (1969, S. 68): »Ist überhaupt die Begrenzung von der Geburtsurkunde her, also die Wahl demografischer Altersjahrgänge, als Ausgangspunkt sinnvoll? Wären nicht soziale Festlegungen, wie aktive Berufsausübung nach einer Lehrzeit, Eheschließung, aktives Wahlrecht usw., bessere Kriterien für eine Abgrenzung? Andererseits werden kalendarische Abgrenzungen benötigt, um die Verteilung solcher sozialer Festlegungen wie Beruf und Eheschließung beschreiben und solche Daten für die Jugendlichen bzw. die ›jungen Erwachsenen‹ verschiedener Gesellschaften oder sozialer Großgruppen miteinander vergleichen zu können.« Schließlich könnte man auch von den Bildungsinstitutionen her gliedern, also zusammenfassen die 6- bis 10-Jährigen (Grundschule), die 11- bis 14/15-Jährigen (Sekundarstufe I) und die 15- bis 18/19-Jährigen (Sekundarstufe II). Da die schulisch-institutionellen Anforderungen in den verschiedenen Stufen durchaus unterscheidbar sind und auch auf bestimmte zusammengefasste Altersstufen bezogen werden, erscheint eine solche Zusammenfassung durchaus als sinnvoll.

Wenn hier die Altersgruppe der 13- bis 18-Jährigen zusammengefasst wird, so gibt es außer den schon genannten Gründen nur eine weitere Rechtfertigung: dass diese Altersspanne in etwa als eine sinnliche Einheit erfahren wird, und zwar von den Jugendlichen selbst, aber auch von Eltern und Lehrern. Die körperlichen Veränderungen der Adoleszenz, neue Verhaltensweisen und ein atmosphärischer Gesamthabitus schließen diese Altergruppe zusammen. Es sind die Jahre, die Erzieher am meisten verunsichern. Die Jugendlichen sind oft aggressiv gegenüber Erwachsenen und rufen *deren* Aggressivität hervor. Die körperliche Reifung führt zu einer physischen Entfaltung im Kräftehaushalt und im Aussehen, die von den Adoleszenten zunehmend bewusst erfahren und ausgespielt werden. Der Ausdruck »Teenager« wäre hier von zu großer Harmlosigkeit. Die Erwachsenen spüren, dass Adoleszenten ihnen in der Regel sexuell nicht erreichbar sind, obwohl sie zugleich möglicherweise erfolgreiche sexuelle Konkurrenten sein können. Adoleszenten entwickeln eigene Meinungen und deuten in vielen Lebensäußerungen an, dass sie sich, wenn nicht jetzt, so doch später durchsetzen werden; in ihnen kristallisiert sich jeweils die Eigenart einer zu erwartenden neuen Generation, die »ans Ruder« der Gesellschaft tritt. Von daher ist die ambivalente Haltung von Erwachsenen gegenüber dieser Altersgruppe zu verstehen: Sie ist noch schutzbedürftig und förderungswürdig und stellt doch zugleich eine physisch-emotionale Bedrohung dar. Insofern sind die Probleme der Adoleszenz auch ein Teil derjenigen, die die Erwachsenen mit sich haben – etwa mit ihrer zumindest physisch im Vergleich mit Jugendlichen nicht aufrechtzuerhaltenden Leistungsfähigkeit. Der Jugendfetischismus der Konsumwelt und die Unterhaltungsmythen des Sports halten die aggressive Überlegenheit der Adoleszentenphase jederzeit sichtbar und präsent. Während man früher mehr den »Pubertätsschock« betonte, die psychischen und physischen Qualen des Jugendlichen, die Unzufriedenheit mit seiner Erscheinung, Sündenbewusstsein und sehnendes Suchen (vgl. *Charlotte Bühler*), so betont man heute eher Attraktivität, Selbstständigkeit und Unbefangenheit einer »neuen Jugend«, die aus ihrer physischen Selbstgerechtigkeit heraus lebt. Beide Ansichten sind ohne Zweifel einseitig und damit problematisch (vgl. Kap. 4).

Jeder weiß aus Anschauung und Erfahrung, dass »Jugendlichkeit« von unterschiedlicher Länge sein kann. Es gibt 14-Jährige, die bereits völlig ausgereift sind und mit 18-Jährigen verwechselt werden können; andererseits gibt es junge Leute um die 20, die sehr viel jünger wirken. Abgesehen von physiobiologisch bedingten Entwicklungen ist die Schichtzugehörigkeit in dieser Hinsicht maßgeblich. Die empfindsam-romantische Erfindung des »Deutschen Jünglings« (vgl. *H. H. Muchow*), der mit genialischem Schwung und mit idealistischer Gesinnung in einer literarisch-idealisierenden Pose die edlen und adelnden Züge des Jungseins inkarnierte, stammt geistesgeschichtlich aus dem literarisch-ästhetisch gebildeten Bürgertum, das sich auch auf diese Weise eines besonderen geistigen Werts versicherte. Arbeiterkinder haben sehr viel weniger Chancen, lange »jung« zu bleiben. Versteht man unter »Jugend« mit *Bernfeld* (1914/15, S. 75) auch einen »seelischen Typus«, so haben früh erwerbstätige Heranwachsende kaum die Möglichkeit, diese Züge zu entfalten. In Ratzels Beschreibung [vgl. Text (b)] zeigen sich Züge verinnerlichender seelischer Entwicklung, wohingegen Peter Prosch aus dem Zillertal entschieden derb und ohne den erotischen Liebreiz zarter Jugend auftritt. *S. Bernfeld* (1935/1969, S. 630 ff.) unterscheidet eine »neurotische« Pubertät von einer »einfachen«. Während diese beispielsweise weniger durch innerliche Enthaltsamkeitsdressate bestimmt ist, wird die neurotische Pubertät von einer inneren Angst geleitet, die »ausgelöst wird, weil das Erwachsensein und seine Sexualität wie eine bedrohende Gefahr erlebt werden oder unbewusst als solche wirksam werden. Die allgemeine Ursache hierfür liegt in der frühen Kindheitszeit. In ihr wurden gegen alle frühen Regungen der Sexualität Hemmungen eingesetzt: drohende Strafen, Angst, Gewissensunruhe; es war geglückt, sie zu verdrängen, zu unterdrücken, aufzuschieben, verkümmern zu lassen. Die Anzeichen der beginnenden Erwachsenheit bedrohen diesen mühsam aufgerichteten Baum mit dem Zusammenbruch. Die Furcht davor bestimmt die Pubertätsverläufe dieses Typus«. Solche Neurosen können durch Sublimierung überwunden werden, wie sie sich als Leistung im »Jüngling« verkörpert (vgl. die Jugendtagebücher auf 135).

Man unterscheidet weiter eine »begünstigte Adoleszenz« von einer »benachteiligten Adoleszenz« (vgl. *Rosenmayr*, S. 136 ff.). Begünstigt ist sie dann, wenn

- bestimmte Beziehungspersonen kontinuierlich zur Verfügung stehen;
- die Fähigkeit anerzogen wird, gegenwärtige Mühen wegen

künftiger Vorteile auf sich zu nehmen, also eine Triebkontrolle mit belohnendem Charakter erfolgt;
- die Eltern eines Heranwachsenden über seine übrigen Erfahrungsbereiche Bescheid wissen, etwa guten Kontakt zu den Lehrern halten;
- eine ständige Motivation »zur Ausübung von Freizeittätigkeiten, die kulturelle höhere Ansprüche befriedigen«, erfolgt;
- die Adoleszenz möglichst lange ausgedehnt wird, so dass der Jugendliche sich hinreichend üben kann, um eine vollwertige Kultur- und Gesellschaftsfähigkeit zu erreichen.

Veränderungen der Jugendphase

Die im vorangehenden Abschnitt gegebenen Überlegungen und Abgrenzungen werden von der neueren Diskussion zur Disposition gestellt. Gesprochen wird von einer »Entstrukturierung der Jugendphase«. Dies meint: Alle bisher herangezogenen Bestimmungsmomente von Jugend, so wenig präzise sie ohnehin sind, haben heute allenfalls relative Gültigkeit (zum Wandel der Jugendphase in den letzten 100 Jahren vgl. auch den von Sander/Vollbrecht herausgegebenen Sammelband »Jugend im 20. Jahrhundert«). Auf eine Vielzahl von Differenzierungen, sozusagen eine »Jugend im Plural« (*Pöggeler* 1982, S. 389) wurde schon hingewiesen: Zu beachten sind klassen- oder schichtspezifische Einteilungen (Arbeiterjugend, Landjugend, bürgerliche Jugend, bäuerliche Jugend); Einteilungen nach dem jeweiligen Bildungs- und Sozialstatus (Sonderschule, Hauptschule, Realschule, Fachoberschule, Gymnasialjugend, Auszubildende, Studenten, Zivildienstleistende, Bundeswehrangehörige); siedlungstypologische Einteilungen (ländliche Jugend, Jugend der Klein- und Mittelstädte, großstädtische Jugend, Jugend in Ballungsgebieten oder Randzonen); Organisationsformen der Jugend (Vereins- und Verbandsjugend); jugendkulturelle Merkmale (Punks, Popper, Rocker, Teds, Skinheads, Raver, Hiphopper, Fangruppen aller Art); Einteilungen der Jugend nach der Aneignung unterschiedlicher Sozialräume (Straße, Park, Klub, Kneipe, Bank, Schulhof, Freizeitheim).

Abgesehen von solchen Einteilungen führt der soziale Wandel dazu, dass auch andere Bestimmungsmomente für die Eingrenzung von »Jugend«, wie sie voranstehend gegeben wurde, in ihrer Gültigkeit verblassen. So findet eine zeitliche *Vorverlagerung der Pubertät* statt, die bisher durchschnittlich im Alter von 13 Jahren angesetzt wurde. Sie setzt heute aufgrund guter Ernährung und entsprechender ärztlicher Versorgung immer früher ein, und jugendtypische Erlebnisformen werden auch Gruppen zugänglich, die wir vor 20 Jahren noch unzweideutig als Kinder definiert hätten. Der Längenwachstumsschub, die sehr früh zu konstatierende Gewichtszunahme und die genitale Reifung haben sich erheblich nach vorn verlagert, und entsprechend die sozialen und auch erotischen Erfahrungsmöglichkeiten. Diesen Vorverlagerungen korrespondiert ein früherer kognitiver Entwicklungsstand. Auffällig ist eine hohe Fähigkeit der Selbstreflexion und der Reflexion über die Motive anderer schon bei 13-jährigen SchülerInnen [vgl. Beispiel f): Anke]. Die Medien tragen entscheidend zu diesem Verfrühungsschub bei, weil sie in ihren Serien ein riesiges Arsenal an Identifikationsmustern anbieten sowie (freilich schlichte) Erklärungen sozialer Dynamik. Schließlich geht mit der kognitiven und körperlichen Reifung die soziale Verfrühung Hand in Hand. Die Peergroups, also die Gruppen der Altersgleichen, beginnen heute schon bei den 9- bis 10-Jährigen, während Heranwachsende früher bis zum Alter von 12/14 Jahren oft ausschließlich mit den Eltern zusammen waren, allenfalls noch organisiert in einer kirchlichen, den Eltern vertrauten Jugendgruppe. Inzwischen gibt es nicht nur Kinder- oder Jugenddiskos, sondern auch die erotischen Praktiken haben sich nach vorne verlagert. Die Verwissenschaftlichung und Psychologisierung des gesamten Lebens führen dazu, dass alte Muster von »Kindlichkeit« eher randständig sind.

Während man in den 50er- und 60er-Jahren noch mehrheitlich von einer weitgehend standardisierten Statuspassage »Jugend« ausgehen konnte, zeigten sich in den letzten Jahrzehnten Entstrukturierungen und Destandardisierungen, durch die sich die Jugendphase zu einem eigenständigen Lebensabschnitt entwickelte, innerhalb dessen sich »spezifische soziale Lebensweisen, kulturelle Formen und politisch-gesellschaftliche Orientierungsmuster« (*Zinnecker* 1991, S. 10) ausgebildet haben. Vor allem gibt es auch eine zeitliche Ausdehnung der Jugendphase nach hinten, also hinein in die 20er-Lebensjahre. Diese hängt vor allem mit der gestiegenen Verweildauer im Bildungssystem zusammen. Durch diese Integration in relativ eigenständige Bildungseinrichtungen wächst auch die Autonomie der Jugendphase, da sie relativ abgekoppelt von den Institutionen der Erwachsenengesellschaft besteht und von Erwerbsarbeit und Familiengründung zunehmend entlastet ist. Dies geht einher mit der Zunahme einer relativen kulturellen Autonomie der Jugendlichen im Hinblick auf von den Erwachsenen abweichende Lebensformen und Lebensstile sowie auf politische und gesellschaftliche Orientierungen.

Versteht man unter Erwachsensein die feste Verankerung in einem Berufssystem, kann eine Ausdehnung der Jugendphase bis in die 20er-, ja 30er-Jahre konstatiert werden. Damit einher gehen psychosoziale Neuorientierungen, die unter dem Stichwort »Postadoleszenz« diskutiert werden. Gemeint ist eine Gruppe von Menschen, die kulturell, politisch und in der Gestaltung ihrer Lebensstile völlig autonom sind, also keiner pädagogischen »Betreuung« mehr bedürfen. Aber beruflich, materiell und in der Durchsetzung ihrer Lebensplanung ist diese Altersgruppe häufig behindert, noch unselbstständig oder weiterhin auf einer Suche nach Verankerung im System – wenn manche nicht vorziehen, dieses zu verlassen und sich in alternativen Zirkeln ein »anderes Leben« vorzustellen. Insgesamt führt diese Situation dazu, dass jugendtypische Erlebnisformen heute auch für Altersgruppen noch zugänglich und attraktiv sind, für die dies noch vor 30 Jahren nicht vorstellbar gewesen wäre. Sogar die heute 50-Jährigen orientieren sich durch Joggen, Bodybuilding, in der Art ihrer Kleidung und im Sichgeben an jüngeren Generationen. Dies ist der Effekt einer schon einleitend beschriebenen retroaktiven Sozialisation (*Klewes* 1983): Zumindest in den Bereichen Freizeit, Medien und Mode setzen die Jüngeren häufig die Verhaltensregeln für die Älteren fest, die ihnen auch gern folgen. Damit hängt zusammen, dass die Zielspannung Erwachsenwerden nachgelassen hat. Das allenthalben ausgetauschte »Du« ist psychosozial betrachtet sicherlich ein Zeichen für eine jugendgruppentypische Nähe, die so mancher nicht verlassen möchte.

Damit ist Jugend nicht mehr ein problemloser Übergangsbereich von Kindheit in das Erwachsensein. Die Übergänge von einer Station im Lebenszyklus zur folgenden sind zunehmend entkoppelt.

Der Strukturwandel der Jugendphase lässt sich mit den Begriffen *Verallgemeinerung, Homogenisierung, Zerfaserung der Jugendphase* stichwortartig beschreiben. Motor für die Verallgemeinerung der Jugendphase war vor allem die Bildungsreform der 60er- und 70er-Jahre. Die Verlängerung der Pflichtschulzeit, die Ausweitung qualifizierter Schulabschlüsse und schließlich der Einsatz von Beschulungsmaßnahmen zur kosmetischen Korrektur der Jugendarbeitslosigkeit (»Warteschleifen«; *Hurrelmann* 1989) führten zu einer deutlichen lebensgeschichtlichen Ausdehnung des Schulbesuchs. Während für den größten Teil der Jugendlichen in den 50er-Jahren die Schulzeit mit 14 oder 15 Jahren endete, trifft dies heute erst für die 16- bis 17-Jährigen zu. Die Verweildauer in der Schule ist gegenüber den 50er-Jahren somit um mindestens zwei bis drei Jahre gestiegen. Hinzu kommt die zunehmende Bedeutung des Abiturs für die Schullaufbahnen heutiger Jugendlicher. So gaben in einer Untersuchung von 1993 42% der ostdeutschen und etwa 60% der westdeutschen 10- bis 15-jährigen Heranwachsenden als angestrebten Schulabschluss das Abitur an (*Büchner/Krüger* 1996, S. 207). Dies heißt gleichzeitig auch, dass die Schule heute von der übergroßen Mehrheit der Jugendlichen nicht mehr vor oder zu Beginn der Adoleszenz verlassen wird, wie es noch in den 50er-Jahren der Fall war. Vielmehr haben sich Schulzeit und Adoleszenz lebensgeschichtlich parallelisiert (vgl. *Hurrelmann u.a.* 1985).

Die lebensgeschichtliche Ausdehnung der Schulzeit wird dabei auch von erheblichen Verschiebungen in der Verteilung der Schüler auf die Schulformen begleitet. Während im Jahre

1952 79% der Schüler im 7. Schuljahr die Hauptschule, 6 Prozent die Realschule und 13% das Gymnasium besuchten, waren im Schuljahr 1989/90 nur noch 31,7% der Schüler in einer Hauptschule, hingegen 27,1% in einer Realschule und 31,2% in einem Gymnasium (vgl. *Hansen/Rolff* 1990).

Profitiert von dieser Expansion der weiterführenden Schulformen haben vor allem die Mädchen, die seit den 80er-Jahren die Jungen in Realschulen und Gymnasien sogar überholt haben (*Faulstich-Wieland/Nyssen* 1998, S. 166). Auch für die Arbeiterkinder haben sich in den vergangenen Jahrzehnten die Bildungschancen etwas verbessert. Im Unterschied zu den 50er-Jahren hat sich der Anteil der Arbeiterkinder an den Gymnasien von 5 auf 10% gesteigert. Ihre weiterhin bestehende Benachteiligung zeigt sich vor allem bei der intergenerativen Bildungsmobilität, die erkennen lässt, dass die Hauptschule heute zu gut 80% von Jugendlichen besucht wird, deren Eltern selbst zur Hauptschule gingen. Dagegen besuchen 70% der Kinder von Eltern mit Abitur das Gymnasium (vgl. *Apel* 1992, 367).

Parallel mit dem Abbau der quantitativen Bildungsbenachteiligung von Mädchen ging auch eine Veränderung der beruflichen Verselbstständigungswünsche und Lebenspläne weiblicher Jugendlicher einher. Berufsausbildung und Berufsarbeit sind heute ein selbstverständlicher Teil der weiblichen Normalbiografie. Ein weiteres Indiz für die Verallgemeinerung und Angleichung der Jugendphase ist neben der Verschulung und der Annäherung der Lebenswege von Jungen und Mädchen die Ausweitung des Zeitbudgets sowie der Zugewinn an Freizeitmöglichkeiten und -tätigkeiten der heutigen Jugendlichen.

Während sich die Entwicklungsrichtungen des Wandels der Jugendphase in den vergangenen Jahrzehnten einerseits mit den Begriffen *Verallgemeinerung* und *Homogenisierung* charakterisieren lassen, zeichnet sich als gegenläufiger Prozess eine *Entstrukturierung* der Jugendphase ab. Entstrukturierung meint, dass sich der Übergang ins Erwachsenenalter in eine tendenziell zusammenhanglose Abfolge von Teilübergängen ausdifferenziert. Sehr plastisch lässt sich dies in der Abbildung 1 illustrieren, die Ergebnisse der Erwachsenenbefragung

der 10. Shell-Jugendstudie und einer Jugendstudie von Silbereisen u.a. von 1996 gegenübergestellt.

Lebensalter, in dem etwa 50% der Erwachsenen die Lebenslaufereignisse erlebt haben

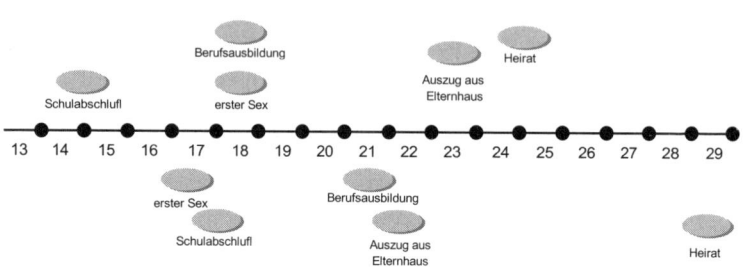

Lebensalter, in dem 50% der westdeutschen Jugendlichen die Lebenslaufereignisse erlebt haben

Abbildung 1: Eintritt von Lebenslaufereignissen in den 50er- und 90er-Jahren.

Es fällt zunächst einmal auf, dass ein Großteil der heutigen
Jugendlichen in Westdeutschland im Unterschied zu denen
der 50er-Jahre die Schule drei bis vier Jahre länger besuchen.
Demgegenüber haben sich die ersten sexuellen Erfahrungen
an den Beginn der hier aufgeführten Kette von Lebenslaufereignissen verlagert und werden im Schnitt ein Jahr früher,
mit 17 Jahren, gemacht. Die erste Berufsausbildung wiederum
wird etwa drei Jahre später als noch in den 50er-Jahren abgeschlossen, der Auszug aus dem Elternhaus findet ein Jahr früher, die Heirat durchschnittlich fünf Jahre später statt.

Vergleicht man die zeitliche Abfolge von wichtigen Lebenslaufereignissen im jugendlichen Lebenslauf, so zeigt sich,
dass im Unterschied zu einem Großteil der Jugendlichen der
50er-Jahre, die die einzelnen Lebenslaufereignisse in einer
wohl geordneten Sequenz durchliefen – erst kam der Schulabschluss, dann die sexuellen Erfahrungen, erst einige Jahre
nach Abschluss der Berufsausbildung wurde das Elternhaus
verlassen und kurz darauf geheiratet –, der zeitliche Weg
durch die Jugendbiografie bei der Mehrheit der heutigen Jugendlichen durch gravierende Veränderungen geprägt ist. So
haben sich z.B. die ersten sexuellen Erfahrungen schon in die
Schulzeit hineinverlagert, d.h., anders als bei der Jugendgene-

ration der 50er-Jahre ist es gegenwärtig zu einer zeitlichen Überlappung von Schul- und Sexualerfahrungen gekommen. Auch folgt auf den Auszug aus dem Elternhaus nicht mehr relativ bald die eigene Familiengründung. Vielmehr ist zwischen das Verlassen des Elternhauses und die Gründung der eigenen Familie eine neue biografische Zwischenetappe des Alleinwohnens getreten (vgl. auch *Gaiser/Müller* 1988).

Noch deutlicher wird die Zerfaserung und auch die breitere Streuung der Übergänge ins Erwachsenenalter, wenn man sich die beiden zentralen Übergangsereignisse am Ende der Jugendphase noch einmal genauer ansieht. Besonders auffällig ist die Destandardisierung des Familienzyklus. So ist das durchschnittliche Heiratsalter, das lange Zeit nach unten ging, seit Mitte der 70er-Jahre wieder angestiegen (vgl. *Jaide* 1988, S. 50 f.), und die Streuung des Eintritts in die Ehe wird wieder breiter und der Anteil der Ledigen an den 20- bis 30-Jährigen hat in den letzten Jahren enorm zugenommen.

Ebenso lassen sich im Bereich der Erwerbstätigkeit Tendenzen zeitlicher Streuung und eines lebenszeitlich späteren Eintritts in das Erwerbsleben feststellen. Diese Veränderungsprozesse gehen nicht nur auf die gestiegenen Studentenzahlen zurück (waren es 1960 nur 7,9% der 19- bis 21-jährigen westdeutschen Jugendlichen, die ein Studium aufnahmen, so 1995 bereits 33,4%; *BMBF* 1999, S. 140), sondern auch auf die zunehmende Jugendarbeitslosigkeit. Fast jeder zweite Jugendliche sieht Ende der 90er-Jahre in der hohen Arbeitslosigkeit ein gravierendes Problem. Diese Überzeugung verstärkt sich mit zunehmendem Alter. Unter den 12- bis 14-jährigen Kindern bewegt die hohe Arbeitslosigkeit nur knapp jeden fünften Befragten – bei den 18- bis 21-Jährigen sind es dagegen 59% und bei den 22- bis 24-jährigen Twens sogar 63% (vgl. *Fischer/Münchmeier* 1997, S. 14).

Die schwierigere Eingliederung in das Berufsleben geht mit der verlängerten Bildungs-Wartezeit Hand in Hand. Die Entkoppelung von Bildung, Ausbildung und Berufstätigkeit ist in vollem Gange. Die Übergänge aus dem Schulsystem in die Ausbildung und vom Ausbildungssystem in den Beruf sind nicht mehr so eng gefügt wie früher. Dies hat objektive und subjektive Gründe. Objektiv ist die Berufsfindung schwieriger

geworden, weil manchmal nicht genügend oder nicht die gewünschten Berufe zur Verfügung stehen (Folge: Jugendarbeitslosigkeit); subjektiv sind die Ansprüche an die Berufstätigkeit gewachsen, mit der Folge, dass einmal getroffene
Entscheidungen für einen Beruf manchmal nach relativ kurzer Zeit revidiert werden, weil dieser nicht die versprochene
Befriedigung verschafft.

Die erzwungene oder freiwillige Freisetzung von Erwerbsarbeit für immer mehr Jugendliche bedeutet zugleich, dass
sich die Phase der ökonomischen Unselbstständigkeit lebenszeitlich verlängert. Als gegenläufige Bewegung dazu kann
man feststellen, dass sich der Zeitpunkt der soziokulturellen
Teilhabe an den Bereichen Freizeit, Medien, Konsum und
Sexualität immer weiter nach vorne verlagert hat. Die Folge
ist, dass die Differenzen zwischen den einzelnen Alterspha-
sen Kindheit, Jugend, Erwachsenenalter, zunehmend an Bedeutung verlieren, sich somit der Lebenslauf insgesamt
entdifferenziert und bezogen auf die Jugendphase Entstrukturierungen jugendspezifischer Verhaltensnormen und Orientierungsmuster mit sich bringt.

Tendenzen der Individualisierung

Die beschriebenen Veränderungen der Jugendphase hängen
mit dem zusammen, was in der Jugendforschungsdiskussion
»Individualisierungsprozess« genannt wird. Grundsätzlich ist
damit nichts Neues angesprochen (*Heitmeyer/Olk* 1990, S.
12 ff.). Die Herauslagerung der ökonomischen Produktion aus
familialen Lebensformen und die zunehmende Ausdifferen-
zierung von Teilsystemen der Gesellschaft, vor allem in der
Trennung von politischer Steuerung und ökonomischer Kapi-
talbildung, haben als Folge die zunehmend schwierige Aufgabe, sich im gesellschaftlichen System zu verorten und die
unterschiedlichen Rollenansprüche mit den Interessen seiner
Individualität in Einklang zu bringen. *Ulrich Beck* (1986) verweist auf »sekundäre« Individualisierungsschübe seit den
1950er-Jahren des vergangenen Jahrhunderts, die damit vor
allem für die neuen Generationen von Bedeutung sind. Zum

einen beschreibt Beck die progrediente Steigerung des materiellen Lebensstandards, die immer mehr Personen erlaubt, zumindest in der Freizeit, im Konsumbereich und in Fragen persönlicher Lebensführung ihre Milieubindungen abzuschütteln und eigene Wege der Lebensgestaltung zu suchen. Hinzu kommt zum andern eine erheblich gestiegene soziale und geografische Mobilität, die ebenfalls dazu beiträgt, Menschen aus traditionalen Lebenswelten herauszulösen. Schließlich führt die im vorigen Abschnitt bereits angesprochene längere Verweildauer im Bildungssystem dazu, dass höhere Ansprüche an Selbstfindung und Reflexion gestellt werden. Die Ausstattung mit »Bildungskapital« (*Bourdieu*) wird zum entscheidenden Vehikel für sozialen Aufstieg und ästhetisch-soziale Orientierung. Regionale Bindungen erodieren damit ebenso wie klassenspezifische Zuordnungen oder andere Milieuverhaftungen. Oft bleibt dies auf mehr symbolischer Ebene. Ein Mädchen, das Benettonkleidung trägt und damit andeutet, dass sie zu den »happy few« gehören möchte und an einer hedonistischen Jugendkultur orientiert ist, kann zu Hause dennoch soziale Armut und kleinbürgerliche Enge vorfinden. Ihr über Mode symbolisierter Ausbruch aus diesem Milieu bleibt scheinhaft. Dennoch ist nicht zu leugnen, dass immer mehr Jugendliche Lebensstil und Kleidungsgewohnheiten wie Freizeitvorlieben nicht mehr durch ihr Herkunftsmilieu bestimmen lassen, sondern im Rahmen ihrer Peergroup-Gesellungen ein Stück weit frei darüber verfügen, wie sie ihren Lebensentwurf ausgestalten. *Beck* weist darauf hin, dass Individualisierung zweischneidig ist. Denn einerseits wird der Lebenslauf von Jugendlichen über eine Fülle von Institutionen, unter denen das Bildungssystem eine zentrale Rolle spielt, immer stärker kanalisiert: Kindergartenbesuch, Einschulung, Übergang in eine weiterführende Schule, Berufsausbildung und Etappen des Berufsweges, begleitet durch die »privaten« Entscheidungen zu Beziehungsaufnahmen, Heirat, Geburt von Kindern etc., all dies ist hochgradig geregelt. Jugendliche durchlaufen heute eine Vielfalt von Statuspassagen, die über Institutionen gesteuert sind. Diese Steuerungen erfolgen freilich häufig abstrakt und über Einrichtungen, die keine direkte moralische oder soziokulturelle Einwirkung mehr leisten wollen oder können. So verschwinden alte Verbindlichkeiten. Jugendliche von heute müssen in erheblich höherem Maße als früher selbst darüber entscheiden, welche symbolischen Gebrauchsmuster sie für sich erwerben und wie sie diese in ihr Leben integrieren.

Damit leben Jugendliche häufig nicht mehr im Schutz *mittelbarer* Beziehungen, sondern sie sind *unmittelbar* – und das heißt auch: nicht geschützt, unvermittelt – Botschaften und Aufforderungen ausgesetzt. Bisher lebten die Menschen vorzüglich in mittelbaren Verhältnissen, die über lebensweltliche Bindungen Regeln und Rituale des Zusammenlebens schufen und aufrechterhielten. »Mittelbar« meint, dass etwa Tradition, Moral, Sitte und Brauchtum neue Einflüsse selegieren und steuern. So funktioniert nicht nur die Familie, sondern auch die Schule, später die Berufsverbände etc. Auch der in diesem Buch benutzte Begriff »Lebenswelt« impliziert – ebenso wie »Sozialisation« oder »Kommunikationsprozesse« –, dass Menschen in historisch entstandenen, aktuell wirkenden und geregelten sozialen Ordnungen leben, die ihnen zwar eigene Handlungen ermöglichen, aber gleichzeitig Regeln und Regularien, Konventionen und Traditionen anbieten, über die Verständigung und Verstehen, damit gemeinsames politisches, soziales und kulturelles Handeln laufen. Alle Kommunikationsbeziehungen sind, so verstanden, mittelbar. »Unmittelbar« sind sie immer dann, wenn sozusagen kein Filter solcher lebensweltlichen Ordnungsvorstellungen mehr vorhanden ist. Wenn die These richtig ist, dass Lebenswelten unverbindlich werden oder durch abstrakte soziale Regelungen, die wir »Vergesellschaftung« nennen, ersetzt werden, dann werden die unmittelbaren Einwirkungen umso stärker (*Baacke/Sander/Vollbrecht* 1990 a). Solche unmittelbaren Einwirkungsfaktoren sind die Bereiche von Mode, Konsum und Medien – um herausragende Beispiele zu wählen. Wie ein Junge oder ein Mädchen sich kleidet, das wird kaum noch von den Eltern kontrolliert. Werbung und Geschmack der Peergroup dominieren hier. Medienidole und über sie demonstrativ ausagierte Lebensstile erreichen südliche wie nördliche Milieus in gleicher Weise, ja, es scheint, als schlössen sie die Welt andeutungsweise zu einem »global village« (*McLuhan*) zusammen.

Stars wie *Michael Jackson*, *Prince* oder *Madonna* sind nicht mehr wie *Frank Sinatra* u. Ä. Figuren des Showbusiness mit Erwachsenenappeal, sondern sie demonstrieren und agieren Jugendlichkeit (verbunden mit Provokation, Auffälligkeit und Coolness) und werden so zum Protagonisten für Altersgleiche (und Jüngere wie Ältere), die zwar nicht ihr Leben führen, aber das Schaubild ihrer Lebensformation sich abgestohlen haben. So werden mit Hilfe der Medien, die den jugendlichen Modehabitus mit seinen Wandlungen vorführen, Milieubindungen transzendiert, zumindest im Bereich der Selbstdeutung. Es sind die Medien, die den Stoff besorgen, aus dem Individualität gemacht wird. Nur ein Beispiel: Dieter, der Horrorfilmcineast (*Baacke/Frank/Radde* 1988, S. 135 ff.): »Das spricht doch die Fantasie an, das spricht einen doch an. Mich hat das schon als Kind fasziniert. Und das (…), ich glaube ein Horrorfan, das bleibt einer sein Leben lang (…). Also ich bin da jetzt ein besonderer Fall. Ich kann da zum Beispiel nicht stehn für die Jugendlichen oder so. Also ich bin ein Individuum und ich habe meine eigene Vorstellung.« Dieter grenzt sich damit ab von den so genannten Horror-video-Freaks, die sich bedenkenlos die primitivsten Machwerke »reinziehen«. Er nennt sich darum »Experte« und »Qualitätsfanatiker«. Die Horrorwelt, über die sich Dieter definiert, hat nichts mit seinem Alltag, seinem Beruf oder seiner Zukunft zu tun. Sie ist ein Konstruktionselement, aus dem er ein Stück Selbstbewusstsein bezieht – durch Abgrenzung. Der Vergleich mit einem traditionellen Hobby wie Briefmarkensammeln macht das Neue der Konstellation deutlich: Traditionelle Hobbys werden oft über Eltern angeregt oder sozial vererbt; sie sind pädagogisch anerkannt und beziehen ihr Material meistens aus dem direkten Umgang mit Dingen. Die Medienstilisierungen und Medienhobbys (Internet, SMS-Kommunikation über Handy) setzen sich gerade von Traditionen ab, die über familiale Bindungen laufen. Damit werden in vorhandene Milieus neue Tätigkeiten und Sinnorientierungen implantiert. Es entstehen Netzwerke zwischen solchen Spezialisierungen, die nicht mehr durch nachbarschaftliche Bindungen oder überhaupt räumliche Nähe definiert sind. Jugendliche leben damit heute in einer doppelt strukturierten

Gesellschaft: Zum einen wird ihnen Verantwortung angetragen für ihr konkretes Lebensmilieu; zum anderen entbindet sich individuelle Emotionalität in unmittelbaren Szenerien, die lebensweltlich nicht mehr verantwortet werden müssen, weil sie aus ganz anderen Wurzeln stammen.

Jugend als Initiation

Sprechen wir künftig von »Lebenswelt« eines Jugendlichen, so sind die vorangegangenen Bemerkungen zu bedenken. »Lebenswelt« wird von Jugendlichen nicht mehr als in sich geschlossenes Ensemble sinnorientierender und auf sich abgestimmter Leitwerte erfahren, die von vertrauten Personen vertreten werden. Dennoch erleben Jugendliche die Welt auch heute natürlich zunächst über die Familie und später entstehen über die pädagogischen Institutionen geregelte Freundschaften und Orientierungsmuster. Die Institutionalisierung des gesellschaftlichen Lebens sorgt für eine gewisse Beständigkeit und auch sozialer Wandel kann sich kaum an ihr vorbeimogeln.

So wird auch heute noch die Lebenswelt eines Jugendlichen maßgeblich durch die Art bestimmt, in der seine Jugendzeit als Initiation, also Einführung in einen »neuen Abschnitt« verstanden wird. Bei den meisten Naturvölkern (aber nicht allen!) findet sich die Initiation als besonderer Ritus, der den Eintritt in ein neues Lebensstadium vorbereitet. In ihn werden bei Eintritt in die Geschlechtsreife vor allem die männlichen Jugendlichen einbezogen. Häufig werden die Initianten, nach Geschlechtern getrennt, für eine bestimmte Zeit abgesondert, Prüfungen und Mutproben ausgesetzt, mit besonderen Kennzeichnungen versehen (Beschneidung, Zahnverstümmelung, Tätowierungen, Anbringen von Schmucknarben als Stammesabzeichen usw.). Der Jugendliche stirbt in seiner alten sozialen Rolle als Kind ab und wird als gewandelter für die Gesellschaft wieder geboren.

Wie eindrucksvoll, aber auch beängstigend für den Heranwachsenden eine Initiation vor sich gehen kann, beschreibt *George D. Spindler* (1970, S. 152 ff.). Bei den Tiwi in Nordaustralien hat die Initiation stark aggressiven Charakter und damit ohne Zweifel traumatisierende Elemente. Ein etwa 13-Jähriger wird, wenn die physiologischen Zeichen der Pubertät sichtbar werden, eines Nachts von einer Gruppe schwer bewaffneter, schweigender fremder Männer aus der Familie geraubt. Die Frauen beginnen zu heulen, der Vater läuft, um seine Speere zu holen – aber das ist nur ein Ritual, denn der »Überfall« ist verabredet. Der Knabe selbst, von Panik erfasst, versucht sich zu verstecken. Er wird ergriffen und wie bei uns ein jugendlicher Delinquent abgeführt; weder die Familie noch die Nachbarn greifen dabei ein. Während der Knabe bisher spielen konnte, wird er nun unmittelbar mit der Härte des Lebens konfrontiert. Er muss lange und schwierige Instruktionen annehmen, die ihm von unfreundlichen und untersagenden Präzeptoren geboten werden. Die Zahl der Tabus und künstlichen Verhaltensweisen, die von ihm nun gefordert werden, ist Legion. Er darf nur sprechen, wenn er angesprochen wird; er darf nur bestimmte Speisen zu sich nehmen; Kontakt mit Frauen, auch mit Mutter oder Schwestern, ist in jeder Form strikt verboten usw. Ein solches Schockerlebnis wird aber im Stamm der Tiwis für notwendig gehalten, um einen »rechten Erwachsenen« aus dem Knaben zu machen.

Man hat gemeint, dass die Naturvölker die »gestreckte Pubertät« (die Wendung stammt von *S. Bernfeld*) gar nicht kennen; vielmehr gebe es hier einen abrupten, durch den Initiationsritus vermittelten Umschlag vom Kindsein zum Leben des Erwachsenen. Dies stimmt jedoch nicht für alle Kulturen, wie u.a. Margaret Mead gezeigt hat. Umgekehrt ist auch bei uns die Jugend eine Zeit, die voller *Rites de Passage* ist. Dazu gehören etwa der erste Anzug, der Rasierapparat (meist zur Konfirmation geschenkt), die Erlaubnis, Alkohol zu trinken, Kinos und Diskotheken zu besuchen, der Mofa-, später Autoführerschein usw. Allmählich werden dem Jugendlichen immer mehr Rechte und Symbole des Erwachsenseins zugestanden – freilich in solcher Dosierung, dass er sich nie auf einmal und dann ganz erwachsen fühlen darf. Die Schulentlassung ist eine sehr offiziöse Maßnahme, die von vielen als besonders einschneidendes Ereignis empfunden wird: Der Schüler muss nun »hinaus ins Leben«.

Initiationsriten gibt es, entblößt ihres sakralen und zeremoniellen Charakters, also auch in unserer Gesellschaft zur Genüge. Sie dienen in der Regel dazu, die Einpassung des Heranwachsenden in die Welt der Erwachsenen problemlos zu vollziehen. *Henrik Kreutz* (1974, S. 55 ff.) zeigt in einem historischen Abriss, wie etwa der neuzeitliche Nationalstaat am Ende des 18., sodann im 19. und 20. Jahrhundert sich überall dadurch festigte, dass er die Identifikation der Jugend mit seinen Zielen durch die Betonung von Wert und Würde des Kriegsdienstes sicherte: »Da der Kriegsdienst für die Jugend von einer großen Zahl von Faktoren in den Vordergrund gestellt wurde, nimmt es nicht Wunder, dass er im Laufe des 19. Jahrhunderts die Rolle eines Initiationsritus bekam. Nicht nur im Bürgertum wurde der Kriegsdienst für den männlichen Jugendlichen zur ›Rite de Passage‹, die ihn zum voll erwachsenen Mann machte. Der einmal institutionalisierte Heeresdienst konnte in der Folge selbstverständlich dazu genützt werden, um die Systemtreue der Jugend zu verstärken und das Subordinationsprinzip restlos durchzusetzen« (ebd., S. 57). Initiation hatte für das Bildungsbürgertum wie das unternehmerische Bürgertum vor allem die Funktion, die »askriptive (zuschreibende) Zuordnung von Personen zu Positionen ideologisch zu überdecken und eine scheinbare Vereinbarkeit von egalitärer Leistungsgesellschaft einerseits und Vererbung von Eigentum und familiärer Sozialisation andererseits herzustellen« (ebd., S. 55). Materielle Sicherung und Nationalstaatsidee mussten von der jeweils folgenden Generation akzeptiert werden; dies geschah neben einer Heroisierung des Krieges für das »Vaterland« durch erzieherische Maßnahmen, die dem »Jüngling« die Aufgabe zuwiesen, für die Abschüttelung der Feudalherrschaft und ein freies, selbstständiges Bürgertum einzutreten. Nationale Ideologien und Interessen der bürgerlichen Klasse werden durch Initiationen gesichert, deren ritueller Charakter sich in der Auswahl der geistigen Überlieferung sublimiert. Es wäre ohne Zweifel fruchtbar, würde man die unterschiedlichen Initiationen in den unterschiedlichen gesellschaftlichen Schichten einmal genau beschreiben und auf ihre ideologischen Gehalte und Voraussetzungen hin analysieren. In ihnen liegen vermutlich starke Bestimmungsmomente für Lebenswelten. Dem kann hier nicht weiter nachgegangen werden. Wichtig ist noch ein weiterer Hinweis: Während die Initiationsriten in den Naturvölkern selbstverständlich, aber auch bei uns bisher von den Erwachsenen ersonnen und kontrolliert wurden, entwickelt die Jugend in den westlichen Gesellschaften zunehmend eigene *Rites de Passage*, also solche, die von der Erwachsenengeneration nicht unmittelbar geplant oder gewollt sind. An gesellschaftlich kontrollierten Institutionen wie etwa der Schule entwickeln sich parasitär Kongregationen von Jugendlichen, die subkulturellen Charakter haben und in Kleidung, Verhaltensstil und Interaktionserwartungen eigene Gesetze und Regeln aufstellen. Rock- und Popmusik oder die Accessoires der Jugendmode sind initiative Merkmale, die oft eine wichtige Voraussetzung darstellen, um den Zugang in subkulturelle Jugendgruppen zu gewinnen. Stimmt diese Beobachtung, dann löst sich die heutige Jugend zunehmend von Ideologien, die von Erwachsenen vertreten werden. So ist die Nationalstaatsidee in der Bundesrepublik (aus historischen Gründen) kaum noch präsent. Eine die Gesellschaft »zusammenhaltende« Wesens- und Zweckbestimmung sozialen Lebens fehlt – übrigens auch bei den Erwachsenen: Was sollen sie also weitergeben?

Stimmt die These von einer eigenständigen Jugendinitiation, so ist zu fragen: Wohin führt sie: nur in die Jugendphase oder weiter ins Erwachsenenalter? Eine Antwort ist schwer, muss sicher differenziert ausfallen. Denn zum einen ist zu beachten, dass natürlich auch die Erwachsenen weiterhin bestimmte Initiationen zur Verfügung stellen und kontrollieren (Schuleintritt, Schulabschluss usf.). Die jugendeigenen Initiationen sind offenbar ambivalent. Untersuchungen haben gezeigt, dass etwa der Teenagerkonsum einen besonderen Charakter hat, dessen Gewohnheiten nur in geringem Maße in das Erwachsenenalter übernommen werden können (*Rosenmayr* 1969, S. 132 f.). Es gibt offenbar spezifisch jugendliche Konsumgewohnheiten und Konsuminteressen (Foto-Handy, MP3-Player, Computerspiele, CDs, DVD, SMS, Kinobesuch), die sich auf bestimmte Gegenstände beziehen, die später kaum noch benutzt werden, auf jeden Fall ihren hohen Rangplatz verlieren. Eine wirtschaftlich gelenkte »Konsumerziehung« der Jugend würde damit nicht automatisch den erwachsenen Konsumenten vorbereiten. Andererseits werden bestimmte Gewohnheiten erzeugt – etwa überhaupt zu konsumieren –, die später meist beibehalten werden. Heute ist es eine der wichtigsten Erfahrungen des Jugendlichen, dass er im Bereich des Konsums zunehmend eine Autonomie gewinnt, die das Kind noch nicht hat. An diesem Problem hätten darum weitere Untersuchungen anzusetzen, die zeigen müssten, inwieweit es eine altersunabhängige und allgemeine »Konsummentalität« gibt – als Initiation zunächst nur in eine Jugendphase oder in ein ganzes, möglichst langes Konsumentenleben.

Erwartungen an Jugendliche

Auch die Erwartungen, die man an Jugendliche stellt, stellen Initiationen in abstrakterem Sinne dar. Denn auch durch sie wird jugendliches Verhalten entscheidend definiert. Ein Beispiel soll dies zeigen.

Kleine Jungen dürfen durchaus mit Puppen und Teddybären spielen. Es ist ihnen in unserer Gesellschaft auch erlaubt, zu weinen, wenn sie einen Kummer oder Schmerz haben. Spätestens mit der Pubertät ändern sich die Verhaltenserwartungen der Erwachsenen Jungen gegenüber jedoch erheblich. Jetzt müssen sie nämlich Unabhängigkeit zeigen und sich »als Mann« erweisen. Weichheit wird jetzt nicht geduldet oder doch mit Sorge beobachtet. Anders ist es bei den Mädchen. Bei ihnen wäre man eher schockiert, wenn sie nach der Pubertät ihre Unabhängigkeit zu stark betonten. Weichheit, Nachgiebigkeit, Freundlichkeit gelten als »weibliche Züge«, die über die Pubertät hinaus zu bewahren sind, ja jetzt erst ihren eigentlichen Wert erhalten – wie Unabhängigkeit und kühles Verhalten für die Jungen. Denn die Mädchen müssen nun versuchen, »jemanden für sich zu gewinnen«. Sie sind daher sozial-emotional entschieden abhängiger. Jungen beweisen ihre

Unabhängigkeit auch dadurch, dass sie beispielsweise ein Fahrrad allein reparieren. Von ihnen wird erwartet, dass sie sachliche und sachbezogene Kompetenzen erwerben. Mädchen hingegen sind primär darauf verwiesen, ihre Kompetenz in sozialen Beziehungen auszubauen. Dies bedeutet, dass sie stärker auf andere angewiesen sind und darum auch leichter Ängste entwickeln (vgl. dazu: *Hauck* 1970, S. 29 ff.).

Neben *geschlechtsspezifischen* Erwartungen gibt es auch *schichtspezifische*. Für einen Mittelschichtjungen gehört es sich von einem bestimmten Alter an nicht mehr, wenn er Meinungsverschiedenheiten durch Schlägereien zu lösen sucht – ganz im Gegensatz zu den Mitgliedern einer Rocker- oder Skinheadgruppe, die Aggressivität ritualisieren. Hier erweist sich in der Bereitschaft zu physischem Einsatz gerade die Mannhaftigkeit, die von der Bezugsgruppe durch Anerkennung hoch belohnt wird. Ein Mittelschichtjunge wird mehr auf die Sprache verwiesen, auf Überzeugungskraft, Klugheit der Argumente, die Dynamik der Rhetorik. Wenn er hier siegt und andere aussticht, wird er bewundert und gilt als erfolgreich. Entsprechend differiert der Verhaltenshabitus: Schon am Gang kann man erkennen, ob jemand sich mehr zu denen rechnet, die »draufschlagen, wenn man sie ärgert«, oder zu denen, die sich höflicher Eleganz befleißigen, vor deren Ironie man sich aber in Acht nehmen muss. Gesellschaftliche Erwartungen unterscheiden sich also nach sozialen Umgebungen, die ihrerseits wieder den Charakter von Lebenswelten bestimmen. Um jugendliches Verhalten zu verstehen, muss man es auch als Reflex von solchen Erwartungen interpretieren, die von Erwachsenen, zunehmend auch von Gleichaltrigengruppen, auf den Jugendlichen zukommen. Ein permanenter Verstoß gegen sie wird zunehmend strikt geahndet. Ein Mädchen, das mit 17 Jahren Unabhängigkeit zeigt, gilt als aus der Art geschlagen, allzu jungenhaft, oder als Blaustrumpf und Intellektuelle. Ein Junge, der sich nicht äußere Männlichkeitsattribute zulegt, läuft Gefahr, von seinen Altersgenossen als weibisch oder als Schwuler, von den Erwachsenen als »zu weich« disqualifiziert zu werden – auch wenn in der Gesamtgesellschaft die Akzeptanz von Schwulen und Lesben seit den 90er-Jahren zugenommen hat. (Eine Ausnahme machten hier natürlich immer schon künftige Künstler, denen das »Aus-der-Art-Schlagen« als entscheidendes Erkennungszeichen zugeschrieben wird – auch dies übrigens ein gesellschaftliches Stereotyp, das stark verhaltenslenkend ist.)

Die Erwartungen, denen Jugendliche sich gegenüber sehen, werden also durch den gesellschaftlichen Alltag in ihren Entwicklungshorizont transportiert. Über die Wege sozialen Lernens und verarbeitender Wahrnehmung angetragener Anforderungen versuchen Jugendliche, ihren gesellschaftlichen Standort zu finden. Dabei wird besonders am Jugendalter deutlich, dass sich Entwicklung nicht quasi automatisch ereignet. Welche Entwicklung ein Jugendlicher nehmen sollte, wird auch durch so genannte Entwicklungsaufgaben (zuerst: *Havighurst* 1948; 1972) formuliert. *Havighurst* etwa zählt folgende Entwicklungsaufgaben für das Jugendalter auf (vgl. *Oerter/ Montada* 1982, S. 244 ff.):

– Akzeptieren der eigenen körperlichen Erscheinung und effektive Nutzung des Körpers;
– Erwerb der männlichen bzw. weiblichen Rolle;
– Erwerb neuer und reiferer Beziehungen zu Altersgenossen beiderlei Geschlechts;
– Gewinnung emotionaler Unabhängigkeit von den Eltern und anderen Erwachsenen;
– Vorbereitung auf eine berufliche Karriere;
– Vorbereitung auf Heirat und Familienleben;
– Gewinnung eines sozial verantwortungsvollen Verhaltens;
– Aufbau eines Wertsystems und eines ethischen Bewusstseins als Richtschnur für eigenes Verhalten (moralische Entwicklung).

Die Liste zeigt auf den ersten Blick, dass sie eher Diskussionspunkte anbietet als einen Aufgabenkatalog, auf den sich auch pädagogisches Handeln einschwören könnte. So ist zu fragen, ob der »Erwerb der männlichen bzw. weiblichen Rolle« in einer Zeit, da die Benachteiligung von Mädchen deutlicher gesehen wird als früher, noch so ohne weiteres zu fordern ist. Wenn mit dieser Entwicklungsaufgabe eine geschlechtstypische Polarisierung gemeint ist, wird sie kaum auf allgemeines

Einverständnis stoßen können. Dies gilt auch – um ein weiteres Beispiel zu nehmen – für die Aufgabe »Vorbereitung auf Heirat und Familienleben«. Gerade Mädchen überlegen sich zunehmend, ob sie nicht – wie die Jungen – zunächst berufliche Orientierung finden sollten; damit kommen sie schnell in Konflikt mit der früher selbstverständlich hingenommenen Entwicklungsaufgabe »Heiraten und Kinderkriegen«. Auch Jugendliche selbst verweigern sich. Viele »Postadoleszente« vermeiden ja gerade die »Vorbereitung auf eine berufliche Karriere«, und andere verweigern durchaus die »effektive Nutzung des Körpers« (auch das Bodybuilding dient ja eher der Zurschaustellung als Effektivitätskriterien). Auch könnte gefragt werden, ob tatsächlich alle wichtigen Entwicklungsaufgaben in der Liste versammelt sind. Die Bestimmungen bleiben recht formal. Jugendliche selbst halten heute für wichtig:

– Schutz der Umwelt;
– Friedfertigkeit und Unterstützung von Friedensinitiativen;
– Möglichkeiten zu Freiheit und Selbstbestimmung ohne Unterwerfung unter vorgegebene Ordnungsvorstellungen.

Schließlich gibt es eine Fülle von *institutionengebundenen* Entwicklungsaufgaben (wie sie etwa die Schule stellt), die von *Havighursts* Katalog nicht erfasst werden. Auch hier zeigen sich Spuren der dargelegten Individualisierungsprozesse: Entwicklungsaufgaben können nicht als einvernehmliches »Soll« betrachtet werden, das Erwachsene Jugendlichen aufgeben. Vielmehr sind Entwicklungsaufgaben heute nur mit den Jugendlichen zu formulieren, da sie sonst ins Leere gehen.

So formulieren Jugendliche heute zunehmend Erwartungen an sich selbst. Deutlich kann dies werden an den »Fixpunkten«, die die *Jugendstudie des Jugendwerks* der Deutschen Shell, Jugend '81 (Bd. 1, 1981, S. 124 ff.) unter dem Stichwort »Jugendbiografie« behandelt hat. »Fixpunkte« sind alltagsbezogene, mehr oder weniger einschneidende Lebensereignisse, an denen Jugendliche merken, dass sie älter werden und allmählich die Anforderungen, die Erwachsene erfüllen müssen, an sich gestellt sehen. Unter den befragten Jugendlichen gibt es eine ganze Zahl von Ablehnern bestimmter Fixpunkte; dazu gehören biografische Stationen wie:

1. einen Tanzkurs mitmachen (abgelehnt von 34%);
2. den Betrieb, den Hof, die Praxis, den Grundbesitz von den Eltern übernehmen (21%);
3. von Jugendlichen als Erwachsener angesehen werden (20%);
4. von den meisten Leuten mit »Sie« angesprochen werden (15%);
5. eine Lebensversicherung abschließen (14%);
6. heiraten (13%);
7. ein eigenes Haus besitzen (9%);
8. über gute Umgangsformen verfügen (8%).

Die Liste zeigt, dass eine Gruppe von Jugendlichen bestimmte Vorbehalte gegenüber konventionellen Lebensentwürfen hat.

Dennoch gibt es, wie die gleiche Studie zeigt, »normale Stationen der Jugendbiografie« (ebd., S. 270 ff.), in denen also von der Gesellschaft gestellte Erwartungen und von Jugendlichen akzeptierte Aufgaben tendenziell zusammenstimmen. Als »Grundgerüst« für alle Jugendliche bleiben 17 Fixpunkte:

Verselbstständigungen

– »zum ersten Mal auf eigene Faust eine Urlaubsreise machen«
– »weggehen und heimkommen, wann man will«
– »größere Anschaffungen selbst bestimmen und aussuchen«
– »selbst bestimmen, wie man aussehen will«
– »gegenüber Vorgesetzten (Chefs) seinen eigenen Standpunkt vertreten können«
– »aus dem Elternhaus auszuziehen (unabhängig von den Eltern wohnen)«

Einstieg in die Geschlechtsrolle

- »zum ersten Mal sehr verliebt sein«
- »selbst sexuelle Erfahrungen mit dem anderen Geschlecht machen«

Wege in die Normalkultur

- »das erste eigene Auto fahren«

Einstieg in die Berufsrolle

- »die (erste) Berufsausbildung abschließen«
- »genug Geld verdienen, um für sich selbst sorgen zu können«

Heirat und Familie

- »ein Kind gut erziehen können«

Aufbau und Krise des Lebensentwurfs

- »anfangen sich über die eigene Zukunft Gedanken zu machen«
- »zum ersten Mal Rückblick halten, was man aus seinem Leben gemacht hat«

Höhepunkte des Lebens

- »den Höhepunkt seiner körperlichen Leistungsfähigkeit erreichen«
- »geistig in Hochform sein«
- »am glücklichsten sein«.

In der Studie wird resümiert: »Das sind die Schritte der Jugendbiografie, die weder umstritten noch für einen Teil der Jugendlichen nicht erreichbar sind. Das gemeinsame Erlebnis- und Lebensfeld aller (bzw. fast aller) Jugendlichen besteht in der Lösung von den Eltern bis hin zur selbstständigen Wohnung, im Einstieg in die Geschlechtsrolle (der allerdings nicht für alle zu Ehe und Familie führt), im Einstieg in die Berufsrolle, in der Konstruktion einer eigenen biografischen Linie in die Zukunft und in der Auffassung vom Leben als auf Höhepunkte hin gegliedert. Dazu kommen die allgemeine Akzeptierung des Autos und die Erwartung, dass man eines Tages ein Kind wird gut erziehen können. Das ist gewissermaßen der Grundstock der biografischen Erfahrungen und Entscheidungen, die alle Jugendlichen machen« (ebd., S. 271).

Die Schutzlosigkeit des Jugendlichen

Neben sozialen Erwartungen und mit ihnen gestellten Entwicklungsaufgaben gibt es ein weiteres strukturelles Element, das die Lebenswelt von Jugendlichen stark bestimmt: ihre Schutzlosigkeit. Damit ist kein juristisches Problem angesprochen, denn freilich gibt es hinreichende Jugendschutzbestimmungen, auf die wir manchmal einseitig Wert legen. Was nützen die Bewahrung vor Pornografie und Alkohol und die strafrechtliche Verfolgung ihrer Anbieter, wenn die Jugendlichen durch die Massenmedien, zu Hause oder in aller Öffentlichkeit ständig mit Lieblosigkeit, Aggressionen und Gleichgültigkeit konfrontiert werden? Es ist erstaunlich, welche Energie eine Gesellschaft darauf verwendet, Jugendliche vor »sexuellen Verführungen« zu schützen – ein Schutz, der oft darin besteht, ihnen sexuelles Vergnügen vorzuenthalten. Man hat darauf hingewiesen, dass es sich hier um Projektionen der Erwachsenen handeln könnte, die ihre eigenen Sexualängste und Unsicherheiten auf die Jugend übertragen. Auf jeden Fall entwickelt sich häufig eine doppelte Moral: Man verbietet – und gestattet augenzwinkernd doch. Es ist grundsätzlich zu fragen, wie weit Jugendliche in den Bereichen, in denen sie eigene Initiative und damit eigene Verantwortlichkeiten entwickeln – und dies gilt für die Sexualität –, kontrolliert, überwacht und somit unmündig gehalten werden sollen. Anders ist es in den Bereichen, in denen Jugendliche sich eher passiv-reagierend verhalten *müssen*, weil sie die Gesetze des Handelns nicht bestimmen können. Dies gilt beispielsweise für den Bereich der Arbeit. Darum stellt m. E. der Jugendarbeitsschutz ein viel wichtigeres Problem dar als der allgemeine Jugendschutz, der oft nur noch durch veräußerlichte Moralen in Gang gehalten wird, nicht aber durch vernünftige, weil begründete Überzeugungen.

Eine nicht zu unterschätzende Bedeutung hat die Schutzlosigkeit des Jugendlichen im Alltag. Die *»Projektgruppe Jugendbüro und Schülerarbeit«* hat eine materialreiche Untersuchung über »Die Lebenswelt von Hauptschülern« vorgelegt (1975), in der die jugendliche Schutzlosigkeit folgendermaßen analysiert ist (S. 180 ff.):

Auf einer allgemeinen Ebene lassen sich folgende gesellschaftliche Bedingungen benennen, »die ihre prekäre, gefährdete Lebenswelt bestimmen. Die Jugendlichen befinden sich in einer Übergangssituation von der sozialen Kategorie ›unmündiger Heranwachsender‹ in die des ›selbstverantwortlichen Erwachsenen‹. Das heißt, sie genießen bei vielen Aktivitäten und in vielen Situationen nicht mehr den unbedingten Schutz ihrer ›Aufbewahr-Institution‹ Familie, ohne dass sie bereits voll in den Genuss der verschiedenen sozialen Schwimmgürtel kommen, die dem einzelnen Erwachsenen helfen, sein eigenes Leben zu organisieren und vor unkontrollierten Störungen zu bewahren«. Während Erwachsene persönlichen Besitz und lebensnotwendige Konsumgegenstände, einen Zugang zu exklusiven Orten, persönliche Habe, die freizügige Nutzung von Verkehrsmitteln und Aufenthaltsorten zur Verfügung haben, sind Jugendliche in diesen Dingen meist erheblich eingeschränkt. Für die befragten Hauptschüler der Untersuchung war es beispielsweise ein Problem, öffentliche Verkehrsmittel benutzen zu können, denn diese kosten Geld. Jede Anschaffung musste genau kalkuliert werden, und oft war es nicht möglich, bestimmte gewünschte Aktivitäten in Gang zu setzen, weil das Geld fehlte. Hinzu kommt, dass sich Jugendliche gegen die sehr häufigen Kontrollen von Erwachsenen kaum wehren können. Ausgangskontrolle, Kontrolle der sozialen Kontakte, von Aussehen und Kleidung sind für die Jugendlichen alltäglich. Sie verstoßen gegen den Jugendlichen grundsätzlich zugesprochenen wachsenden Autonomieanspruch, den diese dann oft durch aggressive Verhaltensstrategien zu verteidigen suchen.

Pélé: Die (sc. Erwachsenen) machen doch große Sprüche. Ich mein' solche Leute, die so was sagen, die denken vielleicht nur an sich. Die denken gar nicht an diese Zeit. Die fühlen sich wohl in einer anderen Zeit. Die denken nur an sich. Wenn sie Ruhe haben wollen, schreien sie: Hör auf zu spielen, ich will endlich Ruhe haben. Die denken nicht an die anderen Leute, die denken nur an sich.

Interviewer: Ich glaube, manchmal sind die auch ein bisschen neidisch.

Peter: Die ältere Generation soll auch mal dran denken, dass sie mal auf der Straße gespielt haben. Dass sie auch mal Kinder waren.

Michael: Ja, und dass sie auch mal jung waren.

Interviewer: Du wolltest eben noch was von eurer Straße, glaub ich, sagen.

Peter:: Ja, bei uns in der Straße, also in dem Haus, da ist auch so ein älteres Ehepaar, Hausmeister.

Pélé: Der Müller.

Peter: Nein, der Meier. Und da war ich klein, da haben sie mich so, irgendwie gern gehabt. Gell, und jetzt bin ich älter, und da können sie mich wohl nicht leiden, und wenn ich dann mal mit ein paar Freunden in mein Zimmer gehe und dann wieder raus, und dann kommen die gleich wieder raus und sagen: Was soll denn das und so, und warum sind die da drinnen. Als ob ich denen immer Rechenschaft geben muss. Immer wenn ich bei mir in die Wohnung reingehe, also ins Zimmer, dann muss ich immer erst sagen: Der und der geht mit mir ins Zimmer.

Interviewer:	Der Hausmeister?
Peter:	Ja. Also, und wenn ich mal auf die Toilette gehe, komme wieder raus, ist er da vorne im Hof. Und dann macht er die Tür auf, und dann geht er wieder. Macht er extra noch mal die Tür auf, um mal zu gucken, wer da ist. Wenn einer rauskommt. Wenn irgendwie im Haus etwas dreckig ist oder so, sagt er gleich, das wär ich gewesen.

(Projektgruppe Jugendbüro, S. 200 f.)

Das Interview zeigt deutlich, dass es im Alltag durchaus »Generationsspannungen« aufgrund unterschiedlicher Interessen gibt. Peter muss dabei den Wandel vom Kind zum Jugendlichen besonders schmerzlich erfahren: Als Kind hatten die Leute ihn »irgendwie gern«, während er jetzt, »wenn irgendwie im Haus etwas dreckig ist oder so«, gleich verantwortlich gemacht wird. Der Schutz der Zuneigung, auf den auch Jugendliche noch stark angewiesen sind, wird ihnen brüsk entzogen. Es ist dann nur verständlich, wenn sie sich zu wehren suchen, etwa durch Provokationen Erwachsener oder die Verletzung von Anstandsregeln, auf deren Einhaltung diese besonderen Wert legen: »Dies Verhalten soll ihnen helfen, durch Nichtachtung der Situation und der erwarteten Anstandsformen in der Situation verbleiben zu können, ohne das Gesicht zu verlieren. Sie zahlen einen Großteil der Nichtachtung ihrer Persönlichkeit den entsprechenden Personengruppen dadurch heim, dass sie ihrerseits diese Personen zu minderen oder Un-Personen erklären und durch Regelverletzung ihre Verachtung für sie zeigen. Eine solche Taktik, die Hierarchie zu ignorieren, bietet die Umkehrung ›eigentlich‹ für Minderjährige nicht reziproker Verhaltensweisen: Redet ein Erwachsener einen Schüler mit ›du‹ an, duzt der Schüler ihn ebenfalls; schreit ein Erwachsener aus dem Fenster Beschimpfungen zu ihm herunter, erwidert er sie im selben Ton.« Viele von Erwachsenen beklagte »Frechheiten« Jugendlicher sind also Antiprovokationen auf Provokationen, die von den Erwachsenen ausgehen. Jugendliche haben eben nur geringe Chancen, die leicht verletzbare und verletzliche Würde ihrer

Person gegenüber herablassendem, besserwisserischem oder auftrumpfendem Verhalten von Erwachsenen zu bewahren. Außerhalb der konkreten Interaktion haben sie überhaupt keine Möglichkeiten (Beleidigungsprozess o. Ä.), so dass sie in ihr selbst ihre Souveränität behaupten müssen.

Der sozialökologische Ansatz

Bestimmte, in unserer Gesellschaft gelenkte Initiationsprozeduren, schicht- und geschlechtsspezifische Erwartungspatterns, von Fremden und Jugendlichen an sich selbst gestellte Entwicklungsaufgaben und Momente der Schutzlosigkeit sind meiner Meinung nach wesentliche Lebensweltkonstituenten. Die Untersuchung dieser Elemente und ihrer Verbindungen vermag m. E. mehr wesentliche Einsichten in die mit der Pubertät beginnende Zeit der Adoleszenz zu verschaffen, als dies etwa Jugendtypologien können. Denn diese erfassen immer nur verallgemeinerte Elemente, die dann abstrahierend einen »Typus« bilden, während die Kenntnisse jugendlicher Lebenswelten in die konkreten Handlungs- und Erfahrungszusammenhänge zurückführen.

Der hier vertretene Zugang weist Beziehungen zum Vorgehen der so genannten Sozialökologie auf. Die Ökologie war ursprünglich ausschließlich in der Biologie beheimatet und verstand sich als »Wissenschaft von den Beziehungen des Organismus zur umgebenden Außenwelt« (so *E. Haeckel* 1866). Die Sozialökologie ist jüngeren Datums. Sie untersucht analog die Wechselbeziehung zwischen sozialer Umwelt und sozialem Verhalten des Menschen. Der Vorteil dieses Ansatzes ist, dass er seinen Gegenstand in seinen Lebenszusammenhängen zu untersuchen auffordert und ihn auf diese Weise in seiner realen Konstitution zu betrachten erlaubt. Entsprechend zwingt er dazu, sozialpsychologische, anthropologische, soziologische, ökonomische und andere Analysefaktoren, die sonst je für sich in bestimmten Wissenschaften methodisiert werden, insgesamt zu beachten.

Was die sozialökologische Perspektive leistet, möchte ich an einer Straßengeschichte zunächst illustrieren und plausibel machen. Es handelt sich um den Anfang aus *Hubert Selby's* inzwischen auch unter dem englischen Titel »Last Exit Brooklyn« verfilmtes Buch »Letzte Ausfahrt Brooklyn« (in Deutsch erschienen bei Rowohlt 1968):

Sie fläzten sich am Tresen und auf den Stühlen. Wieder so ein Abend. Wieder so ein endloser Abend beim Griechen, in der vergammelten kleinen Cafeteria nahe den Brooklyn-Kasernen, die die ganze Nacht offen hielt. Ab und zu kam ein G. I. oder ein Matrose auf einen Hamburger herein und warf die Musikbox an. Doch meist drückten sie irgend so'ne doofe Platte aus der Steinzeit. Sie versuchten den Griechen dazu zu kriegen, diese Platten rauszuschmeißen, aber der sagte Nein. Die kommen rein und geben wenigstens Geld aus. Ihr hängt die ganze Nacht hier rum und gebt'n Dreck aus. Willst mich wohl auf'n Arm nehmen Alex? Du könntest dich mit dem Geld, das wir hier lassen, leicht zur Ruhe setzen. Eins geschissen. Von dem, was ihr ausgebt, kann ich nicht einmal meine Busfahrten zahlen...
Platten in der Musikbox. 12 davon für sie, die anderen für die Kundschaft aus den Kasernen. Wenn jemand einen von diesen Scheiß-Ladenhütern drückt, stöhnten sie, winkten ab (Mann! Das is vielleicht'n Vollidiot) und gingen raus, auf die Straße. 2 Blödmänner hielten sich dran und warfen Münzen rein, also lehnten sie sich draußen an die Laternen und an die parkenden Autos. Eine warme klare Nacht, sie gingen ziellos im Kreis rum, zogen den rechten Fuß hinter sich her, wie es gerade die Masche war, Zigarette im Mundwinkel, die Kragen der Sporthemden aufgestellt, vorn offen und eingerollt. Linsten. Spuckten. Sahen den vorbeifahrenden Wagen nach. Ließen sich nichts entgehen. Modell. Baujahr. PS. Obengesteuerte Ventile. V-8. 6, 8, 100 Zylinder. Jede Menge Pferdestärken. Jede Menge Chrom. Rote Blinker und gelbe Jodlampen im Kühlergrill ...
Die Arschlöcher da drin grölten noch immer, und sie quatschten und latschten rum, quatschten und latschten rum, fingerten an ihren Hemden und Jeans, schnippten die Kippen über die Straße – den Dampfer hättste mal sehen sollen. Hellgrün mit Weißwandreifen. Mit so'ner Karre rumzugondeln, mit offenem Verdeck, 'ne dunkle Brille auf der Nase und 'ne schicke Kluft an, da müsste man die Weiber mit'm Stock wegprügeln – nach jedem zweiten Wort spuckten sie in die Gegend, versuchten, einen Spalt im Gehsteig zu treffen, strichen sich mit der flachen Hand vorsichtig übers Haar, schoben und klopften ihre Entenschwanzfrisuren zurecht, fühlten mit den Fingerspitzen nach einem widerspenstigen Haar, was vielleicht nicht so lag, wie es sollte.
... und sie sahen die Wagen vorbeifahren, sahen ihnen abschätzend nach und spuckten aus und wer die Schnalle umgelegt hat und wer die, und einer zog eine kleine Bürste aus der Tasche und bürstete seine Wildlederschuhe, klopfte sich die Hände ab und zog sich die Kleider zurecht und einer warf eine Münze in die Luft, und als sie herunterfiel, stand schon ein Fuß drauf, ehe er sie aufheben konnte, und als der andere den Fuß endlich wegnahm, war seine Frisur im Eimer und er sagte du Scheißkerl und holte seinen Kamm raus, und als die Frisur endlich saß, fuhr ihm wieder einer rein und er wurde stocksauer und die anderen Burschen grinsten, und dann fuhr einer dem anderen in die Haare und sie schubsten einander und die anderen fingen auch an sich zu schubsen und einer schlug eine Runde ›Katz und Maus‹

vor und sagte, Vinnie solle den Anfang machen, und die anderen brüllten jaaa, los, und Vinnie sagte, warum ich, is mir scheißegal, und sie schlossen einen Kreis um ihn und er drehte sich langsam um sich selbst und warf den Kopf rasch herum und versuchte den zu erwischen, der ihm einen Stoß versetzt hatte, damit der an seine Stelle in den Kreis musste und er bekam einen Schlag in die Weiche, und als er sich umwandte, bekam er noch einen Schlag, und als er herumwirbelte, landeten 2 geballte Fäuste auf seinem Rücken und eine in der Nierengegend und er krümmte sich und sie wieherten, und er fuhr herum und bekam einen Tiefschlag und fiel hin, doch er zeigte auf einen und wurde rausgelassen und stand eine Minute zwischen den anderen und rang nach Atem, schlug dann selber zu, und ihm wurde gleich besser, als er Tony ein Ding in die Nieren versetzte, ohne erwischt zu werden, und Tony ging die Luft aus und er wurde ein paar Minuten durchgewalkt und zeigte dann endlich auf einen, und Harry sagte, er hätte wohl 'ne Vollmeise und hätte nich wirklich gesehen, dass er ihn zuletzt schlug, wurde aber trotzdem in die Mitte gestoßen, und Tony wartete ab, holte aus und versetzte ihm eins in die Rippen, dass es nur so rauschte, und so gings noch etwa 5 Minuten weiter und Harry war immer noch in der Mitte, keuchend und schon fast auf den Knien, und sie schlugen auf ihn ein, was sie nur konnten, doch dann wurde es ihnen langweilig und sie hörten damit auf und gingen zum Griechen zurück. Harry immer noch gekrümmt und nach Luft ringend, die anderen grinsend, und gingen aufs Klo sich waschen.

Sie wuschen sich, klatschten sich kaltes Wasser auf Nacken und Haare, rauften sich um eine saubere Stelle der dreckigen Schürze, die statt eines Handtuchs hing, und brüllten durch die Tür, Alex wäre ein Scheißkerl, dass er nicht mal ein Handtuch für sie hätte, dann schubsten sie einander vom Spiegel weg. Endlich gingen sie zum großen Spiegel vorn in der Cafeteria, kämmten sich dort zu Ende, zogen sich die Kleidung zurecht, lachten und hänselten Harry immer noch, beruhigten sich allmählich und lümmelten sich wieder herum.

Dieser fiktionale Text (aus einem Roman über sozial Verwahrloste in New York) bietet eine geschlossene Szene und eine Vielzahl von Informationen, die die Jugendforschung in dieser Plastizität nicht liefern kann. Ich will den Text hier nicht im Einzelnen interpretieren, zumal die dargestellte Szene sich erst im Zusammenhang des gesamten Romans, der aus vielen Szenen und Situationen besteht, erschließt. Ich möchte nur kurz darauf hinweisen, worüber wir Informationen erhalten:

a) den Ort der Szene: Kneipe (Cafeteria), Großstadtstraße, Toilette der Cafeteria;
b) Interaktionen: aggressive Spiele, aggressive Äußerungen, Imponiergehabe (Autokenntnis, sexuelle Erfolge), versteckte Kontaktversuche;

c) Kommunikationen: über Autos, Schallplatten, Mädchen: dies alles in einem bestimmten Code (Straßensprache jugendlicher Außenseiter);
d) spezielle Beziehungen: die Gruppe der Jugendlichen; ihr Verhältnis zu Alexander, zu Mädchen, zu Autobesitzern usf.
e) gruppentypischer Kleidungsstil: Jeans, »Kragen der Sporthemden aufgestellt, vorn offen und eingerollt«, eine bestimmte (mit Wasser in Fasson gebrachte) Frisur.

Alle diese Faktoren zusammengenommen ergeben die Einfärbung für ein ganz bestimmtes Milieu, das durch eine Abfolge nonverbaler Interaktionsmuster und Rituale, durch aggressive und kennerische sowie protzige Sprache und eine Mischung aus »action« und Langeweile gekennzeichnet ist: Die Jungen langweilen sich, »fläzen« sich, hören Schallplatten; Verlassen des Lokals und Auf-die-Straße-Gehen, Kommentieren von Autos und »Weibern«, bis der Überdruss an Langeweile birst in der aggressiven Handlung des einen am andern; ein Zweikampf löst die latente Spannung der Langeweile in Aktion auf, bis auch diese nichts mehr hergibt (»Doch dann wurde es ihnen langweilig und sie hörten damit auf«), und wieder gehen die Jungen »zum Griechen« zurück; am Schluss »lümmelten« sie sich wieder herum. Es ist viel passiert und doch nichts, die Zeit steht still. Damit ist etwas von der Hoffnungslosigkeit eingefangen, in der diese Jungen leben; sie spiegelt sich in der Ereignislosigkeit ihres Lebens, die sie nur dadurch durchbrechen können, dass sie selbst Szenen arrangieren, Ereignisse produzieren (Kämpfe, Bandenkriege etc.).

Diese Szene aus einem Roman hat, unter traditionell-wissenschaftlichem Anspruch, natürlich gar nichts mit einem »sozialökologischen Ansatz« zu tun. Es handelt sich hier weder um die Vorführung einer Methode, noch sind die Ereignisse der Szene nachprüfbar; sie sind auch in keiner Weise generalisierbar – und wirken doch hochgradig authentisch, überzeugend, dass man sagen möchte: Ja, so könnte es sein. Bestimmte Jugendliche werden hier in einer bestimmten Umwelt vorgeführt, und wir erfahren, warum sie in dieser Umwelt leben, wie sie mit ihr fertig werden, was sie aus ihr machen –

und umgekehrt: was diese Umwelt aus ihnen macht, welche Probleme sie ihnen aufgibt.

Ich selbst habe die Qualität solcher Texte, die ich bis dahin eher aus literarischem, gleichsam privatem Interesse konsumierte, im Rahmen meiner akademischen Lehrtätigkeit entdeckt. Ich war zunehmend unzufrieden mit den in Seminaren und Prüfungen von Studenten vorgetragenen (und von mir meist akzeptierten) verdinglichten Mitteilungen wie: »typische« Erziehungsstile von Mittel- kontra Unterschicht und Ähnlichem. Da wurde von »elaboriertem« und »restringiertem« Code geredet und so getan, als gebe es diese Codes wirklich. Es wurde ganz vergessen, dass es sich hier jeweils um wissenschaftliche Konstrukte handelt, die notwendig sind, um methodisches Vorgehen zu erlauben, sie wurden vielmehr für Realität gehalten; aber wenn man nachfragte, gab es keinerlei Vorstellungsbild darüber, wie denn beispielsweise sich in einer familiendynamischen Situation ein gemeinsamer »restringierter Code« auswirke und was konkret passieren könne, wenn jemand, der nur über diesen Code verfügt, in ein »mittelschichtorientiertes« Gymnasium kommt. Und da dies alles nicht vorstellbar war, lernten die Studenten auch nicht, die Probleme zu sehen, die mit diesen Phänomenen verbunden sind. So entdeckte ich die Bedeutung von Szenen und Geschichten wieder: nicht nur als hochschuldidaktisches Mittel, sondern als einen möglichen Weg wissenschaftlicher Erkenntnisgewinnung selbst, deren Mängel (keine Evaluation möglich, keine Reliabilität, keine Generalisierbarkeit, keinerlei methodische Absicherung, keine methodologisch-sozialwissenschaftliche Reflexion) durch eine Reihe von Vorzügen zumindest aufgewogen werden.

Die wichtigsten davon sind:

1. Die Sozialwissenschaft liefert allzu schnell Klassifizierungen und Typisierungen. Man redet von »Unterschicht« und »Mittelschicht« und ordnet ihnen »Erziehungsstile« zu: Man spricht von »bürgerlicher Sozialisation« oder der »Selektions-, Integrations- und Qualifikationsfunktion« der Schule. Indem wir mit solchen Generalisierungen

hantieren, verlieren wir leicht die Wirklichkeit aus dem Blick, die widersprüchlicher, differenzierter, facettenreicher ist. Szenen der beschriebenen Art können uns für mehr Differenzierung, für mehr Genauigkeit sensibilisieren.

2. Während Forschung Jugendliche immer nur im defizienten Modus ihrer Realität erfasst (im Rahmen nämlich methodisch eingegrenzter Fragestellungen), können szenenhaltige Erzählungen Jugendliche in Situationen zeigen, die ganzheitlichen Charakter haben und über die wir sonst kaum etwas erfahren. Selten sind Erwachsene dabei, wenn jugendliche Straßenbanden ihren Alltag durchleben, und forschende Wissenschaftler lassen sich in der Regel erst recht nicht darauf ein.

3. Szenen regen die Fantasie an und lassen uns Interpretationen versuchen, die uns in der Regel nicht erlauben, einige wenige »Variablen« herauszuklauben – möglicherweise unter Vernachlässigung der wesentlichen. Die vorgetragene Szene beispielsweise weist uns auf die Bedeutung der Sozialisation durch die Straße hin, die wir nicht zuletzt deshalb übersehen, weil sich unser forschendes Interesse in der Regel auf pädagogisch organisierte Institutionen bezieht. So wissen wir einigermaßen viel über die Schule, aber nichts über die Straße als Sozialisationsfaktor.

4. Die Anschaulichkeit (sozialökologischer Ansatz!) der Szenen macht nicht zuletzt betroffen und erinnert daran, dass man jetzt (oder später) als pädagogisch Handelnder mit Jugendlichen auch jeweils »in Situationen« steht, die einen komplexen Charakter haben.

5. Szenen haben es mit ganz bestimmten Orten und ganz bestimmten Zeiten zu tun. Damit decken sie deutlicher als die meist systematisierenden wissenschaftlichen Texte historische Gebundenheit auf oder weisen auf die Differenziertheit unterschiedlicher Lebenskontexte hin. Natürlich lassen sich in New York andere Jugendliche und andere Straßenszenen und Treffpunkte vorstellen. Dass hier ein ganz bestimmtes soziales Milieu getroffen wird, macht die Genauigkeit des Textes aus.

6. Szenen enthalten etwas, was auch den Vorsprung des

»Praktikers« vor dem forschenden Theoretiker ausmacht: Der Praktiker kann immer wieder Ereignisse und Fälle schildern, die nicht auflösbar sind in theoretisch begründbare Handlungsanweisungen. So nötigt der Praktiker seinen Counterpart immer wieder, Nützlichkeit und Qualität seiner Theorie zu überdenken, diese zu erweitern, zu überprüfen – oder gar zu verwerfen. Szenen nötigen uns geradezu, nicht von wissenschaftlich formulierten, terminologisch von Ungenauigkeiten befreiten Theorien auszugehen, sondern – im Rahmen des interpretativen Paradigmas – von Phänomenen, ihrem Selbstverständnis und den möglicherweise hinter ihnen liegenden Strukturen.

7. Szenen zusammenhängender Art weisen zurück auf die zu lange vergessene pädagogische Kasuistik. In der Sozialpädagogik sind »Fallbeschreibungen« oder »Fallstudien« seit längerem geläufig, wie etwa auch der Rechtsfall in der Rechtswissenschaft, der Krankheitsfall in der Medizin. Es geht in der Fallanalyse jeweils darum, am Allgemeinen orientiertes Vorwissen am konkreten Fall zu erproben und ggf. zu korrigieren. Dabei kann sich die Kasuistik einerseits für das Alltägliche, sozusagen das den Sozialisationsprozessen als Routine Zugrundeliegende interessieren (dies tut sie erst neuerdings), sie kann aber auch – und dies ist geläufiger – gerade außergewöhnliche Situationen, Krisenpunkte in der jugendlichen Entwicklung herausheben. Dieses Interesse für besondere Ereignisse ist zu rechtfertigen, weil es dies ist, was im praktischen Handlungsvollzug Schwierigkeiten macht, auf die man sich in der Ausbildung vorbereiten sollte.

Die Beziehung des bisher Gesagten zum so genannten sozialökologischen Ansatz ist wohl deutlich: Dessen besondere Eigenschaft besteht ja gerade darin, dass »Mensch und Umwelt« nicht voneinander isoliert gesehen werden, sondern dass man vielmehr versucht, den komplexen Reichtum ihrer Beziehungen zu rekonstruieren – in der primären Absicht, nicht nur zu beschreiben, sondern vor allem zu erklären, warum bestimmte Handlungen in bestimmten Situationen möglicherweise zu bestimmten (möglichst prognostizierbaren) Folgen führen. Indem der sozialökologische Ansatz (welcher Provenienz auch immer) nicht nur beschreiben und darstellen, sondern auch erklären will, geht er über eine plastische Einzelszene hinaus und vertritt eine wesentliche Eigenschaft wissenschaftlichen Vorgehens.

Dieser Ansatz ist auch deshalb interessant, weil er nicht nur zur Möglichkeit verhilft, die rein hermeneutische Interpretation fiktiver Geschichten in die soziale Realität zu verlängern, sondern auch deshalb, weil er in den Kontext wissenschaftlicher Diskussion führt und beansprucht, weitergehende Erklärungen anzubieten – nicht zuletzt dadurch, dass er das komplexe Material einer Szene zu ordnen erlaubt. Freilich besteht seine Attraktivität nicht allein in diesem Punkt. Wenn ich recht sehe, gibt es eine ganze Reihe von Motiven, die seine derzeitige Anziehungskraft ausmachen. Jedes dieser Motive verdiente eine eigene Diskussion; ich will sie hier nur nennen, weil ich sie selbst alle (wenn auch in unterschiedlicher Gewichtung) teile:

1. *Unzufriedenheit mit Methoden:* »In der vorherrschenden Tradition der Test- und Experimentalpsychologie waren Situationseinflüsse ... vor allem als potenzielle Störfaktoren von Interesse, die es konstant zu halten galt« (*Caesar* 1979, S. 147). Sozialökologie hingegen stellt gerade die *Komplexität von Situationen* in den Vordergrund und stellt schon damit eine Herausforderung an traditionell-empirische Sozialforschung mit ihren eingeschränkten Handlungsmustern dar.

2. *Die ganzheitliche Auffassung*: Diese wird methodisch meist als *naturalistisch* bezeichnet. Nach *Willems* (1969) handelt es sich damit um »eine Forschungsstrategie, die sich auszeichnet durch möglichst minimale Manipulation der antezedenten (vorhergehenden) Bedingungen des zu untersuchenden Verhaltens – in diesem Fall also der ökologischen Kontexte – und den Verzicht auf Bildung vorgegebener Einheiten bei der Erfassung des Verhaltens selbst« (*Caesar* a.a.O., S. 149). Im Mittelpunkt steht das »daily life« in der »natürlichen« soziokulturellen Umgebung des Menschen. Man spricht darum auch von *Objekt-*

orientierung (im Gegensatz zu einer »analytischen Orientierung« wissenschaftlichen Vorgehens gewöhnlicher Art). Der ökologische Ansatz geht nicht von einem theoretischen System von Regeln und Sätzen aus, setzt sie zumindest nicht absolut, sondern bezieht Problemstellungen aus der Realität mit ein, will auch auf die Realität Einfluss nehmen (gewisse Nähe zur Handlungsforschung; vgl. *Eckensberger* 1979, S. 265 f.).

3. Höhere *Plastizität und Anschaulichkeit* sind gewährleistet. Es geht um die »inhaltliche Konkretion bestimmter historisch-gesellschaftlicher Lebensbedingungen«, also materielle Annahmen, nicht nur Typen und Strukturen (vgl. *Hopf* 1979, S. 113).

4. Die *Plastizität, Konkretheit und Praxisorientierung* ermöglichen (darauf weist vor allem *Bronfenbrenner* immer wieder hin) praktische Antworten, ermöglichen die Empfehlung handhabbarer Handlungsstrategien.

5. Es gibt für traditionell empirische Forschung eine »Schallmauer der Vorhersage«, weil die Natur der Umwelt, in der bestimmtes Verhalten stattfindet, nicht in Betracht gezogen wird. Die Einbeziehung sozialökologischer Zusammenhänge erlaubt möglicherweise *genauere Vorhersagen* menschlichen Handelns (vgl. *Moos*. In: *Walter* 1979, S. 173).

6. Die *starke Objektorientierung* einer sozialökologisch ausgerichteten Forschung impliziert in gewisser Weise eine normative Erfülltheit. Es geht nicht um Verifizierung oder Falsifizierung von Theorien allein, sondern in der Regel um unter bestimmten Wertgesichtspunkten durchgeführte Untersuchungen in Bezug auf Planungen (Stadtplanung, Schulplanung, Planung der sozialen Versorgung von Familien usf.). Wissenschaftliche Erkenntnis und soziale Problematik liegen für diesen Ansatz nicht so weit auseinander.

7. Die Komplexität des Ansatzes zwingt zu *interdisziplinärem Vorgehen*. Wenn ich recht sehe, ist es die Ökopsychologie, die als Erste für bestimmte sozialwissenschaftliche Theoreme Interesse zeigt (z. B. Handlungstheorien), und auch umgekehrte Bewegungen sind festzustellen. Darüber hinaus beteiligen sich zunehmend an der Diskussion: Pädagogen, Stadtplaner, Architekten. Es ist nicht die einzelne Wis-

senschaft, die im Rahmen ihrer Interessen und Ressourcen die Probleme definiert, sondern die Probleme definieren im sozialökologischen Zugang, welche Antworten man von welchen Wissenschaften erwartet. Der unbequeme Zwang zu Kooperation ist unhintergehbar.

8. Der starke *Praxisbezug* war bereits in den vorangehenden Argumenten enthalten, soll aber als eigener Punkt noch einmal betont werden. Die Bedeutung des Praxisbezugs für diesen Ansatz wird deutlich durch Nennung der Bereiche, von denen er herausgefordert und entwickelt wurde: »community development«, Entwicklung sozialpädagogischer »support systems«, Stadtteilarbeit; Untersuchungen zum »Schulmilieu« oder zum »Lernklima« in Klassenzimmern.

Die Aktualität der normativen Implikationen des sozialökologischen Kontextes wird durch die Ökobewegung besonders deutlich. Freilich hat – darauf weist *Walter* hin – schon *Park* 1936 beispielsweise auf das Interesse der Sozialökologie abgehoben, es gehe darum, »die biotische Balance und das soziale Gleichgewicht« aufrechtzuerhalten. Das neu belebte »Umweltbewusstsein« führt zu einem besonderen Interesse an der Darstellung und Interpretation konkreter sozialer Umweltaggregate.

Somit zeigt sich: Das Programm der Szeneninterpretation, von dem ausgegangen wurde, und bestimmte Perspektiven sozialökologischer Forschung sind quasi deckungsgleich. Mit dem Stichwort »Sozialökologie« habe ich eben nur eine Möglichkeit hinzugewonnen: die einer objektorientierten, vielleicht systematisierbaren Fragerichtung.

Die Ausarbeitung der sozialökologischen Fragerichtung sieht nach meinem Vorschlag nun zunächst so aus, dass ich eine ordnende Beschreibung nach vier expandierenden »sozialökologischen Zonen« versuche, die der Heranwachsende in bestimmter Reihenfolge betritt und die ihn ihrem räumlichsozialisatorischen Potenzial aussetzen. Der Vorteil dieses Ansatzes besteht also zunächst einfach darin, dass er auffordert, den Jugendlichen in seinen Lebenszusammenhängen zu betrachten:

a) Die erste Zone ist der alltägliche und unmittelbarste Umraum, in den man hineingeboren wurde. Meist handelt es sich um den Ort der Familie, um »zu Hause«. Kennzeichnend für diese Zone sind enge emotionale Bindungen, Face-to-Face-Kommunikation, starke Abhängigkeit insbesondere der Heranwachsenden von den Älteren. Diese Zone nenne ich das *ökologische Zentrum.*

Entscheidend ist, wie das ökologische Zentrum ausgestattet ist. Ein Jugendlicher, der mit mehreren Geschwistern ein Zimmer teilen muss und für den sich das Familienleben in der gemeinsamen Wohnküche abspielt, wird andere Erfahrungen sammeln und Einstellungen mit ihnen verbinden als jemand, der in einem Einfamilienhaus aufwächst und ein eigenes Zimmer zur Verfügung hat. »Seit ich ein eigenes Zimmer hatte, hatte ich ein Innenleben (Dès que j'eus une chambre à moi, j'eus une vie intérieure).« Dieser Satz von *Anatole France*, auf den *Charlotte Bühler* hinweist, legt eine nahezu programmatische Interpretation nahe. Denn gerade für den Adoleszenten wird es wichtig, dass für ihn eine Intimzone zur Verfügung steht, die seinem wachsenden Distanzierungsbedürfnis entspricht. Die »eigene Welt«, die so entstehen kann, ist oft der verräumlichte Ausdruck der eigenen Erwartungen, Interessen und Wünsche. Der Teenager, der seinen Raum mit Pop-Postern ausstaffiert, sich eine Plattensammlung zulegt und den ganzen Tag »Pop« hört, weiß freilich meist nicht, wie weit die Außenlenkung des Konsums bestimmend ist bis in die innerste Zone seiner Lebenswelt. Sie ist freilich nie wirklich geschützt, auch nicht vor der Familie: Briefe oder Tagebücher werden oft von neugierigen Eltern aufgespürt, und es gilt als unschicklich, das Zimmer abzuschließen. – Ganz andere Erfahrungen machen Jugendliche, die sich mit Geschwistern unterschiedlichen Alters einen Raum teilen müssen. Es ist zu vermuten – Untersuchungen über die Bedeutung des »eigenen Raums« liegen nicht vor –, dass sie ein anderes Sozialverhalten entwickeln als ihre privilegierteren Altersgenossen, die meist aus der Mittelschicht stammen und mehr Gelegenheit zur Introversion haben, freilich auch mit der möglichen Folge der Abkapselung oder der Entwicklung eines leistungszentrierten Egoismus.

b) Die zweite Zone ist die unspezifische Umgebung von Zone 1, oft auch »Nachbarschaft« genannt. Ich nenne sie den *ökologischen Nahraum*. In ihm werden die ersten Außenbeziehungen aufgenommen; das Kind findet hier seine Spielkameraden. Der Stadtteil, das Viertel, die »eigene Wohngegend« werden dann für den jungen Adoleszenten zu einem mehr oder weniger reich ausgestatteten Revier mit unterschiedlichen Treffpunkten. Die Parkbank, bestimmte Hauseingänge, die Zeitungs- oder Frittenbude, die Eckkneipe, eine nahe Diskothek, der Innenhof eines größeren Wohnhauses, das nahe gelegene Strandbad, die Schulmauer usf.: Je mehr Treffpunkte so unterschiedlicher Art zur Verfügung stehen, desto näher kommt eine Gegend einem ökologischen Optimum.

c) Die dritte Zone ist weniger zusammenhängend; sie wird definiert durch funktionsspezifische Beziehungen. Die Schule, der nahe gelegene Betrieb, die Schwimmhalle oder andere Orte gehören in diesen Bereich *ökologischer Ausschnitte*. Im Gegensatz zur unmittelbaren Umgebung wird die Schule nur zu bestimmten Zeiten betreten, und zwar zu einem bestimmten Zweck. Das Kind wird aus der Diffusität des ökologischen Nahraums entlassen und – etwa beim Schuleintritt – zum ersten Male mit einer funktionalen Differenzierung konfrontiert, die bestimmte Rollenspiele zuweist und konstitutiv für das Funktionieren unserer fortgeschrittenen Industriegesellschaft ist. An den Rändern der ökologischen Ausschnitte entwickeln übrigens dann die Älteren ihre Peerbeziehungen: Man schließt Freundschaft mit Klassenkameraden, trifft sich mit Auszubildenden aus dem gleichen Betrieb in einer Kneipe und plant dann vielleicht auch gemeinsame Unternehmungen.

d) Eine vierte Zone ist die gelegentlicher Kontakte; ich nenne sie *ökologische Peripherie*. Dazu gehört etwa der Bauernhof oder die Insel, auf denen man sich vorübergehend aufhält, etwa im Urlaub. Andere Beispiele sind die Wohnungen von Verwandten, die man öfter besucht; ferner gelegene Freizeitangebote (z. B. ein Kino im Stadtzentrum) oder ein zentral gelegenes Kaufhaus, in dem man ab und zu größere Einkäufe tätigt. Je vielfältiger und reichhaltiger die ökologische

Peripherie ist, desto offener und erfahrener wird ein Heranwachsender, denn er erweitert nicht nur den Radius seines Handlungsraums, sondern erwirbt damit auch mehr Ausweichmöglichkeiten und Alternativen zu seiner unmittelbaren Umwelt.

In schematischer Anordnung kann man sich die vier ökologischen Zonen als konzentrische Kreise vorstellen.

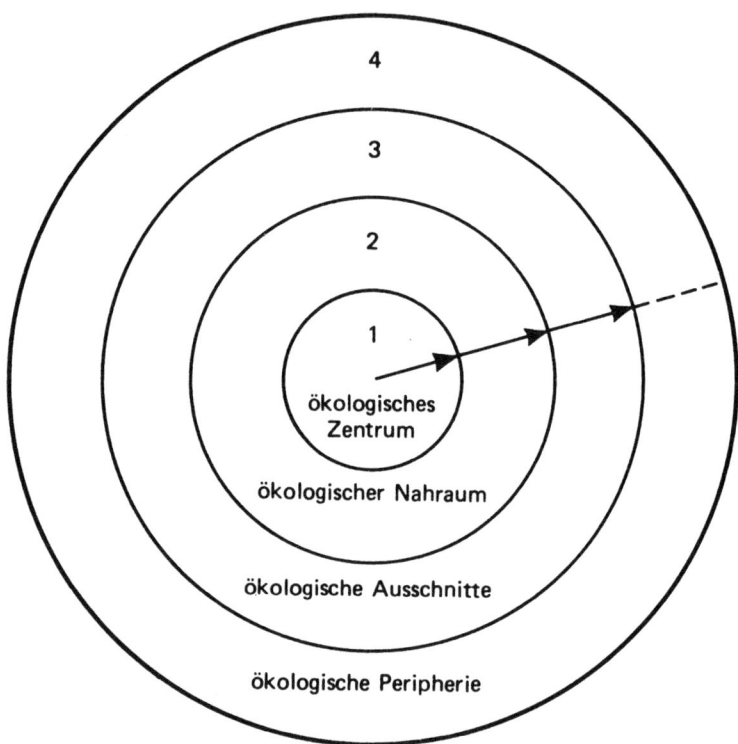

Abbildung 2: Schematische Darstellung der vier ökologischen Zonen.

Zu dem hier (freilich nur skizzenhaft) entwickelten sozialökologischen Ansatz im Rahmen der Jugendforschung noch einige erläuternde Bemerkungen:

1. In der Regel ist davon auszugehen, dass ein Mensch sich
   zunächst in der ersten Zone orientiert, um dann, heran-

wachsend, immer weitere Zonen zu betreten. Für das Kleinkind sind die Eltern die einzigen wichtigen Bezugspersonen, denen es in einem oder wenigen Räumen begegnet. Später wird es die Umgebung kennen lernen (Zone 2) und mit dem Schuleintritt seine ersten funktional-spezifizierten Beziehungen aufnehmen (Zone 3). Das Wahrnehmen von Angeboten in Zone 4 erfolgt meist noch später.

2. Die Bedeutung der einzelnen Zonen für den Heranwachsenden kann durchaus wechseln. Schüler, die ein Gymnasium besuchen, das nicht in unmittelbarer Nähe ihres Wohnbezirks liegt, oder Auszubildende, die in einem Großbetrieb arbeiten, haben oft weder Interesse noch Zeit oder Gelegenheit, sich im ökologischen Nahraum aufzuhalten, der entsprechend an Bedeutung verliert. Anders ist es beispielsweise mit Auszubildenden, die in Kleinbetrieben arbeiten, oder Hauptschülern, deren Schule meist in erreichbarer Nähe liegt: Sie bleiben an den ihnen bekannten Bezirk gebunden. Daher ist zu erwarten, dass sie an Gleichaltrigengruppen der Nachbarschaft teilnehmen. Anders ist es bei Oberschülern, deren Peerbeziehungen sich an der Schule entwickeln, die sie besuchen. Die Bekanntschaft durch Nachbarschaft tritt hier häufig zurück. Es ist zu vermuten, dass die unterschiedlich intensive Orientierung am ökologischen Nahraum durchaus Bedeutung hat für die Erfahrungen und die in ihnen angelegten Lernprozesse von Adoleszenten.

3. Der Ort, an dem man sich viel aufhält, braucht nicht notwendig der erwünschteste zu sein. Gerade für Jugendliche werden oft Zonen bedeutend, die jenseits der ökologischen Peripherie der ihnen zugänglichen Räume liegen. Fernweh, Vorstellungen von einer Traumwelt, Wunsch nach Abenteuern, die die unmittelbare Umgebung nicht bietet: Die Zahl der jugendlichen Ausreißer ist bekanntlich relativ hoch. Offenbar haben die Lebensräume, die Heranwachsenden zugänglich sind, für diese oft viel Enttäuschendes an sich. Zu viele Kontrollen und zu viele Anforderungen, zu viel Nüchternheit und Gleichförmigkeit, zu viel Alltagsroutine also sind für viele Adoleszenten, die auf Selbst- und Weltentdeckung gehen und das Anregende, Außerge-

wöhnliche geradezu zu gierig suchen, oft die Ursache für ein Aus-dem-Feld-Gehen. Die ökologische Valenz der Lebenszone, also der Reizreichtum für Jugendliche, entspricht nicht deren ökologischer Potenz, zumindest in der Einschätzung vieler Heranwachsender: Sie sind neugierig und fühlen sich stark, sich produktiv und erobernd mit ihrer Umwelt auseinander zu setzen, die doch dafür keinen Raum gibt.

4. Während einige Aktivitäten an bestimmte Zonen gebunden sind (für das Lernen etwa ist die Schule da), gibt es andere, die in mehreren Zonen stattfinden. Natürlich sind die Zonen nur analytisch voneinander getrennt; praktisch sind sie von großer Durchlässigkeit und besitzen nicht die imaginären Grenzlinien, die wir ihnen hier geben. Oft übernehmen sie Parafunktionen. Dies gilt für die Schule, die nicht nur Lernort ist, sondern auch »Treff«.

Ökologisch gesehen ist die Freizeit ein Bereich, dessen Angebote über die verschiedensten Zonen streuen. Jugendliche verbringen einen Teil ihrer Freizeit zu Hause, streben aber danach, mit Gleichaltrigen zusammen zu sein und eigene Freizeitinteressen zu entwickeln bzw. zu befriedigen. Sport, Geselligkeit, Konsum, Reisen, Intimität, Medienkonsum: All dies sind Freizeittätigkeiten, die teilweise an gar keine bestimmte Zone gebunden sind, auf jeden Fall nicht alle in der gleichen Zone stattfinden. Die Rede vom »Freizeitsektor« meint also eine Abstraktion, denn es handelt sich nicht um einen räumlich geschlossenen Ort. Gerade diese Tatsache lässt annehmen, dass die Freizeit einen hohen Anregungscharakter hat, weil ihre unterschiedlichen Angebote in unterschiedliche Zonen führen. Freilich gibt es nur eine kleine Gruppe, die die vorhandene Vielfalt von Freizeitangeboten wirklich nutzt.

5. Die ökologische Potenz eines Jugendlichen ist umso größer, je mehr Kommunikations- und Handlungschancen er hat, je mehr Erfahrungen er also sammeln konnte. Während die des Kindes noch sehr eingeschränkt ist, knüpft der Adoleszent eine Vielzahl neuer Beziehungen an, zum Teil in eigener Verantwortung, und verschafft sich neue Erlebnisfelder. Wenn man von der Jugend als »Zeit des Aufbruchs«

spricht, so ist genau dies gemeint: dass nunmehr die Ansprüche an einen freieren und erweiterten Handlungsraum rapide wachsen. Jeder mag selbst überlegen, inwieweit die Jugendlichen, mit denen er es zu tun hat, die Möglichkeit haben, diesen Anspruch an Bewegungsfreiheit, Selbst- und Fremderfahrung einigermaßen zu befriedigen!

Umwelt, Handeln, Entwicklung

Der bisher von mir entwickelte sozialökologische Ansatz hat einen Mangel: Er erlaubt zwar, eine Vielzahl von Beobachtungen zu machen und das Verständnis für Raumprobleme des Jugendlichen zu sensitivieren. Hier soll der Ansatz aber noch ein Stück weiter ausgearbeitet werden, damit Reichweite und Brauchbarkeit sich noch verdeutlichen. Wenn ich recht sehe, enthält der Ansatz wenigstens drei unterschiedliche Theoriedimensionen, mit denen sich zu beschäftigen zu einigen weiteren Einsichten führen kann. Ich meine, der sozialökologische Ansatz enthält zumindest

1. eine Theorie der Umwelt
2. eine Handlungstheorie
3. eine Theorie menschlicher Entwicklung im Lebenszyklus

Erste Theoriedimension – Umwelt: Transportiert man »Sozialökologie« in »Umwelt«, gehen die Definitionsprobleme, aber auch der Streit los. Denn was alles ist »Umwelt«? Einerseits wird behauptet: Die Umwelt sei nicht exogen, sondern individuenbezogen, endogen: Zur Umwelt werde nur das, was durch selegierende Wahrnehmung der Subjekte allererst konstituiert ist und auf das hin diese Subjekte handeln. Dieser Standpunkt wird von anderen Autoren als »idealistisch« bezeichnet, indem beispielsweise das praktische Verhältnis zur Umwelt übergangen werde, das durch Arbeit (die allererst durch Naturaneignung soziale Umwelten schafft) geleistet wird (so *Hopf* 1979). Oder: Wie sind zu vermitteln einerseits die »Umwelt«, die der Handelnde kogsziert oder die für ihn Bedeutung hat, andererseits die »Umwelt«, die der Forscher im Rahmen seines Designs definiert? Dieser Streit ist nicht nur »akademisch«, weil die Interpretation des Mensch-Umwelt-Verhältnisses immer auch Deutungen enthält, die sich auch im alltäglichen Leben auswirken können. Sie können auch pädagogische Strategien bestimmen. Ist jemand beispielsweise der Überzeugung, die Aneignung von Umwelt erfolge vorwiegend durch *Wahrnehmung* und erst dadurch konstituiere sich das Wahrnehmungsobjekt für das Subjekt, so wird er kognitives Training für vorrangig halten. Wer dagegen (wie der Autor dieses Buches) der Überzeugung ist, dass dies nur die eine Seite menschlichen Orientierungshandelns ist, dass andererseits die vorhandene Wirklichkeit (auch durch Wahrnehmungsprozesse) vom Menschen *angeeignet* werden muss, so wird die Betonung kognitiver Prozesse ergänzt durch die praktischen Handelns, etwa durch Arbeit an Gegenständen. Dann würden sinnliche Erfahrungen im Bereich der Kunst (z. B. eigenes Modellieren im Umgang mit Ton), handwerkliche Übungen mit verschiedenen Materialien, Arbeit mit Erde und Pflanzen sowie die Konstruktion eigener Umwelten (vom Hüttenbau über die Gestaltung von Klassenräumen bis zur Herstellung eigener Areale, sofern möglich) eine ebenso wichtige Rolle spielen wie das Erkennen durch distanzierende Reflexion. Umwelttheoretische Konzeptionen können sich also in Lehrplänen und Curricula umsetzen, denen sie als Begründungshintergrund dienen können.

Eine nicht so grundsätzliche Frage ist die nach dem Untersuchungsinteresse an Umwelt. Sollte man es beispielsweise nicht von vornherein auf bestimmte Umwelten einschränken, die von besonderer Bedeutung für Menschen sind? So interessieren sich *Barker & Schoggen* vor allem und fast ausschließlich für so genannte Behaviour-Settings, »Synomorphe« (wie Gottesdienst, Restaurants, Schulen etc.), also institutionell-organisierte Orte mit bestimmten Rollen- und Handlungsvorschriften. Die Autoren untersuchten die englische Stadt *Yordale* und die amerikanische Stadt *Midwest* in Hinsicht auf Gliederung der Stadt in Areale, Verteilung von Institutionen und deren Zugänglichkeit. Sie kamen auf diese Weise zu recht einleuchtenden Aussagen darüber, inwieweit spezifische Unterschiede der beiden Städte die Sozialisationsbedingungen der in ihr Heranwachsenden beeinflussen. So ergab sich, dass *Midwest*-Kinder eine größere Rolle im öffentlichen Leben spielen und auch mehr Einfluss haben auf das, was in der Stadt geschieht: weil die Schulen »offen« sind, institutionelle Partizipation Heranwachsenden früher zugestanden wird, die Distanz der Generationen für die Gestaltung des gemeinsamen Lebens eine geringere Rolle spielt als in *Yordale*. Die Jugendlichen in *Midwest* orientieren sich entschieden eher an Erwachsenenrollen, während im engen, traditionsreichen *Yordale* Kontrollmaßnahmen und Selektionsmechanismen einen starken Einfluss haben. Inzwischen wird an diesem Ansatz kritisiert, dass er nur nach den Funktionen von Institutionen frage, Umwelt aber weit mehr sei als das, was im Modell dieses Buches vor allem in der Dimension »ökologischer Ausschnitt« erfasst ist.

Eine letzte Frage, vielleicht die wichtigste: Welches sind eigentlich die Kräfte, die die Struktur von Umwelt bestimmen? Es ist kaum anzunehmen, dass es die »Umwelt« selbst ist, die wir unmittelbar sehen. Dahinter stehen Kräfte, daneben gibt es andere Umwelten, und insgesamt ergibt sich damit ein kompliziertes Gefüge von Erlebnisbereichen und Zuständigkeiten, die der globale Ausdruck »Umwelt« zu erfassen nicht geeignet ist. Von wesentlichem Gewicht für diese Frage sind vor allem die Arbeiten *Urie Bronfenbrenners*, vielleicht der einfallsreichste und am meisten interdisziplinär arbeitende Sozialökologe. Es ist nicht uninteressant, von ihm zu erfahren, wie sein sozialökologisches Forschungsinteresse entstanden ist: Es verdankt sich der Lebenswelt, in der er aufwuchs. *Bronfenbrenner* erzählt:

»Der Keim der hier entwickelten ökologisch orientierten Vorstellungen wurde lange zuvor, ehe ich ins College eintrat, gelegt. Ich hatte das Glück, auf dem Gelände einer staatlichen Anstalt für ›Schwachsinnige‹ aufzuwachsen (wie man diese Menschen damals nannte), wo mein Vater als Neuropathologe arbeitete. Neben seinem medizinischen Grad hatte er das Doktorat als Zoologe erworben, und sein Herz gehörte der Naturbeobachtung. Das Anstaltsgelände bot seinem Beobachterauge reichlich biologisches und soziales Terrain: üppigstes Pflanzen- und Tierleben auf über 3000 Morgen Ackerland und bewaldeten Hügeln, in moosigen Wäldern und stinkenden Sümpfen. Die Anstalt war in jenen Tagen eine aktive und lebendige Gemeinde; die Patienten verbrachten den Großteil ihrer Zeit außerhalb der Stationen, nicht nur in den Unterrichtsräumen, sondern auch bei Arbeit auf den Feldern und in den Werkstätten. Da gab es Kühe, Pferde, Schweine, Schafe und Feder-vieh, es gab eine Schmiede und Zimmereien, eine Bäckerei und ein Vorrats-haus, von dem die Waren in Pferdewagen geliefert wurden, die von Anstalts-insassen gefahren wurden. Alle diese Tätigkeiten sind mittlerweile als unfreiwillige Dienstleistungen von Amtes wegen abgeschafft worden.

Das war die Welt meiner Kindheit. Mein Vater nahm mich auf unzählige Spaziergänge mit, von seinem Labor durch die Stationen, in die Werkstätten und über die Äcker (dort sah und sprach er seine Patienten am liebsten) und noch öfter in die nahen Wälder und Hügel hinter dem Stacheldrahtzaun. Im-mer und überall lenkte er meine Aufmerksamkeit auf das Naturgeschehen, lehrte er mich die funktionelle gegenseitige Abhängigkeit der Organismen und ihrer Umgebung sehen.

Besonders lebhaft erinnere ich mich, wie unglücklich er war, wenn die New Yorker Behörden unserer Anstalt irrtümlich – oder vielleicht aus purer Verzweiflung – völlig normale Kinder zuwiesen. Ehe er die für ihre Entlas-sung nötigen amtlichen Schritte erledigen konnte, würde es zu spät sein. Nach ein paar Wochen erzielte ein solches Kind bei dem für die Entlassungs-verfahren obligaten Intelligenztest Werte, die es als geistesschwach auswie-sen: Das bedeutete lebenslangen Aufenthalt in der Anstalt. Zwar gab es ei-nen Weg aus der Anstalt für diese Kinder, aber den konnten sie erst nehmen, wenn sie älter waren. Zu den Arbeitsplätzen für erwachsene weibli-che Insassen gehörten die Hausstände der Angestellten und Ärzte, wo sie bei der Hausarbeit, beim Kochen und bei der Betreuung der Kinder halfen. Auf diese Weise wurden Hilda und Anna und viele nach ihnen zu wirklichen Mitgliedern unserer Familie und zu wichtigen Figuren meiner Kindheit.« (1981 S. 12 f.)

Heben wir einige Aussagen des Textes hervor: Zum einen ist es nicht das College mit seinem Angebot organisierten Ler-nens, das *Bronfenbrenners* Interessen allein stimulierte, son-dern dies konnte nur geschehen, weil eine »Basis« da war, die sich den Erfahrungen in einer bestimmten Umgebung, dem Umgang mit dem Vater und eigenen Beobachtungen ver-dankt. Schule und Hochschule sind häufig eher Verstärker von Interessen als Produzenten von Wissbegier – diese ver-dankt sich sozialisierenden Umwelterfahrungen. Die »Welt meiner Kindheit« wäre aber zum anderen nichts gewesen oh-ne den Vater, der sein zoologisches Interesse auf den Sohn überträgt: »Überall lenkte er meine Aufmerksamkeit auf das Naturgeschehen ...« Schließlich macht *Bronfenbrenner* als Mitglied einer geschlossenen Anstalt die Beobachtung, dass es schwer ist, diese Welt zu verlassen, wenn man einmal in sie eingewiesen ist. Umwelten sind also dynamisch, aber sie ha-ben auch Grenzen, können begrenzen, festhalten.

Später hat *Bronfenbrenner* den Zusammenhang von Umgebung und menschlichem Handeln vermittelt über mehrere Schritte gesehen:

1. Schritt: Die Umgebung beeinflusst die Eltern von Kindern (z. B. in Slumgegenden, in engen Wohnungen etc.);

2. Schritt: Die Erfahrungen von Eltern setzen sich um in deren Meinungen, Überzeugungen, Handlungsmöglichkeiten;

3. Schritt: Dieses Selbstverständnis der Eltern wirkt sich aus auf Kinder (z. B. darauf, ob sie von den Eltern unterstützt werden, ob Eltern sich Zeit für ihre Kinder nehmen, wie es bei *Bronfenbrenners* Vater der Fall war). – *Bronfenbrenner* entdeckte damit, dass Umwelt sozial mehrschichtig angelegt ist und »Umwelterfahrungen« ihrerseits sich anderen Umweltbedingungen verdanken. Wenn Väter ihren Kindern gegenüber autoritär und rücksichtslos sind, so kann sich dies beispielsweise ihrer Umwelt im Beruf verdanken, in der sie eine untergeordnete Rolle spielen und ständig fürchten müssen, noch diese kleine Rolle aufgeben zu müssen, also arbeitslos zu werden. *Bronfenbrenner* versucht darum, Umwelten als abgrenzbare Systeme zu fassen; er unterscheidet deren vier:

1. Das Mikrosystem.	Es stellt dar »ein Muster von Tätigkeiten und Aktivitäten, Rollen und zwischenmenschlichen Beziehungen, die die in Entwicklung begriffene Person in einem gegebenen Lebensbereich mit den ihm eigentümlichen physischen und materiellen Merkmalen erlebt« (1981, S. 38).
2. Das Mesosystem.	Es »umfasst die Wechselbeziehungen zwischen den Lebensbereichen, an denen die sich entwickelnde Person aktiv beteiligt ist (für ein Kind etwa die Beziehungen zwischen Elternhaus, Schule und Kameradengruppe in der Nachbarschaft; für einen Erwachsenen die zwischen Familie, Arbeit und Bekanntenkreis)« (ebd., S. 41).
3. Das Exosystem.	Darunter ist zu verstehen ein »Lebens-

bereich oder mehrere Lebensbereiche, an denen die sich entwickelnde Person nicht selbst beteiligt ist, in denen aber Ereignisse stattfinden, die beeinflussen, was in ihrem Lebensbereich geschieht, oder die davon beeinflusst werden« (ebd., S. 42).

4. Das Makrosystem. Damit ist gemeint »die grundsätzliche formale und inhaltliche Ähnlichkeit der Systeme niedriger Ordnung (Mikro-, Meso- und Exo-), die in der Subkultur oder der ganzen Kultur bestehen oder bestehen könnten, einschließlich der ihnen zugrundeliegenden Weltanschauungen und Ideologien« (ebd., S. 42).

Das Mikrosystem entspricht vorwiegend dem hier dargestellten sozialökologischen Zentrum sowie dem Nahraum. Unmittelbare Umweltwahrnehmung spielt hier ebenso eine Rolle wie die Möglichkeit, direkt auf Umwelt Einfluss zu nehmen. Das Mesosystem verbindet insbesondere sozialökologischen Nahraum und die Ausschnitte. Es stellt ein System von Mikrosystemen dar, umfasst also unterschiedliche Lebensbereiche, die sich insgesamt zu einem sozialen Netzwerk zusammenschließen. Familie, Schule, Bekanntenkreis, Sportverein, Diskothek und Peergroup stellen ein solches Netzwerk dar, dessen Beziehungen die Lebenswelt des Heranwachsenden immer noch relativ direkt erfahrbar konstituieren. Ein Beispiel für das Exosystem ist der Arbeitsplatz des Vaters/der Eltern, die der Heranwachsende meist nicht kennt und betritt; dennoch machen die Eltern hier Erfahrungen, die ihr Erziehungsverhalten beeinflussen (s. o.). Es handelt sich hier um einen sozialökologischen Ausschnitt, dessen Zugänglichkeit für den Jugendlichen freilich nicht gegeben ist; dessen ungeachtet wirkt er indirekt auf die Lebenswelt des Jugendlichen ein. Das Makrosystem schließlich umfasst alle anderen Systeme in einer gegebenen Gesellschaft. *Bronfenbrenner* spricht von einem »Satz von Konstruktionsmustern«, der beispielsweise einen Spielplatz im Park, ein Café oder ein Postamt in Frankreich gleich aussehen macht, ihn aber im Aussehen und in der Funktion von entsprechenden Einrichtungen beispielsweise in den Vereinigten Staaten unterscheidet. Aber auch die Beziehungen zwischen Schule und Elternhaus können in Ländern ganz unterschiedlich sein (vgl. *Yordale* und *Midwest*). In den Makrosystemen drücken sich verschiedene Weltanschauungen und Lebensstile aus, die für Heranwachsende für sie typische Umwelt mit verbindlichen, wiedererkennbaren Mustern prägen.

Bronfenbrenners begriffliche Markierungen sind hilfreich, weil sie unser deskriptives System zu differenzieren erlauben. Wenn z. B. die Untersuchung jugendlicher Subkulturen in englischen Arbeitervierteln ergibt, dass für die Straßengangs, ihre Eigenart, ihr Verhältnis zur Umgebung, zur Polizei und zu den Eltern das Renommee eines Viertels eine erhebliche Rolle spielt und dieses Renommee wiederum beeinflusst, wenn nicht geschaffen wird durch die Medien (die eine Gegend als »gefährlich« oder »verrufen« klassifizieren) oder auch kommunalpolitische Maßnahmen (*Brake* 1981, S. 43 f.), so zeigt sich an diesem Beispiel, dass Umwelterfahrungen im ökologischen Nahraum des Stadtteils durch Exosysteme beeinflusst werden. »Umwelt« ist damit vorzustellen als ein Netzwerk sehr unterschiedlicher Teil-Umwelten, die als reale Objekte, als zwischenmenschliche Beziehungen, aber auch als symbolische Strukturen (Ideologien, Deutungsmuster) ein unterschiedlich dicht gewirktes Netzwerk darstellen, das den Jugendlichen trägt, aber auch ausstößt, fallen lässt.

Zweite Theoriedimension – Handlung: Eine handlungstheoretisch-interaktionistische Grundannahme besagt, dass Menschen den Objekten (Personen und Gegenständen) Bedeutungen zuschreiben und aufgrund von Bedeutungen handeln, die sie Personen und Gegenständen zugeschrieben haben; und dies geschieht in der Weise, dass Bedeutungen durch Interaktionen zwischen Menschen entwickelt werden, die sie konstituieren und verändern. Der Mensch ist also nicht nur Produkt seiner Umwelt, sondern er gestaltet die Umwelt selbst aktiv mit; er ist in gewisser Weise von ihr abhängig, wird

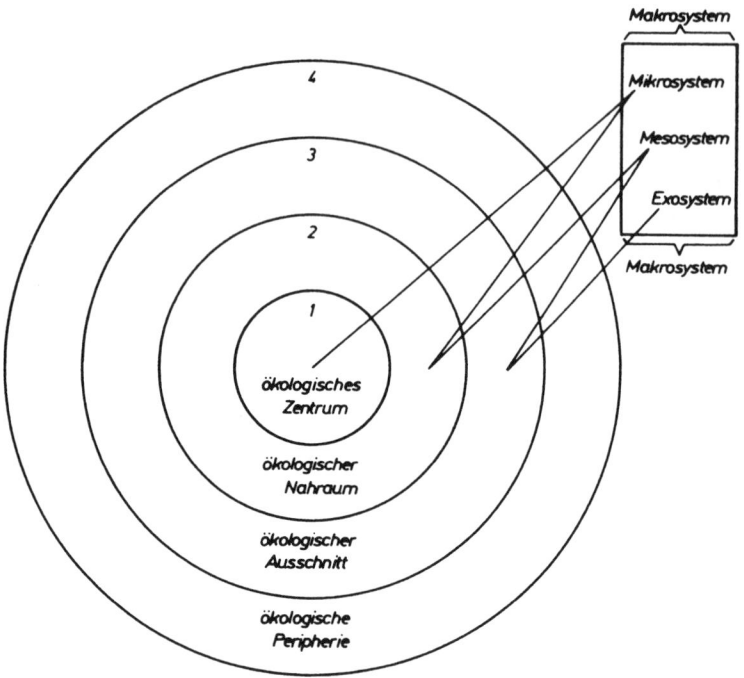

Abbildung 3: Schematische Zuordnung der vier ökologischen Zonen zu *Bronfenbrenners* Systemkategorien.

von ihr beeinflusst, ohne doch von ihr in finalistischem Sinne determiniert zu werden. Diese handlungstheoretische Grundannahme wird eigentlich von allen mir bekannten Untersuchungen bestätigt – auch dann, wenn sie sich gar nicht als handlungstheoretisch orientiert verstehen. Untersuchungen zum Sozialklima in Klassenzimmern oder Familien etwa belegen sehr deutlich, welche Rolle Interaktionsbeziehungen spielen – deren Reichweite, Gewicht und Eigenart durch räumliche und institutionelle Faktoren freilich mitbestimmt sind. Gleiche Institutionen mit gleicher »Aufmachung« und vergleichbarer Klientel können doch sehr unterschiedliche Interaktionsbeziehungen ausprägen, wie die Schulforschung (Vergleich zwischen Highschools in den USA) immer wieder bestätigt, weil Gruppenbeziehungen in ihrer jeweiligen Eigenart unterschiedliche Handlungen zulassen und damit unterschiedlich erfahren werden – bis hin zu unterschiedlichen Einschätzungen der Beteiligten in Hinsicht auf Lern- und Sozialisationschancen. Wenn Klassenräume freundlich ausgestaltet sind, die Sitzordnung »kooperativ« ist (nicht Frontalunterricht, sondern Sitzen im Kreis, Möglichkeit zur Gruppenbildung) und der Umgangston zwischen Lehrern und Schülern freundlich-vertrauensvoll, so werden bei gleichen Lehrplänen und Lernverpflichtungen bessere Resultate erzielt als in einer lieblos-neutralen Umgebung. »Umwelt«, so kann man demnach auch pointieren, besteht entscheidend aus der Dynamik von Umweltgestaltung und Interaktionsbeziehungen, die entweder umweltbestätigend oder umweltverändernd organisiert sein können.

Dritte Theoriedimension – Entwicklung: Umwelten werden nicht nur in verschiedenen Entwicklungsstadien unterschiedlich erfahren und verarbeitet. Sie sind auch unterschiedlich zugänglich. Ja, es gibt in unserer systemdifferenzierten Welt zunehmend spezielle, für bestimmte Altersgruppen vorbehaltene Umwelten (Kindergärten, Schulen, Kurorte, Altenheime). Wenn Umwelten tatsächlich in aktivierender Dynamik Entwicklung bestimmen, so bedeutet das: Menschliche Entwicklung ist nicht nur psychologisch, als Entfaltung von Kompetenzen, allein »von innen heraus« zu verstehen, sondern sie verdankt sich sozialer Stimulation in Umwelten. Wie die Umwelt ist dabei die Entwicklung auch gesellschaftlich organisiert, das meint: Je nach der Stellung im Lebenszyklus sind unterschiedliche Umwelten wesentlich. Auf der Zeitachse betrachtet sind beispielsweise: Aufnahme in einen Kindergarten/Schuleintritt/Wechsel an eine andere Schule/Schulentlassung/Hochschulausbildung oder Lernen am Arbeitsplatz/das Verlassen des Elternhauses/die Heirat/Erreichen eines Arbeitsplatzes/Wechsel eines Arbeitsplatzes/Beförderung/Arbeitslosigkeit/Pensionierung etc., Markierungspunkte, die nicht nur Bestandteile menschlicher Entwicklung in zeitlicher Erstreckung sind, sondern zugleich auch räumliche Transformationen darstellen, damit dazu zwingen, vorhandenes Wissen neu zu organisieren, Neues hinzuzulernen usf.
Da zur konzeptionellen Interpretation von Entwicklung in

den späteren Kapiteln zur Moralentwicklung und zur Identität (vgl. S. 155 ff. bzw. 178 ff.) noch Weiterführendes gesagt wird, mögen hier diese Hinweise genügen.

Integrierendes Konzept: Lebensweltanalyse

«Lebenswelt« bezeichnet als Begriff zuerst in der phänomenologischen Philosophie *Husserls* die nicht hinterfragbare Welt-Evidenz für den Menschen. Was das meint, hat *Maurice Merleau-Ponty* im Vorwort zur »Phänomenologie der Wahrnehmung« (Bd. 7 der Reihe »Phänomenologisch-psychologische Forschungen«, hg. von *Graumann/Linschoten*, Berlin 1966) so formuliert:

»Der Haupterwerb der Phänomenologie dürfte die in ihrem Begriff von Welt und Vernunft geglückte Verbindung von äußerstem Subjektivismus und äußerstem Objektivismus sein. Rationalität bemisst sich nach diesem Begriff genau an der Erfahrung, in der sie sich enthüllt. Dass es sie gibt, besagt, dass Perspektiven sich kreuzen, Wahrnehmungen sich bestätigen und ein Sinn erscheint. Doch ist dieser Sinn nicht für sich zu setzen und umzudeuten in absoluten Geist oder Welt im Sinne des Realismus. Die phänomenologische Welt ist nicht reines Sein, sondern Sinn, der durchscheint im Schnittpunkt meiner Erfahrung wie in dem der meinigen und der Erfahrungen anderer durch dieser aller Zusammenspiel, untrennbar also von Subjektivität und Intersubjektivität, die durch Übernahme vergangener in gegenwärtig wie in der Erfahrung anderer in die meine zu einer Einheit sich bilden.«

Der in die USA emigrierte *Husserl*-Schüler *Alfred Schütz* hat »Lebenswelt« dann als Grundlagenbegriff einer aufgrund von Beschreibungen deutenden Sozialwissenschaft eingeführt. Menschliches Handeln (es handelt sich also um eine Handlungstheorie) findet danach statt in einem intersubjektiv konstituierten Sinnzusammenhang (Alltagswissen). Dabei baut sich der das Handeln orientierende Sinn auf aufgrund gemeinsamer Regeln, Typenbildungen und Relevanzen (Orientierungswissen nach Maßgabe dessen, was für jemanden wichtig ist).

Lebensweltanalyse als Analyse konkreter Umwelten (es handelt sich also um eine stark das Handeln betonende Umwelttheorie!) hat zeitlich und systematisch je drei Dimensionen zu berücksichtigen:

Zeitlich: (a) Vergangenes Erleben; (b) aktuales Handeln; (c) planendes Entwerfen.

Systematisch: (a) Interpretation einer Situation/Szene durch die Beteiligten; (b) die Interpretation des sie umgebenden Kontextes, der Abläufe der Alltagspraxis sinnlich erfahrbar determiniert; (c) der Zusammenhang interaktionaler und situationaler Deutung mit gesamtgesellschaftlichen Strukturen und Prozessen.

Der zuletzt genannte Aspekt führt über *Schütz* hinaus, indem behauptet wird, dass es sich auch im sozialstrukturellen Bereich um deutbare Phänomene handeln könne.

Eine Lebensweltanalyse in der Jugendforschung, die freilich die Problematisierung lebensweltlicher Ganzheit und Geschlossenheit durch Individualisierungsprozesse nicht übersieht, hätte den Vorteil, dass sie im Gegensatz zu vorherrschenden Modellen empirischer Sozialforschung eine Transformation von Sozialdaten und Hintergrundwissen in konkrete Situationen und Handlungen erlaubt, damit das Sozialisationsmilieu in seiner Vielschichtigkeit differenziert erfasst werden kann. Während etwa ein Schichtenmodell (Indikatoren: Ausbildung und Beruf des Vaters/der Eltern; ökonomische Situation der Familie) nur eine formale Klassifikationshilfe bietet, erlaubt die Lebensweltanalyse, die Soziallage von Jugendlichen in ihrer konkreten Konstitution sichtbar und verstehbar zu machen.

Die *zeitliche* Dimension der Lebensweltanalyse würde die Biografie des Jugendlichen berücksichtigen.

Die systematische Dimension bezieht ein:

– die Deutung von Jugendlichen (erhebbar durch teilnehmende Beobachtung, offene Interviews, Teilnahme an der Lebenswelt der Jugendlichen), die »verstehen« lassen, wie sie die Welt sehen, und
– die strukturell-soziale Ebene (Schichtgebundenheit, Klassencharakter einer Gesellschaft usf.) als »erklärendes« Gesamtmodell,
– insbesondere auch den situationalen Wohn- und Lebenskontext als vermittelnde Ebene.

Schon der feldtheoretische Ansatz des Sozialpsychologen *Kurt Lewin* betrachtete in Anlehnung an den Biologen *von Uexküll* die Umwelt (»Merkwelt« und »Wirkungswelt«: das, was erfahren wird, und das, woraufhin jemand handelt) als Handlungsmöglichkeiten stimulierende und/oder beschränkende Größe. Das Lebensweltkonzept erlaubt nun, dies zu konkretisieren durch Einbeziehen der sozialgeographischen Umwelt. Damit steht im Mittelpunkt der Lebensweltanalyse die Sozialökologie als Untersuchung der Wechselbeziehung zwischen sozialer Umwelt und sozialem Verhalten des Menschen in konkreten Gesellschaften. Die Lebensweltanalyse macht deutlich, dass Faktoren wie Schichtzugehörigkeit, Geschlecht, erreichte Altersstufe, Familienkonstellation usf. je nach konkreten Lebensräumen (der Ausgestaltung und Struktur »ökologischer Zonen«) in ihren Erfahrungsinhalten und Handlungsmöglichkeiten konkretisiert und variiert werden.

Dies zeigt beispielhaft eine Untersuchung der *Projektgruppe Jugendbüro* (1975; 1977). Hauptschüler einer mittelstädtischen Wohnregion werden danach unterschieden, ob sie eine jugendzentrierte Einstellung haben (Bevorzugung von Gleichaltrigen, Streben nach Selbstständigkeit, auffällige Kleidung, schwache Familienbindungen) oder eine familienzentrierte (stärkere Identifikation mit den Eltern, konventionellere Kleidung, Akzeptanz der Schule und stärkere Interessen für Berufsplanung). Die Untersuchung zeigt die vielfaktorielle Dimensionierung der Lebenswelt dieser Jugendlichen. Wohnqualität (Ausstattung mit Bad, Balkon, Zentralheizung, eigener Bewegungsfläche) und Grad der Vollständigkeit der Familie sind beispielsweise sozialökologische Faktoren, die Familien- oder Jugendzentrismus bedingen. Unvollständige Familien (Fehlen eines oder beider Elternteile) und geringe Wohnqualität führen eher zur Subkulturorientierung und damit zu einem relativen Desinteresse an einer erfolgreichen schulischen Laufbahn, das einhergeht mit niedrigem beruflichem Aspirationsniveau. Als sozialstrukturelle Variable spielt der Schichtindikator dabei eine weiterdifferenzierende Rolle: Jugendliche aus der Mittelschicht empfinden sich als Hauptschüler als »gescheitert«, während solche aus der unteren Unterschicht ständig vom

Scheitern bedroht sind (Überweisung in Sonderschule, Nicht-erreichen des Hauptschulabschlusses), während die obere und mittlere Unterschicht sich relativ aufstiegsorientiert verhält – ein Verhalten, das mit Familienzentrismus und größerer Anpassung einhergeht.

Fazit: »Die Untersuchung der Lebenswelt und der Ansatz der Sozialökologie« sind durch vergleichbare Tendenzen wissenschaftlicher Betrachtung verbunden. »Lebenswelt« ist dabei insofern das »konkreteste Konzept«, weil hier nicht der Systembegriff (*Bronfenbrenner*) oder eine deskriptive Ordnung von Materialien leitend sind, sondern die konkreten gesellschaftlichen Zustände zu einer bestimmten Zeit, wie sie von Subjekten gestaltet und erfahren werden – und dies bedeutet: »Lebenswelt« eines Jugendlichen erschließt sich im Längsschnitt seiner Biografie und im Querschnitt der verschiedenen ökologischen Zonen und Systeme nur dann, wenn die Sichtweise des Jugendlichen als lebensweltkonstituierende Leitorientierung erschlossen wird. Darüber hinaus ist es wichtig für das Verständnis der Adoleszenz, genauere Auskunft darüber zu suchen, welche Zonen der Jugendliche betritt und welche Bedeutung sie für ihn haben. Auf diese Weise wird seine Lebenswelt plastisch und in ihren Zusammenhängen deutbar. Jugendsoziologie und Entwicklungspsychologie erscheinen dann als nicht trennbar, und gesellschaftliche, sozialpolitische oder pädagogische Fragen werden nicht zusätzlich herangebracht, sondern sie sind dem Ansatz immanent. Wegen seiner Bedeutung ist ihm das damit recht umfängliche 1. Kapitel gewidmet worden. Wichtig ist, diesen Interpretationszusammenhang auch in den folgenden Kapiteln, die auf jugendsoziologische und entwicklungspsychologische Forschungen zurückgreifen, im Auge zu behalten. Die Kapitel 2 bis 4 akzentuieren bestimmte Themen, die dann im Kapitel über die Identität wieder auf das Plateau eines interpretativen Zusammenhangs gehoben werden sollen.

2. Entwicklung und Reifung

Die Pubertät als Einschnitt

Der Adoleszent befindet sich in einer besonders betonten Entwicklungsphase, die durch den Eintritt der geschlechtlichen Reifung physiologisch nachweisbar und im Erscheinungsbild sichtbar wird. »Reifung« ist dabei eine Unterkategorie zur Beschreibung des Entwicklungsverlaufs. Dieser ist in seinen Grundprinzipien, vor allem in der Abfolge bestimmter Entwicklungsschritte, weitgehend festgelegt. In der pränatalen Periode entwickeln sich Kopf, Augen, Rumpf, Beine, Arme, Genitalien und innere Organe des Fötus in festgelegter Reihenfolge. Die Geburt eines Menschen erfolgt neun Monate nach der Empfängnis: ebenfalls eine natürliche, kaum änderbare Datumsgrenze. Auch nach der Geburt erfolgt die weitere Reifung nach einem biologischen Plan. Das Kind wächst weiter »und seine motorischen Fähigkeiten entwickeln sich nach einem bestimmten Muster« (vgl. *Mussen et al.* 1993, S. 27 ff.). Beispielsweise sitzt jedes Kind, bevor es stehen kann; es »brabbelt«, bevor es sprechen kann; es kann erst ein Rechteck zeichnen, wenn es vorher die Kreisfigur beherrscht, usf. Bestimmte Reifungsschritte können offenbar durch äußere Umstände nur wenig beeinflusst werden. So beschränken zwar die Hopi-Indianer die motorischen Aktivitäten ihrer Kinder, die in ihrem ersten Lebensmonat von den Müttern in Krippen eingebunden herumgetragen werden; »dennoch beginnen die Hopi-Indianer, die auf diese traditionelle Weise erzogen worden sind, ungefähr im gleichen Alter zu laufen wie Kinder, die nicht auf diese Art behindert wurden. Die Untersuchungen zeigen, dass das Auftreten dieser motorischen Fähigkeiten in erster Linie von angeborenen Reifungsfaktoren abhängt und nicht so sehr von Lernen und Übung« (ebd.).

Es handelt sich also bei der *Reifung* um primär organische Prozesse, »die von äußeren Umweltbedingungen, Erfahrungen oder der Lebenspraxis relativ unabhängig sind« (*Mussen et al.* 1993, S. 31; *McCandless* 1961, S. 118). Wenn man von Entwicklung spricht, meint man die ganzheitliche Veränderung eines Menschen, die oft durch das organische Substrat entscheidend bedingt ist, aber kognitive, affektive und sonstige Faktoren einbegreift. Die Entwicklung eines Menschen ist ein lang dauernder, erst mit dem Tode abgeschlossener Prozess, der jedoch nicht gleichmäßig erfolgt. Vielmehr gibt es *kritische Perioden*, in denen besonders wichtige und auffällige Veränderungen vor sich gehen. Die Adoleszenz ist eine solche Periode. Sie wird eingeleitet durch die Pubertät. Die folgende Abbildung zeigt, dass das Nervensystem (insbesondere Gehirn, Rückenmark usw.) gleich nach der Geburt, insbesondere

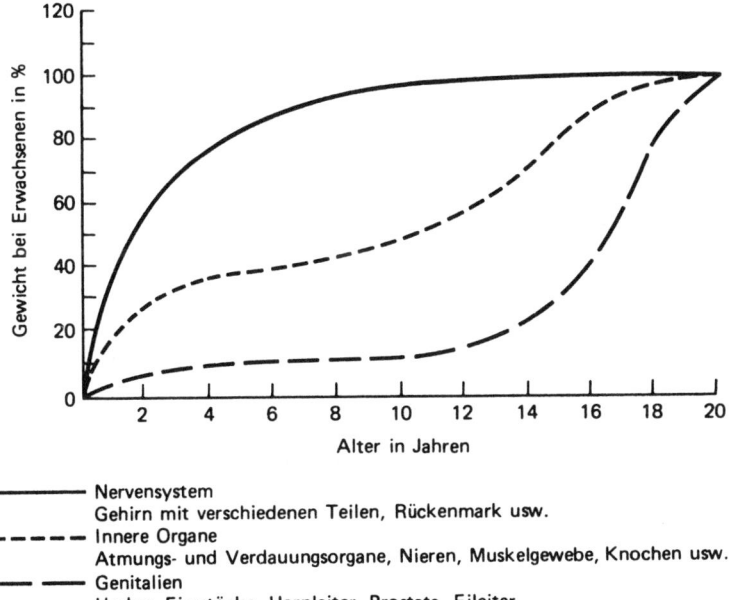

Abbildung 4: Kurven, die die Wachstumsraten der drei Hauptkategorien von Organen oder Gewebetypen des menschlichen Körpers darstellen. (Nach *Scammon, R. E.:* Morris' human anatomy. P. Blakiston's & Co, New York 1923)

bis zum 2./3. Lebensjahr rasch ausgebaut wird, während die Entwicklung der Genitalien nach dem 12. Lebensjahr einen raschen Aufwärtsschwung erfährt. Die inneren Organe entwickeln sich im Ganzen gleichmäßig, zeigen aber auch eine auffällige Wachstumsbeschleunigung in der Adoleszenz. Nach dem 18. Lebensjahr treffen sich alle drei Entwicklungskurven in der Weise, dass nun durchschnittlich der Aufbau des menschlichen Körpers als abgeschlossen angesehen werden kann.

Die Grafik (Abb. 5, S. 101) zeigt, dass beginnend mit der Pubertät in der Adoleszenz auch ein letzter großer Wachstumsschub erfolgt.

Ebenso, wie die genitale Reifung der Mädchen in der Regel etwas eher erfolgt als bei den Jungen, liegt auch der letzte Höhepunkt des Wachstumsschubes bei ihnen zwei Jahre früher (Spitze bei 12 Jahren im Gegensatz zum Wachstum bei den Jungen, das den letzten Höhepunkt etwa mit 14/15 Jahren erreicht hat).

Die Adoleszenz stellt den letzten, freilich höchst bedeutsamen und auffälligen Entwicklungsschub dar. Die körperlichen Veränderungen haben natürlich zahlreiche psychische Folgen, die sich auch sozial auswirken. Dazu gehört, dass

– der Adoleszent sich nun seines Körpers bewusst wird, dessen Veränderungen und neue Fähigkeiten (Geschlechtlichkeit) ihn irritieren, erregen und stimulieren;

– die plötzliche Veränderung im Erscheinungsbild zum Zweifel an sich selbst führen kann; der Jugendliche kann sich »hässlich« vorkommen, wenn er einen plötzlichen Längenwachstumsschub erleidet;

– durch das gleichzeitige Anwachsen körperlicher Stärke auch ein Gefühl drängender Kraft und Unabhängigkeit im Verhalten Ausdruck sucht;

– die genitale Reifung die Beziehungen zu Eltern und Geschwistern, aber auch zur Umwelt neu zu definieren zwingt; die Schamgrenzen werden vorverlegt, und es entsteht ein zunächst körperlicher Intimbereich, dessen Ausdehnung dann auch soziale Folgen hat bis zu dem Maße, dass nach den Eltern ein neuer Intimpartner nun gesucht und ausgewählt werden muss;

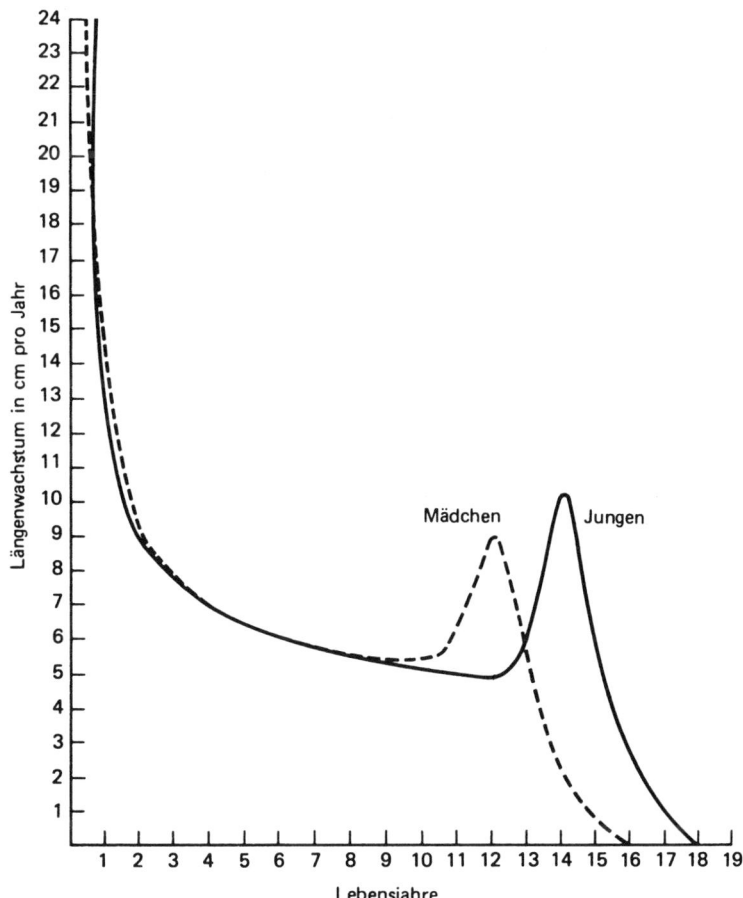

Abbildung 5: Durchschnittliche individuelle Längenwachstumskurven für Jungen bzw. Mädchen. Die Kurven geben die Schnelligkeit des Wachstums eines durchschnittlich weit entwickelten Jungen bzw. Mädchens in allen aufgezeigten Zeitspannen an. (Nach *Tanner, J. M., R. H. Whitehouse* und *M. Takaishi:* Standardmesszahlen von Geburt bis zur Reife für Körpergröße, Gewicht, Schnelligkeit des Längenwachstums und der Zunahme des Gewichts, Britische Kinder, 1965. Arch. Dis. Child. 41 [1966], 455–471)

– eine größere Selbstständigkeit in Entscheidungen verlangt wird, von denen man zunehmend sieht, dass sie oft auch die weitere Zukunft bestimmen können (z. B. Schulwahl);
– sich eine große Verletzlichkeit wegen der körperlichen Veränderungen einstellt und gerade darum ein Verbergen die-

ser Verletzlichkeit durch schnelles Sichzurückziehen oder aggressiven Habitus sich verbinden mit ersten Bemühungen, selbst erwachsene Verhaltenszüge zu produzieren. Es entsteht auf diese Weise ein widersprüchliches Verhaltensamalgam, so dass eine 14-Jährige in dem einen Augenblick Hinkelkasten spielen kann, in dem anderen die Teilnahme an einer Party bis 24 Uhr zusagen will, in einem dritten kindliche Wut zeigt, wenn das Zimmer nicht aufgeräumt ist und sie darauf hingewiesen wird, in einem weiteren plötzlich großes Interesse für neue Veröffentlichungen der Psychoanalyse aufbringt.

Es ist selbstverständlich, dass trotz eines verlässlich ablaufenden biologischen Programms Reifung und Entwicklung Jugendlicher höchst verschieden erfolgen können. Denn die Tatsache, dass die Reihenfolge bestimmter struktureller Entwicklungsschritte festgelegt ist, impliziert keineswegs die andere, dass der Zeitpunkt einer Entwicklung, ihre Ausgeprägtheit und ihr optimaler physiologischer und psychischer Spielraum bei allen Individuen identisch sind. So tritt die Pubertät in aller Regel im 13. oder 14. Lebensjahr ein; doch gibt es Jungen, die schon mit zehn Jahren pubertieren und mit 14 Jahren sexuell voll ausgereift sind, während andere Jungen diesen Status erst mit 20 Jahren (in Ausnahmefällen sogar später) erreichen. Es gibt Mädchen, die ihre erste Monatsblutung bereits mit zehn Jahren haben, andere, bei denen sie zehn Jahre später erfolgt. Das sehr unterschiedliche Entwicklungsniveau bei gleichem Alter macht die folgende Abbildung 6 deutlich, die in der oberen Reihe drei Jungen zeigt, sämtlich im Alter von 14 3/4 Jahren, in der unteren Reihe drei Mädchen, sämtlich im Alter von 12 3/4 Jahren.

In der mittleren Reihe finden wir den »jugendlichen Durchschnitt«, den wir in der Regel für »alterstypisch« halten: Die Heranwachsenden sind keine Kinder mehr – der Körper streckt sich, die sekundären Geschlechtsmerkmale sind gut erkennbar entwickelt –, während sie doch deutlich noch keine Erwachsenen sind. Die links gezeigten Kinder sind in der physiologischen Entwicklung zurückgeblieben, während die rechts gezeigten »wie Erwachsene aussehen«. In der Regel ist

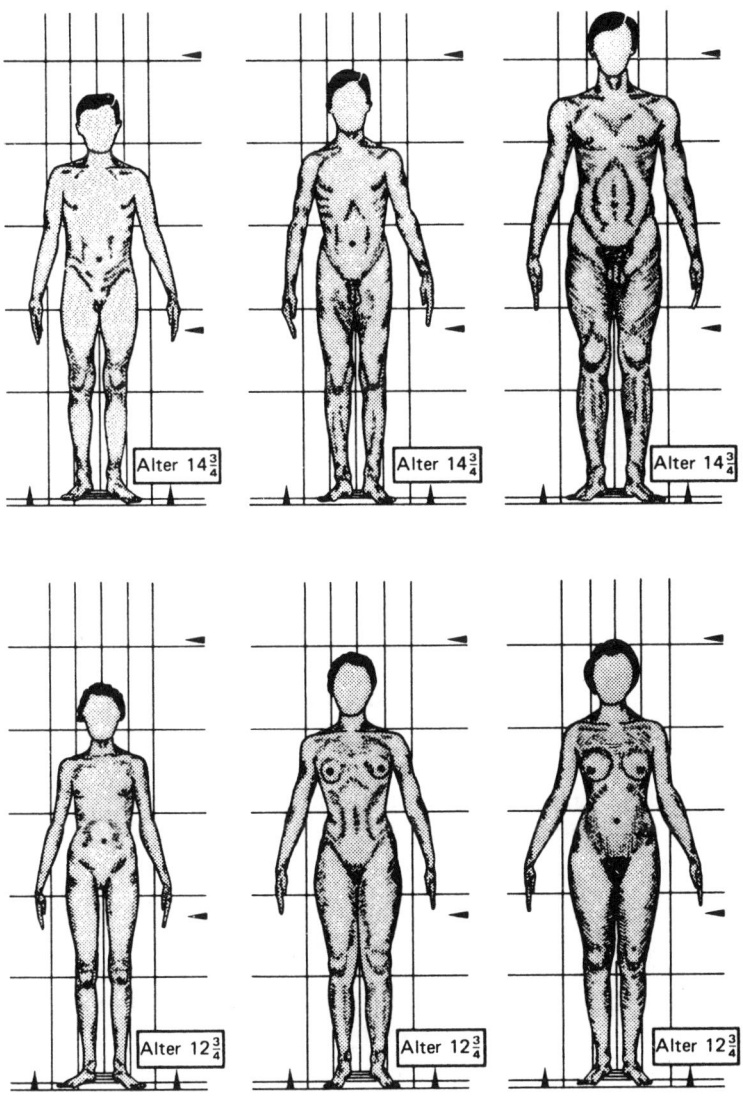

Abbildung 6: Unterschiede pubertärer Entwicklung bei gleichem Lebensalter. (Nach *Tanner, J. M.*: Wachstum und Endokrinologie im Jugendalter. Aus *Gardner, L. J. [Hg.]*: Endocrine and genetic diseases of childhood. Saunders, Philadelphia 1969)

es übrigens nicht so, dass eine schnellere Reifung insofern bedenklich ist, als die psychischen und sozialen Fähigkeiten zurückbleiben. Solche Bedenken hatte man zunächst gegenüber der so genannten *Akzeleration*. Es gibt Schätzungen, wonach das Alter, in dem die erste Monatsblutung erfolgt, sich in der Zeit von 1830 bis 1960 alle zehn Jahre etwa vier bis fünf Monate vorverlagerte, so dass ein Mädchen heute im Durchschnitt 4 1/3 Jahre eher reif ist als vor anderthalb Jahrhunderten; Ähnliches gilt für Jungen (*McCandless* 1970, S. 91 f.). Man befürchtete, dass die soziale und kulturelle Reife hinter der körperlichen zurückbliebe. Empirische Reihenuntersuchungen legen jedoch nahe, »dass die gleichsinnige Kovarianz somatischer und psychischer Entwicklung entschieden der häufigere Fall ist. Es stehen also diejenigen Kinder oder Jugendlichen, die in ihrer körperlichen Entwicklung über der Altersnorm stehen, in der Mehrzahl der Fälle auch in ihrer seelischen und geistigen Entwicklung über der Altersnorm (von Extremvarianten, die pathologischen Einschlag haben, abgesehen)« (*Undeutsch* 1971, S. 270). Hinderlich würde sich auswirken, wenn Erzieher auch physisch eher unabhängigen Jugendlichen dennoch weiterhin kindliche Verhaltensweisen und die Bekundung von Abhängigkeit abfordern würden. Solche Zwänge können zu regredientem Verhalten führen, so dass ein starker und kräftiger Jugendlicher etwa jedes verantwortliche Handeln ablehnt, weil er keine Möglichkeit hat, es zu lernen. In der Zeit der Adoleszenz spielen zunehmend soziale und kulturelle Beeinflussungsfaktoren eine starke Rolle. Nach der erziehlichen Grundlegung im Kleinkindalter ist jetzt also eine wichtige Phase erreicht, in der, dem Entwicklungsschub der Jugendlichen entsprechend, auch ihre Lehrer und Erzieher einen für sie ebenfalls schwierigen pädagogischen Umstellungsschub akzeptieren sollten. Welches seine Regeln sind, ist im Einzelnen schwer angehbar, weil gerade die Jugendphase höchst differenzierte Entwicklungsmomente umfasst, zu denen auch Widersprüchlichkeiten im Verhalten gehören. Die wichtigste Grundregel ist, dass jetzt genaues Beobachten, gründliches Eingehen auf individuelle Problemlagen und solidarische Formen des Umgangs miteinander zunehmend die besten Erziehungsmittel sind.

Versucht man, die Vielfalt der Veränderungen, die durch Entwicklung und Reifung in der Jugendphase erfolgen, akzentuierend zusammenzufassen, sind drei Gesichtspunkte hervorzuheben:

a) Jugendliche zeigen im Gegensatz zum Kind eine wachsende »field-independent performance«, also ein Verhalten, das nicht durch den konkreten Anlass oder unmittelbare Operationen entscheidend bestimmt wird. Mögliche Begründungs- und Entscheidungszusammenhänge für das eigene Verhalten werden jetzt differenzierter gesehen. Beispielsweise ist die Fähigkeit zu formalen Denkoperationen nunmehr ausgebildet: »Der Jugendliche denkt deduktiv, stellt Hypothesen in Bezug auf die Lösung von Problemen auf und denkt an viele verschiedene Aspekte einer Sache zugleich. Er denkt wissenschaftlich und beherrscht die formale Logik in sprachlichen Auseinandersetzungen. Zugleich reflektiert er auf dieser Stufe über die Folgerichtigkeit und Richtigkeit seiner eigenen Gedanken, er schätzt sie ein und kritisiert sie (…) Im Alter von 15 Jahren geht der Jugendliche bei der Lösung von Problemen mit Hilfe von logischen und formalen Denkoperationen vor wie ein Erwachsener. Er hat, wie *Piaget* und Inhelder sagen, den kritischen Punkt in der Intelligenzentwicklung erreicht« (*Mussen et al.* 1993, S. 9 f.). Die Feldunabhängigkeit des Jugendlichen beginnt bereits mit zehn Jahren und hat ihren Höhepunkt mit dem 17. Lebensjahr erreicht (*Witkin u. a.* 1970, S. 320 ff.). Die Pubertät ist also keine Schranke, vor und hinter der ganz unterschiedliche Ereignisse stattfinden; vielmehr gehört zur Entwicklung der Gesichtspunkt einer relativ kontinuierlichen ontogenetischen Evolution.

b) Mit dem eben Bezeichneten hängt zusammen, dass nunmehr die »primäre Sozialisation« der ersten Lebensphase abgeschlossen ist. Hier wurde das Individuum – in der Regel durch die Eltern – in das Leben eingeführt. Der Jugendliche hingegen unterliegt nunmehr der »sekundären Sozialisation«, durch die eine bereits sozialisierte Person in neue Ausschnitte der objektiven Welt eingewiesen wird (*Berger/Luckmann* 1970, S. 148 ff.). In der primären Sozialisation der Familie »internalisiert« das Kind die ersten Verhaltensregeln und erlebt Zustände, die dann konstitutiv für alles Weitere bleiben: »Mit den Eltern, die einem das Schicksal bestimmt hat, muss man sich abfinden. Die eindeutige Folge dieser minderbegünstigten Situation des Kindes ist die, dass ihm, obgleich es nicht ganz unbeteiligt und passiv während seiner Sozialisation ist, die Erwachsenen die Spielregeln aufstellen. Es kann gern oder ungern mitspielen, ein anderes Spiel jedenfalls ist nicht zu haben. Was daraus folgt, ist wichtig: Da das Kind sich seine signifikanten Anderen nicht aussuchen kann, ist seine Identifikation mit ihnen quasi-automatisch, und aus demselben Grunde ist seine Identifikation mit ihnen quasi-unvermeidlich. Es internalisiert die Welt seiner signifikanten Anderen nicht als eine unter vielen möglichen Welten, sondern als die Welt schlechthin, die Einzige vorhandene und fassbare. Darum ist, was an Welt der primären Sozialisation internalisiert wird, so viel fester im Bewusstsein verschanzt als Welten, die auf dem Wege sekundärer Sozialisation internalisiert werden« (*Berger/Luckmann* 1970, S. 145). So beharrend die in der Kindheit erworbenen Einstellungs- und Verhaltensdispositionen sind, so sehr wird ihre Stabilität in der Jugendzeit doch einem Haltbarkeitstest unterzogen. Denn in der nunmehrigen Phase der »sekundären Sozialisation« sucht der Jugendliche sich seine Partner selbst, hat die Möglichkeit, Beziehungen aufzubauen oder abzubrechen, kurz: Er wird mit Alternativen konfrontiert. Dies kann ihn in Konflikte mit dem Elternhaus bringen, die er verschieden lösen kann – im einen Extremfall durch Rückzug ins Elternhaus, im anderen Extremfall durch sein Verlassen. Wenn auch bestimmte, in der frühen Kindheit erworbene Charakterzüge überdauern (dazu gehören Persönlichkeitsfaktoren wie: Ängstlichkeit, Misstrauen, Ausweichverhalten gegen Selbstvertrauen, Offenheit und Aktivität), so kann doch die soziale Realisierung dieser Persönlichkeitszüge sich ändern und, sofern die sozialen Beziehungen eindringlich sind, auch der junge Mensch noch »ein anderer« werden. Misstrauen und Abwehrhaltungen etwa, die zunächst gegenüber Spielkameraden gezeigt wurden, werden nun abstrahierend-generalisierend auf den gesamten Lebenskontext übertragen, bis die »kapitalistische Gesellschaft« der neue Gegner ist; gleichzeitig kann aber eine rationalisierende Prüfung bestimmter mehr affektiver Reaktionen im Rahmen der nunmehr fortgeschrittenen Intellektualität erfolgen, so dass sich eine gesellschaftskritische Haltung ergibt, die auf objektive Momente zurückgreifen kann. Erfährt der Jugendliche dann noch die Solidarität einer Altersgruppe, kann er persönliches Misstrauen gegenüber einzelnen Menschen, das aus einer angelernten Egozentrik entsprang, durchaus noch ablegen. Die sekundäre Sozialisation ist also in ihren Resultaten einerseits kaum vorhersehbar, andererseits eine einflussreiche Zone jugendlicher Entwicklung.

c) Die Erweiterung der kognitiven und sonstigen Orientierungskonzepte (a) und die neuen Formen und Risiken der sekundären Sozialisation (b) mögen Ursachen dafür sein, dass man bei Jugendlichen ein besonders hohes Maß an Unruhe, Verwirrung, Unstetheit zu entdecken meint. Manche halten die Adoleszenz für eine Zeit, die hochgradig neurosen- und psychosenanfällig sei. Das Ich, aus den Schalen der Kindheit befreit, sei noch nicht fest genug, den neuen Anforderungen standzuhalten. Freilich: Die meisten Jugendlichen besitzen genügend psychische Kraft, um aus ihren Verwirrungen als relativ gesunde Erwachsene hervorzugehen (*Josselyn* 1959, S. 43). – Sicher ist es eine Frage der Definition, was man unter jugendlicher »Unruhe«, die sich in äußerem Verhalten zeigt, aber psychische Ursachen hat, verstehen will. *Daniel Offer* hat in den USA heranwachsende Jungen der Mittelklasse auf folgende Symptome hin untersucht: Depression, Angst, Scham, Schuld, Phobien, Dissozialität, Verwirrung, Unruhe, Argwohn, Obsession, zwanghaftes Verhalten. Eine Rating-Skala von 1 (kein Symptom) bis 5 (starke Symptombesetztheit) zeigt, dass die genannten Symptome jugendlicher Unruhe vorwiegend mit 2 und 3 besetzt sind, also im Feld der unteren Mittelwerte. Offer berichtet: »Wir waren beeindruckt, wie sehr die Affekte doch kontrolliert wurden (...) Die jungen Leute blieben flexibel, stabil und zeigten ein relativ konsistentes Verhalten (...) Häufigere Widersprüchlichkeiten in ihren Handlungen, längere oder schnell wechselnde Affektzustände, extremer Altruismus oder Egoismus, Idealismus oder Konservatismus – all dies gab es selten (…) Unsere Ergebnisse legen den Schluss nahe, dass – jedenfalls in Hinsicht auf unsere Population – der normale Prozess des Heranwachsenden näher am normalen Ende eines Kontinuums liegt als oft gesehen wurde« (*Offer* 1969, S. 109; 190 f.). Auch weitere Untersuchungen legen nahe, die Jugendzeit nicht mehr als eine Periode permanenter Krisen zu betrachten. *Conger* erklärt dies dadurch, dass die Untersuchungen sich meist auf Populationen bezogen hätten, die aus Patienten bestanden hätten (psychoanalytische Untersuchungen) oder aus Jugendlichen der Mittel- oder Oberschicht, die besonders sensitiv ein Gefühl der Entfremdung entwickelt und auch formuliert hätten (S. 27).

Dennoch ist es problematisch, sozusagen von einer schweigenden Mehrheit auch der Jugendlichen zu sprechen, die ganz gut mit sich zurechtkämen. Für generalisierende Behauptungen haben wir immer noch zu wenig Daten. Wir wissen aber, dass die Familiensozialisation oft gestört ist, und dies hat zweifellos Folgen für die Heranwachsenden. Der besonders

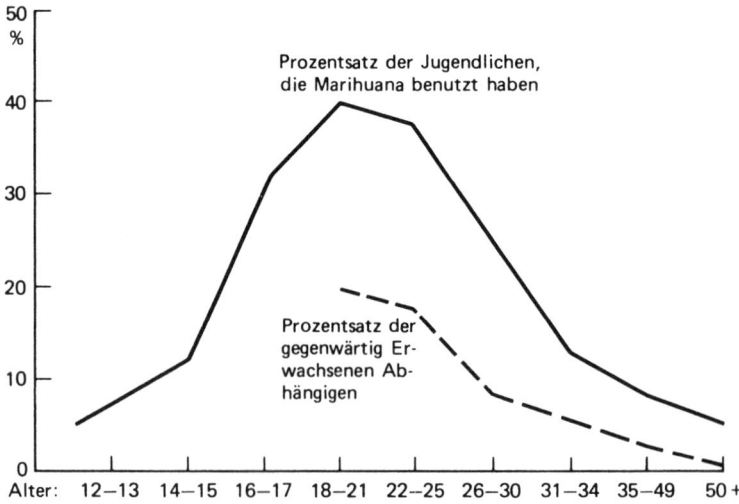

Abbildung 7: Erfahrungen mit Marihuana in Entsprechung zum Kindesalter. (Nach *Shafer, R. P. et al.*: Marijuana – a signal of misunderstanding. The official report of the National Commission of Marijuana and Drug Abuse. New American Library, New York 1972)

bei Jugendlichen verbreitete Drogenkonsum (neuerdings der Alkoholmissbrauch) ist ein Zeichen dafür, dass die Lebensbewältigung nicht konfliktfrei und ohne Gefährdungen vonstatten geht. Die Kurve (Abb. 7) zeigt die Erfahrung mit Marihuana, die Amerikaner Anfang der 70er Jahre hatten.

Der Drogenkonsum steigt bereits mit 12–13 Jahren, wird entschieden häufiger ab 14–15 Jahren und findet seinen Höhepunkt mit 18–21 Jahren, also am Ende der Adoleszenz. Eine Befragung von 26.000 Collegestudenten nach den Gründen für Drogenkonsum (hier Marihuana) ergab: »Neugier« (58%), »um seiner selbst willen« (26%), »spielerisch, aus Leichtsinn« (6%), »um mit persönlichen Problemen fertig zu werden« (1%) (*Conger* 1973, S. 429). Man soll sich freilich nicht täuschen lassen: Hinter der bevorzugten Antwort »aus Neugier« können sich tiefere Probleme verstecken, die dem Jugendlichen selbst vielleicht nicht bewusst sind. Auffällig ist, dass Begründungen für den Drogenkonsum, die ihm einen spirituellen oder sozialen Sinn geben, nur wenig vorgebracht wurden (insgesamt 11%). Auch eine Interpretation, die bewusst auf sensationsheischende und alarmierende Akzente verzichtet, muss doch festhalten, dass die positive Offenheit des Jugendlichen für neue Erfahrungen durchaus ambivalent zu bewerten ist. Er braucht ein Ordnungsmuster, nach dem er entscheiden kann, welche Erfahrung er aus welchen Gründen bevorzugt.

Man hat eine Zeit lang eine eher »biologische Pubertät« von einer »kulturellen Adoleszenz« getrennt. Die Pubertät galt als physiologisch bestimmte Phase der Geschlechtsentwicklung und Schwelle in die Adoleszenz, deren Hauptleistung dann eher in der Verarbeitung geistiger Einflüsse bestehen sollte. Es ist jedoch nicht angemessen, Biologie und Soziologie, Natur und Gesellschaft, Pubertät und Adoleszenz, körperliche Reifung und Gesamtentwicklung der Persönlichkeit derart zu trennen (*Bergius* 1961, S. 50 f.). Dies mag bereits aus unserer bisherigen Erörterung hinreichend deutlich geworden sein.

Konzept: Erwerb von Kompetenzen

Insbesondere die Entwicklungspsychologie hat Materialien bereitgestellt, die über bestimmte Bereiche jugendlicher Entwicklung Aussagen erlauben. Das dritte und vierte Kapitel sollen auf einige dieser Bereiche besonders eingehen, indem sie den derzeitigen Diskussionsstand skizzieren und wichtige Ergebnisse interpretieren. Hier ist noch zu fragen, wie die von mir aufgestellte Behauptung zu präzisieren sei, dass »Entwicklung« nur als integrierter Prozess zu verstehen ist. Freilich ist schon schwer auszumachen, was im Einzelnen zu integrieren sei, welche Faktoren also »Entwicklung« bestimmen – wobei auch hier die These gilt, dass die Summe mehr ergebe als die bloße Addition einzelner Teile. Besonders der kognitiven Entwicklung hat man sich intensiv zugewandt. Im Zusammenhang damit untersucht man neuerdings die Entwicklung der Kreativität, die mit Intelligenz nicht identisch zu sein braucht. Die affektive Entwicklung, die Entwicklung des moralischen Urteils, der Sexualität sind weitere »Stränge«. Es ist bis heute nicht eindeutig zu sagen, inwieweit sie voneinander abgrenzbar seien; eher schon, dass alle Stränge gleichsam wie in einem Seil miteinander verwoben sind. Neuerdings wendet man sich auch der sprachlichen Entwicklung zu, die manchmal als Teil der kognitiven, teilweise als eigener Strang aufgefasst wird. Zu fragen wäre auch, inwieweit die Kommunikationsfähigkeit sowie der Ausbau interaktiver Verhaltensweisen besonders zu berücksichtigen sind.

Einige Autoren gehen davon aus, dass die kognitive Entwicklung dominant sei. Zu ihnen gehört *Piaget*, dessen Werk das geschlossenste Konzept darstellt. Sein Stadienmodell kognitiver Entwicklung setzt ein viertes und letztes Stadium »formallogischer Operationen« für die beginnende Adoleszenz (12/15 Jahre) an. Das Erreichen dieser Stufe setzt voraus, dass zunächst das Denken in »konkreten Operationen« beherrscht wird. Aber erst der Jugendliche vermag hypothetisch zu denken, von konkreten Gegebenheiten zu abstrahieren und damit den Zugang zu wissenschaftlich-theoretischer Reflexion zu finden. Erst der Jugendliche besitzt also »Vernunft«, wenn man darunter die Fähigkeit und die Bereitschaft versteht, Erfahrungen nicht als selbstverständlich gegeben hinzunehmen, sondern zu interpretieren und durch kontrafaktisch kritische Reflexion in Frage zu stellen. Eine solche »kognitive Reife« müsste dann Entsprechungen haben im Bereich einer mehr »moralischen Reife« (vgl. *Piaget* 1972, S. 90 ff.) und sie müsste sich auch in der interaktiven Entwicklung ausdrücken. Letztere ist dadurch ausgezeichnet, dass in ihr die Begegnung zwischen Menschen stattfindet, sich damit durch sie Gesellschaft konstituiert. Insofern könnte man auch vermuten, dass das Miteinanderumgehen und Miteinandersprechen primär seien und der Ausbau der kognitiven Funktionen von Formen sozialer Interaktion bestimmt werde.

Der Versuch einer Präzisierung der Frage, welche Konstituentien in einem integrierenden Konzept von Entwicklung zusammenzufassen seien, führt derzeit zu mehr Fragen als Lösungen. Notwendig wäre eine Aufarbeitung aller Untersuchungen zu den genannten Faktoren der Entwicklung mit dem Ziel, eine Konkordanz der Entwicklungsstadien zu erstellen: Einer bestimmten Stufe der kognitiven Entwicklung würde eine solche der moralischen, sexuellen, interaktiven etc. entsprechen. Solche Versuche liegen in ersten Ansätzen vor; sie sind freilich notwendig noch sehr spekulativ und bieten eher ein recht anspruchsvolles Forschungsprogramm an. Sieht man einmal von den inhaltlichen Fragen der Entwicklungsbereiche und Entwicklungsgliederung ab, so ist eine Verallgemeinerung wohl unbestritten: Der Jugendliche erwirbt eine Reihe von Kompetenzen, deren optimale Ausnützung zum Zustand einer gefestigten Ich-Identität und damit zur Reife führt. »Kompetenz« ist freilich wieder nur ein zunächst formaler Terminus. Seine Anwendung auf inhaltliche Bereiche bereitet einige Schwierigkeiten. Was etwa sind die Züge einer ausgearbeiteten »intellektuellen Kompetenz«? Es gibt Antworten (vor allem nach *Piaget*) wie: Sie besteht darin, dass

– hypothetisch-deduktives Denken zugänglich ist;
– nicht nur ein abstraktes Konzept von Masse und Gewicht erreicht ist, sondern auch eines für Volumen;
– abstrakte Beziehungen hergestellt, fehlende Glieder der Argumentation prozesslogisch interpoliert werden können usf.

Ebenso könnten Kennzeichen der »interaktiven Kompetenz« darin zu sehen sein, dass
- der Jugendliche sich nicht nur in den anderen versetzen kann, sondern sein Selbstbild von diesem aus auch in Frage stellen, korrigieren, auf jeden Fall: beobachten kann;
- situations- und aufgabenangemessenes Verhalten erworben ist;
- gegenstandsbezogene Argumentation und subjektiv begründete Motivation auseinander gehalten werden können usf.

Freilich erhebt sich dann gleich die Frage, ob solcherlei (in experimentellen Untersuchungen inzwischen nachgewiesene) Kompetenzen *kontingent* seien, also nur unter bestimmten gesellschaftlichen, historischen u.a. Umständen vorfindbar, oder vielmehr *universal*, d.h. in allen menschlichen Gesellschaften anzutreffen. Das Konzept der physiologischen Reifung kann auf solche scheinbar allgemein nachweisbaren Universalien verweisen (ebd, S. 66 ff.). Für den Bereich der kognitiven, insbesondere der sozialen und interaktiven Entwicklung ist ein solcher Nachweis schwieriger, weil zu viele intervenierende Faktoren zu berücksichtigen sind. Je formaler und allgemeiner man die Kompetenzen formuliert, desto eher sind sie wohl universal. Die wachsende Feldunabhängigkeit des Jugendlichen etwa wäre ein solches universales Phänomen.

Eine nicht unerhebliche Rolle spielt auch die Diskussion der »Triebe« (drives). Kein »Trieb« ist unmittelbar einsehbar. Man kann ihn eigentlich immer nur aus bestimmten Substraten ableiten – jeder »Trieb« bleibt insofern eine Hypothese. Nach *McCandless* (1970, S. 12 ff.), dem ich mich zunächst anschließe, kann man unterscheiden zwischen »angeborenen« (innate) und »sozialen« (social) Trieben. Zur ersten Gruppe gehören: Hunger, Luststreben, Vermeidung von Schmerz, Ausscheidungsbereitschaft und Sexualität; zur zweiten Gruppe: Frustration/Aggression, Angst/Neugier, Abhängigkeit/Unabhängigkeit.

Alltagssprachlich sagt man nun, dass besonders Jugendliche Schwierigkeiten »mit ihren Trieben« hätten, sie etwa in der Gefahr ständen, dass der Sexualtrieb sie überwältige, usf. Insgesamt sagt man ihnen verstärkte Triebhaftigkeit nach. Das Es stärkt sich, und der Jugendliche hat nun so lange zu kämpfen, bis Es durch Ich und Über-Ich kontrolliert werden kann. Solche alltäglichen Denkmodelle sind sicherlich zu einfach. *McCandless* weist darauf hin, dass »Triebe« höchst unterschiedliche Funktionen haben können: (a) Sie sind Energielieferer (energizing function): Jugendliche streben danach, sich durchzusetzen, ihre Neugier zu befriedigen etc. Dies tun sie manchmal recht rücksichtslos – eben mit »jugendlicher Energie«. (b) Triebe können jedoch auch sensibilisieren (sensitizing function): Der jugendliche Organismus wird wendiger und vermag differenzierter auf Stimuli zu reagieren. Während das hungrige Neugeborene auf alles reagiert, das sein Gesicht berührt, oder später nur dann mit Weinen aufhört, wenn es die Flasche oder die Brust erhält, können Jugendliche auf die erheblich angewachsene Vielzahl von Reizen eine entsprechende Vielzahl von Reaktionsweisen entwickeln. (c) Triebe haben eine Selektionsfunktion (selective function), inbesondere im Rahmen von Lernen, indem der Jugendliche zunehmend unterschiedliche Verhaltenslösungen anwenden kann. In einer Examenssituation beispielsweise kann er die sozialpsychische Ängstlichkeit durch sachbezogene Neugier auf die zu lösende Aufgabe zu kontrollieren suchen. (d) Schließlich haben Triebe nach *McCandless* eine direktive Funktion (directive function): »Ist er nicht durstig, geht der Jugendliche an einem Brunnen mit Trinkwasser vorbei. Er ist in dieser Hinsicht so wenig sensitiv, dass er ihn nicht einmal bemerkt. Ist er aber durstig, bemerkt er ihn sofort und trinkt auch.« Oder: »Muss er morgen einen Algebratest bestehen, kann ein Junge seine Auto-Parkzeit während der Verabredung mit dem hübschesten Mädchen der Klasse dazu benutzen, sich für die Aufgabe des nächsten Tages vorzubereiten. Wenn er seiner Sache im Bereich der Algebra sehr sicher ist, verhält er sich wahrscheinlich ganz anders. Wenn er mit dem Mädchen um Zensuren und Ansehen in der Klasse wetteifert, kann seine Wettbewerbshaltung die Äußerung seines Sexualtriebs so weit unterdrücken, dass er sie überhaupt nicht wahrnimmt. Niemals wird er sie als einen Sexualpartner ansehen, auch wenn sie das netteste Mädchen der Klasse ist« (*McCandless* 1970, S. 14).

Sicherlich sind solche Unterscheidungen hilfreich, um die Vielzahl der Motivationen und Wahlen deutlich zu machen, denen sich ein Jugendlicher ständig gegenübersieht. Seine Kompetenz wäre dann ausgearbeitet, wenn er seine angeborenen auf seine sozialen Triebe abzustimmen und eine *integrierte Triebstruktur* zu erwerben vermag, die ihm situations- und aufgabenadäquates Verhalten erleichtert. Aber bis heute ist die Frage umstritten – und vermutlich gar nicht lösbar –, ob es überhaupt angeborene »Triebe« gibt. Weil man nichts über die Ursachen menschlichen Verhaltens weiß, verwendet man zur Überbrückung der Wissenslücke Begriffe wie »Trieb«, »Lebenskraft«, »Seele« u.a. Geht man beispielsweise von der These aus, Aggressionen seien angeboren, muss man nach Wegen suchen, sie zu kanalisieren und im Zaum zu halten. Der ohnehin triebstarke Jugendliche wäre dann in einer gefährlichen Phase insofern, als er erst lernen muss, die verstärkten aggressiven Handlungsimpulse zu kontrollieren. Jugendkriminalität kann man auf diese Weise monokausal als Überborden nicht kanalisierter organischer und psychischer Kraft deuten. »Triebe« sind dann in der Anlage des Menschen eingewurzelte Energien, die die Entwicklung seiner Kompetenzen steuern. Diese werden dann definiert durch gewisse Handlungsformen, die durch allgemeine, weitgehend mit Tieren geteilte Triebstrukturen festgelegt sind: Kampf um ein eigenes Territorium, Aufbau einer Rangordnung, Auswahl intimer Bezugspartner, Abwehr feindlicher Gruppen, die das Territorium bedrohen, die (bei Menschen aufgehobene) Tötungshemmung gegenüber Artgenossen wären in diesem Sinne universale Kompetenzen, die gleichsam in das vitale Triebschicksal des Menschen eingebunden sind. Neue Ergebnisse der Biologie lassen jedoch höchst fraglich erscheinen, ob es solche allgemeinen Verhaltensweisen im Rahmen bestimmter Triebstrukturen gibt. So hat man entdeckt, dass auch bei Tieren unter bestimmten Umständen die Tötungshemmung wegfallen kann oder bei Menschen die Verteidigung des Territoriums kaum Bedeutung hat, wohl aber die Herstellung einer »orientierenden« (und damit auch Sicherheit bietenden)

Rangordnung. Insgesamt erscheint es zunehmend als fraglich, das Schicksal des Menschen aufzufassen als das Ergebnis von Trieben, »die aus ihm herausfließen oder am Herausfließen gehindert werden«; vielmehr scheint zu gelten: »Das in den Genen lokalisierte Erbgut enthält die in einer milliardenfachen Auseinandersetzung zwischen Organismen und ihren Umwelten erarbeiteten Anweisungen für Verhaltensstrukturen, die im Nervensystem festgelegt sind; aber dieses Nervensystem hat ab einer gewissen Komplexität begonnen, seine eigenen Anweisungen zu formulieren. Da sich diese Formulierungen um Größenordnungen schneller übermitteln lassen, als sich eine erfolgreiche Mutante im Genpol einer Population auszubreiten vermag, kann man zunächst sagen, die kulturelle Evolution habe die biologische Evolution abgelöst. Im Grunde ist jedoch auch diese Polarisierung falsch. Was uns die Geschichte der Menschheit vor Augen führt, ist die Geschichte zahlloser Versuche, mit Hilfe eines neuen Instrumentes, des Großhirnes (oder, wenn man will, des ›Geistes‹), Modelle für eine Existenz zu erfinden, die einerseits Fesseln der biologischen Existenz sprengen, andererseits aber der Realisierung biologischer Gesetze neue Möglichkeiten eröffnen können. Wir stecken augenblicklich mitten in der Experimentierphase des Evolutionsversuches, *biologische Notwendigkeit und kulturelle Freiheit* (im Sinne von: Freiheit zum Erfinden neuer Lebensformen) aneinander anzupassen« (*Wieser* 1975, S. 1041).

Im Rahmen dieser letzten Überlegungen ist zu fragen, auf welche Weise der Mensch intern Informationen verarbeitet. Dieser Erklärungsansatz belässt es nicht bei der einlinigen Abhängigkeit von bestimmten internen Reifungsschritten oder präformierten Triebstrukturen, sondern er geht von einer Wechselwirkung zwischen Umwelt und Organismus aus. Immer wieder muss der Mensch dann »mit Hilfe seines Geistes Umwelten erfinden, in denen zu leben ihm manchmal (vielleicht immer) schwer fällt. In dieser Diskrepanz liegen die Wurzeln seiner Schwierigkeiten – aber es sind dies Schwierigkeiten des Aufeinanderabstimmens komplexer Programme, die sich zu verschiedenen Zeiten, unter verschiedenen Voraussetzungen, mit verschiedenen Mitteln und unter dem Druck unterschiedlicher Selektionsvorteile entwickelt haben« (ebd., S. 924). Die jugendliche Entwicklung wird damit nicht undramatischer; im Gegenteil: In ihr spiegelt sich, vielleicht besonders auffällig, die besondere Kompetenz des Menschen wider, sein eigenes Verhalten auf die Umwelt abzustimmen, aber diese auch durch jenes zu verändern. Die Qualität seiner Entwicklung wüchse dann für den Adoleszenten in dem Maß, in dem es ihm gelingt, seine internen Veränderungen mit seiner Umwelt ins Gleichgewicht zu bringen, ohne diese als das Maß aller unveränderbaren Dinge aufzufassen.

Die Debatte um »angeborene Eigenschaften des Menschen« ist bis heute nicht abgeschlossen. Relatives Einvernehmen ist hingegen hergestellt über die Konzepte »Motiv«, »Motivation« und »Bedürfnis«. Motive entstehen im Laufe der Entwicklung durch die aktive Auseinandersetzung mit der Umwelt, sie werden erworben oder, genauer gesagt, erlernt (*Oerter/Montada* 1982, S. 576). Sie bilden sich im Laufe der Entwicklung in bestimmten Situationen heraus als wiederkehrende Anliegen. Das Leistungsmotiv, das Streben nach Macht und Geltung oder das Suchen nach Hilfe, aber auch Aggression sind »sekundäre« Motive, weil sie sich erst allmählich entwickeln. Motive setzen sich zu Motivationen um, denn diese umfassen »alle aktuellen Faktoren und Prozesse, die unter gegebenen situativen Anregungsbedingungen zu Handlungen führen und diese bis zu ihrem Abschluss in Gang halten« (ebd., S. 577). Dabei begnügt sich die Entwicklungspsychologie in der Regel, Motive und Motivationen aus dem Verhalten des Menschen abzuleiten. Anders die Rede vom »Bedürfnis«. *Maslow* (1954) beispielsweise nimmt an, dass der Mensch bestimmte Grundbedürfnisse hat, die sich in einer festgelegten Reihenfolge entwickeln (vgl. Abb. 8).

Zunächst müssen die »physiologischen Bedürfnisse« des Menschen als elementarste Garanten des Überlebens befriedigt sein, ehe der Mensch nach »Sicherheit« streben kann. Erst wenn Hunger, Durst und Schmerz unter Kontrolle sind, entwickelt sich das Bedürfnis nach Sicherheit, das in das soziale nach Liebe und Geborgenheit übergeht. Erst dann ist

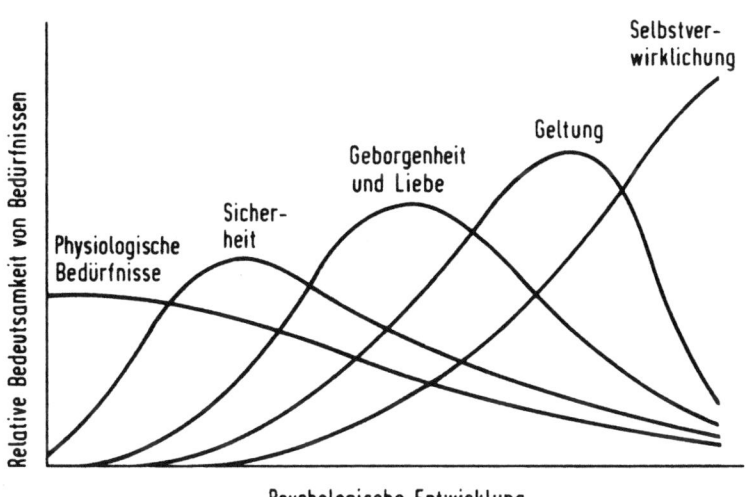

Abbildung 8: Modell der Bedürfnishierarchie nach *Maslow*.

der Mensch innerlich freigesetzt, nach sozialer Anerkennung zu streben, und erst, wenn er diese erlangt, kann er das Ziel »Selbstverwirklichung« erreichen. Gerade das letztgenannte »Grundbedürfnis« hat leitende Funktion im Jugendalter, das damit auch jene Epoche im Lebenszyklus des Menschen darstellt, in dem alle Grundbedürfnisse zur Befriedigung gelangen müssen.

Mit dem Bedürfnis »Selbstverwirklichung« ist die Ausbildung des Leistungsmotivs verbunden, das für die Schule besonders wichtig ist. Die Erziehung zu früher Selbstständigkeit fördert dabei Leistungsbereitschaft, die nur dann sich ungehindert entfalten kann, wenn Angst eingeschränkt wird und Risikobereitschaft besteht. Wer als Kind zur Selbstständigkeit erzogen wurde, zeigt auch in der Schule eine gestärkte Tendenz zur Selbstbehauptung und Selbstdarstellung, immer verbunden mit der Lust an gezeigten Leistungen. Aber auch die Aufgabe, auf die sich die Leistung bezieht, stellt das Leistungsmotiv in den Konflikt »Hoffnung auf Erfolg – Furcht vor Misserfolg«. Beide müssen sich in etwa die Waage halten. Denn bei zu leicht gestellten Aufgaben ist der Erfolg gewiss, so dass es keiner besonderen Anstrengung bedarf; bei zu schwer gestellten Aufgaben ist der Misserfolg wahrscheinlich. Also muss die Aufgabe ein mittleres Anspruchsniveau besitzen: einerseits zur Konzentration und Anspannung der Kräfte herausfordern, andererseits aber auch als lösbar erscheinen.

»Leistungsbereitschaft«, so könnten wir, Erörterungen des vorangegangenen Abschnitts aufgreifend, sagen, ist eine Entwicklungsaufgabe für Jugendliche, die sie lösen sollten. Gerade das Leistungsmotiv ist jedoch, insbesondere in den 70er-Jahren, problematisiert worden. Nicht nur, dass die Standards, die Leistungen hervorbringen, an mittelschichtorientierten Werten ausgerichtet sind; darüber hinaus wurde kritisch gefragt, wofür denn Leistungsbereitschaft verlangt werde. Ein Rekrut kann die »Leistungsbereitschaft« zeigen, sich im Krieg zu bewähren und möglichst viele Menschen mit einer Handgranate zu treffen. Damit wurde zum kritischen Thema, welche Leistungen für welche Zwecke eingesetzt würden. Darüber hinaus wurde gefragt, ob ein allzu stark an Leistung orientierter Mensch nicht eher zu unsozialem, unsolidarischem Verhalten neige (man versuchte dies durch Erziehung zur »Gruppenleistung« zu kompensieren) und ob das Bild des leistungsbereiten Jugendlichen nicht ergänzt werden müsse durch das Bild des sensiblen, ästhetischen, sozialengagierten oder auch spielbereiten Jugendlichen. Dies sind andere Menschenbilder, die die Schule verstärkt aufnehmen muss, will sie nicht, um ihren Aufgaben der Selektion nachzukommen, ihren Auftrag darauf reduzieren, eine Leistungsdressuranstalt zu werden.

3. Intelligenz, Kreativität

Zur Intelligenzentwicklung

Zwar ist unbestreitbar, dass die entscheidenden Grundlagen für eine günstige Entwicklung in den ersten Lebensjahren gelegt werden und dies demnach auch für die Intelligenz gilt; dennoch bringt gerade das Jugendalter auch hier entscheidende Veränderungen, die es nicht geraten sein lassen, von der These auszugehen, ein etwa mit zehn Jahren als »mäßig begabt« eingestufter Mensch werde nunmehr kaum noch Anlass geben, dieses Urteil zu revidieren. Wir hatten bereits – im Anschluss an *Piaget* – gesehen, dass die Entwicklung der Intelligenz in bestimmten Reifestufen vor sich geht, die untereinander nicht austauschbar sind. Natürlich kann es Verspätungen geben; aber grundsätzlich ist es jedem Menschen möglich, bei guter geistiger und psychischer Gesundheit und unter der Voraussetzung, dass er die Stufe der »konkreten Operationen« erreicht hat, in der Folge bei angemessener Anleitung auch die letzte Stufe der formallogischen abstrahierenden Operationen zu betreten. Es gibt darum keinen Grund, im Lernen bisher nicht erfolgreiche Jugendliche aufzugeben. Wichtiger wäre es, Retardationen in der Entwicklung zu analysieren und durch ergänzende Lernhilfen einen Anreiz zu schaffen, Lernleistungen zu verbessern. Jugendliche, die als Kinder häufig getadelt wurden, so dass sie kein stabiles Selbstkonzept entwickeln konnten; deren reiz- und alternativenarme Umwelt ihnen besondere Anregungen vorenthielt; die durch überfordernde Eltern, strikte Kontrollen oder partielle Misserfolge unsicher gemacht worden sind – sie alle sind nicht konstitutiv »dumm«, sondern »behindert«. Wir wissen inzwischen auch, in welch engem Zusammenhang Intelligenz und Motivation stehen, derart, dass diese jene ganz entscheidend fördert. Bis heute kann man leider nicht sagen, dass die Schule genügend Ermunterungen und motivierende Lernstimuli bereithält. Viele Lehrer beispielsweise verlassen sich auf die sachstrukturellen bzw. stoffimmanenten Ansprüche, von denen sie meinen, dass der Begabte von allein an ihnen sein Interesse entwickle. Was soll aber ein Schüler machen, dem etwa die Sprache Goethes und der Romantiker bisher noch nicht begegnet ist und der sie daher nicht versteht, oder ein anderer, der gelernt hat, Mathematik sei »formelhaft«, während er selbst doch eher durch eine künstlerische Fantasie gesegnet sei – also liege ihm die Mathematik ohnehin nicht. Manchem Schüler bleibt dann nichts weiter übrig, als solchen Verdacht schnell zu bestätigen, zumal wenn er ihn auch beim Lehrer ahnt. Dessen Erwartungen an den einzelnen Jugendlichen haben eine unsichtbare Macht und führen oft zu einer *self-fulfilling prophecy*, die dem Lehrer dann die angenehme Möglichkeit gibt, die Sicherheit des eigenen Urteils als Erfolg für sich zu verbuchen.

Auch »Intelligenz« ist ein Konstrukt der Wissenschaft, in das freilich schnell vorwissenschaftliche Annahmen eingehen können. Es handelt sich nicht um ein einheitliches Seelenvermögen, sondern vielmehr um eine nur schwer abgrenzbare Anzahl von einzelnen Fähigkeiten, die mit emotionalen und motivationalen Komponenten der Persönlichkeit verbunden sind. Die Inhalte der Intelligenz werden heute nicht absolut, sondern epochal und kulturspezifisch interpretiert: »Intelligenz« ist jeweils eine Anzahl von Faktoren im Bereich geistiger Tätigkeit, die bei der Bewältigung kulturspezifischer Aufgaben einer bestimmten Gesellschaft besonders wichtig sind. Die individuelle Intelligenz wird heute überwiegend durch Intelligenztests diagnostiziert, wobei Entwicklung, Umwelt und psychophysiologische Konstitution wichtige bedingende Faktoren für die Intelligenzentwicklung sind. Wichtig ist, dass die Tests nur das messen, wonach sie fragen. Dies wird in der Regel durch bestimmte gesellschaftliche Standards festgelegt, die ihrerseits nicht willkürlich gewählt sind, sondern durch die Probleme entwickelt, die eine Gesellschaft sich definiert. Wenn es primär wichtig ist, die technologische Entwicklung, die »Dynamik der Persönlichkeit« im Konkurrenzkampf und die ökonomische Ausdehnung einer Gesellschaft zu betreiben, wird auf die Ausbildung entsprechender Intelligenz Wert gelegt. Intelligenzfaktoren im ästhetischen oder sozialen Bereich sind bei uns weitgehend vernachlässigt worden.

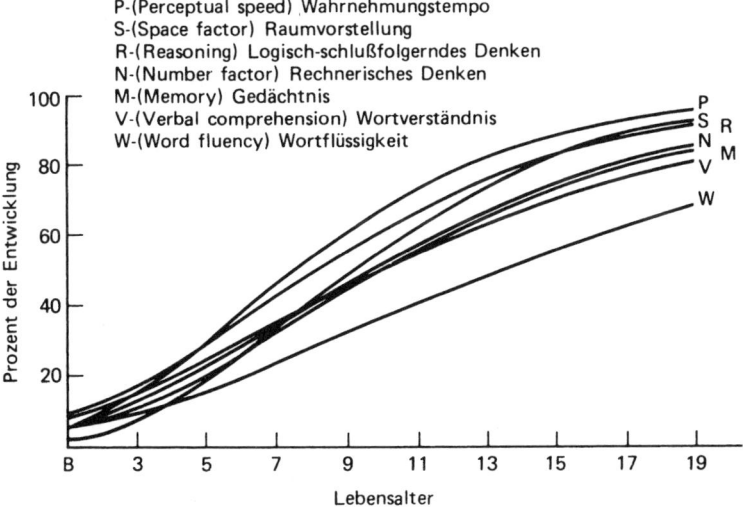

Abbildung 9: Geschätzte Kurven für die Entwicklung spezifischer Fähigkeiten (Primärfaktoren).

In Hinsicht auf die Adoleszenz möchte ich vier Punkte hervorheben, die die Intelligenzentwicklung betreffen:

a) Die Annahme, dass intelligenten Leistungen ein gemeinsamer Faktor zugrunde liege, muss für das Jugendalter dahingehend modifiziert werden, dass die Intelligenzleistung »immer mehr auf voneinander unabhängige psychische Komponenten zurückzuführen« ist (*Deutscher Bildungsrat* 1975, S. 276). Eine ganze Anzahl von Untersuchungen legt die Hypothese nahe, dass sich die Intelligenz im Jugendalter immer weniger als eine globale Fähigkeit darstellt, sich vielmehr in unterschiedliche Komponenten differenziert. So sind mit 14 Jahren Schnelligkeit der Auffassung und Zahlenverständnis ein Globalfaktor, sie differenzieren sich aber mit 17–19 Jah-

121

ren; oder: die Fähigkeit zum logisch-schlussfolgernden Denken (Reasoning) differenziert sich bei den 16- bis 19-Jährigen zum einen in den Faktor Inductive Reasoning als Fähigkeit, aus dem Konkreten allgemeine Prinzipien abzuleiten; zum andern gewinnt der Faktor »sprachliche Wendigkeit« (verbal ability) nun eigenständige Bedeutung (vgl. ebd., S. 267 ff.). Die Abbildung 9 macht dies deutlich. »Wahrnehmungstempo« und »Wortflüssigkeit«, die bei Kleinkindern noch relativ eng beieinander liegen, haben sich bei 19-Jährigen recht weit voneinander entfernt. Während die Entwicklung des Wahrnehmungstempos bereits über 90% liegt und damit nahe am optimalen Wert, hat die Wortflüssigkeit noch einen großen Entwicklungsspielraum.

Für die pädagogische Praxis interpretiert, bedeuten diese Ergebnisse, dass

– die differenzierten kognitiven Fähigkeiten eines zunehmend differenzierten Trainings bedürfen;

– die kognitiven Fähigkeiten nicht nur unter sich auseinander treten, sondern ihre Differenzierung auch dem Individuum die Möglichkeit gibt, bestimmte Bereiche nun besonders, d.h. vor anderen, auszubilden;

– also Kompensierungen und Akzentuierungen bestimmter Fähigkeiten zunehmend eine Rolle spielen, die ohne Zweifel auch durch die interessensteuernden Gruppenbeziehungen und kommunikativen Stimuli eines Individuums bestimmt werden.

Neuerdings versucht man wieder, bestimmte »Primärfaktoren« anzunehmen, die bei aller Differenzierung doch auf eine invariante Grundstruktur der Intelligenz verweisen; nach *Meili* (1970) gehören zu diesen primären Faktoren 1. *Komplexität* (Fähigkeit, die Struktur eines Problems zu erkennen); 2. *Plastizität* (Fähigkeit, eine Problemsituation umstrukturieren zu können); 3. *Globalisation* (Einordnung von Problemen in eine Problemlösungseinheit); 4. *Flüssigkeit* (Fähigkeit, Aufmerksamkeit auf verschiedene Gegenstände zu verteilen und sie so geistig zu verbinden).

b) Offenbar stabilisiert sich im Jugendalter die Intelligenzentwicklung, wie IQ-Messungen ergeben. Der Intelligenzquotient ist ein Maß für die Höhe der allgemeinen Intelligenz eines Menschen. Es drückt aus das Verhältnis des mit einem Intelligenztest ermittelten Intelligenzalters (IA) zum Lebensalter (LA):

$$IQ = \frac{IA}{LA} \times 100$$

Aus messtheoretischen Gründen bevorzugt man heute Maße, die die Abweichung eines individuellen Testergebnisses vom Mittelwert der jeweiligen Altersstufe ausdrücken. Für einen solchen Abweichungs-IQ gilt etwa folgende Gliederung:

IQ	Klassifikation der Intelligenzhöhe	Prozentanteil der Bevölkerung
unter 69	äußerst niedrig (Schwachsinn)	2%
70 – 79	sehr niedrig	7%
80 – 89	niedrig	16%
90 – 109	durchschnittlich	50%
110 – 119	gut	16%
120 – 129	sehr gut	7%
130 und mehr	hervorragend	2%

Die verbale, räumliche, numerische Denkfähigkeit sowie die Wortflüssigkeit erfahren im Jugendalter eine zunehmend negative Beschleunigung, d.h. das quantitative Wachstum normalisiert sich. Dieser Befund widerspricht nicht dem unter (a) mitgeteilten, denn gleichzeitig differenzieren sich ja die kognitiven Fähigkeiten, so dass eine stärkere Interessenspezifizierung und damit Lernleistung zumindest in einigen Bereichen zu erwarten sind. Dies entspricht der Beobachtung, dass Jugendliche zunehmend beginnen, ausgeprägte Interessen zu entwickeln und, fördert man diese, dann auch entsprechende Leistungen zu zeigen.

c) Der amerikanische Jugendpsychologe *McCandless* (1967) kommt mit Hilfe von Längsschnittstudien zu einer Entwicklungskurve der Intelligenz, wonach im Alter von etwa 10 1/2 Jahren zu 40% die Intelligenzkapazität entwickelt ist; die Kurve des IQ-Wachstums flacht danach stark ab. So fragwürdig solche quantifizierenden Verteilungen sind, so deutlich machen sie doch, wie wichtig gerade der Zeitraum der Adoleszenz, insbesondere der zwischen 15 und 20 Jahren, für die Intelligenzentwicklung ist. Wir hatten gesehen, dass allem Anschein nach in der Kindheit mehr integrierte und globale Intelligenzleistungen entwickelt werden (Sprechfähigkeit etwa oder Grundlagen der Kombinationsfähigkeit), während beim Jugendlichen die Intelligenzleistung sich differenziert und neue Faktoren hinzutreten. Ein Kleinkind kann nur durch Wahrnehmung sprechen lernen, während der Jugendliche, der die Sprache technisch beherrscht, nunmehr auch unabhängig von seiner Umwelt – etwa durch Lektüre – sein Sprach- und Sprechrepertoire erweitern kann. Jetzt spielen nicht die grundlegenden Umwelteinflüsse primärer Sozialisation, aber doch die durch sekundäre Sozialisation vermittelten Anregungen, die Interessenlenkungen durch Familie und Schule etwa, eine ausschlaggebende Rolle. Auch die Lernfähigkeit von Jugendlichen ist in Qualität und Ausprägung entscheidend von sozialen Faktoren abhängig. Da diese sich in der Jugendzeit ebenfalls differenzieren, ist nur plausibel, dass Jugendliche häufig sehr individuelle Werte der Intelligenzentwicklung zeigen. Dies wird durch die generalisierenden statistischen Mittelwerte häufig verschleiert: Es gibt »individuelle Trends der IQ-Entwicklung, die den aus Gruppendurchschnitten gewonnenen kaum entsprechen« (*Deutscher Bildungsrat* 1975, S. 262).

Auch dies impliziert wichtige Folgerungen für die pädagogische Praxis:

- Intelligenztests, die generelle Aussagen zu machen vorgeben, sind zur Vorhersage der kognitiven Leistungsfähigkeit im Jugendalter zunehmend weniger geeignet;
- wichtiger ist vielmehr, die spezifischen Interessen und die damit verbundenen Fähigkeiten von Jugendlichen herauszufinden und zu fördern;

– immer weniger sind allgemeine Urteilskategorisierungen und zusammenfassende Lernprozesse (etwa in Klassen) geeignet, den spezifischen intellektuellen Differenzierungen von Jugendlichen Rechnung zu tragen. Immer wichtiger wird zum einen die Beratung anstelle eines die Spezifität von Einzelfällen stets übergehenden lehrerzentrierten Lernens, zum andern eine wenigstens teilweise Individualisierung des Unterrichts.

d) Der Versuch der Psychologen, den Bereich der kognitiven Entwicklung von Motivation, Emotion, Persönlichkeitsmerkmalen zu unterscheiden sowie nicht in der Person liegende Umweltfaktoren herauszufiltern, ist gescheitert. Kognitive Fähigkeiten werden weder durch biologische Reifung allein entwickelt noch durch anspruchsvolle Gegenstände unmittelbar herausgefordert. Die *Lernsituationen* sind vielmehr bestimmende Momente der Intelligenzentwicklung. Wir wissen beispielsweise, dass Angst das Problemlösungsverhalten und damit die Leistungsbereitschaft von Kindern und Jugendlichen stark beeinträchtigt. Besonders dann, wenn die Aufgaben schwierig sind, wenn sie neue Lösungen erfordern oder die Situation bedrohlich erscheint, haben ängstliche Jugendliche bei gleicher Begabung starke Nachteile gegenüber ihren weniger ängstlichen Alterskameraden. Eine Extremsituation ist die Prüfung, die zwar einige zur Konzentration aller Kräfte zur Erreichung eines Ziels veranlasst, viele aber doch durch die Starrheit ihrer Rituale und die Zusammendrängung der Entscheidung auf wenige Leistungsmomente so schockiert, dass eine Darstellung der eigenen Intelligenz, die über die Lerndressur hinausgeht, äußerst schwierig ist. Die Präsentation der Intelligenz gelingt vornehmlich denen, die ohnehin ein stabiles Selbstvertrauen, hinreichende Unterstützung und damit eine angemessene Durchsetzungsfähigkeit besitzen. Oft werden eher diese Eigenschaften durch gute Zensuren belohnt als Intelligenzleistungen. Auch hier liegen die Schlussfolgerungen für den praktischen Pädagogen auf der Hand: Er muss untersuchen, inwieweit sein eigenes Verhalten, inwieweit die Situation oder der institutionelle Rahmen derart angsterzeugend sind, dass sie die Unsicherheiten bei Jugend-

lichen verstärken. Gerade im Interesse gegenstandsorientier-
ter und sachlicher Arbeit muss der Lehrer alle Faktoren beachten, die dem entgegenstehen. Auch, wenn ihm institutionelle Änderungen nicht zugänglich sind, kann er doch durch
eine Verbesserung seines Interaktionsstils Entscheidendes zur
Intelligenzförderung beitragen.

Behinderte Kreativität?

»Kreativität« gehört neben Intelligenz, Begabung und Chan-
cengleichheit zu den Konzepten, an die sich in den letzten
Jahrzehnten hohe Erwartungen knüpften. Der »Sputnik-
Schock« in den späten 50er-Jahren schien deutlich zu machen,
dass die westliche Welt neue technologische Ideen brauchte,
um sich selbst zu imponieren und international zu behaupten.
Klugheit allein reichte nun nicht mehr aus; Einfallsreichtum
musste hinzukommen. Seitdem dann Psychologen darauf hingewiesen haben, dass die großen »Genies« nur über eine
günstige Kombination von Eigenschaften verfügen, die im
Grunde jeder haben kann, schien zudem die außerordentliche
Leistung nicht mehr nur wenigen erreichbar. Schließlich
schien Kreativität geeignet zu sein, das funktionelle Gleich-
maß des Lebens zu bereichern – durch die Ausübung originel-
ler Hobbys, die Entwicklung von Liebhabereien usf. in der
Freizeit.

Wenn ich auch Kreativität ein Konzept nenne, so deshalb,
weil die Gelehrten sich über eine präzise Bedeutung keineswegs einig sind. Kreativität als Disposition betrachtet, meint
Flexibilität auf der Grundlage einer gut ausgebauten zumindest primären Intelligenz. Sieht man auf den kreativen Prozess, sind Eigenschaften hervorzuheben wie Neugierverhalten
und Kombinationsfähigkeit. Sieht man schließlich auf das
kreative Produkt, so findet dies Bewunderung wegen der Originalität und des Erfindungsreichtums seines Schöpfers. Nach
Guilford (1965) ist Kreativität zu verstehen als ein besonderer
Typus der Intelligenz, verstanden nämlich als Fähigkeit, diver-
gent denken zu können. *Divergentes* Denken als eine von fünf
Arten intelligenter Leistungen unterscheidet sich von *konver-*

126

gentem Denken (Problemlösen), *Gedächtnis* (memory), *intellektueller Erkenntnisfähigkeit* (cognition) und der *Fähigkeit der Bewertung* (evaluation) dadurch, dass es bisher nicht vorbereitete, also »abweichende« Lösungen erschließt oder in der Lage ist, assoziative Brücken zwischen zunächst offenbar nicht zusammengehörigen Elementen zu bauen. Kreativität ist also eine bestimmte Dimension der Intelligenz, die aber sozusagen offene Ränder hat. Einfallsreichtum und Produktivität, die zur Kreativität gehören, setzen zwar eine gut entwickelte Intelligenz voraus, ohne doch ihre gesamten Eigenschaften zu beanspruchen. Wer gelernt hat, strikt logisch zu schlussfolgern, kann hohe Intelligenzleistungen erbringen, ohne doch kreativ zu sein. Dazu gehört der Mut zum intellektuellen *Risiko*, etwa die Bereitschaft, scheinbar ganz absurden Ideen nachzugehen. Zum intellektuellen Wagnis gesellt sich das soziale: weil das Vertreten ungewohnter Ansichten oder die Entwicklung ungewohnter Lösungen in der Regel auf Widerstand stößt. Zur Kreativität gehört also die Bereitschaft, statt der traditionellen eher innovative Lösungen anzustreben. Ein Modellfall dafür ist der Mathematiker *Carl Friedrich Gauß* (1777–1855). Um die Schüler eine Zeit lang zu beschäftigen, stellte der Lehrer seiner Klasse die Additionsaufgabe, die Zahlen von 1 bis 100 zusammenzurechnen. *Gauß*, gerade 8 Jahre alt, gab nach kurzer Zeit an, fertig zu sein. Der Lehrer hielt das für unmöglich, musste aber sehen, dass Gauß tatsächlich eine neue Lösung gefunden hatte. Er hatte die lang dauernde Additions- in eine Multiplikationsaufgabe umgewandelt und auf seine Tafel nur die richtige Lösungszahl geschrieben: 5050. Er hatte damit die Summenformel der arithmetischen Reihe für sich entdeckt, die sein Lehrer freilich auch kannte. Aber *Gauß* hatte sie auf ein bestimmtes Problem produktiv angewandt, indem er bemerkte, dass er ja nur zur ersten Zahl die letzte (100), zur zweiten die vorletzte (99) usw. hinzuzuzählen brauchte, um immer die gleiche Summe 101 zu erhalten. Da dies 50-mal erfolgt, ergibt sich als Gesamtsumme 5050. Kreativität braucht sich freilich keineswegs in solchen spektakulären und darum auch anekdotisch überlieferten Leistungen zu zeigen. Schwierig ist auch hier anzugeben, wann sie vorliegt oder nicht – weil das von den jeweiligen

Erwartungen und Definitionen für »Kreativität« entscheidend abhängt.

Ein mögliches Kriterium könnte das Ergebnis einer Arbeit sein: Je interessanter, abweichender und überraschender es ist, desto mehr »Kreativität« hatte sein Schöpfer. Aber auch über das, was »neu ist«, kann man unterschiedlicher Meinung sein. So hat man versucht, Kreativität stattdessen als eine besondere Persönlichkeitseigenschaft herauszustellen. Die Persönlichkeitsstruktur des Kreativen soll von Gegensätzen zwischen Impulsivität und Reflexionsfähigkeit bestimmt sein; kreative Jugendliche sollen nach einer Untersuchung mehr »Freiheitsdrang« und niedrige »Kontrollorientierung« aufweisen; weitere »Kennzeichen sind ihr Erkenntnisdrang, ihr Hang zum Ungewöhnlichen und ihr hoher Anspruch an die eigene Leistung und die von der Umwelt gebotenen Möglichkeiten« (Zusammenfassung von Untersuchungen nach *Deutscher Bildungsrat* 1975, S. 280 f.). Während konvergentes Denken meist nüchtern, stetig und überprüfbar abläuft, wobei das Ergebnis aus dem vorhandenen Stoff entfaltet wird, ist der Prozess kreativen Denkens weder durch die Substanz eines verlässlichen, in sich geschlossenen Gegenstands noch – daraus folgend – mit einem bei konsequentem Voranschreiten erreichbaren Resultat verbunden. Darum hat man dem Prozess kreativer Arbeit besondere Aufmerksamkeit geschenkt und versucht, unterschiedliche Stufen festzustellen. Problemfindung, Präparation (Sicheinstellen auf die Aufgabe), Frustration (erste Schwierigkeiten, vorübergehende Entmutigung), Inkubation (»Ideengeschiebe«), Illumination (der »zündende Blitz«), Verifikation (die nunmehrige Ausarbeitung) und Kommunikation sind die am häufigsten genannten Stufen eines Ablaufschemas für kreative Arbeit, die man freilich nicht wörtlich nehmen muss; zudem ist eine notwendige Aufeinanderfolge der genannten Stufen nirgends nachgewiesen (*Golann* 1970, S. 199 f.). Tatsächlich ist die Produktion neuer Ideen oft ein aufregendes inneres Drama. Kreative Jugendliche sind, wie einige Untersuchungen nahe legen, daher auch keineswegs wild, zuchtlos und radikal spontan. Neben einer hohen Unabhängigkeit in der Benutzung von Denkmethoden und in der Urteilsbildung spielt gerade die Fähigkeit, Selbstdisziplin zu üben, eine bedeutsame Rolle (*Parloff u.a.* 1970, S. 367). Gerade im oberen Leistungsbereich hängen Intelligenz und Kreativität eng zusammen. Hochbegabte sind oft auch kreativ, und umgekehrt. Beide Ausstattungen führen zu selbstständigem Leistungsverhalten. Dennoch scheint es oft eine unterschiedliche Motivdynamik für Intelligente und Kreative zu geben. Kreativität arbeitet mehr »produktzentriert«, während bei hoher Intelligenz ohne kreative Komponente stärker das Moment der sozialen Anerkennung und Konformität als Leistungsantrieb im Vordergrund stehen. Dem entspricht, dass Jugendliche mit hohem IQ Eltern haben, die an ihren schulischen Leistungen hohes Interesse zeigen, während die Eltern kreativer Jugendlicher mehr die Offenheit für Erfahrungen und individuelle Zielsetzungen und Wertvorstellungen ihrer Kinder unterstützen. Mütter kreativer Kinder erlauben ihnen auch, ab und zu die Schule zu schwänzen, wohingegen Mütter intelligenter Kinder so etwas weniger gern sehen (vgl. *Deutscher Bildungsrat* 1975, S. 282 ff.).

Gerade die letzten Überlegungen legen ein erstes Fazit nahe: Die konventionelle Schule ist eher in der Lage, *hohe Intelligenz* zu fördern als *kreatives Verhalten*. Tatsächlich ist zu vermuten, dass es nicht nur Lehrer hochgradig irritiert, sondern auch leicht gegen die strikten Schulrituale verstößt. »Kreativität« ist zwar eine beliebte Floskel der Alltagssprache, wird aber eigentlich nur bei denen geduldet, die dafür bezahlt werden (Werbetexter z. B., auch Schriftsteller, »Künstler«, also bestimmte, von ihren Rollen her für Kreativität disponierte Gruppen). Ein Jugendlicher, der einem ihn interessierenden Problem im Einzelstudium nachgeht und dadurch die folgende Stunde versäumt oder im Sportunterricht die Einübung eines Rock-Balletts vorschlägt oder statt der Interpretation eines Romans die Beschreibung der Wirkungen auf sich und seine Klassenkameraden während der Lektüre vorschlägt oder nicht durch das Lehrbuch abgesicherte Versuchsanordnungen im Chemiesaal vorschlägt oder die Meinung vertritt, das Pausenzeichen der rasselnden Klingel durch die Darbietung unterschiedlicher musikalischer Themen und Motive zu ersetzen, wird schwerlich das Wohlwollen seiner Lehrer erlangen können. Obwohl keine Untersuchung vorliegt, hat die These doch viel unmittelbare Evidenz (aus Erfahrung) für sich: dass Kreativität in unseren Schulen eher behindert wird.

Dies verrät sich auch in der engen Auslegung dessen, was »Kreativität« sein kann. Die bisherigen, meist psychologischen Untersuchungen bleiben unbefriedigend, weil sie eigentlich nur eine besondere Variable aus dem Bereich kognitiver Entwicklung isolieren und durch Tests besonders bearbeiten. Diese sind stark lernorientiert und von vornherein normativ im Rahmen der Definition der erwachsenen Wissenschaftler. Umso mehr erstaunt es, dass sogar eine derart konzeptionell domestizierte Kreativität als schwierig empfunden wird, so dass man Urteile lesen kann wie: »Kreativität erleichtert beim Zufallslernen Voraussagen eher als ›Intelligenz‹, während ›Intelligenz‹ für intentionale Lernakte bessere Voraussagewerte zur Verfügung stellt als ›Kreativität‹« (vgl. *McCandless* 1970, S. 256). Erklärbar ist dies nur, wenn man bedenkt, dass »intentionales Lernen« schulspezifisch ist: Dann bestätigt sich noch einmal das Urteil, die Schule könne auf kreative Leistungen nicht angemessen reagieren – so dass sie folglich auch keine stabilen Voraussagewerte für die Leistungsbeurteilung von Schülern abgeben könne!

Darüber hinausgehend ist zu fragen, ob das bisherige Konzept für »Kreativität« nicht dringend erweiterungsbedürftig ist. *McCandless* (1970, S. 254 f.) weist auf eine Studie von *Cronbach* hin, der seinerseits Untersuchungen zur Kreativität von Kindern noch einmal unter die Lupe genommen hat. Dabei fand er heraus, dass man alle bei den Kindern beobachteten Verhaltensweisen an zwei Faktoren binden kann: Entweder wurden sie bestimmt durch »konventionelle Intelligenz« (von *Cronbach* A-Faktor genannt, nach Achievement: Leistung), »oder sie waren gekennzeichnet durch Flexibilität und Flüssigkeit« (flexibility or fluency), das meint, sie waren in der Lage, »Aufgaben zu lösen, die unterschiedliche Reaktionen auf einen einzigen Stimulus fordern«. Diese letzte Gruppe nennt *Cronbach* »high-F children« (F = flexibility). Sie assoziierten reichhaltiger, auch ungewöhnlich, wenn sie dazu ermuntert wurden. *McCandless* nimmt nun diese Unterscheidung von *Cronbach* auf und bezieht sie auf seine eigene Be-

130

schreibung von zwei unterschiedlichen Lebensstilen, die er apollinisch oder dionysisch nennt (S. 21 f.). Während der A-Faktor kennzeichnend ist für den apollinischen Lebensstil, so der F-Faktor für den dionysischen, der eine größere Impulsivität erlaubt.

Folgt man diesen Überlegungen, stellt sich schnell die Frage, inwieweit Kreativität nicht auch gerade Jugendlichen aus der sozialen Unterschicht zugesprochen werden müsse. Denn deren Lebenswelt war ja von *McCandless* als »dionysisch« gekennzeichnet, und zwar keineswegs nur kritisch! So falsch es wäre – weil alle Belege fehlen –, einen Zusammenhang zu konstruieren: hohe Kreativität–hoher F-Faktor–»dionysischer« Lebensstil–Angehörige unterer sozialer Schichten, so nahe liegt doch die Frage, inwieweit »Kreativität«, will man sie voll erfassen, nicht überhaupt von den meist traditionell geordneten Intelligenzkonzepten ablösbar sein müsse. Spontaneität, Impulsivität gegenüber anderen, Interesse für nachbarschaftliche Beziehungen, Entprivatisierung der Lebensbezüge, größere unmittelbar sozialbezogene Beweglichkeit statt individuierendem Leistungsstreben – das könnten dann Eigenschaften sein, die durchaus »kreativ« zu nennen wären. Ein Verfolgen solcher Überlegungen hätte den Vorteil, dass das Konzept »Kreativität« von den mittelschichtorientierten Standards gelöst würde und selbst alternative Interpretationsmöglichkeiten aufdeckte. Erst dann wäre das Konzept seinerseits wissenschaftlich »kreativ«.

Tatsächlich gibt es Versuche, »Kreativität« nicht nur messanalytisch einzusetzen, sondern auch konstruktiv-entwerfend. Freilich sprechen die hier gemeinten Autoren (vor allem *Oskar Negt* und *Alexander Kluge*) nicht von Kreativität, sondern von Fantasietätigkeit. *Fantasie* unterscheidet sich von *Kreativität* vor allem auch darin, dass sie nicht messbar ist, weil mit ihr eine Produktivkraft gemeint ist, die grundsätzlich jedem Menschen eigen ist. Als solche hätte sie die Aufgabe, die Entfremdung und Vereinzelung, die Außenlenkung durch Programmindustrien und die Ritualisierung eines glücklosen Alltags als eine Art emanzipatorischer Bewusstseinsform durch Entwicklung alternativer Vorstellungsbilder zu widerrufen. Wenn der Alltag der meisten Menschen aus »beschädigten Situationen« besteht, also solchen, die keinen Selbstausdruck ohne Verstellung erlauben, und der Lebenszusammenhang jedes Einzelnen weitgehend zerstückelt ist, hat dies zwar zur Folge, dass Fantasie oft als »Wirrwarr« erscheint, als eine Kraft, die die verzerrte Gegenständlichkeit der Realität mit reproduziert, statt sie zu kritisieren.

Dennoch halten die Autoren für denkbar, dass Fantasie widerständige Kraft entwickeln könnte, wenn sie sich »auf eine konkrete Situation bezieht: die konkrete Situation der Wunschentstehung, die konkrete Situation des verarbeiteten aktuellen Eindrucks und die konkret vorgestellte Situation der Wunscherfüllung«. Erst in dieser Zielrichtung kann sie die Abspaltung von der Realität überwinden, ohne sich dieser zu unterwerfen: »In Wahrheit ist diese Fantasie ein spezifisches Produktionsmittel, das für einen Arbeitsvorgang gebraucht wird, den das kapitalistische Verwertungsinteresse nicht ins Auge fasst: die Veränderung der Beziehungen der Menschen untereinander, zur Natur und die Wiederaneignung der in der Geschichte gebundenen toten Arbeit der Menschen. Die Fantasie ist also nicht eine bestimmte Substanz, so wie man sagt: ›Einer hat viel Fantasie‹, sondern der Organisator der Vermittlung, also der besondere Arbeitsprozess, über den sich Triebstruktur, Bewusstsein und Außenwelt miteinander verbinden« (*Negt/Kluge* 1972, S. 70 ff.). Dies ist freilich ein anspruchsvolles Programm, das jedoch die Eigenschaft hat, pädagogisch zu sein, in dem Sinne, dass es die Entwicklung von Methoden fordert, zumindest den Anspruch an eine sinnhafte und sinnliche Verbesserung der eigenen Lebensumstände aufrechtzuerhalten.

Am Beispiel des Konzepts »Kreativität« habe ich Gedanken entwickelt, die auch auf das Konzept »Intelligenz« übertragbar sind. Es geht um die Frage, ob unsere Mess- und Anspruchniveaus nicht nach den Standards einer bestimmten Schicht miteinander korrelieren unter Ausschluss von ergänzenden, vielleicht auch alternativen. Die Diskussion der »kompensatorischen Erziehung« etwa läuft – pointiert ausgedrückt – auf die Frage zu, ob bestimmte soziale Milieus eher Defizite an Einstellungen und Fähigkeiten haben, die sie ausgleichen müssen (z. B.: Steigerung des Leistungsbewusstseins, Verbesserung der Artikulationsfähigkeit in der Hochsprache, Einüben in komplexe, auch abstrahierende Satzgebilde), oder ob es eher darum geht, differente soziale und kognitive Orientierungsschemata zu akzeptieren und auszubilden (z. B.: Aufrechterhaltung der Milieuidentität durch Förderung kontextgebundener Dialekte, Anerkennung außersprachlicher Ausdrucksmedien). Leider wird der Streit oft sehr ideologisch und mit recht spekulativen Argumenten geführt. Nüchtern betrachtet, gibt es bisher (jedenfalls hierzulande) keine Pläne, wie alternative Fantasietätigkeit zu fördern sei. Ein Programm dafür leuchtet unmittelbar ein. Gerade für Jugendliche, die die Fähigkeit zur Abstraktion erwerben, ist eine ergänzende und kontrollierende Rückbindung an nicht nur gedachte Kontexte und Lebensformen sinnvoll. Jeder kennt Diskussionen in Abiturklassen, die mit Vehemenz geführt werden, aber einen Disput ohne Sukkurs aus der Wirklichkeit darstellen. Nun ist es legitim, dass Jugendliche ihre Argumentationsfähigkeit üben. Nur erzieht die Schule zu oft zu einer argumentativen Scholastik, womit hier gemeint ist: einem mehr formalen Training, Argumente zusammenzustellen, zu ordnen und durchzusetzen. Viele Argumentationsgerüste gerade von Heranwachsenden müssten mit sozialer Fantasie umkleidet werden. Jugendliche haben am ehesten die Chance, dies zu leisten. Denn sie sind noch nicht total der nüchternzweckrationalen Wahrnehmung sozialer Rollenaggregate unterworfen, sondern leben in einem Stadium der Rollenerprobung, der partiellen Dispensation von totaler Verantwortung, einem – wie *Erikson* schreibt – psychosozialen Moratorium. Bisher dominieren für den Jugendlichen die verunsichernden Elemente dieses Zustands: Er ist der Macht der Erwachsenen unterworfen und findet auch unter seinesgleichen oft wenig solidarische Hilfen, sein noch unstabiles Ich vor Bedrohungen zu schützen. Jugend ist insgesamt ein Status, der für Abweichungen offen ist. Ob sie zur Bedrohung werden, liegt an den gesellschaftlichen Definitionen und der Chance, im Rahmen vertrauensvoller Beziehungen Angst abzubauen. Wichtiger als Trainingsprogramme in Kreativität oder Intelligenz ist die Entwicklung neuer Interaktionsstile zwischen Erwachsenen und Jugendlichen, die von gegenseitiger Akzeptanz und einem Ernstnehmen individueller Besonderheiten bestimmt sind.

Die Herausbildung solcher von gegenseitigem Verständnis getragenen Interaktionsstile ist nach neueren Untersuchungen und Sichtweisen in ihrem Gelingen oder Misslingen weniger vom sozialen Milieu, also der so genannten Schichtzugehörigkeit, abhängig als vielmehr vom »Bildungskapital« (*Bourdieu* 1982), über das Menschen mehr oder weniger verfügen. Kommunikationsfähigkeit und Offenheit sind offenbar von höherer Bildungsausstattung abhängig, die – nicht zuletzt aufgrund generell längerer Verweildauer im Bildungssystem – breiter streut als bisher; der gewählte Lebensstil löst sich zunehmend von den abstrakten Schichtparametern (sprich: Unterschicht = Arbeitermilieu, Mittelschicht = Bürgertum, Oberschicht = gehobenes Bürgertum, kleine Gruppe der Einflussreichen). In diesem Buch wird die These vertreten, dass solche Loslösungen zwar zu beobachten sind, aber nicht derart allgemein zu konstatieren, dass von sozialer Schicht oder Herkunft zu reden überflüssig erscheint. Auch, wenn die Zugehörigkeit bestimmter Berufe und Milieus zu bestimmten Schichten sich weiter löst, bleiben auch in wesentlichen Gesellschaften Zuordnungen (jedenfalls bis heute) gültig, die neben Bildung auch soziale Herkunft, berufliche Position und vor allem finanzielle Ressourcen, über die jemand verfügt, berücksichtigen. Das Schichtkonzept ist eine Bewahrerin solcher Zusammenhänge. Auch Fantasie und Kreativität auszudrücken, dies ist bis heute nicht gleich verteilt und jedem in gleicher Weise zugänglich und die sozialen Herkünfte sind ein entscheidendes Instrument dieser ungleichen Verteilung.

4. Sexualität, Moral, Politik

Zur Jugendsexualität

a) »(...) Gestern Abend war ich ganz schrecklich realistisch aufgelegt. Mein Blut kochte, und ich hätte gern, es ist eine Schande, dass ich es sage, jedes Mädchen umarmt.

Später brachte mir die Violine Beruhigung, und ich kam wieder auf meine wahre Liebe zurück, zu Gretchen. (...)

All das Sündige, all die Gedanken will ich bezwingen; ich will leben, Herr, in Dir. Doch's Gretchen will ich weiter lieben. Diese Liebe ist von Gott und aus Gott. Die Liebe, die ich zu Gretchen fühle, ist nicht aus dieser Welt. (...)

Zwei blaue, treue Augensterne, ein rotes, liebeheischendes, liebendes Herz, darum ein frischer, lebensstarker, lebenslustiger Körper, das Ganze einfach und doch so herrlich, zum Lieben geschaffen und zum Geliebtwerden, zum Vor-sich-Hinstellen und Betrachten und Nichtberühren, zum – Anbeten! Oh Gretchen, könnt' ich mich jetzt an deinem Herzen ausweinen! Wie tät das gut! Du allein würdest mich verstehen, du allein! (...)

Ich muss mich mit einem Menschen aussprechen; einen Menschen habe ich nicht; liebes Buch, so beichte ich Dir. Wisse, ich habe gesündigt, habe gesündigt wider meinen Leib. Gestern Abend ein einziger, ein einziger unbewachter trauriger Augenblick, ein falscher Gedanke. – Meinem ganzen Wesen widerstrebte es; aber mein Körper gehorchte mir nicht mehr. So bin ich also wieder so weit wie voriges Jahr um diese Zeit ...«

b) »Vom Triebleben. Wenn mir doch nur ein einziger Mensch sagen könnte, ob nur einer von denen meiner Altersgenossen, die ich kenne, wie ich zu leiden hat unter dem Drucke des aufdämmernden Geschlechtsbewusstsein, – nein nicht mehr aufdämmernd im fahlen Zwielicht, schon aufflammend, ja zuweilen glühend heiß übersiedend! Das ist ein Gefühl unglaublich, herb und süß zugleich, der klar gedachte Gedanke erhebt und schmettert nieder – er ist der Reflexspiegel einer ungekannten, schmerzvollen Lust = Wonnlust!

Und bliebe es bei dem Gedanken. Aber der erhitzte Kessel drängt nach Explosion, – wo will schon das hochgespannte Bewusstsein bei mir hin? – Oh, diese Sehnsucht, die mir manchmal hehr, manchmal satanisch erscheint, die mich aber durch Tag und Nacht, durch Traum und Wachen begleitet, um die sich meine Gedankenwelt schon kristallisieren will, die bei dem kleinsten Anstoß des täglichen Lebens die ungedämmte Sinneslohe schürt. – O, nennt mir einen meiner Mitschüler, einen meiner Bekannten, der zu mir sagen könnte: Ich verstehe dich, ich empfinde dir gleich! So will ich's tragen. Aber ich glaube, es gibt keinen Menschen. So allein fühle ich mich. Oh Wedekind! (...)

Nie, niemals werde ich die ganzen Schätze meiner Liebe einem Mädchen bieten dürfen – denn, ja wir dürfen ja nicht wahrhaft lieben, ohne heiraten zu müssen; und vor der Ehe, da habe ich ein unendliches Grauen. Eine schlimme Alternative! Selbst so liebesbereit und liebesbedürftig, niemals lieben zu dürfen, das müsste imstande sein, mich zu verzehren. Wie oft werde ich noch lieben – und doch wird stets ein Gedanke mit eiskalter Lakaienmiene dazischendrängen: ›Bitte drei Schritte Abstand – oder heiraten Sie.‹ Muss es denn immer gleich gefreit sein? Ich wünsche im Grunde wenig und kann nie – nie auf Erfüllung hoffen …«

c) »Ich bin deshalb zum Rauchen gekommen, wie ich schon zehn oder elf Jahre war, da hab ich mit Mädchen keinen Verkehr gehabt, da hat mir halt das Rauchen die Befriedigung gegeben, die mir jetzt ein Mädchen gibt. Und da habe ich angefangen zu rauchen, und das bin ich jetzt schon so gewöhnt, dass ich jetzt nicht mehr aufhören kann. In letzter Zeit bin ich sehr oft mit Mädchen zusammen und schlafe auch verhältnismäßig viel. Hineingesteckt habe ich ihn eigentlich noch nie. Ich schlafe halt mehr mit ihr zusammen, tue schmusen und herumbusseln. Entweder bis ich müde bin oder bis sie müde ist. Ich habe eigentlich noch nie abgespritzt dabei. Einen Ständer kriege ich schon am Anfang, wenn ich ein nacktes Mädchen sehe, aber dann, wenn ich es gewöhnt bin, wenn ich es schon länger sehe, dann vergeht das auch wieder.«

d) »Ich springe beim Mittagessen auf, ich greife mir mit dramatischer Geste an den Bauch – Durchfall! Ich habe Durchfall!, schreie ich – und kaum ist die Badezimmertür hinter mir verschlossen, streife ich mir ein Unterhöschen über den Kopf, das ich vom Toilettentisch meiner Schwester entwendet habe und – eingerollt in ein Taschentuch, mit mir herumtrage. Der baumwollene Schlüpfer an meinen Lippen hat eine dermaßen befeuernde Wirkung – wie schon allein das Wort ›Schlüpfer‹ –, dass die Flugbahn meiner Ejakulation ungeahnte Höhen erreicht; wie eine Rakete schießt mein Samen zur Birne an der Decke hoch, die er zu meinem Erstaunen und Entsetzen auch trifft und an der er hängen bleibt. In heller Panik schütze ich meinen Kopf mit den Händen, erwarte eine Explosion, umherfliegende Glassplitter, Stichflammen – ich bin auf Katastrophen eingestellt, wie Sie sehen. Dann klettere ich so leise wie möglich auf den Heizkörper und entferne den blasenwerfenden Schleimklumpen mit einem Bausch Toilettenpapier. Ich suche den Duschvorhang ab, die Wanne, den Kachelboden, die Zahnbürsten – Gott soll schützen! –, und wie ich gerade die Tür aufschließen will, im Glauben, ich hätte meine Spuren verwischt, bleibt mir beim Anblick dessen, an meiner Schuhspitze hängt wie Rotz, das Herz stehen. Ich bin der Raskolnikow des Wichsens – die klebrigen Beweise finden sich allüberall! Etwa auch auf meinen Hosenaufschlägen? In meinem Haar? In meinen Ohren? All das frage ich mich auch dann noch, als ich, finster blickend und gereizt, an den Küchentisch zurückkehre und meinen Vater überheblich anknurre, sobald der seinen Mund voll roter Götterspeise öffnet und sagt: ›Ich begreife nicht, warum du dich einschließen musst. Das geht über meinen Horizont. Ist das hier eine Privatwohnung oder Hauptbahnhof?‹ – ›… für sich sein … man ist schließlich ein Mensch … gibt's hier nicht‹ … antworte ich, schiebe heftig meinen Nachtisch von mir und brülle: ›Mir ist nicht gut – wollt ihr mich jetzt gefälligst in Ruhe lassen, ihr alle!?‹«

Gemeinsam ist den vorgestellten vier Texten, dass Jugendliche über sexuelle Probleme oder Erfahrungen berichten. Sonst freilich sind sie recht verschieden. Dies gilt nicht nur für die Form der Texte: Die ersten beiden Texte sind Tagebücher von Jungen; der dritte ist eine Interviewäußerung, und der letzte bietet die Probe aus einem Roman. Sie stammen auch aus verschiedenen Zeiten. Manchem Leser ist vielleicht der Ausruf: »Oh Wedekind« in Text (b) aufgefallen, und er hat daraus geschlossen, dass die Tagebuchaufzeichnungen in den ersten Jahren des 20. Jahrhunderts erfolgten. Tatsächlich ist dies der Fall. Die Beispiele (c) und (d) hingegen stammen im Großen und Ganzen aus heutiger Zeit. Sie sind direkter, offener, unverstellter, weniger sublimiert. Die 16-jährigen Tagebuchschreiber bemühen sich um literarischen Stil – es sind Oberschüler. Die Sexualität ist für sie eine solche Bedrohung, dass sie sie auf keinen Fall akzeptieren. Der Schreiber von Text (a) versucht, seine Liebe ins Religiös-Unsinnliche umzustilisieren: »Diese Liebe ist von Gott und aus Gott.« Damit erscheint sie als gerechtfertigt – weil sie gereinigt erscheint. Der Schreiber von Text (b) versucht, seine sexuellen Triebschübe als eine »Sehnsucht« zu fassen, unter deren Ambivalenz er freilich leidet: Manchmal ist sie »hehr«, manchmal »satanisch«. Die Sinnlichkeit wird mit schlechtem Gewissen genossen (»herb und süß zugleich«), denn sie ist nicht mitteilbar und macht einsam. Auch in Text (a) besteht diese Ambivalenz: Denn der Autor vermag ja nicht, die unsinnliche »Reinheit« seiner Liebe zu bewahren – er onaniert (»Ich habe gesündigt, habe gesündigt wider meinen Leib. Gestern Abend ein einziger, ein einziger unbewachter, trauriger Augenblick …«). – Die beiden Jungen sind von ihrer Sexualität erfüllt, können über sie jedoch mit niemandem sprechen, am wenigsten noch mit dem geliebten Partner; sie fühlen sich verlassen und gedemütigt (durch die »Sünde«, Onanie): Die Sexualität stellt sich als nicht domestizierbare Bedrohung, als isolierende Kraft dar.

Ganz anders äußert sich der etwa 13/14-jährige Schüler

(Text c), der aus einem katholischen Internat stammt. Er hat nicht nur einen Partner durch das Interview; er vertraut sich ihm auch schnell an und versucht auf keine Weise, seine Sexualität umzudeuten oder zu sublimieren. Er kennt keine Traumgeliebte, bemüht sich nicht um einen idealen Überbau für seine Gefühle. Die einzige Sublimation war das Rauchen. Die Sprache ist direkt (»hineingesteckt habe ich ihn eigentlich nie«, »abspritzen«, »Ständer«), die Betrachtung der eigenen Situation auffällig nüchtern. Im vierten Text versucht *Philip Roth* die Komik der Situation seines Helden Portnoy deutlich zu machen. Auch hier wird über Sexualität unverschleiert berichtet – am Beispiel des Versteckspiels, das der Held inszenieren muss, will er dem »Drang« nachgeben. Sein Onanieren ist schuldbewusst; er kommt sich als Übeltäter vor, der, würde er erwischt, vor Scham verginge. Kaum empfindet er Lust, zumal er ganz deutlich damit beschäftigt ist, die Spuren seines Tuns zu beseitigen. Zu seinen Eltern kann er natürlich über seine Sexualität nicht sprechen; ihre zugleich unappetitliche Unentrinnbarkeit drückt sich jedoch noch in dem Tarnwort aus: »Durchfall«.

Die bisherigen Beispiele betrafen Schwierigkeiten, die Jungen mit der Sexualität hatten und haben. Zunächst kann man sagen, dass viele der angesprochenen Probleme auch für Mädchen gelten: das Unverstandensein, die Unerfahrenheit im Umgang mit den Trieben, die Angst vor der Sexualität als Belastung, Sünde, Gefahr. Freilich ist auffällig, dass es sehr viel mehr Texte gibt, die über Jungensexualität sehr direkt und offen berichten. Dass auch Mädchen starke sexuelle Bedürfnisse haben, wurde oft verschwiegen, zumal deren Ausleben ja immer gefährlich war: Es drohte Schwangerschaft, die Ablehnung anderer Jungen. Denn Wechsel des Partners macht den Jungen zum Don Juan oder Casanova, das Mädchen aber schnell zum Flittchen oder zur Hure. Für Jungensexualität gibt es positive Leitbilder, für Mädchensexualität noch immer wenige. Hinzu kommt, dass für Mädchen das Zugeben sexueller Wünsche deswegen problematisch ist, weil Sexualität bei ihnen ein Instrument zur Herstellung sozialer Beziehungen, sozialer Sicherheit ist. Das heißt: Mädchen sind gemeinhin daran gewöhnt, ihre Sexualität zum Gewinnen eines Partners einzusetzen, der ihnen eine gewisse Abhängigkeit, aber auch Sicherheit verspricht. Die soziale Komponente der Sexualität spielt also bei ihnen von früh auf eine starke Rolle. So sind Mädchen – in der Regel und bisher – auch von früh auf dazu erzogen, die Selbstdarstellung ihrer Körperlichkeit nach den Bedürfnissen von Männern auszurichten (»Attraktivität«). Denn Mädchen muss es früher oder später gelingen, ein männliches Wesen an sich zu binden und auf diese Weise – als Hausfrau, Mutter, Ehefrau – einen verlässlichen gesellschaftlichen Status zu gewinnen.

Zur Illustration zwei Abschnitte aus dem Tagebuch der Karin Q.: »Wahnsinn, das ganze Leben ist Wahnsinn« (1976). Karin ist Hauptschülerin, die 1976 die Schule verlassen hat und eine Phase der Arbeitslosigkeit durchlebte, in der sie wichtige soziale und emotionale Erfahrungen in einer jugendlichen Subkultur machte. Wichtig in dieser Phase ist die Beziehung zu Robert; dazu zwei Eintragungen:

e) »Bin gerade von der Arbeit gekommen. Man hat mir erzählt, dass Toni und Wolfgang heute Nacht bei Robert geschlafen haben. Sie sollen bis ca. 4.00 Uhr noch saufen gewesen sein. Zuerst hat mich das sehr geärgert. Bis Mario gesagt hat, ich sei selbst schuld. Wir haben uns eine Weile hin und her gestritten, weil mir keiner Schuld bewusst wurde. Und dann sagte er: ›Pass mal auf, wenn z. B. ein Mann und eine Frau im Bett liegen, er möchte mit ihr schlafen, aber sie will nicht, dann wird er sich anziehen und fortgehen. Er geht in eine Wirtschaft, um seinen Ärger fortzuspülen und trifft ein paar Freunde. Sie ist böse, dass er gegangen ist, und ruft eine Freundin an, der sie dann erzählt, was war. Was würde die Freundin wohl antworten? Sie würde wahrscheinlich sagen: Warum hast du ihm nicht gegeben, was er wollte? Er ist doch um deinetwillen gegangen, also ist es deine Schuld! So‹, sagte Mario, ›und jetzt überleg’ mal, ob du nicht doch irgendwie schuldig bist.‹ Ich musste nicht lange überlegen. Der gestrige Abend ist mir eingefallen. Und es war wirklich meine Schuld. Ich werde abwarten, ob Robert mir von selbst sagt, wo er gestern war, und ich werde ihm sagen, dass ich selbst daran schuld bin, dass er gestern noch mal weggegangen ist. Ja, ich habe ihm nicht gegeben, was er wollte, und das nach elf Tagen. ›11 Tage sind eine lange Zeit‹, sagte Mario, und ich hätte mich ihm schon nach drei Tagen geben können. Denn es sei doch ganz natürlich. Er meint, am ersten Tag sei es schon natürlich, aber nach elf Tagen wäre es Kunst. Aber ich hatte doch Angst, was wäre dann, wenn was passiert wäre? Ich habe heute wieder mit der Pille angefangen. Aber gestern wäre es nicht gut gewesen. Warum fragt man denn nie nach dem anderen? In der Liebe denkt wohl jeder nur an sich. Die Kerle können ja keine Kinder kriegen, denen kann ja egal sein, was daraus wird. Aber wir, wir Mädchen müssen an alles denken. Nach uns fragt man nicht, die Hauptsache, ihr Männer habt euren Spaß!«

Etwa drei Monate später findet sich die Eintragung:

f) »Robert, warum bist du heute wieder nicht gekommen? Es tut so schrecklich weh. Warum musst du mich so quälen? Dann sag mir doch klipp und klar, wie es weitergehen soll. Du kommst, du sagst, dass du mich gern hast und dass wir heiraten, dann gehst du. Es dauert so lange, bis wir uns dann wieder sehen, und in der Zwischenzeit bist du mit Ilo zusammen. Willst du mich? Dann sag es mir. Wenn du nicht willst und ich auch andere Freunde habe, sollst du wissen, ich gehöre dir. Ich werde immer an dich denken, ich werde immer bei dir sein. Du fehlst mir, ich brauche dich, ich liebe dich!!!!!!«

Der erste Textabschnitt zeigt deutlich die Rollenaufteilung: Jungen sind die Fordernden; kommt jemand ihrer Forderung nicht nach, suchen sie sich ihren Ausweg anderswo (bei einem anderen Mädchen, hier: bei den Kameraden, in der Kneipe). »Hauptsache, ihr Männer habt euren Spaß!«: Dieses zynisch-distanzierte Zitat Karins bringt ihre Geschlechtsrolle genau auf den Nenner, der geläufig ist. Aber das ist es: Sie muss nachgeben, denn was sie sucht, ist nicht sexueller Spaß, sondern eine verlässliche Beziehung. Robert, das ist für sie die große Liebe, und dabei ist die Sexualität nur ein Teil einer Beziehung, für die der sexuelle Verkehr letztlich nur eine untergeordnete Rolle spielt. Dies zeigt deutlich der zweite Textabschnitt. Sicher stilisiert sich Karin unbewusst in die Tradition einer großen, unbedingt Liebenden hinein, die eine Passion lebt (vgl. die Kommentare der Herausgeber zu Karins Tagebuch), aber zugleich erfüllt sie damit die Rolle, die ihr von der Gesellschaft real zugeschrieben wird: Robert ist es, der Abenteuer hat (unterwegs ist mit dem Auto, in andere Städte fährt), während Karin (trotz eigener Freundschaften und auch einiger sexueller Versuche, die sie nie befriedigen) letztlich in der Rolle der Wartenden bleibt. Denn ihre Chance ist ja gerade, dass sie Robert gewinnt: für ihr Gefühl, zum Überwinden der Einsamkeit – und zum Sichern ihrer Existenz. Darum ist ein Kind, das sie sich dringend wünscht, letztlich ein Unterpfand dieser Liebe, ein Fleisch gewordener Garant. Als große Liebende kann sie darauf verzichten, den Doppelweg zu gehen: einen Partner zu haben und zugleich einen Beruf auszuüben. So überzeugend und großartig also die Unbedingtheit Karins ist, so sehr bestätigt sie doch auch das Muster, das für viele Mädchen gilt: Ihre Karriere geht über das Vehikel von Emotionalität und sexueller Attraktivität primär in die Familie, seltener in den Beruf. Wollen Mädchen sich beide Optionen offen halten, kommen sie in Schwierigkeiten der Lebensplanung, die für Jungen so nicht gilt. Man kann sagen, dass die gesellschaftliche Funktion von Sexualität bei Mädchen darin besteht, ihren personalen Wert, ja ihre Identität zu sichern, in der Regel über das Urteil von männlichen Partnern. Diese Abhängigkeit gilt für Jungen keineswegs in dieser Weise.

Kehren wir noch einmal zum Gemeinsamen aller Texte zurück. Auffällig ist, dass die Sexualität in allen Texten ein unbesprochenes Geheimnis ist, das den Jugendlichen, der gerade jetzt in einer vertrauensvollen Beziehung über die Erfahrungen mit sich reden möchte, ganz auf sich zurückwirft. Vor allem: Sexualität besteht eher aus Pein, Not und Verstellung als aus dem, was sie eigentlich ist: Lust. Was diesen Aspekt angeht, schildern die Texte (c bis f), obwohl sie aus neuerer Zeit sind und eine direktere und offenere Sprache benutzen, also auf schwülstige Vernebelung verzichten [vgl. Text (a)!], keine grundsätzlich andere Situation als die älteren Notizen. *Charlotte Bühler* weist in ihrem Buch »Das Seelenleben der Jugendlichen« auf eine Untersuchung aus dem Jahr 1914 hin, in der Kinder, Jugendliche und Erwachsene gefragt wurden, ob sie mehr lustbetonte oder mehr unlustbetonte Erlebnisse hätten. Die Prozentzahlen sehen folgendermaßen aus:

Alter	10–11 J.	14–16 J.	18–18 J.	19–24 J.
Personen mit mehr lustbetonten Erlebnissen	82,1	46,4	64,6	69,8
Personen mit mehr unlustbetonten Erlebnissen	17,9	53,6	35,4	30,2

Es fällt auf, dass die Jugendlichen dazu neigen, Unlustvolles eher zu betonen, so dass *Bühler* resümiert: »Man kann also ohne Übertreibung sagen, die Pubertät ist eine unlustreiche, d.h. leidvolle und schwierige Zeit, nicht nur in einzelnen Fällen, sondern für die überwiegende Mehrzahl« (1975, S. 94).

Bühler bezieht sich auf Tagebuchaufzeichnungen aus den ersten Jahrzehnten unseres Jahrhunderts. Folgt man unseren Texten, hat sich trotz größerer Offenheit an der unbefriedigenden Situation der Jugendlichen gerade in Hinsicht auf seine Sexualität nichts geändert.

Diesem Befund, den die ausgewählten Texte trotz ihrer formalen, zeitlichen und inhaltlichen Differenzen eigentlich nur noch eindringlicher machen, scheinen nun Untersuchungen zum sexuellen Verhalten Jugendlicher zu widersprechen. Ohne Zweifel hat es zunehmend, vor allem in den letzten Jahrzehnten, eine Liberalisierung gegenüber der Sexualunterdrückung gegeben, die sich auch in verändertem Verhalten Heranwachsender deutlich zeigt. Die körperliche Reife hat sich in den letzten Jahrzehnten deutlich vorverlagert (Akzeleration). Vermutlich besteht ein Zusammenhang »zwischen körperlicher Reife und dem Beginn der aktiven Kontaktaufnahme zwischen Knaben und Mädchen, reichend vom gemeinsamen Ausgehen und der gemeinsamen Unterhaltung bis zu den verschiedensten Formen erotischer und sexueller Kontakte« (*Rosenmayr* 1969, S. 89). Für die Bundesrepublik etwa hat man in den 70er-Jahren (zu aktuellen Daten s. u.) – also *nach* der so genannten sexuellen Liberalisierung – festgestellt (vgl. *Sigusch/Schmidt* 1973, S. 69 ff.), dass

- die erste Masturbation insbesondere bei männlichen Jugendlichen mit hoher Schulbildung eher erfolgt als vor den 50er-Jahren; bei den Mädchen hat die Bereitschaft zur Masturbation in den 60er-Jahren erheblich zugenommen: »Der Prozentsatz der masturbationserfahrenen Mädchen im Alter zwischen 13 und 16 Jahren ist heute etwa doppelt so hoch wie vor 10 Jahren.« Offenbar hat hier die Sexualaufklärung hilfreich gewirkt, dass Masturbation nicht gesundheitsschädlich sei und durch sie die Geschlechtskraft keineswegs ermatte [vgl. dazu aber noch die Situation des Jugendlichen in Text (a)!];
- heute sehr viel mehr Jugendliche mit hoher Schulbildung als vor 10 Jahren den ersten Koitus vor dem 17. Geburtstag haben (etwa 30% der Jungen und 20% der Mädchen). Der Anstieg der kumulativen Verbreitung des Koitus im Ju-

gendalter gilt auch für Gruppen mit niedriger Schulbildung, ist dort jedoch nicht so ausgeprägt. Die auffällige Vorverlegung des Koitusalters bei Gymnasiasten führte in den 60er-Jahren zu einem Ausgleich schichtspezifischer Unterschiede, denn ursprünglich hatten Jugendliche benachteiligter Milieus eher sexuelle Erfahrungen;

– im Jahre 1970 mehr Mädchen und Jungen sozio-sexuelle Erfahrungen (Dating, Kissing, Petting) hatten als vor 10 Jahren. Und dies gilt insbesondere für 15/16-Jährige;

– für Jugendliche verschiedenen Alters gilt, dass in allen Stufen starke Mehrheiten liberalisierte sexuelle Standards favorisieren. »Freizügigkeit bei Liebe«, also die Akzeptierung vorehelichen Verkehrs, ist inzwischen ein weit verbreiteter Standard, während »Freizügigkeit ohne Liebe« niedriger rangiert. Restriktiv-konservative Standards, die *Sigusch/Schmidt* mit »egalitäre Restriktivität« (vorehelicher Koitus wird für Männer und Frauen unter allen Umständen abgelehnt) und »orthodoxe Doppelmoral« (vorehelicher Geschlechtsverkehr wird für Männer akzeptiert, für Frauen jedoch auf jeden Fall abgelehnt) angeben, werden nur noch von Minderheiten (bis 10 %) vertreten. In allen Generationsgruppen verlangen mehr als 90 % von einem Ehepartner nicht mehr prinzipiell Jungfräulichkeit. Insbesondere bei Gruppen mit hoher Schulbildung ist der Prozentsatz der Mädchen und Jungen auffällig gestiegen, die einen koituserfahrenen Partner sogar bevorzugen.

Gründe für die Liberalisierung mögen zu suchen sein in der immer stärkeren Orientierung Gleichaltriger an ihren eigenen Altersgruppen und in der damit wachsenden Missachtung der meist restriktiven Erwachsenenmoral; in den nachwirkenden kritischen Aktivitäten der Schüler- und Studentenbewegung der 60er-Jahre, die sich auch auf Sexualität bezog; in einem gesamtgesellschaftlichen Liberalisierungsprozess, der nicht auf die Bundesrepublik beschränkt ist; in der größeren Möglichkeit für Jugendliche, sexualaufklärerisch informiert zu werden (auch über Methoden der Empfängnisverhütung). *Clement* (1986) hat in einer Studie zur Sexualität von StudentInnen die Situation im Jahr 1966 (»Vorabend« der sexuellen Liberalisierungsphase) mit 1981 verglichen. Er beschäftigt sich also mit der Lebensphase der Postadoleszenz und geht von der These aus, dass es insbesondere die gebildeten Mittelschichten (dazu gehören die StudentInnen) waren, die eine Art Pionierfunktion für Sexualität in westlichen Industriegesellschaften haben. Insofern können Veränderungen bei StudentInnen auch andere soziale Gruppen beeinflussen (dazu auch: *Pagenstecher* 1988, S. 331 ff.). Bemerkenswert ist, dass 1981 Einstellungen, die auch 1966 schon verbal vertreten wurden, 15 Jahre später ins Verhaltensrepertoire übernommen worden sind. So wurden von den StudentInnen im Jahr 1966 voreheliche Koituserfahrungen moralisch akzeptiert, jedoch kaum realisiert (dies gilt besonders für Studentinnen). Im Jahre 1981 haben sich nicht nur die Geschlechter angeglichen, sondern der voreheliche Koitus ist nun einer größeren Zahl zugänglich. Interessant ist, dass gleichzeitig in den Studentenehen Häufigkeit und Intensität sexueller Kontakte abgenommen haben. Verheiratetsein oder nicht ist also keine Frage mehr, die sexuelles Verhalten trennt; dieses hat sich von den sozial vorgegebenen Ordnungen (Ehe, Familie) abgelöst und in gewisser Weise autonomisiert. Dem entspricht, dass die Heiratsbereitschaft lediger StudentInnen eher abgenommen hat. Bemerkenswerte Veränderungen im sexuellen Verhalten haben vor allem bei studierenden Frauen stattgefunden (Praktizieren der Selbstbefriedigung; Vorverlagerung des Geschlechtsverkehrs; Schwächung des Dominanzmotivs »Liebe« für die erste sexuelle Begegnung; Verantwortung für die Verhütung, die 1966 noch die Studenten trugen). Fazit: »Frauen praktizieren sexuell zunehmend das, was ihnen lange versagt war, sie holen sich die bisher den Männern zustehenden Privilegien; Männer entwickeln mehr Möglichkeiten, regressive, passive, wenig genitalfixierte, also ›weibliche‹ Sexualität auszudrücken« (*Clement* 1986, S. 78). Insgesamt wechseln 1981 beide Geschlechter häufiger den Sexualpartner oder die Partnerin; hier gibt es auch keine gravierenden Unterschiede mehr zwischen »linken« oder »konservativen« StudentInnen, wohl aber spielen religiöse Bindungen noch eine differenzierende Rolle. Wieweit die Virusinfektion Aids und die Reproduktionsmedizin das sexuelle Verhalten länger dauernd beeinflussen, kann derzeit noch nicht übersehen werden. Eine These der Studentenbewegung jedoch ist wohl widerlegt: Diese hatte gehofft, durch Liberalisierung der Geschlechterbeziehungen auch einen politisch aktiveren Menschen erzeugen zu können, der sich mit weniger Ängsten gesellschaftlich engagiert. Es gibt jedoch keinen nachweisbaren Zusammenhang zwischen Sexualität und politischem Engagement; vielmehr darf festgestellt werden, dass Sexualität sich zunehmend privatisiert und damit auch individualisiert. Insgesamt darf vermutet werden, dass auch in der Sexualität plurale Verhaltensmuster auf dem Vormarsch sind.

Zwei repräsentative Studien im Auftrag der Bundeszentrale für gesundheitliche Aufklärung von *Schmidt-Tannwald/Kluge* (BZgA 1996) bzw. *Schmidt* (BZgA 1995) geben Einblicke in neuere Entwicklungen zur Sexualität im Jugendalter (vgl. im Folgenden die zusammenfassende Darstellung der Studien nach *Amann* 1998, S. 80 ff.). Danach zeigt sich, dass

– die durchschnittliche Erfahrung mit Selbstbefriedigung um das 13. Lebensjahr liegt. 74 % der 14- bis 17-jährigen Jungen und 41 % der Mädchen geben an, überhaupt schon einmal masturbiert zu haben und nur noch eine Minderheit der Jugendlichen empfindet dabei Schuldgefühle.
– der Zeitraum vom Austausch erster Zärtlichkeiten bis zum ersten Geschlechtsverkehr kürzer geworden ist;
– der erste Geschlechtsverkehr heute früher und spontaner erfolgt als vor einem Jahrzehnt. Jedes dritte Mädchen und jeder dritte Junge zwischen 14 und 17 Jahren bereits das »erste Mal« erlebt hat, wobei Mädchen sich etwas mehr Zeit bis zum ersten Geschlechtsverkehr lassen;
– Mädchen und Jungen – abgesehen vom »fehlenden Partner« – unterschiedliche Begründungen dafür angeben, weshalb sie noch keinen Geschlechtsverkehr hatten. Mädchen fühlen sich oft noch »zu jung« (42 %) oder befürchten eine ungewollte Schwangerschaft (29 %). Hinderungsgründe für Jungen sind eher die »Angst, sich ungeschickt anzustellen«, »Schüchternheit« oder »Verweigerung der Partnerin« (16 %);

– die Empfindungen der Jugendlichen beim ersten sexuellen Erlebnis überwiegend positiv waren – für Mädchen (mit 59%) allerdings nicht gleichermaßen wie für Jungen (75%). Mädchen beschreiben auch häufiger als Jungen Sex als etwas Unangenehmes (16% der Mädchen gegenüber 3% der Jungen);

– ostdeutsche Jugendliche früher eine feste Bindung eingehen. Westdeutsche Jugendliche sind ihnen dagegen in allen Altersgruppen in der Vielzahl der sexuellen Kontakte sowie auch beim Geschlechtsverkehr voraus;

– gleichgeschlechtliche sexuelle Erfahrungen haben 6% der Mädchen und 7% der Jungen. Die Antwortverweigerung bei dieser Frage hat gegenüber einer vorangehenden Studie der BZgA von 1980 deutlich abgenommen – ein Indiz für eine größere gesellschaftliche Akzeptanz von Homosexualität.

Die Befürchtungen einer zunehmenden Promiskuität, die vor drei Jahrzehnten mit der sexuellen Liberalisierung aufkamen, haben sich dagegen nicht bestätigt. Eine sexuelle treue Beziehung favorisieren 81% der Jugendlichen. Nur für wenige Jugendliche stellte der erste Sexualkontakt eine flüchtige Begegnung dar. »Bei über einem Drittel der Mädchen und 18% der Jungen besteht diese Beziehung auch heute noch. 51% der Mädchen und 38% der Jungen geben an, bisher nur einen Partner/eine Partnerin gehabt zu haben« (*Amann* 1998, S. 89). Auch Jungen, die insgesamt mehr Partnerinnen als Mädchen haben, zeigen heute eine Tendenz zu größerer Partnertreue. Dies zeigt sich auch noch bei den 16- bis 24-Jährigen, die mehrheitlich nur mit einem/einer oder zwei Partnern bzw. Partnerinnen Geschlechtsverkehr gehabt haben. Jugendliche machen heute auf der Suche nach dem »richtigen« Partner zwar mit mehreren Partnern sexuelle Erfahrungen, aber nicht neben-, sondern nacheinander. Dieses Verhalten hatten *Sigusch/Schmidt* (1973a) bereits zu Anfang der 70er-Jahre als »serielle Monogamie« beschrieben.

Jugendliche stellen hohe Erwartungen an eine Beziehung und vertreten mehrheitlich ein Liebesideal, bei dem Liebe, Vertrauen und Treue große Bedeutung haben. »Offen mit-

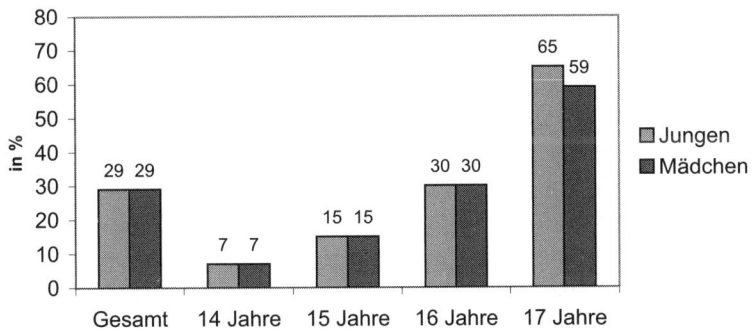

Geschlechtsverkehr-Erfahrung

	Jungen	Mädchen
Gesamt	29	29
14 Jahre	7	7
15 Jahre	15	15
16 Jahre	30	30
17 Jahre	65	59

Abbildung 10: Geschlechtsverkehr-Erfahrung.
(Quelle: Emnid 1995; zit. N. Amann 1998, S. 88)

einander reden zu können, sexuelle Treue des Partners/der Partnerin und Geborgenheit werden von allen Befragten als wichtiger eingeschätzt als sexuelle Erfüllung, Leidenschaft und sexuelle Freiheit« (*Amann* 1998, 89). Für junge Männer haben sexuelle Erfüllung und sexuelle Freiheit allerdings einen höheren Stellenwert als für junge Frauen.

Sexualität erscheint insgesamt als weniger bedrohlich. Ihre Äußerungsformen sind zunehmend selbstverständliche Bestandteile im Verhaltenshaushalt eines Jugendlichen. Freilich trügt das Erscheinungsbild einer Jugend, die unbefangen und ungezwungen ihre erotischen Bedürfnisse auslebt und darstellt. *Payne* (1970) hat auf den Unterschied zwischen »Sex-education« (über sexuelle Verhaltensweisen und Vorgänge lernen) und »sexual education« (in der Familie und im Alltag bestimmten Verhaltensregeln und Erwartungen auch als sexuelles Wesen konfrontiert sein) aufmerksam gemacht. Die Kenntnis sexueller Vorgänge ist entschieden verbessert.

Schwieriger ist es, die Informationen mit den Erfahrungen des eigenen Lebens zu verbinden (sexual education). Kinder und Jugendliche haben oft noch keinen eigenen Raum, so dass sie von ihren Eltern beobachtet werden können; ihre sexuellen Äußerungen werden dann meist als peinlich empfunden und müssen verborgen gehalten werden [vgl. Text (d)]. *Payne* (1970) berichtet, dass von ihm befragte Studenten noch genau angeben konnten, wann sie darüber »aufgeklärt« wurden, dass der Nikolaus eine Erfindung ist. Keiner konnte jedoch genau sagen, wann ihm deutlich wurde, dass es ein Inzesttabu gibt (S. 165). *Payne* deutet dies so, dass die sexuelle Sozialisation allmählich und gleichsam schleichend geschieht, darum aber umso wirksamer ist. *Franzkowiak* und *Sabo* (1995) beschreiben die Aufklärungsprozesse im Jugendalter als Abfolge: Zunächst steht in der Frühadoleszenz (12 bis 14 Jahre) die allgemeine sexuelle Aufklärung im Vordergrund mit den Themen Zeugung, Empfängnis und körperlich-seelischen Veränderungen in der Pubertät. Bei den 15- bis 17-Jährigen stehen dann Prozesse der ›Selbstaufklärung‹ im Mittelpunkt. Gegenüber der Kommunikation mit dem Partner/der Partnerin, aber auch anderen Gleichaltrigen, verlieren Eltern (vor allem sind es zuvor die Mütter) und die Schule ihre dominierende Rolle. In der Spätadoleszenz (18 bis 20 Jahre) spielt die innerfamiliäre Kommunikation über Sexualität kaum noch eine Rolle – umso mehr dagegen der feste Partner und (für junge Frauen) die bestehenden kommunikativen Netze in den Gleichaltrigengruppen. Ein deutliches kommunikatives Defizit besteht bei den Jungen und Männern: »Jungen haben spätestens ab 15 Jahren außer ihren Intimpartnerinnen offenbar niemand vergleichbaren ›significant other‹ als intimen Kommunikationspartner und Ratgeber. Der Vater fällt bereits früh als kommunikatives Rollenmodell und als ›Mann-zu-Mann‹-Gesprächspartner aus« (*Franzkowiak/Sabo* 1996).

Jugendliche wissen heute früher und besser über Sexualität Bescheid, aber die genannten Befunde zeigen auch, dass und wo weiterhin Defizite bestehen. Andererseits können viele Jugendliche ihr Wissen über Sexualität und sexuelle Äußerungen des eigenen Körpers nicht zusammenbringen, und es gibt bisher kaum Methoden, die erlauben, die Gegenstände sexueller Aufklärung durch Hereinnahme in das eigene erotische Handeln zu subjektivieren. Die Alltäglichkeit sexueller Bedürfnisse und die Trostlosigkeit ihrer Realisierung (vgl. Texte a, c und d) sind ebenso ambivalent wie das Erleben und Genießen eigener und fremder physischer Attraktivität, deren Genuss von Erwachsenen in der Regel kaum akzeptiert wird. Wenn die Sexualität als nur eine Möglichkeit, »Befriedigung« zu erlangen, mit dem Rauchgenuss gleichgestellt wird (Text c), so weist dies zwar auf eine Entmythisierung hin; zugleich hat sie aber – zumindest für diesen Jugendlichen – auch an Tiefe und Erlebniswert verloren. Dies hat sicher seinen Grund auch darin, dass der pubertierende Sprecher Sexualität als etwas Feindliches und Dumpfes erfahren musste: Er wächst in einem gerade in dieser Hinsicht streng kontrollierten katholischen Internat auf. Es gibt Untersuchungen, die nahe legen, »dass die Umstände und das subjektive Erleben des ersten Koitus mit der Permissivität einer sozialen Gruppe variieren: In restriktiven Gruppen erfolgt der erste Koitus häufiger ohne Empfängnisverhütung, häufiger unter Alkoholeinfluss, häufiger mit einem Gelegenheitspartner und häufiger unter Anwendung von Gewalt und erpresserischem Zwang als in freizügigen Gruppen. Weiterhin wird der erste Koitus in restriktiven Gruppen seltener positiv (Freude, Befriedigung) und häufiger negativ (Schuldgefühle, Gewissensbisse, Ekel, Angst) erlebt als in freizügigen Gruppen« (*Sigusch/Schmidt* 1973, S. 77 f.).

Trotz einer nicht zu leugnenden Liberalisierung sollte die Situation der Jugendlichen, was sexuelle Aufklärung, vor allem aber auch die Erfahrung der Sexualität als Lebensbereicherung und Vertiefung der Genussfähigkeit angeht, nicht als zu günstig beurteilt werden. Bestimmte, der Jugendphase eigentümliche Äußerungsformen der Sexualität stehen beispielsweise unter besonderer Ächtung. Man weiß, dass Heranwachsende eine sexuell polymorphe Phase durchmachen und daher Homosexualität nicht selten anzutreffen ist. Entsprechende Neigungen gelten immer noch als Schande; Jugendliche, die – meist nur vorübergehend – solche Neigungen bei sich entdecken, müssen also oft sehr peinvolle Notsituationen durchstehen. Entweder sie treffen sich an »geheimen Orten« und setzen sich der Ambivalenz aus, im Reiz des Verbotenen Genuss und Bosheit zu verbinden, oder sie werden entdeckt, gedemütigt und zu Zweifeln an ihrer geschlechtlichen Identität veranlasst. Eine andere Folge dieser Diskriminierung kann sein, dass Jugendliche durchaus vorhandene Neigungen und Triebimpulse unterdrücken, sich mit dem gesellschaftlichen Aggressor identifizieren und nun zu strikten »Verfolgern« werden, die zwar äußerlich keine Doppelmoral leben, aber eigenes Begehren und damit Möglichkeiten eigenen Glücks unter strikte Verbote gestellt haben: eine unbewusste Form der Selbstbestrafung.

Wichtiger noch ist der Hinweis auf den Zusammenhang zwischen Sexualität und Kriminalisierung. Ein knapp 14-jähriger Junge berichtet (*Schülersexualität* 1971, S. 66 f.):

»Ich habe einen guten Freund, dem seine Mutter hat Beziehungen zu guten Händlern, zu Haschhändlern, und da rauchen wir uns manchmal einen, wenn die Mutter wegfährt. Dann gehen wir oft zu ihm hinauf, da rauchen wir uns einen und erleben die irresten Sachen damit. Einmal, wie ich eingeraucht war, da habe ich so viel lachen müssen, da ist mir alles so lustig erschienen, sexuell machen wir eigentlich nichts. Ich bin schon zu ihm hineingekrochen, und Mädchen haben wir auch einmal oben gehabt, aber dann, wie ich eingeraucht war, habe ich überhaupt nichts machen können, da war ich dann so fertig, da ist alles um mich verschwommen. Wie ich das Licht ausgedreht habe, war überhaupt alles aus. Da habe ich nicht mehr gewusst, wo was ist. Da habe ich nach den Tutteln von den Mädchen gesucht, habe die Decke erwischt und habe halt geglaubt, es ist die Brust davon. Das war mir aber eigentlich egal. Und mein Freund ist dann zu mir herangekrochen und hat mich dann eben ausgegriffen, bis ich dann nicht mehr wollte. Dann habe ich ihn weggestoßen und habe ihn einen Moment lang angeschaut, als ob er ein Trottel wäre ... Ja, seinen Schwanz habe ich auch in den Mund genommen, wenn ich ehrlich bin, und er meinen auch ... Dann habe ich auch noch Bekannte, die einbrechen und so, und von denen werde ich mich jetzt abwenden, weil, ich will nicht auch so ein Verbrecher werden ...«

Dieser Junge ist in entscheidenden Erlebnisphasen allein gelassen. Der Genuss leichter Drogen führt zu sexueller Betätigung, der er selber keinen weiteren Wert beimisst. Er entwickelt den Wunsch, die insgesamt als unbefriedigend erfahrene Situation nicht zu wiederholen. In dieser Krisis wäre es höchst gefährlich, würde er von Erwachsenen »erwischt« und bestraft. Brauchbare Alternativen muss er selbst finden und auch auf keinen Fall darf man ihm die ohne Zweifel auch empfundenen Glücksmomente sinnlicher Erfahrung ausreden. Der amerikanische Pädagoge und Soziologe *Paul Goodman* meint, dass »der revolutionäre Angriff von Ibsen, Freud, Ellis und Dreiser auf die allgemeine Heuchelei keinen Erfolg« gehabt habe. Er schildert, wie es einem Jungen ergehen könne, der das Pech hat, »erwischt« zu werden: »(…) Man versucht ihn durch Bestrafung und gutes Zureden zu überzeugen, dass ein anderes Verhalten viel besser sei, er weiß aber aus eigener Sinneserfahrung, dass nichts besser sein kann. Falls er dem Druck nachgibt, lebt er in einem tiefen Unglauben, er glaubt nicht mehr an die Echtheit des Erlebnisses und seiner eigenen Körperempfindungen. Wenn er aber dabei beharrt und sich als unerziehbar erweist, dann lebt seine Sinneserfahrung von dem, was von der Gesellschaft bestraft und weggeredet wird; man wird ihn vielleicht sogar einsperren. Die grundlegende Schwierigkeit liegt darin, dass man nicht wirklich glaubt, er hätte die sexuelle Erfahrung gehabt. Solch ein objektiver Faktor ist für Erzieher unangenehm; deshalb darf er nicht existieren. Stattdessen handelt es sich für sie bloß um einen Fall von mangelnder Nestwärme, schlechten Wohnverhältnissen, Comicbooks und schlechtem Umgang (…)« (S. 76). Solche, zunächst von den Erziehern ausgesprochenen, später oft von der Polizei übernommenen Definitionen jugendlichen Verhaltens führen durch die Erklärung, dieses sei kriminell, oft unvermeidlich tatsächlich in die Kriminalität. Auf dem Gebiet sexueller Sozialisation gilt verschärft, was auch sonst nicht bestritten werden kann: Je niedriger die soziale Stellung eines Jugendlichen, je geringer und angefochtener seine Aufstiegs- und Erfolgschancen, je schmaler und kaum verbesserungsfähig seine ökonomische Basis ist, desto stärker läuft er Gefahr, von der Gesellschaft zusätzlich bestraft zu werden. Er hat am wenigsten die Macht, die Authentizität seiner eigenen Erfahrungen als gleichberechtigt gegen die Definitionen der Erwachsenen zu stellen; er muss unterliegen. Dieser psychischen Demütigung folgt oft ein Abschieben in eine kriminalisierte Laufbahn unter pädagogischen Vorzeichen!

Wenn man vom »Problem der Jugendsexualität« spricht, darf man nicht übersehen, dass es sich gerade hier zu einem guten Teil um Schwierigkeiten der Erwachsenen mit sich selbst handelt: ihrer eigenen Sexualität oder Unaufgeklärtheit. In diesem Zusammenhang sollen drei Punkte zum Schluss dieses Abschnitts kurz erörtert werden:

a) Die Vorverlegung sexueller Handlungen, das offenere Eingeständnis erotischer Bedürfnisse und eine tendenziell bessere Informiertheit über technische und soziale Tatsachen der Sexualität führen nicht zu Libertinage und Verantwortungslosigkeit. Die überwiegende Mehrzahl setzt »Freizügigkeit mit Liebe« voraus (s. o.). Von einer wachsenden Bindungslosigkeit kann im Ganzen keine Rede sein. Solange die Beziehungen noch nicht sexueller Natur sind, wechseln zwar jüngere Adoleszenten häufiger die Freundin; vier Monate mit demselben Mädchen zu gehen ist dann schon eine lange Zeit. Hier handelt es sich aber eher um soziale Erfahrungen, die man miteinander und meist in einer Clique macht, als um sexuelle Freizügigkeit. Je sexuell »ernster« und intensiver eine Beziehung ist, desto stärker ist auch die entstehende Bindung. Vor allem für Mädchen spielt der Faktor der emotionalen Bindung vor dem der Lusterfahrung eine bedeutende Rolle. Die höhere Bewertung sexueller Erfahrung kann dazu helfen, Schwierigkeiten vor der Ehe kennen zu lernen und möglicherweise auszuräumen. Verbot und Unterdrückung von Sexualität führen sehr leicht zu Ängsten, Unsicherheiten, Doppelmoral, einem Versteckspiel zwischen Erwachsenen und Jugendlichen.

b) Sieht man die vorliegenden Untersuchungen daraufhin durch, welche Informationsquellen für Jugendliche am wichtigsten sind, so zeigt sich ein deutlicher Trend an: Für die sexuelle Aufklärung haben nach der Familie (insbesondere Mütter) die Lehrerinnen und Lehrer die größte Bedeutung als Bezugspersonen. Erst mit zunehmendem Alter übernehmen die Gleichaltrigen eine wichtige Rolle. Der Einfluss der Erwachsenen wird zurückgedrängt. Am größten ist er noch bei Mädchen, für die die Mutter weiterhin eine wichtige Informationsquelle darstellt. Gegenüber früher haben mehr Jugendliche eine Vertrauensperson, an die sie sich mit intimen Fragen wenden können. Andererseits haben 13% der Mädchen und 21% der Jungen niemanden, mit dem sie über sexuelle Fragen sprechen können (vgl. *Amann* 1998, S. 85). Nicht zu unterschätzen ist auch die Rolle der Medien zur Sexualaufklärung.

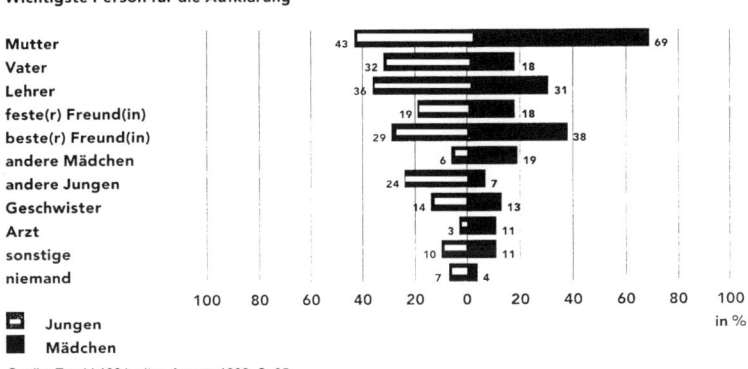

Abbildung 11: Wichtigste Person für die Aufklärung.

Die hier abgebildeten Werte zeigen noch ein relativ konservatives Verhalten. Immerhin: Neben Mutter, Vater, Lehrer spielen Freundinnen, Freunde und Geschwister sowie Medien eine nicht unbedeutende Rolle. Vor allem Printmedien (auch Aufklärungsbroschüren) dienen als Informationsquellen zu Liebe, Partnerschaft und Sexualität.

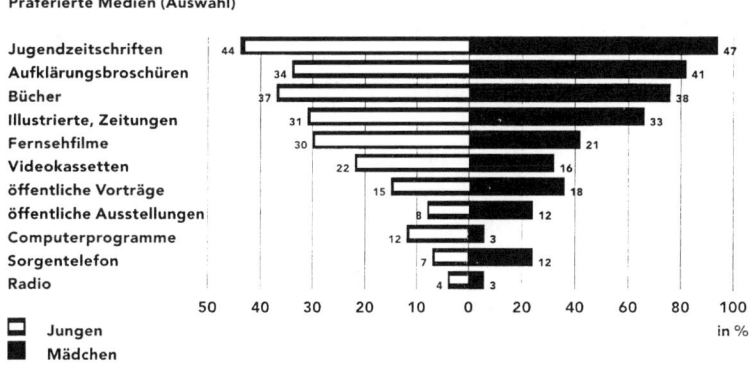

Abbildung 12: Medien zur Sexualaufklärung.

153

Interessant ist freilich, dass die Auskünfte der Erwachsenen durchweg als »verlässliche« angesehen werden. Man darf jedoch nicht vergessen, dass sich die Befragung auf Sexeducation bezog. Ohne Zweifel spielen die jugendlichen Peers auf dem Gebiet der »sexual education« eine bedeutende Rolle. Hier geht es nicht um objektivierbare Fakten, sondern um Erfahrungen miteinander. Dieser Bereich wird von der offiziellen Pädagogik fast völlig übersehen und bei uns vor allem von der kommerziellen Jugendzeitschrift »Bravo« wahrgenommen.

c) Sexualität wird immer noch als ein »Trieb von unten« angesehen, der gegen den Geist steht und darum unterdrückt werden muss. Ich hatte schon darauf hingewiesen, dass es sich bei vielen, inzwischen alltagssprachlich gewordenen wissenschaftlichen Terminologien um Konstrukte handelt, deren Begründungszusammenhang mitgeliefert werden muss, will man sie nicht naiv reifizieren. Alle Anzeichen sprechen dafür, dass sexuelle Erregbarkeit (arousability) zwar eine hormonelle Grundlage hat, weil ein bestimmter Androgenspiegel ihre optimale Entfaltung bedingt, aber dass eine solche biophysische sexuelle Motivation zu unterscheiden ist von »sexuellen Verhaltensweisen, Gewohnheiten oder Vorliebe andererseits. Hierin stimmen alle überein, die sich mit der sexuellen Motivation beschäftigt haben: Verschiedene Erscheinungsformen der Sexualität, z. B. heterosexuelles Verhalten oder Homosexuelles Verhalten, besondere sexuelle Deviationen wie Exhibitionismus, Fetischismus, Pädophilie, besondere Bevorzugungen bestimmter Praktiken usw., all dies sind verschiedene Ausdrucksformen des gleichen Motivationsstatus. Von Psychoanalytikern bis zu Behavioristen herrscht Einmütigkeit darüber, dass sexuelle Gewohnheiten oder, wie die Fachausdrücke heißen, Habits oder Triebschicksale wahrscheinlich ein Produkt individueller und kollektiver Erfahrungen sind, ein Produkt persönlicher Erlebnisse und gesellschaftlicher Existenzbedingungen« (*Schmidt* 1973, S. 55). So zeigt das sexuelle Verhalten von Menschen mit vermutlich gleichem Hormonstatus doch starke Unterschiede; nach *Kinsey* etwa gibt es Männer, »die von der Pubertät ab über Jahrzehnte bis ins Alter 10 und mehr Orgasmen wöchentlich erleben, während andere Männer ebenso über ihre gesamte

Lebenszeit nur einen Orgasmus oder weniger in der Woche haben. Bei den Frauen ergeben sich noch höhere Variationen« (ebd., S. 53). Es besteht aller Anlass, ein »psychohydraulisches Modell der Sexualität« (*Schmidt*) aufzugeben. Für den jugendlichen Verfasser von Text (b) ist es noch selbstverständlich (»Aber der überhitzte Kessel drängt nach Explosion«), wenn er auch gleichzeitig erkennt, dass »der Trieb« mit Bewusstseinszuständen verbunden ist (»Wo will das schon hochgespannte Bewusstsein bei mir hin?«). Auch im Bereich der Sexualität ist entscheidend, welche Reize und Umwelten angeboten werden und wie deren Verarbeitung als Information im einzelnen Individuum erfolgt. Der »Sexualtrieb« ist kein Schicksal, sondern pädagogisch-psychologisch manipulierbar. Es wäre denkbar, Individuen zu erziehen, »die bei geringer sexueller Aktivität keine oder nur sehr wenige sexuelle Frustration registrieren würden«; denkbar ist aber auch eine soziale Gruppe oder Gesellschaft, »die ihren Mitgliedern von früh auf systematisch Lernmöglichkeiten bietet und die Arousability optimal entfaltet. Sie könnte körperlich-zärtliche Kontakte zwischen Eltern und Kleinkindern propagieren, von früh auf sexuelle Spielereien am eigenen Körper fördern und bekräftigen, sie könnte sexuelle Kontakte zwischen Kindern akzeptieren und dazu ermutigen, überhaupt sexuelle Reaktionen für alle Altersgruppen bestärken und positiv bewerten« (ebd., S. 59 f.). Dabei geht es dann nicht nur um die Sexualität, sondern auch um ihre Funktion in der Erziehung und damit in der Gesellschaft: Eine stark betriebene Sexualität kann einen Lustausgleich gegenüber sonstigen Behinderungen schaffen und beschwichtigend wirken; sie kann aber auch Element einer befreiten menschlichen Kultur sein. Von der Sexualität reden heißt also auch immer, wissend oder im Bannkreis nicht mehr befragter Routine politisch-pädagogische Entscheidungen zu fällen, deren moralische Bedeutung erheblich größer ist als eine Moral, die sich nur auf die Bewertung der Sexualität allein richtet.

Stadien und Stufen der Moralentwicklung

Unter »Moral« versteht man in der Regel die Ausstattung mit Verhaltens- und Einstellungsmustern, die unter dem Einfluss einer gesellschaftlichen Kultur, vermittelt durch die soziale Umgebung und die Bezugspersonen im Rahmen zunächst primärer, sodann sekundärer Sozialisation von einem Individuum erworben werden. Dabei setzen sich diejenigen Normen als moralbildend durch, die von einer Gesamtgesellschaft oder einer gesellschaftlichen Teilgruppe als verbindlich betrachtet werden. Diese Normen werden vom Heranwachsenden verinnerlicht und gelten als selbstverständlich, wenn nicht Reflexion ihre historische Relativität erschließt oder der Heranwachsende die Spannung zwischen moralischen Einstellungen und tatsächlichem Verhalten beobachtet. Dies ist in der Regel der Fall, so dass einmal erworbene moralische Anschauungen keineswegs unerschütterbar sind. Dies sind sie noch am stärksten in archaischen oder geschlossenen Gesellschaften, also solchen, die mythische oder religiöse Offenbarungen als verbindlich ansehen und alle menschlichen Beziehungen unter den Geltungshorizont einer Normativität stellen, deren Gefüge als nicht menschlich manipulierbar gilt. In unserer Gesellschaft tritt das Kind früher oder später aus der bereits oft brüchigen Normenwelt der Familie in neue Beziehungen ein und erfährt auf diese Weise alternative normative Orientierungen. Beobachtungen wie: dass Eltern von »Leistung« und individueller »Tüchtigkeit« sprechen, selbst aber durch Beziehungen und Unredlichkeiten ihr Ansehen erworben haben, dass sie selbst »Gehorsam« und »Unterordnung« verlangen, ohne selbst gleiche Entbehrungen auf sich zu nehmen, führen dann zu einer Normenkontrolle des Jugendlichen und möglicherweise zu einer Neuorientierung. Nach dem Kriege war es beispielsweise für viele Heranwachsende eine moralische Anfechtung, zu erfahren, dass ihre Eltern einer Diktatur zugestimmt hatten, deren Führung aus geistig impotenten Mördern bestand. Die bisher erlebte »Wohlanständigkeit« elterlichen Verhaltens wurde plötzlich brüchig. Der Jugendliche erlebte, dass eine gezeigte Moral keineswegs eine praktizierte ist. Immer wieder zeigt sich in

Krisenzeiten, dass auf den nur scheinbaren Konsens bürgerlicher Tugenden wenig Verlass ist.

Umso wichtiger ist die Entwicklung moralischer Tugenden, die dann freilich nicht – wie einst durch eine so genannte »Moralpädagogik« – apriorisch dekretiert werden dürfen. Neben humanen Grundwerten und unaufgebbaren Menschenrechten gibt es eine große Spannweite moralischer Dispositionen, die nicht ehern in unwandelbarer Normativität verankert sind, sondern ihrerseits Entscheidung fordern. Ob ein Jugendlicher seinen Banknachbarn abschreiben lassen soll; ob es angesichts der zu strengen Kontrollen der Eltern gerechtfertigt ist, ihnen die Treffen mit einer Freundin zu verheimlichen; ob es sich empfiehlt, den von allen verachteten Einzelgänger und Schwächling selbst auch beiseite stehen zu lassen; ob es angesichts der Bedeutung einer Zensur nicht dringend geraten erscheint, zu betrügen: Dies sind Alltagsfälle, die – will man es wahrhaben oder nicht – auch eine moralische Stellungnahme voraussetzen. Je älter jemand wird, desto weniger Regeln hält die Gesellschaft für solche Fälle bereit. Höflichkeit, Konvention, strafrechtliche und zivilrechtliche Vorschriften und ein Common Sense des Verhaltens geben zwar Rahmenorientierungen, aber nicht verbindliche Anweisungen im Detail. Gerade Jugendliche sind hier im Bezug auf die Entwicklung einer moralischen Sensitivität in einer wichtigen Phase ihres Lebens, die jedoch auch in diesem Punkt keineswegs leicht ist.

Der amerikanische Psychologe *Lawrence Kohlberg* sowie Mitarbeiter und Schüler haben Untersuchungen zur moralischen Entwicklung vorgelegt, des Öfteren korrigiert und differenziert, deren Ergebnisse inzwischen vielfach überprüft sind und Eingang auch in die pädagogische Diskussion gefunden haben – nicht zuletzt, weil *Kohlberg* selbst sich häufig mit der Frage beschäftigt hat, wie z. B. Lehrer ihre Schüler Moral lehren können. Die Methode seiner empirischen Untersuchungen besteht in der Formulierung moralischer Dilemmata, die Versuchspersonen mit der Bitte vorgelegt werden, nach einer ihnen angemessen erscheinenden Lösung zu suchen. Beispiele für solche Dilemmata sind:

»Ist es besser, das Leben *einer wichtigen Person* zu retten oder das Leben *vieler unwichtiger Personen* zu retten?«

»Die Frau eines Mannes ist am Verhungern, aber der Lebensmittelhändler will dem Mann nichts geben, außer, der Mann kann bezahlen. Das kann er aber nicht. Sollte der Mann einbrechen und Nahrungsmittel stehlen?«

»Sollte der Arzt eine todkranke Frau wegen ihrer Schmerzen aus Mitleid töten?«

Kohlberg wurde angeregt durch *Jean Piagets* Forschungen zur Intelligenzentwicklung, wonach eine bestimmte Stufenfolge gilt (vom intuitiven Denken über konkrete bis zu formalen Operationen). Die Entfaltung des moralischen Bewusstseins hängt dabei von inneren und äußeren Entwicklungsbedingungen ab. Während die inneren Voraussetzungen moralischer Entwicklung gebunden sind an die Entfaltung logisch-mathematischer Intelligenz (nach *Piaget*) sowie die Fähigkeit, sich in die Rolle eines anderen hineinzuversetzen, gehört zu äußeren Anregungsbedingungen vor allem die intellektuelle Auseinandersetzung mit moralischen Konflikten, gleichsam das kognitive Training durch moralische Herausforderungen. *Kohlberg* geht also davon aus, dass der intellektuellen eine moralische Kompetenz entspreche, die beide einer Entwicklungslogik folgen, das meint: Die Stufen, qualitativ verschieden, stellen jeweils eine strukturierte Ganzheit dar, differenzieren und integrieren sich in aufsteigender Linie (erhöhen ihre Komplexität) und folgen aufeinander in einer unumkehrbaren Sequenz.

Kohlberg untersuchte 12 Jahre lang mit Mitarbeitern die gleiche Gruppe von 75 Jungen. Er folgte ihrer Entwicklung in Intervallen von drei Jahren, beginnend mit der frühen Adoleszenz (10–16 Jahre) bis zum jungen Erwachsenen (im Alter zwischen 22 und 28 Jahren). Zusätzlich untersuchte er die moralische Entwicklung in anderen Kulturen: England, Kanada, Taiwan, Mexiko und der Türkei (*Kohlberg* 1970, S. 180). Das Ergebnis: *Kohlberg* fand 3 Stadien (level), die ihrerseits je 2 Stufen (stage) umfassen, so dass es sich um insgesamt 6 Stufen handelt:

I. Das vorkonventionelle Stadium. In diesem Stadium interpretiert das Kind kulturelle Regeln und Einstufungen dessen, was gut und schlecht, recht oder falsch sei, primär in Hinsicht auf die physischen Komponenten, oder daraufhin, wieweit die eigene Behaglichkeit bedroht sei oder nicht. Strafe und Belohnung, begünstigendes Verhalten oder physische Macht sind Mittel, die einerseits bestimmte Verhaltensregeln durchsetzen, andererseits zugleich selbst erstrebens- oder vermeidenswerte Größen darstellen.

Die beiden Stufen:

Stufe 1: Orientierung an Strafe und Gehorsam. (Physische Konsequenzen des Verhaltens spielen die entscheidende Rolle; Strafvermeidung etwa wird auf jeden Fall gesucht; es gibt keinen Respekt vor einer unsichtbaren moralischen Ordnung; das Verhalten des Kindes orientiert sich an Strafe und Lob und an der Autorität der Bezugsperson.)

Stufe 2: Instrumentelle Orientierung aufgrund von Beziehungsregulierungen. (Menschliche Beziehungen gleichen denen, die das Verhalten auf einem Marktplatz bestimmen: Fairness, Gegenseitigkeit, Sinn für gerechtes Teilen usw. sind zugänglich, aber sie werden ganz pragmatisch angewandt. Gegenseitigkeit des Verhaltens spielt eine große Rolle, nicht Loyalität, Großzügigkeit oder Gerechtigkeit.)

II. Konventionelles Stadium. In diesem Stadium werden Werte um ihrer selbst willen erkannt, unabhängig von unmittelbaren Konsequenzen. Wichtig ist jetzt nicht so sehr die Konformität gegenüber persönlichen Erwartungen oder gegenüber der sozialen Ordnung, sondern eine wirkliche Loyalität ihnen gegenüber. Moralische Regeln sind nun so »verinnerlicht«, dass nicht nur die unmittelbaren Interessen der eigenen Person, sondern auch die Regeln der sozialen Ordnung, in der man lebt, respektiert werden können.

Stufe 3: Orientierung an interpersonaler Übereinstimmung. (Jetzt gilt nicht mehr nur »Wie du mir, so ich dir«; vielmehr ist anständiges Verhalten jetzt auch etwas, das anderen nützlich ist und von ihnen anerkannt wird. Konformität gegenüber Stereotypen oder Meinungen der Mehrheit, was »natürlich« oder »wünschbar« sei, sind vorherrschend. Man bewundert, was andere bewundern und möchte selbst ebenso »nett und schön« sein.)

Stufe 4: Orientierung an »law and order«. (Orientierung an Autoritäten, bestimmten Regeln und an der Aufrechterhaltung sozialer Ordnung. Richtiges Verhalten besteht darin, seine Pflicht zu tun, Autoritäten anzuerkennen und die vorhandene soziale Ordnung um ihrer selbst willen zu akzeptieren. Hier findet also eine erste Abstraktionsleistung statt, die im Bereich der Intelligenzentwicklung ihre Entsprechung in der Fähigkeit zu formalen Operationen hat.)

III. Das postkonventionelle Stadium (moralische Autonomie aufgrund moralischer Prinzipien). Auf dieser Stufe ist ein Individuum in der Lage, moralische Werte und Prinzipien nicht nur aufgrund der Autorität von Personen und Gruppen zu akzeptieren, sondern aufgrund eigener Einsicht und unabhängig von der Identifikation mit den Meinungen anderer Gruppen.

Stufe 5: Die legalistische Orientierung am Sozialkontrakt. (Wichtig ist die Legalität einer Sache, die aber nun nicht als naturgegeben hingenommen wird. Wichtig sind die Werteinstellungen und Meinungen der Personen, die mit ihrem Handeln übereinstimmen müssen. Es wird die Möglichkeit gesehen, Gesetze zu verändern aufgrund vernünftiger Erwägungen, die zuvorderst die Nützlichkeit einer Entscheidung für alle einbeziehen. Nach *Kohlberg* handelt es sich bei dieser Stufe um die »offizielle« Moral der amerikanischen Regierung und Verfassung.)

Stufe 6: Orientierung an universalen ethischen Prinzipien. (Richtig ist nun, was aufgrund eigener Gewissensentscheidung in Übereinstimmung mit selbst gewählten ethischen Prinzipien als solches erkannt wird. Diese müssen umfassend, logisch widerspruchsfrei und überzeugend sein. Sie sind also nunmehr abstrakt – ein Beispiel ist der kategorische Imperativ *Kants* – und stellen nicht mehr konkrete moralische Regeln dar wie etwa die 10 Gebote.)

Während das präkonventionelle Stadium für die Kindheit kennzeichnend ist, so das konventionelle für den Übergang der Kindheit zum Jugendlichen. Das postkonventionelle Stadium erreicht der Jugendliche erst nach der Pubertät. Natürlich ist keineswegs gesagt, dass alle Individuen alle Stufen durchlaufen. So ist zu vermuten, dass Stadium III von vielen überhaupt nicht erreicht wird, zumal offenbar eine entsprechende intellektuelle Entwicklung parallel laufen muss, vielleicht sogar vorauszusetzen ist. Es gibt Erwachsene, die sich noch im präkonventionellen Stadium befinden; die Mehrheit von ihnen erreicht allenfalls das konventionelle Stadium. Für *Kohlbergs* Stufenlehre gilt wie bei *Piaget*, dass das nächsthöhere Stadium mit seinen Stufen nur dann erreicht wird, wenn die entsprechende Stufe vorher betreten ist.

Internationale Vergleichsuntersuchungen, die *Kohlberg* unternommen hat, legen seiner Ansicht nach die Annahme nahe, dass die von ihm entdeckten Stadien und Stufenfolgen

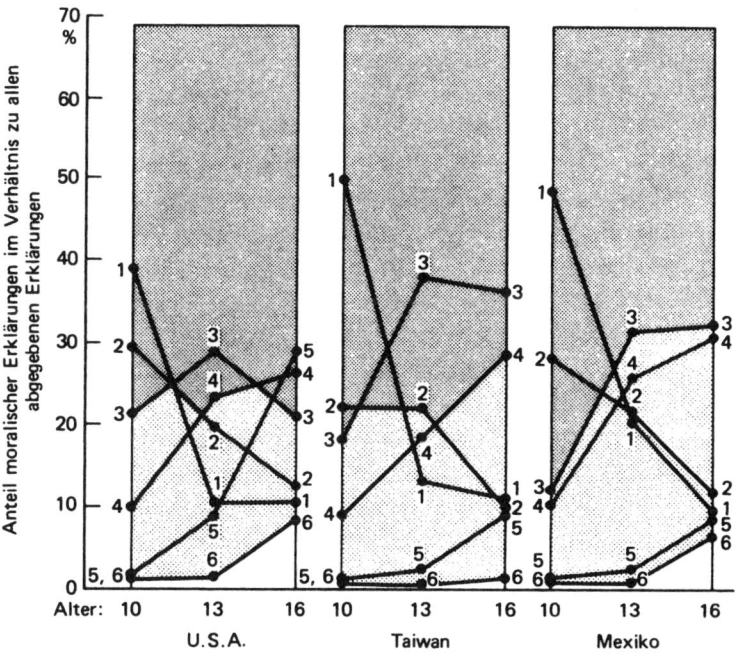

Nummern bezeichnen die Entwicklungsstufen

Abbildung 13: Jungen aus städtischen Wohnbezirken der Mittelschicht in den USA, Taiwan und Mexiko. (Nach *Kohlberg, L.*: Some contemporary issues in socialization and development, in: *E. D. Evans,* Adolescents, 1970, S. 188)

moralischer Entwicklung generell auffindbar sind. Dies zeigt auch die Abbildung 13.

Gefragt wurden Jungen aus der Mittelschicht in den Vereinigten Staaten, Taiwan und Mexiko. 13-Jährige haben in der Mehrzahl in allen Gesellschaften Stufe 3 erreicht. Mit diesem Alter beginnt also offenbar mehrheitlich der Erwerb erster, freilich konventioneller moralischer Einheiten. Jugendliche zu Beginn der Pubertät sind bestrebt, bei anderen beliebt zu sein. Aber über die persönlichen Interessen hinaus erkennen sie, dass etwa der Wert menschlichen Lebens ein höherer Wert ist, der ihre eigenen unmittelbaren Interessen übergreift. Seine Bedeutung erlernen sie durch die Sympathiebeziehungen zu Familienmitgliedern oder anderen Personen, auf deren Urteil sie Wert legen. Dies bedeutet, dass gerade für dieses Alter verlässliche menschliche Beziehungen eine große Bedeutung haben! – 16-jährige Jungen in den USA haben in der Mehrzahl den Weg bis zu Stufe 5 zurückgelegt. In Taiwan und Mexiko gibt es hier offenbar Verzögerungen, da hier das Stadium moralischer Konventionalität (Stufe 3/4) noch bei 16-Jährigen dominiert. Die Entwicklung ist also langsamer. Die Figur zeigt, dass Stufe 6 in allen drei Gesellschaften durch moralische Statements 16-Jähriger repräsentiert wird; allerdings ist die Zahl dieser Statements geringer als die aller anderen.

Zu Beginn dieses Abschnitts war auf einige Schwierigkeiten moralischer Urteilsfindung für Jugendliche hingewiesen worden. *Kohlberg* betont mit Recht: »Virtue in action is knowledge of the good« (1970, S. 192). »Moral« ist also ein über das Kommunikative hinaus im Handeln zu bewährender Wert. Die 10 Gebote, Pfadfinderregeln, Stereotype für geschlechtstypisches, »demokratisches« oder solidarisches Verhalten: Mit solcherlei Tugendkatalogen werden wir alle fortwährend konfrontiert. Jeder schleppt »a bag of virtues« (*Kohlberg*) mit sich herum. Wenn einer meint, Betrügereien seien zu missbilligen, erlaubt diese Äußerung noch keine Vorhersage auf sein wirkliches Verhalten. Wenn jemand Vorurteile gegenüber Minderheiten ablehnt, ist damit allein noch nicht voraussagbar, ob er für deren Rechte auch in einer Atmosphäre eintritt, wo andere diese Vorurteile vertreten. Nach *Kohlberg* muss man das moralische Stadium III erreicht haben, um moralische Ansichten und moralisches Handeln in Übereinstimmung zu bringen: »However, true knowledge, knowledge of principles of justice does predict virtuous action« (ebd., S. 192). Auch diese Aussage kann sich auf Belege berufen. Kinder im Bereich der ersten 4 moralischen Stufen betrogen, wenn sie in eine Situation gebracht wurden, die dies nahe legte. Nur 20 % derjenigen jedoch, die Stufe 5 oder 6 erreicht haben, betrügen wirklich. *Stanley Milgram* (1963) ließ in einem seiner bekannten Experimente Jugendliche durch den Versuchsleiter auffordern, elektrische Schocks als Strafe einem »Opfer« (das vom Versuchsleiter eingeweiht war) zu verpassen, wenn dieses in einem Lernexperiment Fehler machte. In diesem Fall genügten die Prinzipien der Gerechtigkeit, wie sie auf Stufe 5 vertreten werden, nicht, eine moralische Entscheidung eindeutig zu machen. Das »Opfer« hatte, so wurde gesagt, freiwillig seine Teilnahme an dem Experiment zugesagt, und der Jugendliche selbst hatte sich durch Kontrakt gebunden, am Experiment teilzunehmen. Also musste dieser offenbar nicht einseitig eingegangene Kontrakt auch von allen Seiten eingehalten werden – trotz unangenehmer Folgen (auch für die Jugendlichen, die sich nun genötigt sahen, etwas zu tun, was sie »eigentlich« missbilligten). Jugendliche mit dem moralischen Urteil von Stufe 6 hingegen verstanden die Situation als eine, in der der Experimentator nicht das moralische Recht zu haben schien, sie aufzufordern, einer anderen Person Schmerz zuzufügen. Entsprechend wiesen 75 % der Jugendlichen auf Stufe 6 die Teilnahme am Experiment zurück gegenüber nur 13 % aller Jugendlichen auf niedrigeren Stufen!

Kohlbergs Untersuchungen sind einer vielfältigen Kritik unterzogen worden. Abgesehen von methodischen Fragen der empirischen Validierung wird bspw. eingewandt, dass *Kohlberg* nicht unterschieden habe zwischen einer »Problemlösungskompetenz« einerseits, der »Lösbarkeit« moralischer Dilemmata andererseits (*Kärn* 1978). Denn es sei das eine, prinzipiell in der Lage zu sein, für moralische Probleme Lösungen zu finden das andere aber, sich in jedem Dilemma wirklich entscheiden zu können. Es ist ein Unterschied, ob ich ein Problem sozusagen abstrakt, losgelöst von eigenen Erwartungen, Ängsten und Betroffenheiten, behandele oder ob es um mich selbst oder eine mir vertraute Person geht. Des Weiteren wird eingewandt, die Überwindung der jeweils niederen Stufe durch die nächsthöhere vernachlässige die Kontinuität der Person und suggeriere, diese wandele sich auf jeder Stufe in einen irgendwie »höherwertigen« Charakter. Es ist aber nicht abzustreiten, dass bestimmte Urteilsformen und Überzeugungen in früher Jugend geprägt werden und auch im Erwachsenenalter überdauern. Es ist nicht von der Hand zu weisen, dass sie dann auch in »spätere« moralische Urteile mit eingehen, sie nach Struktur und Inhalt bestimmen. Zu wenig würden, so drittens, auch psychodynamische Prozesse berücksichtigt. Der stark kognitiv orientierte Ansatz übergehe die Bedeutung emotionaler Erregung und Beteiligung, die moralisches Verhalten ebenso auf allen Stufen bestimmen wie fortschreitende Intelligenzentwicklung. Zwar kann sich auch Emotionalität entwickeln und differenzieren, reicher werden an Farben und Ausdrucksmöglichkeiten; aber sie ist doch eine gleichsam archaischere Dimension des Menschen und insofern nicht einem Curriculum kognitiver Förderung verfügbar. Weiter: Zwar betont *Kohlberg* später selbst, dass nicht nur das Prinzip Gerechtigkeit, sondern auch das der Empathie zu den »universalen menschlichen Dispositionen« gehöre (1978, S. 38), aber in der (später freilich von Mitarbeitern vielfach überarbeiteten und veränderten) Liste der moralischen Dilemmata überwiegen doch auffällig Beispiele, die ein stark kognitiv bestimmtes, argumentativ gelenktes Abwägen fordern. *Gilligan* bspw. fand in ihren Untersuchungen zur Moralauffassung von Frauen heraus (1977), dass geschlechtsspezifische Lösungen die Universalität möglicherweise einschränken: Während die männliche Variante von Lösungen eher als eine »Moral des Rechts« zu bezeichnen wäre, neigen Mädchen und Frauen eher zu einer »Moral der Verantwortlichkeit«. Frauen lernen sich allererst so zu verstehen, wie sie durch ihre Beziehungen zu anderen sich erleben, während Männer, stärker orientiert an Durchsetzung und Konkurrenz, entschieden weniger von sozial-emotional bestimmten Beziehungen aus denken. Wenn dem so ist, könnten Varianten vergleichbarer Art auch in sozialer und kultureller Hinsicht gefunden werden. Erwartungen, die in einer bestimmten Kultur, in einer bestimmten Position des Lebenszyklus, an ein bestimmtes Geschlecht etc. gestellt werden, sind dann Bestandteile des moralischen Urteils auf jeder Stufe. *Gilligan/Murphy* (1980) haben in diesem Zusammenhang zwei Weisen des postkonventionellen moralischen Urteils gefunden: Eine postkonventionell-formale Problemlösung liegt dann vor, wenn moralische Probleme durch Ideen des Sozialvertrages, des Naturrechtes oder ähnlich bestimmt werden. Dagegen bestimmen sich postkonventionell-kontextuelle Lösungen eher durch die Bedingungen, die durch konkrete Erfahrungen, emotionale Befindlichkeit, Ich-Stärke etc. eingefärbt werden.

Man kann diese Überlegungen und Einwände auf den Punkt bringen: Nicht nur die Entwicklungslogik des einzelnen Individuums oder die Struktur der moralischen Dilemmata oder die aufgegebenen Themen bestimmen ein moralisches Urteil, sondern der je spezifische Kontext und die situationelle Disponiertheit betroffener Individuen oder Gruppen. Auch *Kohlberg*, immer bereit zur Selbstkritik, hat inzwischen von einem »psychologistischen Fehlschluss« gesprochen und die Bedeutung der »Real-Life«-Situation betont. Dies ist insofern erstaunlich, da ein Schüler Kohlbergs, Blatt, inzwischen ein für die Schule anwendbares Curriculum entwickelt und erprobt hatte, das einem eigenen Fach »Moralerziehung« zugrunde liegen sollte. Dabei gingen *Blatt/Kohlberg* (1974) von der Forderung aus, der Lehrer dürfe den Schüler nicht moralisch »indoktrinieren« oder ihm Lösungen empfehlen. »Demokratisch« und außerdem sachangemessen sei es vielmehr, das moralische Urteilen bei Schülern dadurch zu stimulieren, dass man es – durch die Vorlage und Diskussion moralischer Dilemmata – herausfordert und trainiert. Tatsächlich ergaben ein Test und auch ein Nachtest, dass Kinder, die an einem solchen Kurs teilgenommen hatten, im Vergleich zur Kontrollgruppe signifikant schneller höhere Stufen des moralischen Urteils erklommen: 45 % der Schüler urteilten nach dem Training eine Stufe höher als vorher (in der Kontrollgruppe: 8 %) und 10 % der Schüler gelang sogar eine Anhebung des moralischen Urteils um 2 Stufen (»Blatt-Effekt«). Dennoch korrigierte *Kohlberg* nun seine Auffassung in der Einsicht, dass die rein kognitive Orientierung, abgehoben vom Alltag und von konkreten Erfahrungen, letztlich eher eine künstliche Insel der Moralität schaffe, die mit der Lebenspraxis nicht verbunden ist.

Diese Einsicht entspricht dem in diesem Buch vertretenen sozialökologischen Ansatz. Auch dieser geht ja davon aus, dass entwicklungsfördernde und -hemmende Kontexte eine wesentliche Rolle für die Entwicklung spielen. Diese unterliegt damit nicht einer rein zu sich selbst kommenden »Logik«, sondern unterliegt in ihren formalen wie inhaltlichen Ausprägungen einer Fülle von Erfahrungssätzen, die zu verarbeiten sind. *Kohlbergs* Schülerin *Haan* (1977) trug selbst einen Baustein zu solchen Überlegungen bei, indem sie *Kohlbergs* Stufenmodell durch die Analyse interpersonaler Beziehungen und ihrer Entwicklung bereichert. Zunächst wird das Kind durch das Eigeninteresse bestimmt, da es nicht in der Lage ist, sich schon in die Rolle eines anderen (taking the role of the other) hineinzuversetzen. Im 2. Stadium dominiert ebenfalls die Assimilation (das Anpassen der Umwelt an die Struktur der eigenen Weltsicht) während Akkommodation das Sichanpassen an die Umwelt impliziert (beide Termini nach *Piaget*); doch werden jetzt schon Standpunkte anderer Menschen als andere erkannt. Erst beim Übergang in das 3. Stadium findet ein Perspektivenwechsel statt, der die bisher vorherrschende Assimilation ablöst: Man ist jetzt fähig, eigene Vorstellungen und Interessen denen der Interaktionspartner unterzuordnen – freilich wird der »eigene Standpunkt«, die Begrenztheit der Subjektivität nicht aufgegeben. Erst im nächsten Stadium werden gemeinsame Interessen tatsächlich wahrgenommen, und im letzten Stadium gelingt es dann, die Komplexität eigener, anderer und gemeinsamer Interessen aufeinander abzustimmen oder zwischen ihnen begründet zu entscheiden.

Die Betonung menschlicher Beziehungen reicht freilich nicht aus, denn diese sind ja ihrerseits in soziale Umwelten eingelagert und werden von diesen bestimmt. Im ökologischen Zentrum dominiert aufgrund der Unmittelbarkeit von Beziehungen, die mit den Anfängen der Entwicklung korresponiert, eher kindlicher Egoismus, der aber auch eine Funktion hat: nämlich die, ein erstes »Bild der Welt« zu entwerfen und allzu fremde Orientierungsmuster zunächst abzustoßen. Ausschnitte und Nahraum, die später erobert werden, erhöhen nicht nur die Zahl der Herausforderungen, sondern bedingen zu ihrer Bewältigung auch wachsend die Fähigkeit, die Interessen anderer wenigstens wahrzunehmen und ins eigene Verhaltenskalkül einzubeziehen. Diese »anderen« können dabei auch Institutionen sein. So wird ein Kind, wenn es in die Schule eintritt, diese als »anders« erleben; es muss aber auch in der Lage sein, die Regularitäten und Rollenaufträge dieses »anderen« angemessen einzuschätzen und mit dem eigenen Verhalten abzustimmen. Wie dies im Einzelnen abläuft, hängt wiederum von der sozialkulturellen Gestaltung von Zentrum, Nahraum und Ausschnitt ab. Denn auch diese Kategorien sind ja zunächst allgemein und bleiben darum »leer«. So macht ein Auszubildender, der in den ökologischen Ausschnitt »Betrieb« eintritt, die Erfahrung, dass er hier die Geltung von Maximen beachten muss wie »Verkaufe dich möglichst teuer!« – »Nach uns die Sintflut!« – »Gebrauche deine Ellenbogen!«. Hier handelt es sich um Imperative vorkonventioneller Moral, die aber in diesem Zusammenhang als Inhalte formalkonventioneller Moral kapitalistischer Unternehmer gedeutet werden können (*Lempert* 1981, S. 729). Jede Moralerziehung muss also, so kann das Fazit lauten, neben dem kognitiven Training in moralischer Argumentation (sehr wichtig!) die emotionale Dimension der Betroffenheit mit einbeziehen und die lebensweltliche Eingebundenheit moralischer Urteile berücksichtigen. Ihre Klassifizierung und Bewertung müssen dann entschieden sensibler und differenzierter ausfallen, als ein – naiver und verdinglichter – Gebrauch der Stadientheorie *Kohlbergs* nahe legen kann. Entwicklung und Lebenswelt, kognitive Förderung und deren sozialkulturelle Einlagerung sind nicht zu trennen, auch nicht in der Schule.

Die Inhalte moralischen Urteilens und Verhaltens werden ebenso erworben wie Einstellungen und Aktivitäten auf dem Gebiet der Sexualität. In beiden Bereichen spielen zunächst die Imitation des Verhaltens anderer, Verstärkung durch Erfolgserlebnisse und Ermunterung sowie Kontroll- und Machtordnungen eine entscheidende Rolle, bis sich individuelle Bedürfnisse und soziale Ordnung – im optimalen Fall – so aneinander abgerieben haben, dass der Heranwachsende Verhaltensweisen ausagiert, die weder kriminell noch äußerlich angepasst sind. Dieser »Endausbau« des Verhaltens wird in der Regel nicht vor dem 20. Lebensjahr erreicht. Eine Entsprechung von intellektueller, kreativer, sexueller und moralischer Orientierung ist in der Weise anzunehmen, dass hier bestimmte Entwicklungsstufen kovariieren. Für die sexuelle Entwicklung ist mir freilich kein Stufenplan bekannt wie der von *Piaget* für die intellektuelle und *Kohlbergs* für die moralische Entwicklung. Übrigens scheint es so zu sein, dass sexuelle Operationsformen sich eher ausbilden und verfestigen als moralische. Sie sind schwerer änderbar und mehr auf unmittelbare soziale Bestätigung angewiesen als moralisches Verhalten (*McCandless* 1970, S. 403 ff.). Dies kann zum einen bedeuten, dass sich bei vielen Menschen Anschauungen über sexuelle Dinge nicht in derselben Weise entwickeln wie ein moralisches Urteil, das bei seiner Ausbildung immer schon auf bestimmte Grundausprägungen im sexuellen Bereich trifft; zum anderen kann ein differenziertes moralisches Urteil dann im Nachhinein durchaus zur Revision bestimmter Verhaltensweisen und Anschauungen im Bereich der Sexualität führen. Auch von daher gesehen ist es wenig sinnvoll, die verschiedenen Dimensionen menschlicher Entwicklung voneinander zu trennen. Praktisch: »Sexualerziehung« ist zugleich immer moralische Erziehung, und umgekehrt: Die Ausbildung des Intellekts sollte zugleich immer diejenige moralischer Urteilsformen implizieren; menschliches Lernen in allen genannten Bereichen hat auch eine politisch-soziale Dimension, die in keiner Verfachlichung (z. B. Einführung von Sexualkundeunterricht etc.) aufgehoben werden sollte.

Entspezialisierung durch »politisches Verhalten«

Nicht ohne Absicht wird als letztes Glied der Kette: Intelligenz–Kreativität–Sexualität–Moralität die Politik behandelt. Hier wird vielleicht am deutlichsten, dass die einzelnen Bereiche der Entwicklung im Erleben und Handeln des Jugendlichen zusammengehören. Dies setzt freilich voraus, dass wir dem mit »Politik« Gemeinten eine weitere Bedeutung geben. Wie notwendig dies ist, zeigen die vorliegenden Untersuchungen zu politischen Interessen und Dispositionen von Jugendlichen. Die in ihnen gestellten Fragen sind durchweg zu eng, so dass keine befriedigenden Antworten vorliegen. Wenn beispielsweise »politische Aktivität« in Befragungen daran gemessen wird, ob sich jemand »an einen Abgeordneten in einer guten Sache« wenden würde, wird der eigentlich politische Handlungszusammenhang gerade verfehlt. Denn solche Fragen sind nicht aus dem Lebenszusammenhang des Jugendlichen genommen, sondern entspringen den Vorstellungen des Sozialforschers (dazu: *Deutscher Bildungsrat* 1975, S. 224 ff.). Was haben wir von trivialen Antworten relativ aufwändiger Forschung wie: »Schwerpunktmäßig sind die Jugendlichen, die an Politik stark interessiert sind, gut informiert, die latent Interessierten ziemlich gut informiert und die politisch Desinteressierten ziemlich schlecht informiert« (ebd., S. 124)? – Im Mittelpunkt neuerer Untersuchungen steht die Stellungnahme von Jugendlichen zur Äußerungsform der Demonstration. Dieser steht ein großer Teil der Befragten – insbesondere der Schüler und Studenten – positiv gegenüber. Doch auch diese Fragen sind lediglich aus den Tagesaktualitäten der 70er- und 80er-Jahre entwickelt, als die »Jugendunruhen« vielen zu schaffen machten. Weder wissen wir bis heute genau, wofür Jugendliche demonstrieren, ob sie tatsächlich an einer Demonstration aktiv teilnehmen würden und vor allem, welche Motivationen ihr Verhältnis zur Politik bestimmen. In der Mehrzahl der Untersuchungen wird dabei »Politik« als etwas dem Jugendlichen Gegenüberstehendes verstanden, ein besonderes System sozialen Handelns, in das der Jugendliche nur marginal eingelassen wird und für das ihm später auch nur wenig Handlungsmöglichkeiten zur Verfügung stehen: sich zu informieren, sich ein Urteil zu bilden und den Wahlakt auszuführen. »Politik«, derart vom sozialen Leben und von den Alltagsvollzügen abgetrennt, muss notwendig fremd bleiben. Wichtiger als die Frage, wie sich jemand zur »Politik« verhält, ist die Frage, inwieweit er selbst politisch ist. Unter »Politik« ist dann nicht das durch politische Repräsentanten in Gang gehaltene Handlungssystem zu verstehen, sondern jedes Handeln in kleineren oder größeren Gruppen, vermittelt oder unvermittelt, das – mit einer Wendung *Hartmut von Hentigs* – der Regelung gemeinsamer Angelegenheiten dient. Politik in diesem Sinne ist nicht Berufsangelegenheit einer kleinen, auf bestimmte Weise aussortierten Gruppe, der »Politiker«, sondern eine entscheidende Dimension menschlichen Verhaltens überhaupt. Entscheidend deshalb, weil in unseren komplexen Gesellschaften mit schwächer werdenden Traditionen nur die gemeinsame Verantwortung und die Beteiligung aller vor einem Zustand bewahren, in dem wie in der »Brave New World« *Aldous Huxleys* eine kleine Elite über eine Masse in stumpfem Glück befriedeter Individuen herrscht. Die Überschrift dieses Abschnitts drückt ein Programm aus: Notwendig sei »politisches Verhalten«, das nicht der Spezialisierung unterliegen könne. Obwohl auch Politik bei uns droht, Partizipation und Verantwortung auf eine kleine Gruppe einzuschränken, ist doch nur dieser Bereich in der Lage, zu einer Entspezialisierung sonst getrennter Lebensbereiche beizutragen. Denn Spezialisierung im täglichen Lebensvollzug ist ein Moment von Entfremdung. Dies spüren gerade Heranwachsende deutlich:

- Über Sexualität wird überall geschrieben; die eigene Sexualität jedoch muss man verbergen;
- Widersprüche in moralischen Postulaten und tatsächlichem Verhalten werden permanent manifest (s. o. und u.);
- die Schule ist ein ausgegrenzter, intentionalem Lernen vorbehaltener Bereich, von dem man jedoch zunehmend erwartet, dass er die in der Familie und anderswo nicht mehr möglichen Erfahrungen bereitstellt;
- die Privatheit der Familie bietet emotionalen Schutz, verhält sich zu jeder Art von Öffentlichkeit und öffentlichem Handeln jedoch lediglich rezeptiv (durch Medienkonsum);
- geforderte Lernleistungen in der Schule, Aktivitäten in der kirchlichen Jugendgruppe, Mitspielen in einer Jugend-Fußballmannschaft, Teilnahme an Cliquenaktivitäten sind Segmente sozialen Handelns, die unorganisiert und ohne jede

Durchlässigkeit nebeneinander ihre Angebote machen, die der Jugendliche allein integrieren und verarbeiten muss.

Wir wissen hinreichend, dass
- je besser und »höher« die Schulausbildung ist, desto intensiver die Kenntnis politischer Vorgänge und politisches Interesse sind;
- also Schüler und Studenten – im Vergleich zu berufstätigen Jugendlichen – stärkeres Interesse für Politik bekunden und auch eher bereit sind, einer vorhandenen Partei beizutreten;
- politisches Interesse bei Jungen im Durchschnitt größer ist als bei Mädchen;
- Entscheidungen bei politischen Alternativen nur vordergründig rational, oft jedoch emotional begründet sind.

Entschieden weniger wissen wir darüber, wie politische Einstellungen entstehen, welche Faktoren also die politische Sozialisation von Jugendlichen beeinflussen. Immerhin kann als gesichert gelten, dass
- grundlegende politische Haltungen, im engeren Sinne parteipolitische Orientierungen, durch die Familie stark beeinflusst werden und ein Großteil der Jugendlichen mit den Eltern in politischen Fragen übereinstimmt;
- die jeweilige soziale Umgebung politische Einstellungen von Jugendlichen stark prägt. Studierende, die ihre Familie verlassen haben, neigen beispielsweise dazu, sich nach den neuen Einstellungen zu orientieren, die auf dem Campus vorherrschen; in der Regel entwickeln sie demnach heute eine »linke Tendenz«;
- nach der Studienzeit, die offenbar der Zeitraum größter politischer »Abweichung« darstellt, oft eine Reorientierung im Rahmen ursprünglich gefasster politischer Meinungen stattfindet. (vgl. dazu: *Rosenmayr* 1969, S. 120 ff.)

Kaum etwas wissen wir darüber, wie sich politische Einstellungen im Einzelnen ausbilden: Geschieht dies durch Gespräche mit den Eltern, durch den Einfluss der zu Hause vorgefundenen lokalen Tageszeitung; welche Rolle spielt der

Sozialkundeunterricht in der Schule; welchen Zusammenhang sehen Jugendliche zwischen »offizieller« Politik und ihren eigenen politischen Bedürfnissen und Vorstellungen; wie kommt es, dass eine Mehrzahl von Jugendlichen politisches Desinteresse zeigt und sich weitgehend apathisch verhält – eine ebenso relevante Abweichung von demokratischen Idealen wie der nur auffälligere politische Radikalismus!

Während unter »Moral« landläufig eine mehr geistig-abstrakt ausgerichtete Disposition verstanden wird, die aber allgemeinen Anspruch hat und für jeden gilt, wird »Politik« im Gegensatz dazu oft als konkret und handlungsorientiert aufgefasst, aber eben als spezielle Aufgabe. Solche Gewichtungen bestimmten leider vielfach unsere vortheoretischen Einschätzungen. Ich hatte bereits darauf hingewiesen, dass eine hoch entwickelte Moral handlungsorientiert in dem Sinne sei, dass sich ihre Qualität nur in der konkreten situativen Entscheidung erweise. Weiter ist nun festzuhalten, dass politisches Verhalten (wie das moralische) insofern ein allgemeines sei, als die Regelung unserer Angelegenheiten gemeinsam zu erfolgen habe. Auf die enge Verbindung von Moral und Politik soll nun noch etwas näher eingegangen werden.

In einer Untersuchung aus dem Jahre 1969 (Darstellung bei: *McCandless* 1970, S. 419 f.) wurden 120 Jugendliche vor und nach der Pubertät in Interviews gebeten, sich vorzustellen, 1000 Leute zögen auf eine noch unbewohnte Insel im Pazifik und bauten nun eine ganz neue Gesellschaft auf. In den Interviews wurde gefragt, wie politische und soziale Entscheidungen durchgeführt und gerechtfertigt werden könnten und wie man mit widersprechenden Meinungen fertig werden könne. Es ging also um Fragen wie politische Autorität, Kriminalität, Ideologie und Idealismus. Die Untersuchung wurde ungemein sorgfältig durchgeführt: In jeder Klassen- und Altersgruppe waren 30 Teilnehmer, je zur Hälfte Jungen und Mädchen; 2/3 der Befragten hatten durch Gruppentests ermittelte IQs zwischen 95 und 110 (Durchschnitt), während 1/3 einen IQ von 125 Punkten oder mehr besaß (überdurchschnittlich). Auch die anderen Faktoren wurden vergleichbar gehalten; alle Teilnehmer (dies ist für die USA wichtig!) waren Weiße. Die von *Adelson, Green* und *O'Neel* durchgeführte Untersuchung bestätigte *Kohlbergs* stufenmoralische Urteile. Die jüngeren Teilnehmer konnten beispielsweise noch nicht abstrahieren; das Gesetz war für sie vor allem dazu da, Bosheit zu bestrafen. Ältere Jugendliche verallgemeinerten mehr und fanden auch nützliche und hilfreiche Aspekte der Gesetzgebung heraus.

Wenn sich in der erfundenen Inselgeschichte zeigte, dass das Gesetz nicht durchgriff, neigten jüngere dazu, es zu verschärfen, während ältere Jungen und Mädchen die Gesetze mehr auf Probe erließen und als Experimente ansahen: Wenn sie ihren Zweck nicht erfüllten, sollten sie lieber geändert werden. Ältere Jugendliche betonten auch die moralischen Hilfen, die ein Gesetz geben kann: Leute in einer gesetzlosen Gesellschaft sind ihrer Meinung nach bedroht, korrupt zu werden. (Eine Meinung, die ihnen möglicherweise auch durch die damals gern gesehenen Westernfilme nahe gelegt worden ist!) Je älter und weiter in der moralischen Entwicklung die Jugendlichen waren, desto brauchbarere politische Grundeinstellungen entwickelten sie. Die Verfasser der Untersuchung sprechen von »politischem Realismus«. Damit meinen sie: Während die Jüngeren kaum die sozialen Belange sahen, denen das Gesetz doch dienen sollte, betonten ältere Jugendliche, deren moralische Standards entsprechend weiter entwickelt waren, dass das Gesetz ein menschliches Produkt ist und dass Menschen sich irren können. Sie betrachteten es mit derselben Skepsis, die sie auch sonstigen menschlichen Regelungen entgegenbrachten. Die größere Reife ihres Urteils führen die Autoren auf ihre größere Selbstständigkeit zurück, ihre fortgeschrittene intellektuelle Entwicklung und die damit verbundene längere Lerngeschichte sowie die eigenen Erfahrungen, die sie machen konnten. Intellektuelle und moralische Reife korreliert also positiv mit politischer.

Den Zusammenhang zwischen höherer moralischer Entwicklung und politisch orientiertem Handeln zeigt eine Studie von *Haan, Smith* und *Block* aus dem Jahre 1968, als in Amerika die Studentenrevolte einen gewissen Höhepunkt erreicht hatte (1970, S. 369 ff.). Studenten in Berkeley, die sich an der oberen Grenze des von uns behandelten Altersbereichs befinden, wurden mit der Entscheidung konfrontiert, ein Sit-in im Verwaltungsgebäude im Namen politischer Meinungs- und Versammlungsfreiheit durchzuführen. Über 200 Studenten wurden dann in Interviews nach dem Status ihres moralischen Urteils befragt. Zunächst wurde die Untersuchung von *Milgram* (1974, vgl. S. 95 f.) bestätigt: Studenten auf Stufe 5 vertraten mehrheitlich die Meinung, dass ein Student, der nach Berkeley komme, vorher wisse, was er tun dürfe oder nicht; wenn er mit den geltenden Vorschriften nicht übereinstimme, könne er ja woanders hingehen. Etwas mehr als 50 % der Jugendlichen dieser moralischen Stufe nahmen am Sit-in teil. Für Studierende der höchsten Stufe war die Sache klar: 80 % nahmen am Sit-in teil. Sie hatten politische Anschauungen und Begründungen, die prinzipieller Art waren; der Kampf um politische Versammlungsfreiheit erschien gegenüber bestimmten Restriktionen der Verwaltung als übergeordneter Wert. Studenten schließlich, die sich noch im konventionellen Stadium befanden (Stufe 3 und 4), hatten ihrerseits keine Entscheidungsschwierigkeiten und entsprechend nahmen aus dieser Gruppe nur 10 % am Sit-in teil.

Interpretiert man dies Ergebnis, sieht man nicht nur, dass zwischen politischer Beteiligung und moralischer Entwicklung ein Zusammenhang besteht, sondern auch, dass »unkonventionelle« politische Aktivitäten wie Protest, Überwinden politischer Apathie und Forderung nach politischer Partizipation Verhaltensweisen sind, die einen hohen moralischen Standard erfordern. Dass dies nicht abwegig ist, zeigt eine Untersuchung der Handlungsmotive der neuen politischen Jugend der 60er-Jahre. Ihre Unruhe entsprang zweifellos einem starken moralischen Impetus. Diese vorübergehend zu politischer Aktivität erwachte Jugend sah, dass

– der Reichtum in den Ländern zwischen sozialen Schichten und zwischen den Ländern ungleich verteilt war;

– ein Zusammenhang zwischen materieller und ökonomischer Verfügungsgewalt und allgemeinen Lebenschancen bestand;

– Verfassung und Verfassungswirklichkeit nicht in jedem Punkte übereinstimmten, so dass eine Annäherung auch legal begründbar schien.

Im Gegensatz zur bürgerlichen Jugendbewegung, die ein »eigenes Jugendreich« erotischen Erlebens und inniger Gemeinschaft errichten wollte, wandte sich die Schüler-und-Studenten-Bewegung gesellschaftlichen Problemen in toto zu, beanspruchte also, für die ganze Gesellschaft zu sprechen. Sie verlangten einfach Konsequenz. Diese fanden sie in der marxistischen Lehre, die die gesellschaftliche Entwicklung überschaubar aus wenigen grundlegenden Sätzen entfaltete. Der in den westlichen Gesellschaften propagierte Pluralismus hingegen musste, auch moralisch gesehen, als zufällig und beliebig erscheinen. Wenn es offenbare Ungerechtigkeiten gab und eine Lehre, die sie erklärte, musste man konsequent handeln! Die Bevorzugung des Marxismus ist also auch aus einer anspruchsvollen Moral zu erklären, die den Verzicht auf Annehmlichkeiten und das konsequente Eintreten für die Aufhebung gesellschaftlicher Widersprüche einschließt. *Haan u. a.* fassen die Verhaltenseigenschaften und deren familiäre Voraussetzungen der Studenten, die sich auf der höchsten moralischen Stufe befanden, folgendermaßen zusammen: »Insgesamt gesehen engagierten sich Studenten, die moralisch prinzipiell argumentierten (im Vergleich mit konventioneller Moral) insgesamt mehr in politischen und sozialen Angelegenheiten, besonders in Sachen Protest; ihre Meinungen zu aktuellen politischen Themen unterschieden sich stärker als bei anderen von denen ihrer Eltern, die selbst politisch liberal waren; ihr Selbstkonzept und ihre Idealvorstellungen betonten die Notwendigkeit, die Fähigkeit, sich selbst auszudrücken, und eine Bereitschaft, auch in Opposition zu leben. Die Wahrnehmung der Beziehung zu den Eltern ist derart, dass – im Gegensatz zu den Jugendlichen mit prinzipiellen moralischen Vorstellungen – die Vertreter konventioneller Moral wenig Konflikte mit ihren Familien haben oder sich gar von ihnen trennen« (ebd., S. 403).

Freilich müssen die Ergebnisse noch etwas differenziert werden. Zum einen entspricht natürlich nicht in jedem Falle hohe politische Aktivität einem hohen moralischen Standard nach der Kohlberg-Klassifikation. In der Untersuchung *Haans u. a.* fand sich nämlich eine andere Gruppe, die fast ebenso stark bereit war, am Sit-in teilzunehmen, wie die Studenten auf Stufe 6. 60% nämlich von Studenten, die sich auf Stufe 2 (!) befanden, nahmen an dem Sit-in teil. Wie ist dies zu erklären: Die Studenten der Stufe 2 befanden sich in einem Zustand der Verwirrung, der sie auch auf diese Stufe zurückgeworfen hatte. Als sie noch Schüler waren, hatten sie nämlich bereits das konventionelle Stadium erreicht. Auf der Universität nun stießen sie sich an ihrer bisherigen konventionellen Moral und suchten nach eigenen Wertkategorien, ohne allerdings in der Lage zu sein, eine autonome Moral von einer zu unterscheiden, die aus Beziehungen egoistischer Art, Geben und Nehmen oder gar Rache besteht. Sie hatten also den angemessenen Übergang zum nächsthöheren Stadium nicht gefunden und waren darum in ein tieferes zurückgefallen. Dieses Ergebnis zeigt auch, dass die moralische Entwicklung – wie jede andere natürlich ebenfalls – keineswegs risikolos ist. Tröstlich ist, dass auch diese Gruppe von Studenten schließlich als Erwachsene das dritte Stadium erreichte – tröstlich nicht nur als Bestätigung des kohlbergschen Klassifikationsschemas!

Kohlberg selbst weist im Anschluss an die Darstellung der Untersuchung von *Haan u.a.* darauf hin, »dass Protestaktivitäten, wie andere Handlungen, per se weder nützlich noch schädlich sind; nur das Wissen des Guten, das begründend hinter ihnen steht, gibt ihnen den moralischen Wert« (1970, S. 193). Es ist also nicht möglich, sowohl moralische Qualität als auch gesellschaftliche Nützlichkeit von Handlungen nur auf ihren moralischen Begründungszusammenhang zu beziehen. Auch, wenn dieser rational einsichtig und moralisch ehrbar ist, kann er doch zu unzweckmäßigen Resultaten führen. Außerdem garantiert der Besitz moralischer Prinzipien durchaus nicht, dass sie auch angemessen angewendet werden. Das Prinzip »Konsequenz« allein etwa hat sich als zu undifferenziert erwiesen, um gesellschaftliche Verteilungsprobleme, Machtstrukturen und Handlungsmöglichkeiten angemessen zu erfassen.

Politisches Handeln ist demnach nie gleichsam apriorisch abgesichert. Sein Risikocharakter fordert die Bereitschaft, Konflikte auf sich zu nehmen, ohne sie so weit zu treiben, dass sie einen der beteiligten Partner zerstören. Hier Handlungsmöglichkeiten und -grenzen zu finden, reicht der Einsatz von Intelligenz, Kreativität oder Moralität nicht aus. Hinzukommen müssen Erfahrungen in der Aktion mit anderen sowie politisch-soziale Aktivitäten, die ein Augenmaß entwickeln helfen, das Apathie wie Rigorismus gleicherweise zu vermeiden trachtet. Dass hier bisher noch ungelöste Aufgaben der politischen Bildung angesprochen sind, sei abschließend nur am Rande vermerkt.

5. Identität

Identität: Ziel und Durchgang

Von »Identität« reden hat sich auch umgangssprachlich inzwischen durchgesetzt. Gerade mit Rücksicht auf Probleme des Jugendalters ist häufig die Rede davon, dass es Aufgabe der Erziehung sein müsse, einem Heranwachsenden »zu seiner Identität zu verhelfen«; dass ein Jugendlicher »seine Identität verfehlt« habe oder dass man am Verhalten den »Reifegrad einer Identität« ablesen könne. Das Wort, längst Bestandteil eines höchstens semiprofessionellen Sprachgebrauchs, scheint geeignet zu sein, einem wichtigen Phänomen den Namen zu geben. Freilich, der Psychoanalytiker *Erik H. Erikson*, der das Konzept »Identität« am eindrücklichsten ausgearbeitet hat, meint: »Je mehr man über diesen Gegenstand schreibt, desto mehr wird das Wort zu einem Ausdruck für etwas, das ebenso unergründlich als allgegenwärtig ist. Man kann ihn nur untersuchen, indem man seine Unentbehrlichkeit in verschiedenen Zusammenhängen feststellt« (1968/1970, S. 7), und der psychoanalytisch interessierte Psychiater *David J. de Levita* schreibt zu Beginn seiner Untersuchung »Der Begriff der Identität« (1965/1971, S. 7): »Er scheint – gleich einem ›Neureichen‹ – noch die Erfahrung machen zu müssen, dass er trotz seines jüngst erworbenen Reichtums an Bedeutungen und Perspektiven noch nicht alles kaufen kann.« – Ich glaube nicht, dass es gelingen wird, das mit ›Identität‹ Gemeinte in eine scharfe und abgrenzende Definition zu bringen. Dies ist wohl auch nicht sinnvoll. Die Nützlichkeit des Begriffs erweist sich vielmehr gerade darin, dass er eine *Vielfalt von Aspekten* in sich zusammenfasst, deren *Gemeinsames* darin besteht, dass jemand »ich« sagen kann.

Wenn die Polizei die »Identität« einer Person feststellt, so geht es ihr darum, einen einzigen Menschen als unterscheidbar von anderen und verantwortlich für sich und sein Tun dingfest zu machen. Wer »Identität« besitzt, ist unterscheidbar von anderen und weiß dies auch selbst. Kein Zweifel, dass die Entwicklung des Ichs viele Stufen und Verwandlungen durchmacht bis zum Identitätspunkt, der in der Jugendzeit liegt. Ein wenige Monate altes Kind hat noch kein Bewusstsein von seinem eigenen Körper, vermag also auch nicht, sich und seine Empfindungen von der Umwelt abzugrenzen. Es erfährt die Umwelt symbiotisch, diskriminiert also nicht Farben, Bewegungen, Geräusche, Berührungen und andere Reize als verschieden und von verschiedenen Dingen bzw. Personen ausgehend. Leben ist ein System ohne Trennungen. Erst allmählich differenziert sich die Umwelt als unterschiedene und unterscheidbare aus. Zunächst freilich ist sie ökologischer Nahraum, und das Kind empfindet alles, was es umgibt, auf sich bezogen. Es ist egozentrisch, wobei hier keine moralische Bewertung gemeint ist, sondern eine Beschreibung: Das eigene Ich ist »Zentrum«, rückbezüglicher Mittelpunkt aller Antriebe. Zunehmend spielen dann soziale Beziehungen eine Rolle, und sie werden unterschieden von den Sachen, die nunmehr nicht nur gegeben erscheinen, sondern auch als machbar. Wir hatten gesehen, dass jeder eine Stufe konkreter Operationen erreichen muss, ehe er danach – im Jugendalter – zu universalistischen Orientierungen fähig wird, also solchen, die nicht nur als Reaktion auf Reize der unmittelbaren Umwelt erfolgen. Die konkrete Umwelt ist nicht Bedingungszentrum des Denkens und Handelns. Und das eigene Ich erscheint nicht mehr als alleiniger Mittelpunkt. Offenbar gehört diese Relativierung des Ichs zur Identität dazu, die jetzt erst auch eine Erwerbungsleistung ist: Indem ich andere als anders sehe, kann ich mich selbst ebenfalls als anders entdecken und damit meine Identität gegen andere behaupten. Es könnte im Übrigen sein, dass es angebracht ist, eine derart »ausgebaute« Identität nicht nur mit der Fähigkeit in Verbindung zu bringen, verallgemeinern und abstrahieren zu können, sondern auch damit, eine postkonventionelle Moral erworben zu haben: Denn erst diese begründet das moralische Urteil ja aus Prinzipien, die »Ich« erworben habe und nun vertreten werde.

Schließlich setzt eine erfolgreiche Identitätsentwicklung offenbar auch ein gewisses Stadium psychosexueller Reife voraus. Nach *Freud* ist die genitale Phase dadurch bestimmt, dass die Selbstliebe nunmehr durch altruistische Einstellungen ersetzt wird, die Wirklichkeit als Grenze und Möglichkeit erfahren wird und die Aufnahme gegenseitiger sexueller Beziehungen möglich ist. Auch dieses Stadium, Abschluss einer gewissen Entwicklung, fällt in die Jugendzeit. *Anna Freud* hat diese letztgenannten Überlegungen fortgesetzt und differenziert. Für sie ist der Jugendliche in einem Stadium, das besonders schwierig ist. Die Erfahrung der eigenen Sexualität und damit der eigenen Leiblichkeit sowie die Nötigung, die Handlungsantriebe selbstverantwortlich zu kontrollieren, können zu Reaktionsformen führen, die auffällig sind, aber angesichts der besonderen Krisen dennoch »normal«. Das Ich muss sich gegen Bedrohungen von innen und außen verteidigen und greift dabei zu radikalen Mitteln – vor allem sich selbst gegenüber. *Anna Freud* beobachtete zum Beispiel asketische Züge bei Jugendlichen: Um ihr Ich zu verteidigen und zu stabilisieren, bekämpften sie alle Neigungen, Antrieben und Wünschen nachzugeben. Eine andere Lösung fand sie im idealistischen Jugendlichen, der seine eigenen Probleme zu entpersönlichen sucht, indem er sie intellektualisiert. Sie sind dann allgemeine, von eigenen Bestrebungen abstrahierbare, die man reflektierend sich gegenüberstellen kann (*Evans/Potter* 1970, S. 53 ff.). Diese Fähigkeit des Jugendlichen ist ein neuzeitliches Phänomen. *Orth/Peyne* (1984) zeigen, dass im 18. und frühen 19. Jahrhundert Identität als Gruppen- und Rollenidentität gekennzeichnet war, die sich nicht selbst zum Thema wurde. Erst das Sozialmilieu des Bildungsbürgertums im ausgehenden 19. Jahrhundert schuf dann allmählich einen Jugendlichen, der in der Lage ist, in reflexiver Auseinandersetzung mit dem, was die Gesellschaft an Rollen für ihn bereithält, und der eigenen Biografie eine flexible Ich-Identität zu entwickeln. Diese bestimmt sich jetzt nicht mehr allein durch Milieu und soziale Zugehörigkeit, sondern ist eine Individualisierungsleistung und setzt die Auseinandersetzung mit gesellschaftlich geltenden Regeln, der eigenen Entwicklung und gesetzten Zielpunkten voraus. Inzwischen hat sich ein solches, zunächst eher den besser gebildeten Jugendlichen einbeziehendes Ich-Konzept generalisiert und ist nicht nur Jugendlichen des Bildungsbürgertums zugänglich.

Wenn nicht alles täuscht, ist also die Jugendzeit eine Periode, in der sich in Sachen Identität Entscheidendes ereignet. Es ist das Verdienst *Eriksons*, dies sehr deutlich gemacht zu haben. Aufgrund einer Fülle klinischer Erfahrungen hat er einen theoretischen Rahmen entworfen, der die menschliche Entwicklung von der Geburt bis zum Tode umfasst. Er fand eine Reihe psychosozialer Krisen (insgesamt acht), die das Individuum im Verlauf seiner Entwicklung zu bestehen hat (vgl. Abb. 14).

Die Adoleszenz als fünfte Stufe wird bestimmt durch Identität/Identitätsdiffusion. Damit sie erreicht wird, musste freilich schon eine Reihe anderer Krisen überstanden werden.

In Stufe 1, der »oralen Phase« der psychosexuellen Entwicklung, besteht die positive Seite im »Urvertrauen«. *Erikson* versteht darunter ein Gefühl des Sich-verlassen-Dürfens in Bezug auf die Glaubwürdigkeit anderer und die Zuverlässigkeit seiner selbst. Diese grundlegende Sicherheit hängt stark von der Qualität der mütterlichen Bindung ab. Kinder, die auf persönliche Zuwendung, körperliche Wärme, Liebe, Nähe und fühlbaren Schutz verzichten müssen, entwickeln leicht ein »Urmisstrauen« als Folge psychischer oder physischer Vernachlässigung. In der »analen Phase« (Stufe 2) lernt das Kind, seine Schließmuskeln und sonstigen Funktionen nach eigenem Willen zu beherrschen. Es gewinnt ein Gefühl von Autonomie. Eine zu strenge Kontrolle und Sauberkeitserziehung hingegen lassen Scham und Zweifel entstehen, die das Kind unsicher machen. Oft wehrt es sich später durch Hass: »Meine Zeit kommt, wenn sie gegangen sind.« Die dritte Stufe umfasst das so genannte »Spielalter«, in dem das Kind eine größere Bewegungsfreiheit besitzt, zunehmend über die Sprache verfügt und allmählich einen Werksinn entwickelt. Es erobert sich die nähere Umwelt durch Initiative. Die negative Alternative ist das Schuldgefühl. Dies entsteht, wenn die Kinder die Rivalität zu den Eltern zu stark empfinden oder Misserfolge bei ihren Initiativen haben, die sie zu der Annahme bringen, dass sie nichts leisten können. »Kinder scheinen in diesem Stadium plötzlich weniger von ihren Eltern zu halten und sich ihren Lehrern, den Eltern anderer Kinder oder Leuten, die für sie verständliche Berufe (Feuerwehrleute, Polizisten usw.) repräsentieren, anzuschließen, weil sie nicht an die wichtigste Ungleichheit: die mit dem gleichgeschlechtlichen Elternteil, erinnert werden wollen und nach Gelegenheiten suchen, wo oberflächliche Identifizierungen ein Feld für ihre Initiative ohne zu viel Konflikt- oder Schuldgefühl zu versprechen scheint« (*de Levita*, S. 81). Es folgt die vierte Stufe mit der gelungenen Möglichkeit Werksinn, der negativen Minderwertigkeitsgefühl. Das Kind hat nun das Schulalter erreicht und ist in der Lage, eine Arbeit erfolgreich abzuschließen. Es befindet sich am Beginn der Phase konkreter Operationen (nach *Piaget*). Häufiges

	1	2	3	4	5	6	7	8
I Säuglingsalter	Urvertrauen gg. Mißtrauen				Unipolarität gg. vorzeitige Selbstdifferenzierung			
II Kleinkindalter		Autonomie gg. Scham und Zweifel			Bipolarität gg. Autismus			
III Spielalter			Initiative gg. Schuldgefühl		Spiel-Identifikation gg. (ödipale) Phantasie-Identitäten			
IV Schulalter				Werksinn gg. Minderwertigkeitsgefühl	Arbeitsidentifikation gg. Identitätssperre			
V Adoleszenz	Zeitperspektive gg. Zeitdiffusion	Selbstgewißheit gg. peinliche Identitätsbewußtheit	Experimentieren mit Rollen gg. negative Identitätswahl	Zutrauen zur eigenen Leistung gg. Arbeitslähmung	Identität gg. Identitätsdiffusion	Sexuelle Identität gg. bisexuelle Diffusion	Führungspolarisierung gg. Autoritätsdiffusion	Ideologische Polarisierung gg. Diffusion der Ideale
VI Frühes Erwachsenenalter					Solidarität gg. soziale Isolierung	Intimität gg. Isolierung		
VII Erwachsenenalter							Generativität gg. Selbst-Absorption	
VIII Reifes Erwachsenenalter								Integrität gg. Lebens-Ekel

Abbildung 14: Quelle: *Erikson, E. H.*: Identität und Lebenszyklus (Übersetzung), Seite 150/151. Suhrkamp, Frankfurt/M. 1966.

Misslingen kann ein Kind in seinem Selbstwertgefühl schädigen, es verlocken, sich wieder klein zu machen und den totalen Schutz der Eltern zu beanspruchen. Die »Adoleszenz« als fünfte Stufe wird bestimmt durch die Antithese Identität versus Identitätsdiffusion. Bei gelungener Identitätsbildung gehen alle in der Kindheit gesammelten positiven Ich-Werte in das Identitätsgefühl ein in dem Sinne, dass man sich selbst als eine Person mit Einheitlichkeit und Kontinuität versteht und zugleich als jemanden, der darum auf andere angewiesen ist in der Gewissheit, dass diese auch ihn brauchen (vgl. unten). Insofern ist die Jugendzeit die Summe vorheriger Entwicklung: Man erhält eine erste »Quittung«. Sind die vorbereitenden Identitätsbildungsprozesse in der Kindheit negativ verlaufen, tritt eine Identitätsdiffusion ein.

Den Eintritt in das »Erwachsenenalter« bezeichnet die Fähigkeit zur Intimität (Stufe 6). Nach *Erikson*: »Man muss sich selbst mehr oder weniger gefunden haben, bevor man fähig ist, sich an jemanden anderen zu verlieren.« Das Gegenteil wäre die Distanzierung, verstanden als Disposition, andere Menschen abzuwehren, sich zu isolieren und Beziehungen zu zerstören. Die gelungene Intimität ist Voraussetzung für die Fähigkeit zur Generativität (siebte Stufe), verstanden als Interesse an der Gründung und Erziehung einer neuen Generation. Das Gegenteil, die Selbst-Absorption, besteht in dem Verzicht auf reiche zwischenmenschliche Beziehungen und in einem Desinteresse an der vererbenden Weitergabe kultureller, sozialer und sonstiger Traditionen. Die letzte und achte Stufe kennzeichnet das »reife Erwachsenenalter« bis zum Tode. Entweder man hat nun Integrität gewonnen, verstanden als »die Annahme seines einen und einzigen Lebenszyklus und der Menschen, die ihm notwendig da sein mussten und durch keine anderen ersetzt werden können«; Erfolge und Niederlagen, Krankheit und Gesundheit müssen nun gleicherweise bestanden werden – oder es tritt Lebensekel ein als Zweifel an der Fähigkeit, dem eigenen Leben (und auch dem anderer) einen vernünftigen und hinreichenden Sinn zu geben.

Man darf *Eriksons* Lehre vom achtstufigen Lebenszyklus nicht zu wörtlich nehmen. Sie ist nicht mehr als eine Orientierung, die freilich auf reichhaltigem klinischem Material aufbaut. Auch andere Autoren bestätigen *Erikson* immer wieder.

Es wäre bedenklich, wollte man *Erikson* vitalistisch missverstehen. Freilich legt er selbst ein solches Missverständnis nahe. In »Jugend und Krise« (1965/1970) etwa meint er, dass dem Lebenszyklus bestimmte vitale Tugenden (basic virtues) wie Hoffnung, Treue, Liebe, Fürsorge und Weisheit zugrunde lägen, um deren Freilegung therapeutische Hilfe bemüht sein solle. Er vertraut auf »natura«, die im gut bestandenen Lebenszyklus zu sich selbst kommt. Danach scheint es so, als wachse die psychophysische Entwicklung des Menschen aus bestimmten regulierenden Urkräften, die in ihm selbst aufzusuchen seien – ebenso wie die behindernden zerstörerischen Komponenten. Für die sechste Stufe der »Intimität«, die durch die Ehe gekennzeichnet ist, zitiert er beispielsweise zustimmend eine Äußerung Freuds, wonach »Lieben und Arbeiten« jetzt entscheidend seien. Arbeit wiederum wird verstanden als »zeugerische Fähigkeit« des Mannes: primär als Schaffung von Nachwuchs, allgemeiner und in zweiter Linie dann auch als Werkproduktion (S. 138 f.). Auffällig sind die Individualisierung und Privatisierung, die *Erikson* hier vorzunehmen scheint. Es findet sich kein Wort von entfremdeter Arbeit, kein Wort von den Heteronomien industrieller Produktion usw. Später beklagt *Erikson* in dem gleichen Buch, dass viele Jugendliche in den USA häufig »dem genitalen Element« nicht in genügender Polarisierung gerecht würden (S. 193). Seine Überzeugung ist aber – wie er durch Wiedergabe einer aber wohl nur zur Hypothesenbildung ausreichenden Untersuchung zu veranschaulichen trachtet –, dass der Knabe sich durch »Tun« und »direkten Angriff«, das Mädchen durch eine Art von »Einfangen« und hegender Bergung unbewusst wesenhaft darstelle (S. 120). Darum entspreche dem Jungen ein »äußerer Raum«, dem Mädchen ein »innerer«, den es auszufüllen trachte in der ständigen Angst, sonst »leer« zu bleiben und »auszutrocknen« (S. 292). Daher suche die Frau dann die »Liebe eines Fremden« (S. 292), verlasse das Haus und folge dem, der mit »zeugerischer Fähigkeit« versehen sei. So erfüllt sich dann als »natura« genitale Liebe: »Sie strebt eine Arbeitsteilung in jener Lebensaufgabe an, die nur zwei von verschiedenem Geschlecht zusammen erfüllen können: die Synthese von Produktion, Vermehrung und Erholung in der primären sozialen Einheit irgendeines Familiensystems« (S. 70). In solchem Modell reproduziert *Eriksons* überholte, fast antiemanzipatorische Vorstellungen von der Aufgabe der Frau, unfreiwillig parodistisch in der Sprache des Übersetzers (sie folgt der »Liebe eines Fremden«: vorzustellen als jene Bürgertochter aus gehobenen Ständen, die hinter der Gardine sitzend auf den Mann wartet, der sie »herausholt« und entführt?). Er insistiert auch – zumindest missverständlich – auf Geschlechterstereotypen und einer »Arbeitsteilung« zwischen den Geschlechtern, die Nichtgleichberechtigung zur Voraussetzung hat. Leider ontologisiert *Erikson* immer wieder sein hypothetisches und heuristisch zweifellos fruchtbares Diagramm vom vitalbestimmten Lebenszyklus, indem er etwa von der fügenden »Weisheit des Grundplanes« spricht (S. 125). Da er in ihm und an ihm die Gesellschaften und Kulturen interpretiert, die ihn am besten erfüllen, ontologisiert er aber damit auch diese in ihren ganz bestimmten, historisch und politisch veränderbaren Zuständen. Damit ist Gesellschaft letztlich der nach Emanzipation des Menschen strebenden Vernunft entzogen – sie wird, pointiert gesagt, in einem biologistischen System interpretiert, dessen Normen sie sich fügen muss. Ich vermute, dass in solchen Sprachbildern auch der Künstler *Erikson* zu Wort kommt, der auf der Suche ist nach einem Mythos vom unzerstörbaren und letztlich heilen Leben jenseits aller Anfechtungen. Diese Einwände vorzutragen war notwendig, damit »Identität« nicht als Naturkraft verstanden wird, die, erfüllt sie sich nicht in einem Individuum, dann allenfalls zu befreien oder – bei endgültigem Versagen – zu verklagen sei. Gerade *Erikson* hat andererseits immer wieder betont, dass Identität nicht allein als innerpsychischer Vorgang verstanden werden darf. Er kritisiert an der traditionellen psychoanalytischen Methode, dass sie die Außenwelt als »Objektwelt« von der im Menschen lokalisierten Triebdynamik mit ihrem ständigen kämpferischen Antagonismus von Es, Ich und Über-Ich abgrenzt. Identität entstehe vielmehr im Wechselspiel zwischen Psychologischem und Sozialem, Entwicklungsmäßigem und Historischem, kurz: Sie ist sowohl Kern des Individuums wie einer gesellschaftlichen Kultur, die, einander ständig beeinflussend, sie allererst schaffen. Damit entwickelte *Erikson* als einer der Ersten eine psychoanalytische Sozialpsychologie, verstand den Einzelnen als von Kultur, Gesellschaft und ihrer Geschichte mitbedingt und befreite seine Wissenschaft aus dem Getto reiner Spekulation aufs rein Psychische.

Die (freilich knappe) Diskussion des Lebenszykluskonzepts *Eriksons* führt noch einmal auf die Frage nach den Grundlagen theoretischer und methodischer Argumentation. Es war bereits darauf hingewiesen worden, dass es wenig Sinn habe, von triebdynamischen Konstellationen auszugehen. Vielmehr handele es sich darum, möglichst exakt die aktive Informationsverarbeitung im menschlichen Organismus zu beschreiben. Ebenso problematisch ist es, von einer Art Naturdynamik auszugehen, die sich im menschlichen Lebenszyklus als tragendem Untergrund verbirgt. Sicher sind es – in einem eher poetischen Bilde – »Kräfte der Natur«, die eine Krankheit bezwingen können, eine stabile Identität unterstützen. Nüchtern und nachprüfbarer aber ist die Annahme, dass auch »Identität« als Konzept von der Regelhaftigkeit des eigenen Ichs aus einer Wechselwirkung von Umwelt und psychophysischem Innenraum entsteht, die als sich selbst steuernder, damit auch störbarer Regelkreis anzusehen ist. Weder die Dynamik von Trieb und Natur noch die sich in ökologischer Abstimmung organisierenden gesellschaftlichen Elemente wie Ökonomie, soziale Beziehung, Kultur bestimmen als Prius oder zu regelhaft angebbaren Prozentsätzen die menschliche Entwicklung, sondern beide zusammen in der Weise, dass soziale Umwelt und Ich sich gegenseitig stabilisieren, vorübergehend bedrohen oder endgültig zerstören. Interaktion und Kommunikation, also der Zeichen gebende und Zeichen empfangende, Handlungen initiierende und an Handlungen partizipierende Umgang von Menschen ist dann der Raum, in dem Gelingen oder Misslingen stattfindet. Wenn *Erikson* für moderne Gesellschaften ein hohes Maß an Identitätsdiffusion bei Jugendlichen feststellt, so hat dies seinen Grund offenbar darin, dass die modernen Gesellschaften Informationen bereitstellen, die für Jugendliche schwer zu verarbeiten sind: Abstraktion, Funktionalisierung und Differenzierung der Lebensbezüge, pluralistische Wahloffenheit und Fülle alternativer Informationen bei gleichzeitiger Wahleinschränkung, Handlungskontrolle und Chancenentzug, also die Disparität zwischen grundsätzlichem Angebot und eingeschränkter Fähigkeit, es angemessen wahrzunehmen, führen verständlicherweise leicht zu Verwirrung und Verzweiflung, zumal dann, wenn keine prinzipiellen moralischen Standards verlässliche Orientierung gewähren. Wenn Identität heute dermaßen zum Thema wird, so ist schon dies ein Anzeichen, dass sie nicht selbstverständliche Gabe ist, sondern mühsam errungen werden muss. Mit »Identität« ist immer die Reflexion des Menschen auf seine Selbstkonstitution und seine produktive Gesellschaftsfähigkeit gemeint – beides keine freien Gaben, weder der Natur noch der Gesellschaft. In archai-

schen oder geschlossenen Gesellschaften war Identität kein
Thema: Sie erfüllte sich in der Gruppenidentität eines Stam-
mes oder Volkes, im Verband fester Regeln und Riten. Wir
hatten gesehen, wie kompliziert und vielfältig beispielsweise
die Initiation in unseren Gesellschaften verläuft, welche
Wahlmöglichkeiten und damit Formen des Misslingens sie bereithält. Schicht- und geschlechtspezifische Erwartungspatterns, Schutzlosigkeit, Vielzahl und Widersprüchlichkeit von
Identifikationsangeboten – Identität wurde zum Problem,
und darum reden wir heute so viel über sie.

Erikson gehört zu den wenigen psychoanalytisch orientierten Entwicklungspsychologen, die sich bemüht haben, die vorangehend diskutierten Überlegungen in ihr Konzept einzubeziehen. In einer 2. »Arbeitsvorlage« ordnet er darum den
in der 1. Spalte abgetragenen »psychosozialen Krisen« und
den senkrecht von I–VIII abgetragenen Stufen der Entwicklung (diese beiden Bezugspunkte sind in Abb. 14, S. 182 enthalten) unter den Buchstaben B, C, D und E eine Reihe weiterer Dimensionen zu (vgl. Abb. 15, S. 188).

Der hier vertretenen sozialökologischen Orientierung entspricht am ehesten die Spalte B »Umkreis der Beziehungspersonen«. Für die Stufen I–III (Mutter/Eltern/Familienzelle) ist
das ökologische Zentrum das entwicklungstypische Äquiva-
lent; für Stufe IV tritt dann, die Familie zunehmend ablösend,
der ökologische Nahraum (Wohngegend) hinzu, und gleichzeitig beginnt die Aufnahme in ökologische Ausschnitte
(Schule), die dann auch auf den folgenden Stufen in Freundschaft, Ehe und Beruf begegnen. Auch *Bronfenbrenners* ökologische Systemanalyse lässt sich auf *Eriksons* erweitertes
Schema abbilden: Dem Mikrosystem als dem Bereich der Do-
minanz direkter zwischenmenschlicher Begegnungen sind die
Stufen I – IV vor allem zuzuordnen; von Stufe IV wird der
Heranwachsende dann auch vom Mesosystem erfasst, da
Wechselbeziehungen zwischen unterschiedlichen Lebens-
bereichen (Wohngegend, Schule, Peergroups ...) zunehmend
wichtig werden; das Exosystem gewinnt gesteigerte Bedeutung in der Stufe V, die ja der Adoleszenz zugeordnet ist: Die
Massenmedien, die Werbung und fremde Gruppen liefern
nun zusätzlich »die anderen« und »Führer-Vorbilder« (so in

	A Psychosoziale Krisen	B Umkreis der Beziehungspersonen	C Elemente der Sozialordnung	D Psychosoziale Modalitäten	E Psychosexuelle Phasen
I	Vertrauen gg. Mißtrauen	Mutter	Kosmische Ordnung	Gegeben bekommen Geben	Oral-respiratorisch, sensorisch kinästhetisch (Einverleibungsmodi)
II	Autonomie gg. Scham, Zweifel	Eltern	„Gesetz und Ordnung"	Halten (Festhalten) Lassen (Loslassen)	Anal-Urethral Muskulär (Rententiv-eliminierend)
III	Initiative gg. Schuldgefühl	Familienzelle	Ideale Leitbilder	Tun (Drauflosgehen) „Tun als ob" (= Spielen)	Infantil-genital Lokomotorisch (Eindringend, einschließend)
IV	Werksinn gg. Minderwertigkeitsgefühl	Wohngegend Schule	Technologische Elemente	Etwas „Richtiges" machen, etwas mit anderen zusammen machen	Latenzzeit
V	Identität und Ablehnung gg. Identitätsdiffusion	„Eigene" Gruppen, „die Anderen", Führer-Vorbilder	Ideologische Perspektiven	Wer bin ich (wer bin ich nicht) Das Ich in der Gemeinschaft	Pubertät
VI	Intimität und Solidarität gg. Isolierung	Freunde, sexuelle Partner, Rivalen, Mitarbeiter	Arbeits- und Rivalitätsordnungen	Sich im anderen verlieren und finden	Genitalität
VII	Generativität gg. Selbstabsorption	Gemeinsame Arbeit, Zusammenleben in der Ehe	Zeitströmungen in Erziehung und Tradition	Schaffen Versorgen	
VIII	Integrität gg. Verzweiflung	„Die Menschheit" „Menschen meiner Art"	Weisheit	Sein, was man geworden ist; wissen, daß man einmal nicht mehr sein wird.	

Abbildung 15: Quelle: *Erikson, E. H.*: Identität und Lebenszyklus (Übersetzung), Seite 214/215. Suhrkamp, Frankfurt/M. 1966.

Eriksons Terminologie), während dem Makrosystem schließlich, am deutlichsten auf Stufe VIII, »Menschen meiner Art« (*Erikson*) zuzuordnen wären. Freilich gibt es auch Unterschiede. *Eriksons* Beispiele und Argumente beziehen sich auf eine psychoanalytische Anthropologie, während *Bronfenbrenner* hier gleichsam nüchterner, begrenzter argumentiert. »Die Menschheit« ist eine Kategorie, die bei *Bronfenbrenner* nicht dem Makrosystem subsumiert werden kann, da dieses die empirisch erfahrbare und erfassbare kulturelle Identität von Gesellschaften meint. Sofern diesen aber »Weltanschauungen und Ideologien« zugrunde liegen (so *Bronfenbrenner*), die sich nicht auf die Darstellung eigener kultureller Identität begrenzen, sondern das »Wesen« des Menschen oder eine globale menschliche Solidarität (je nach »Weltanschauung«) zu erfassen aus sind, handelt es sich um allgemeine Orientierungen, die dann doch im Makrosystem der eigenen kulturellen Identität beschlossen liegen können.

In der senkrechten Spalte C gibt *Erikson* »Elemente der Sozialordnung« an, also das Symbolsystem, das Räume und ihre Lebenswelten überwölbt. Wenn man sich in Erinnerung hält, dass die einzelnen Zuordnungen in den Kästen nur Akzente setzen, es aber gerade auch auf den bewahrenden Zusammenhang aller Facetten ankommt, so überzeugt die Eintragung »ideologische Perspektiven« für die Stufe der Adoleszenz (V). Vornehmlich in diesem Alter geht es darum, aufgrund der Fähigkeit, Selbstbild und Fremdbild bewusster voneinander zu unterscheiden als vorher, nunmehr einen Entwurf der eigenen Person auf die konkrete Lebenswelt hin, aber auch mit sie transzendierenden Momenten zu wagen. Genau dies ist ja das zentrale Ereignis der Identitätsbildung. Die Spalte D »Psychosoziale Modalitäten« erläutert das genau in diesem Sinne: »Wer bin ich (wer bin ich nicht)/Das Ich in der Gemeinschaft«. Moralische Fragen und Leitlinien wie die religiöse/philosophische Frage nach dem Sinn des eigenen Lebens werden damit zu zentralen Elementen in diesem Vorgang. Die letzte Spalte E »Psychosexuelle Phasen« umfasst dann die primär von der Psychoanalyse erschlossene Dimension, die von *Erikson* aber nicht als intrinsischer Vorgang, abgelöst von Umwelt, gesehen wird. Dass er (wie Freud) letztlich dem psychosexuellen Triebschicksal und seiner Bewältigung einen gewissen Vorrang einräumt, wird in der bisherigen Diskussion schon deutlich geworden sein. Was die Figur nicht deutlich macht: *Erikson* diskutiert, wiederum im Anschluss an Freud, den Zusammenhang von Es, Ich (*Erikson*: »Ich-Identität«) und Über-Ich (*Freud* und *Erikson* sagen dafür auch »Ich-Ideal«). Indem das Es seine spontanen Triebschübe kulturell überformen muss, lehnt es sich an ein starkes Über-Ich an, entwickelt ein Ich-Ideal, das dann leitend und korrigierend auf das noch unstabile Ich einwirkt. Dies ist ein Prozess, der die Kindheit bis zum Beginn der Adoleszenz durchwaltet. Erst in der Adoleszenz kann es dann gelingen, das Ich gegenüber den anderen beiden bedrängenden psychodynamischen Elementen (Es/Über-Ich) in einer Ich-Identität zu sichern, die nicht nur psychosexuell bestimmt ist, sondern nunmehr psychosoziale Modalitäten, Elemente der Sozialordnung und einen erweiterten Umkreis von Beziehungspersonen einbezieht. Die unterschiedlichen Dimensionen von Identität werden im Übrigen im folgenden Abschnitt (ab S. 194) behandelt, freilich eher von einem interaktionistischen als psychoanalytischen Standort aus.

An dieser Stelle spätestens erhebt sich die Frage, inwieweit das (auch erweiterte) Entwicklungsmodell *Eriksons*, wenn es denn schon mit allgemeinen sozialökologischen Ordnungskategorien kompatibel gemacht werden kann, sich auch auf die Entwicklungstheorien *Piagets* und *Kohlbergs* abbilden lässt, wieweit also die von *Erikson* aufgeführten Dimensionen möglicherweise auch Überlegungen umfassen oder aber um Überlegungen erweitert werden müssen, wie sie *Piaget* zur Intelligenzentwicklung und *Kohlberg* zur moralischen Entwicklung vorgelegt haben.

Da ist zunächst zu betonen, dass die theoretischen Hintergründe durchaus unterschiedlich sind. Während *Erikson* als »Neopsychoanalytiker« (»Neo« wegen der starken Berücksichtigung sozialer und kultureller Faktoren) von einer psychosexuell bestimmten Triebdynamik der Entwicklung ausgeht, betonen *Piaget* und *Kohlberg* als »Entwicklungslogiker« eher die kognitiven Aspekte menschlichen Wachstums. Auch die Methoden der Autoren sind verschieden. Während *Erik-*

son seine Daten und Interpretationen dem klinisch-analytischen Gespräch mit Patienten verdankt, versuchen *Kohlberg* und *Piaget* (hier genannt als Prototypen einer anderen »Richtung«) mit Hilfe von Beobachtung, Test und Experiment zu intersubjektiv nachprüfbaren Aussagen zu kommen. Dennoch, hier interessiert nicht so sehr die theoretische Differenz, sondern das Gemeinsame in gewissen grundlegenden Auffassungen und Interpretationen menschlicher Entwicklung. Und da finden sich dann überraschende Konvergenzen, die es ja erst erlauben, unterschiedliche Theorien in einer Darstellung zu versammeln:

(1) In allen hier behandelten Konzepten geht es um eine Abfolge von Entwicklungsschritten (mögen sie nun »Stufen«, »Phasen« oder sonst wie genannt werden). Immer wird dabei impliziert, dass man keine Stufe überspringen kann, Erfahrungen vorangehender Stufen in der folgenden aufgehoben sind.

(2) Damit wird es problematisch, eine eigenständige »Theorie des Jugendalters« zu versuchen, jedenfalls in Hinblick auf Entwicklung. Probleme und Aufgaben des Jugendalters sind nur dann angemessen zu justieren (»einzustellen«), wenn man die vorangehenden und darauf folgenden Phasen in die Betrachtung einbezieht. »Jugend« ist ein zwar wesentliches und zeitlich wie vom Gewicht her zentrales, aber nicht isoliert zu betrachtendes Zeitelement eines umfassenderen Lebenszyklus.

(3) Das zentrale, im Jugendalter zu lösende Problem – hier unter »Identität« konzeptionell gefasst – wird, wenn zwar in verschiedenen Terminologien, von den hier behandelten Autoren ebenfalls grundsätzlich in gleicher Weise gesehen. Während es *Erikson* darum geht, dass Ich gegenüber dem Es und dem Über-Ich als einem »unbeugsamen, rachsüchtigen Träger ›blinder‹ Moralität« (1966, S. 190) zu stärken, dadurch, dass es ideale Vorstellungen und Realitätsprinzip in einer konstruktiven »Identität« ausgleicht, geht es *Piaget* um das Gleichgewicht zwischen psychologischer Assimilation (das Sichanverwandeln von Welt und deren Eintrag in die eigenen Deutungsschema-

ta) und Akkommodation (die Fähigkeit, auf Objekte, Dimensionen, moralische Probleme, soziale Beziehungen »objektangemessen« zu reagieren, die eigenen Schemata also den Strukturen vorgegebener Weltbestände anpassen zu können). Dieses Systemgleichgewicht zwischen außen und innen, Subjektanspruch und Objektforderung könnte man auch »Identität« nennen.

(4) Unbestritten ist des Weiteren, dass ein dynamischer Zusammenhang zwischen Umwelt und Person besteht (wobei in der interpretatorischen Ausarbeitung dieses dynamischen Zusammenhangs dann freilich unterschiedliche Auffassungen zum Tragen kommen können). Die Diskussion *Kohlbergs* hat gezeigt, dass es missverständlich wäre, das Verhältnis von Person und Umwelt nur als Problem kognitiver Entwicklung im engeren Sinne aufzufassen. Die menschliche Emotionalität ist ebenso ein wesentlicher Bestandteil der Entwicklung wie auch die Berücksichtigung möglichst konkreter Aufgaben und lebensweltlicher Einbindungen.

(5) Schließlich ist nicht unerheblich, dass alle Auffassungen menschlicher Entwicklung, die hier berücksichtigt sind, sich nicht nur an beobachtbarem Verhalten orientieren, sondern von einer Tiefenstruktur menschlicher Kompetenz ausgehen, die sie setzen, aber nicht beweisen können. Der Mensch besitzt ein kognitives, emotionales, moralisches Potenzial, die Fähigkeit, »Identität« im hier skizzierten und noch weiter zu erläuternden Sinn zu erlangen: Auf dieser Grundannahme kompetenten Menschseins basieren alle weiteren Überlegungen.

(6) Diese menschliche Kompetenz arbeitet sich aus in Raum und Zeit. »Entwicklung« darf entsprechend nicht nur als ein zeitliches Nacheinander gesehen werden (Entwicklungsalter), sondern muss auch gedeutet werden als Erweiterung von lebensweltlichen Raumbezügen und damit von Erfahrungen und Handlungsmöglichkeiten (Entwicklungsraum).

Neuerdings gibt es einen Versuch, in Bezug auf die kognitive Psychologie die Ich-Entwicklung stärker als bisher unter Einbeziehung von Emotionen sowie sozialen Aspekten zu sehen. Die Raumstruktur spielt insofern eine Rolle, als der Mensch als eingebettet (»embedded«) in die vorhandene Wirklichkeit aufgefasst wird. Dieses Eingebettetsein wird in der Subjektivität des Bewusstseins aufgearbeitet, das sich damit in einem unmittelbaren Existenzverhältnis zu Raum und Zeit seine Welt konstruiert (*Kaegan* 1980). Der Autor unterscheidet 5 Stufen als eine Struktur, die kognitive, moralische emotionale Bereiche übergreift:

1. Stufe der *Impulsivität*: Das Neugeborene ist zunächst in seine Impulse »eingebettet«, die noch kaum kontrolliert werden können (*Erikson*: Dynamik des Es; *Kohlberg/Piaget*: Überwiegen der Assimilation).
2. *Imperiale*« Stufe: Die Impulse gewinnen größere zeitliche Erstreckung, die auch übersehen werden kann. Damit tritt zum ersten Mal »Ich« auf, aber eingebettet in seine Bedürfnisse, die den Horizont der Welterfahrung bilden.
3. Stufe der *Interpersonalität*: Jetzt werden auch die Bedürfnisse anderer mit den eigenen gesehen, freilich in einer unmittelbaren sozialen Verschmelzung, die noch nicht eine differenzierte, auch kognitiv erfasste Divergenz von Standpunkten analysieren lässt.
4. Stufe der *Institutionalität*: Reflexion differenziert und interpretiert jetzt die interpersonalen Beziehungen; das Ich erkennt seine Begrenztheit, konsolidiert sich nach Art einer Institution, indem es sich nach Regeln und Vorschriften orientiert.
5. Stufe der *Interindividualität*: Jetzt ist die Wahrnehmung anderer nicht mehr nur durch Bedürfnisse, durch Verschmelzung mit ihnen oder Loyalität bestimmt; vielmehr werden jetzt unterschiedliche Lebensentwürfe und Lebenswelten in ihrer jeweiligen Konstitution (»Identität«) akzeptiert und in der Begegnung verarbeitet.

Die Berührungspunkte mit hier diskutierten Stufentheorien liegen auf der Hand. Wesentlich ist, dass »Identität« hier als umgreifende Sinnfrage verstanden wird. Beim Übergang von einer Stufe zur nächsten stellt sich diese Sinnfrage jeweils aufs

Neue und muss aufs Neue beantwortet werden. Der Bruch zwischen Kindheit und Jugend läge etwa zwischen Stufe 3 und Stufe 4.

Kaegans Modell versucht eine Integration in der Frage nach dem Zusammenhang von Entwicklung (im oben beschriebenen Sinn) und Identität nach dem Konzept eines sinnkonstituierenden Prozesses. Kritisch wäre hier wieder zu fragen, inwieweit nicht die Widerständigkeit des Außen doch auch eine Rolle spielt und das Interesse allzu sehr der individuellen Innensicht gilt, für die »der andere« nur Material der Selbstgründung ist. Man könnte *Kaegans* Versuch als übergreifendes Modell auffassen und versuchen, in einer dreidimensionalen Matrix (a) die ökologischen Zonen, (b) das Entwicklungsdiagramm *Eriksons* und (c) das Stufenkonzept *Kohlbergs* (Moral) und *Piagets* (Entwicklung) einzutragen. Die Figur würde die Abbildverhältnisse noch einmal zusammenfassen, suggerierte aber im ordnenden Überspringen mancher Differenzierungen möglicherweise einen verdinglichten Gebrauch der hier vorgestellten integralen Entwicklungstheorie unter dem Konzept der Identität. So wird darauf verzichtet; stattdessen ist es an der Zeit, nach dem Verorten von Identität im Gesamtzusammenhang der Diskussion nun die Elemente des Konzepts im engeren Sinne wieder in den Blick zu nehmen.

Elemente des Identitätskonzepts

Im Folgenden soll das im einleitenden Abschnitt Dargelegte, in Hinsicht auf den Identitätsbegriff, noch ein Stück weit präzisiert werden. Ich beginne mit drei (abgekürzten) Fallbeispielen und erläutere dann einige wesentliche Elemente des Identitätskonzepts.

a) Drei Fallbeispiele

Edgar Friedenberg legt in seinem Buch »Die manipulierte Adoleszenz« (1971 ins Deutsche übersetzt) fünf Fallstudien

194

vor. Es handelt sich um Schüler einer amerikanischen High School im Alter von 15/16 Jahren. Mit dreien von diesen Schülern wollen wir uns kurz beschäftigen: *Kurt, Thomas* und *Stanley*.

Friedenberg ist in ihre Schule gegangen und hat mit diesen drei Schülern Interviews geführt, ausführlich und mehrfach, und hat sie einen Satz-Ergänzungs-Test machen lassen. Dies ist eine öfter benutzte Methode, um Meinungen und Einstellungen herauszufinden: Den Probanden werden Satzanfänge vorgelegt, die sie dann sinngemäß nach ihrer Vorstellung vollenden. Die gefundenen Antworten werden dann interpretiert. Zunächst beschreibt *Friedenberg* die drei Jungen aufgrund persönlicher Begegnungen und sagt Folgendes über *Kurt:* »Ich habe ihn nie gesehen. Er schwänzte viel, war aber noch nicht lange an der Schule, so dass ich bei Durchsicht der Akten nichts Auffälliges über ihn fand. Er tauchte zufällig in dem Kreis auf, der zu den Satz-Ergänzungs-Tests aufgefordert worden war. Seine Antworten sprechen für sich.« Zu *Thomas*: »Das war ein Richter des Schülergerichts. Thomas' Vater war Akademiker, der Junge selbst Spielführer der örtlichen Fußballmannschaft. Während der Interviews arbeitete der Junge zwar mit, war aber unfrei, was zu meinen Lasten ging.« (*Friedenberg* schreibt später, dass er diesen Jungen nicht besonders leiden mochte – ein persönliches Bekenntnis eines Wissenschaftlers, das nicht gerade alltäglich ist!) »Er bemühte sich freundlich zu sein, war aber stets an Beifall oder größere Zustimmung gewöhnt, die er von mir nicht bekam. Sein Leistungsdurchschnitt war nur 2,9« (5 wäre das Höchste gewesen), »aber sein staatsbürgerliches Verhalten war mit 3,9 bewertet«. Und schließlich *Stanley*: »Ein außerordentlich erfolgreicher Junge. Zur Zeit des Tests war Stanley noch keine 15. Er war der Jüngste. Der Erziehungsleiter hielt ihn für den vielversprechendsten Schüler aus den jüngeren Jahrgängen. Sein Leistungsdurchschnitt war 4,8, die Beurteilung des staatsbürgerlichen Verhaltens 4,5. Sein Vater war angelernter Arbeiter in einer Fabrik einer nahe gelegenen Industriestadt.«

Im Folgenden nun die Liste der Satz-Ergänzungs-Modelle, ausgewählte 12 Beispiele:

		Kurt	*Thomas*	*Stanley*
1.	Jungen in der Schule mögen ein Mädchen, das:	süß und nett ist	einen guten Ruf hat	viel Spaß macht
2.	Schulmädchen mögen einen Jungen, der:	Geld hat	Geld hat	ein Spaßvogel ist
3.	Jemand ist ein guter Lehrer, der:	sich nur um seinen Kram kümmert	Sachen erklärt	gute Erklärungen gibt
4.	Kinder, die über die Stränge schlagen:	sollte man links und rechts eine um die Ohren hauen	sollten bestraft werden	müssten wieder auf Vordermann gebracht werden
5.	Ich glaube, ich bin:	komplett verrückt	in den Sport verliebt	ganz in Ordnung (in der Schule)
6.	Was mir richtig unfair vorkommt, ist:	einige Schulvorschriften	der Klatsch im Lehrerzimmer	so viel Hausaufgaben
7.	Wenn ich sehr glücklich bin, dann:	bin ich gewöhnlich betrunken	bin ich froh	werde ich großzügiger
8.	Wenn ich mir vorstelle, wie die Zukunft wahrscheinlich ausschaut:	bin ich Soldat	mache ich mir Sorgen	bin ich neugierig, ob sie mir gefällt
9.	Was mich am meisten stört, ist:	beim Schwindeln ertappt zu werden	wenn ich im Sport schlecht bin	wenn ich weiß, dass ich Recht habe, und es nicht beweisen kann
10.	Wenn die Leute mich kritisieren, dann:	verprügle ich sie	bin ich traurig	mag ich es nicht
11.	Es hat keinen Zweck zu:	versuchen, sich Schwierigkeiten vom Hals zu halten	weinen	etwas zu wünschen, was man nicht bekommt
12.	Die meisten Leute halten mich für:	einen blöden Kerl	sportbegeistert	einen guten Schüler

Die Antworten sind vielsagend und lassen sich so interpretieren:

Kurt ist relativ desillusioniert; er besitzt, was seinen Planungshorizont in Hinsicht auf Zukunft angeht, keinerlei Perspektiven. In der Zukunft sei er Soldat – mehr kann er nicht sagen. Er ist aggressiv (ich prügle die Leute), und er hält sich die Leute – wie er mehrfach betont – nach Möglichkeit vom Hals. Man kann mit *Friedenberg* auch sagen: Kurt sitzt in der Patsche, wer hilft ihm da raus?

Thomas: Der Sohn des Akademikers ist fast überangepasst. Er schätzt ein Mädchen, das einen guten Ruf hat. Sein Ziel (in einer anderen Satzergänzung) mit 30 Jahren ist: verheiratet zu sein. Er ist dafür, dass Kinder bestraft werden, und hat in allen Fragen eigentlich sehr konventionelle, auf das Comme-il-faut bürgerlichen Verhaltens ausgerichtete Antworten. Er ist angepasst, zugleich jedoch unsicher, da ihm die Anpassung keine Identitätsbürgschaft zu leisten scheint. In Hinsicht auf die Zukunft macht er sich Sorgen; bei Kritik, die ihm widerfährt, ist er – wie er sagt – traurig. Weinen hält er aber auch für zwecklos. Thomas möchte gern sicherer sein und will Sicherheit und Anerkennung über den Sport und durch Anpassungsleistung erringen. Dennoch leidet er – ein scheinbar erfolgreicher Junge, der dennoch Hilfe braucht.

Stanley ist sehr sachlich. Er meint z. B. auf die Frage »Was wirst du mit 30 sein?«: »Erfolgreich auf dem von mir gewählten Gebiet.« Das ist eine sehr präzise, eingrenzende und genaue Antwort. Auch die anderen Antworten sind gut durchdacht und auffällig differenziert. Stanley ist gerecht und ausgeglichen (er sagt, wie man mit Kindern umgehen soll, die etwas ausgefressen haben: Sie müssen auf Vordermann gebracht werden; er sagt nicht, wie Kurt, »geschlagen« oder, wie Thomas, »bestraft«). Die schönste Antwort die er gibt, meine ich, ist die, wie er sich verhalten würde, wenn er glücklich sei. Da sagt er »dann bin ich großzügiger«. Er ist selbstakzeptierend, ohne überheblich zu sein. Er meint: »Ich bin ganz in Ordnung«, aber fügt hinzu: »in der Schule«. Er maßt sich also kein allgemeines Urteil über sich an. Man kann sagen, dass Stanley damit eine gewisse Sicherheit erreicht hat und eine gute Zukunftsperspektive besitzt – ein Junge, um den man sich nicht sorgen muss und der sich wahrscheinlich gut entwickeln wird.

Alle drei Jugendlichen sind dabei, ihre Identität aufzubauen, wobei Kurt und Thomas damit noch nicht zu Ende sind, denn ihr Identitätsaufbau ist noch sehr gefährdet. Stanley hingegen hat seine Identität eigentlich weitgehend schon gewonnen und verlässt sich auf sie. Er bringt eine gute Basis für zukünftige Auseinandersetzungen mit. Analysieren wir im Folgenden das Stichwort »Identität« ein wenig, so lassen sich folgende Elemente festlegen:

b) Elemente des Identitätsbegriffs

»›A‹ ist identisch mit ›B‹« besagt, dass trotz der Verschiedenheit der Bezeichnung das damit Bezeichnete nichts Verschiedenes ist, weshalb die Vervielfältigung und die Unterscheidung der Glieder der Identitätsbeziehung allein im Denken gründen. Nur im Denken unterscheide ich »A« und »B«. »Stanley ist identisch mit sich« sagt dann, dass er trotz unterschiedlicher Konstitution (er verändert sich ja körperlich als Pubertierender immer noch), trotz unterschiedlicher Erscheinungsweisen (Stanley sah mit 12 Jahren anders aus, als er mit 15 Jahren aussieht, und er wird mit 17 Jahren wieder anders aussehen), trotz unterschiedlicher Strebungen, die er besitzt (Lernhunger, Sexualität, Sozialinteresse, Sicherheitsstreben, Ängste), trotz unterschiedlicher Gefühle und Gefühlslagen und trotz unterschiedlicher Rollen, die er als Jugendlicher einnehmen muss (nämlich in der Familie als Sohn, in der Schule als Schüler, für die Clique als Kamerad, für eine engere Paarbeziehung als Freund, und außerdem ist er noch Berater und Trainer), also insgesamt trotz unterschiedlicher Präsentationsformen in seiner figürlichen Erscheinung, trotz dieser Differenzen und Differenzierungen sich als einer, der »richtig« ist, empfindet, und er wird von den anderen offenbar auch so angesehen. Dies ist das erste zentrale Element der Bestimmungen von Identität: Ich sehe andere als anders und damit mich selbst als den, der ich bin. Identität ist also nicht, wie *Eriksons* im vorangehenden Abschnitt vorgelegtes Schema (natürlich in einengender Interpretation) nahe legen könnte, eine psychische Leistung allein, die der Einzelne aus sich selbst heraus erbringt, allenfalls in der Erledigung seiner Entwicklungsaufgaben gefördert oder gehindert. Vielmehr braucht er die Sozialität, die anderen Menschen konstitutiv, um sich selbst aufzubauen, als der, der er ist bzw. sein will.

Bekanntlich hat *G. H. Mead* in seiner Theorie sozialen Handelns diesen Aspekt in besonderer Weise herausgearbeitet, so dass er zur Ergänzung von *Eriksons* Schema herangezogen werden muss. *Mead* betont vor allem den Zusammenhang von Mensch und Sprache, indem er davon ausgeht, dass sprachliche Äußerungen eines Menschen von anderen auch verstanden werden, sie also aufgrund gemeinsamer Bedeutungen gemeinsame Welten schaffen. Mead weist darauf hin, dass ich als Sprecher das, was ich selbst sage, ebenfalls akustisch wahrnehme, also als Sprecher zugleich Hörer bin. Damit bin ich in der Lage, die Position des anderen einzunehmen: Taking the role of the other. Dieser Begriff des Role-Taking, also die Fähigkeit, sich in die Position oder die Rolle eines Interaktionspartners hineinversetzen zu können, ist *Meads* zentrale Einsicht. Im Handeln mit anderen haben wir immer Erwartungen an diese anderen und neigen daher dazu, deren Erwartungen auch uns gegenüber zu berücksichtigen – ebenso, wie wir davon ausgehen, dass die anderen unsere Sichtweise und unsere Erwartungshaltung antizipieren und zu verstehen trachten. Wir haben quasi die anderen verinnerlicht. Weil die menschliche Sprache intersubjektiv ist, sind wir in der Lage, alle Mitglieder einer Gruppe zu einem »generalisierten anderen« zusammenzufassen und deren Perspektive besetzen zu können. Auf diese Weise entsteht eine Lebenswelt, der ich mich zugehörig fühle: Es gibt Sinn- und Deutungsmuster, die ich als bekannt voraussetze und von denen ich annehme, dass, wie ich diese auf andere anwende, diese das auch in Hinsicht auf mich tun. Identität geht heute über Gesellschaft und über Vergesellschaftung. Identität meint also, dass ich die Haltung anderer einnehmen und mir selbst gegenüber sowie gegenüber anderen handeln kann. Ich habe gleichsam zwei Instanzen in mir, den spontan handelnden, denkenden, nicht außer mir objektivierbaren »I«-Faktor und das, was mir bewusst als Resultat der über Role-Taking mit anderen vermittelten Reflexionen von mir selbst erscheint, den »Me«-Faktor. Genau dieses: sich in die Rolle eines anderen Menschen hineinzuversetzen, ist erst Adoleszenten möglich.

Auch das Gefühl der eigenen Einzigartigkeit, das ein Jugendlicher entwickelt, ist nach *Mead* Folge sozialer Interaktionen. Die Erfahrung, dass jemand ein Ich hat, auf sich selbst zurückgeworfen ist, ist also Resultat sozialer Erfahrungen mit anderen, die noch im Behaupten des »Ich« aufgehoben sind. Ein eindrucksvolles Beispiel gibt *Charlotte Bühler*, die die Darstellung *Rudolf von Delius'* zitiert (S. 85 f.):

»Es war im Hochsommer, ich war etwa 12 Jahre alt, ich erwachte sehr früh. Eine kleine Kammer, die mit nur einem Fenster auf den Garten hinaussah. Mein Bett stand in der hintersten Ecke des Zimmers mit dem Kopfende nach dem Fenster zu. Ich richtete mich auf, drehte mich um und sah kniend hinaus in das Laub der Bäume. In diesem Moment hatte ich das Ich-Erlebnis. Es war, als löste sich alles von mir, und ich wurde plötzlich isoliert. Ein merkwürdig schwebendes Gefühl. Und zugleich die verwunderte Frage an mich selbst: Bist du der Rudi Delius? Bist du derselbe, den deine Freunde so nennen? Der in der Schule einen bestimmten Namen trägt und bestimmte Zensuren bekommt. Bist du derselbe? Ein zweites Ich in mir stellte sich diesem anderen Ich, das hier ganz objektiv als Namen wirkte, gegenüber. Es war wie ein fast physisches Losreißen von meiner Umgebung, mit der ich bisher in unbewusster Einheit gelebt hatte. Ich empfand mich plötzlich als Einzelnen, als herausgehoben. Und empfand diese Losreißung als etwas Seltsames, Merkwürdiges. Ich ahnte dunkel, dass da etwas für immer Bedeutsames in mir vorgegangen sei. Daher blieben mir auch dieser Augenblick, das Zimmer, die kniende Stellung im Bett, das Herumdrehen scharf im Gedächtnis. (...) Auf einmal hatte die alte Natur mit ihren Blutsbeziehungen: der Begriff Vater, Bruder, gar keinen Sinn mehr. Und auch die Heimat mit all ihrer tief fesselnden Macht fiel ab, sie lag wie eine abgestreifte Haut unten. Das Ich war frei, losgelöst, schwebend, in sich ruhend. Und darum unverantwortlich, einzigartig, wertvoll, für die Welt unerreichbar und unzerstörbar. Das Ich-Erlebnis ist wie eine zweite Geburt. Die geistige Nabelschnur reißt. Wir werden nicht mehr dumpf dämmernd vom Blute des Mutterorganismus der Umwelt genährt. Das Blut muss nun allein in sich selber kreisen. Das selbstständige klopfende Herz entsteht.«

Delius hat sein Ich-Erlebnis mit 12 Jahren, auffällig früh also. Nicht typisch ist, dass es sich bei ihm um ein punktuelles, ge-

nau datierbares Erlebnis handelt. Die Genese des Bewusstseins einer Einzigartigkeit braucht nicht so ausdrücklich und
dramatisch vor sich zu gehen. Bemerkenswert ist:

1. Der Sprecher fühlt sich »plötzlich isoliert«. Bisher hatte er
   in Beziehungen gelebt, die noch symbiotischen Charakter
   hatten (»wir werden nicht mehr dumpf dämmernd vom
   Blute des Mutterorganismus der Umwelt genährt«). Jetzt
   plötzlich erfährt er, indem er die Umwelt als anders sieht
   und doch dies Anderssein in sich erfährt, dass sein Ich die
   Folge einer »Losreißung« ist.

2. Damit entsteht die irritierende Frage nach sich selbst: »Bist
   du derselbe, den deine Freunde so nennen?« Ein neu ent-
   deckter Innenraum wird vermessen und das bisher reflexi-
   onslos hingenommene »Me« muss sich nun am erstarkten
   »I« messen.

3. Durch die reflektierende Entdeckung des Selbst entsteht
   ein zweites Ich, das das bisherige Ich, das in Einheit mit seiner Umgebung lebte, fragend anschaut. Es findet eine Dissoziation statt.

4. Die Genese persönlicher Einzigartigkeit ist ein Glücks-
   moment: »Ich empfand mich plötzlich als Einzelnen, als herausgehoben.« Die alten Blutsbeziehungen, die ökologische
   Bindung (»die Heimat mit all ihrer tief fesselnden Macht«)
   gelten nicht mehr. Die »field-independent-performance«
   ist erreicht durch die Entstehung des »I« als »zweite Geburt«: eine *Initiation in die Identität*. Aber: Dieses Gefühl
   der Einzigartigkeit, die Feier des »I«, genügt nicht. Wichtig
   ist beispielsweise in der Therapie als »Wendung zur Identität« die Wahrnehmung, dass die Behandelten zu einer
   Gruppe von Leuten gehören, »die sich mit diesem Problem
   beschäftigen müssen« (*de Levita*, S. 194). Wie schwer es ist,
   allein auf der Basis des Herausgehobenseins zu leben, erfährt der Tagebuchschreiber [Text (b), Kapitel: Sexualität]:
   »Wenn mir nur ein einziger Mensch sagen könnte, ob nur
   einer von meinen Altersgenossen (…) wie ich zu leiden hat
   (…) der zu mir sagen könnte: Ich verstehe dich, ich empfinde dir gleich.« »Identität« ist also eine Ganzheitserfahrung,
   die sich in unterschiedliche Aspekte analytisch zerlegen
   lassen kann:

a) Identität ist eine *Beziehungsleistung*. Dass ich mich anders als andere sehe, bedeutet, dass ich mit anderen zu tun habe, mit ihnen »interagiere«, also mit ihnen zusammen rede, handle, plane – und dadurch erfahre, wer ich im Ensemble der anderen bin. Der Aufbau der Identität, darauf hatte *Mead* insistiert, erfolgt nie aus dem isolierten Subjekt allein, sondern immer aus der sozialen Beziehung mit anderen. Von diesem Blickpunkt aus lässt sich erklären, warum Jugendliche Beziehungsreichtum brauchen. Sie lösen sich vom Elternhaus ab, um zu den Beziehungen, die sie bisher als gegründet und fest erfahren haben, neue hinzuzugewinnen: Vor allem in der Gruppe der Altersgleichen, in der Clique oder Peergroup also. Hier ist das Role-Taking besonders attraktiv: Alle sind ungefähr im gleichen Entwicklungsstand, haben den gleichen Entwicklungsstand, haben die gleichen Probleme und Zukunftsaussichten, so dass sie sich untereinander als zusammengehörig fühlen können und gleichzeitig als Personen, die doch anders sind als die anderen. Jugendliche brauchen darum Chancen, eine Vielfalt von Beziehungen zu gestalten und zu erproben.

b) Identität ist eine *Relativierungsleistung*. Ich erkenne nämlich und muss erkennen, dass ich nicht der absolute Mittelpunkt der Welt bin, wie Kinder das manchmal noch denken. Ich erkenne, dass ich sterben muss, dass ich endlich bin und dass andere leben werden. Ich erfahre mich zum ersten Mal bewusst als jemanden, der einer Generation zugehört, als Jugendlichen einer Generation, die generell Zukunft hat. Wenn ich mich als anders, andere als anders sehe und mich selbst als den, der ich bin, erfahre, dann bin ich gezwungen, mich immer in Relation zu anderen zu sehen und mich dadurch auch selbst zu relativieren. Dies ist eine schwierige Leistung, die Jugendliche erbringen müssen: zu erkennen, dass sie wichtig sind, dass sie ein Ich haben, dass es aber viele Ichs wie ihre gibt und dass alle diese Ichs sich durchsetzen und glücklich werden wollen. Solche Grenzziehungen erfahren Jugendliche vor allem im sozialen Lernen.

c) Identität verweist auf *Kontinuität*. Auch diese erschließt sich erst Jugendlichen bewusst. Kinder leben noch recht geschichtslos in den Situationen und Augenblicken, die sie jeweils erfahren, während der Jugendliche beginnt, seine biografischen Erinnerungen zum ersten Mal bewusst auszuarbeiten und einen Innenraum in sich zu erkennen, auf den hin er sich entwickelt. Gerade Jugendliche machen Erfahrungen mit starken Veränderungen, an ihrem Körper, an ihrem gestischen Ausdruckspotenzial, im Bereich sozialer Beziehungen etc. Sie stellen sich darum immer wieder die Frage: Bin ich der, der ich zu sein scheine? Delius' Ich-Genese ist das Resultat einer solchen Abgrenzung von sich selbst als einem früheren Punkt. Dennoch muss ich erkennen, dass ich kein anderer bin, kein Findling oder heimlicher Sohn einer Königin oder eines Königs (davon träumen viele Jugendliche), sondern Tochter oder Sohn meiner Eltern mit sozialen und Milieuerbschaften, vielleicht auch solchen des Erbguts. Dies bedeutet ja »sich annehmen können«: als den, der viel kann, aber auch seine Grenzen erkennt und in der Beschränkung – so Goethe – Meister wird. Allmachtsfantasien müssen rückgebunden werden in den Handlungsraum des Wirklichen, des Erreichbaren, ohne doch einer Vorabresignation anheim zu fallen. Dies zu leisten, dazu verhilft das Gefühl von Kontinuität, also der Zusammengehörigkeit meiner durchleisteten Entwicklungsstufen mit dem, was ich im Augenblick bin, und dem, was ich möglicherweise sein kann.

d) Beziehungsleistung, Relativierungsleistung, Kontinuität erkennen, dies gelingt nur, wenn ich zu einer internen *Differenzierung* fähig bin. Dies eben war das, was *Mead* beschäftigt hat: wie Solidarität sich in den je eigenen Personen abbildet und dann in Sozialität zurückführt. Dies kann auch erst ein Jugendlicher, der über sich nachdenken und sich sozusagen von außen betrachten kann oder in der Situation selbst oder hinterher als jemanden, der sich so und so verhalten hat. Ich beobachte mich selbst probeweise als »anderen«. Und wieder: Auch die anderen haben über mich ein Bild und dies muss ich registrieren. Ich muss also das Bild, das ich über mich selber habe, was ich über mich selber denke (I), und das Bild, das andere über mich haben (Me), über »den da« oder »die da«, auch zusammenbringen. Wir sagen auch: »Selbstbild« und »Fremdbild« müssen zusammengebracht werden. Auf diese Weise entsteht aus den internen Parzellen »I« und »Me« – das Selbst (self).

c) Selbst

Die Wahrnehmung des Selbst setzt, wie wir gesehen haben, eine interne Differenzierung voraus, derart, dass ich mich selbst wahrnehme als jemanden, der ... (z. B.: bestimmte Eigenschaften, Erwartungen, Verhaltensweisen an den Tag legt).

Das Selbst hat in jedem Individuum gleichsam eine historische Entwicklung durchzumachen. Es ist, soweit wir wissen, zunächst gar nicht vorhanden, entsteht also später als das Ich oder die Individualität selbst. Das Neugeborene besitzt beispielsweise noch kein Selbstbewusstsein, grenzt sich nicht von seiner Umgebung ab. Im Alter von fünf bis sechs Monaten betrachtet das Kleinkind Finger und Zehen dann wie fremde Objekte; im neunten Lebensmonat erkennt es seine Eltern, jedoch nicht sich selbst im Spiegel. Im Alter von 15 Monaten etwa beginnt es »ich« zu sagen, ohne auf die Stabilität seiner Identität Wert zu legen. Insbesondere bei Spielen schlüpft es nicht nur in andere Rollen, sondern ist, zumindest in der Vorstellung, jemand anderes (ein Kaufmann, ein Tiger). Erst beim Heranwachsenden entwickelt sich dann ein Selbstbild, das man auch Selbstkonzept genannt hat. Die Ausbildung des Selbst sollte am Ende des Jugendalters so weit abgeschlossen sein, dass es sich als ein verlässlicher Pfeiler der Identitätsentwicklung erweist.

Nach *William James* – er nennt das Selbst »Mich« – besitzt das Selbst drei Konstituenten: *materielle, soziale* und *geistige.* Das materielle Selbst besteht vor allem aus dem Körper, aber auch Kleidung und Besitztümer gehören dazu, deren Verlust wir als ein »Gefühl der Beeinträchtigung unserer Persönlichkeit« empfinden. Das soziale Selbst ist die Anerkennung unserer Mitmenschen, während das geistige Selbst die psychischen und geistigen Funktionen und Fähigkeiten des

Menschen umfasst (nach: *de Levita*, S. 45 f.). Wichtig an *James'* Hinweisen ist, dass das Selbst nicht nur rückbezüglich auf die eigene Person ist, sondern eine Betrachtungsstruktur enthält, dass es sich also auch nach außen und von außen her definiert. Ein schwaches materielles Selbst (z. B.: Hässlichkeit und Armut) hat oft auch ein schwaches soziales und geistiges Selbst im Gefolge. Dies Beispiel zeigt, dass das Selbst ebenfalls nicht ursprünglich und autonom heranwächst, sondern in seiner Ausprägung durch die Umweltchancen bedingt ist. Wer bei anderen anerkannt und beliebt ist – etwa aufgrund der Möglichkeit, materielle Ressourcen wie freundliches Betragen, Attraktivität oder Geld einzusetzen –, kann ein Selbst aufbauen, das durch die Umwelt reich belohnt und entsprechend stabil wird.

Man hat lange Zeit nicht gern vom Selbst geredet, weil der Begriff doch allzu Metaphysisches zu meinen schien. Denn das Selbst lässt sich nicht beobachten oder messen. Nach *Allport* sind vom »asketischen Standpunkt« des Positivismus subjektive Gewissheiten suspekt, erscheinen Selbste als etwas unschicklich und schmeckt jeder Hinweis auf Metaphysik (d.h. auf nicht positivistische Metaphysik) nach Schlamperei.

Inzwischen hat man versucht, über das Selbst auch prüfbare Aussagen zu gewinnen, indem man nämlich das »Selbstkonzept« (wie es heute in der eher empirisch ausgerichteten Literatur meist heißt) an bestimmten Verhaltensweisen und Urteilsformen zu beobachten und zu messen suchte. Inzwischen ist zum Selbstkonzept des Jugendlichen eine Fülle von Material zusammengekommen, dessen Ergebnisse aber weitgehend widersprüchlich sind – vor allem, weil Population, angewandte Instrumente und Messverfahren höchst unterschiedlich sind. So hat man beispielsweise nach geschlechtsspezifischen Unterschieden in der Selbsteinschätzung gefragt. Eine Reihe von Untersuchungen hat dabei ergeben, dass es keine Geschlechtsunterschiede gibt; andere Arbeiten haben eine generell höhere Selbsteinschätzung weiblicher Jugendlicher gegenüber männlichen ermittelt, während eine dritte Untersuchung bei 16-jährigen weiblichen Jugendlichen das niedrigste Selbstkonzept fand.

Andere Untersuchungen legen nahe, dass das Selbstkonzept von männlichen Probanden größere Stabilität aufweist; andere, dass sich die sozialen Orientierungen bei Mädchen eher auf soziale Werte richten, bei Jungen eher auf personale Werte. In einer Untersuchung (*Charlson* 1965) wurden Heranwachsende als 12-Jährige und später noch einmal als 18-Jährige getestet, wobei sich ergab, dass das Niveau des Selbstkonzepts ungefähr gleich blieb. (Folgt man dieser Untersuchung, wird also über das Selbstbild bereits in der Kindheit entschieden, die Jugendzeit bringt dann nur noch den Ausbau von Vorhandenem.) Die Fülle der Untersuchungen und der gewonnenen Daten verwirrt eher (vgl. dazu: *Deutscher Bildungsrat* 1975, S. 394 ff.).

Man kann versuchen, etwas Ordnung in die Fülle der Aspekte zu bringen. Ich schließe mich dabei in Folgendem *McCandless* (1970, S. 439 ff.) an. Er unterscheidet drei Aspekte des Selbstkonzepts:

aa) die *Struktur* des Selbstkonzepts enthält Alternativen wie: rigid/unbeweglich oder flexibel; kongruent oder widersprüchlich; einfach oder komplex; eng oder weit. »Rigid« bedeutet, dass ein Jugendlicher einmal gefasste Meinungen und Urteile kaum revidieren kann; er ist wenig umweltsensibel, verhält sich oft »stur« usf. Ein »flexibles« Selbstkonzept setzt ein höheres Maß an Intelligenz, Umweltoffenheit, Anpassungsfähigkeit etc. voraus. »Kongruent« ist ein Selbstkonzept, wenn das ideale Bild, das man von sich hat, und die wirklichen Erfahrungen und Leistungen übereinstimmen und wenn auch die Umwelt keine stark abweichenden Überzeugungen über einen entwickelt. »Einfach« ist eine Persönlichkeitsstruktur, die keine größere Anzahl interner Alternativen zur Hand hat, etwa in komplizierten Entscheidungssituationen das Gewohnte oder Nächstliegende tut. Eine »komplexe« Person hingegen vermag abzuwägen, Alternativen auf ihren Gebrauchswert hin abzuschätzen und eine Vielzahl von Argumenten zu berücksichtigen.

»Breit« ist ein Selbstkonzept dann, wenn es sich und anderen eine Vielzahl von Verhaltensweisen und Eigenschaften zubilligt, »eng« hingegen, wenn nur bestimmte Persönlichkeitszüge entwickelt werden. (Darauf hinzuweisen ist, dass ein rigides Selbstkonzept nicht identisch ist mit einem einfachen oder engen!)

bb) die *Funktion* des Selbstkonzepts umfasst etwa
– die Selbsteinschätzung der eigenen Person und des aktuellen Verhaltens in einer Situation;
– die Vorwegnahme oder Voraussage von Erfolg oder Misserfolg in verschiedenen Aktivitäten;
– das Erreichen sozialer und individueller Kompetenz, soziale Selbstsicherheit, psychische Stabilität usf.;
– den Grad der Selbstbestimmung oder der Bereitschaft, sich von äußeren Einflüssen lenken zu lassen (vgl. dazu »locus of control«).

cc) die *Qualität* des Selbstkonzepts umfasst vor allem zwei polare Skalen:
– hohe oder geringe Selbsteinschätzung (self-esteem);
– Selbstannahme oder deren Verweigerung.

Die Struktur des Selbstkonzepts bestimmt, welche Funktionen es erfüllt; die Qualität der Funktionserfüllung hängt ebenfalls damit zusammen. Es empfiehlt sich, das Selbstkonzept eines Jugendlichen durch Beobachtung in den vier folgenden Bereichen zu ermitteln:

1. Verhalten in der sozialen Interaktion;
2. körperliche Kraft, Gesundheit;
3. kognitive Funktionen;
4. persönliche Attraktivität;

Ich füge dieser Skala noch einen weiteren Index hinzu:

5. Standard der moralischen Entwicklung.

McCandless schlägt vor, nach eigener Einschätzung für jeden dieser Bereiche im Höchstfall 10 Punkte, im positiven oder negativen Extremfall +10 oder −10 Punkte zu geben. Nehmen wir ein Beispiel: Ein 16-jähriges Mädchen ist bei ihren Klassenkameradinnen beliebt. Sie hat einige enge Freundinnen, unterhält aber auch Beziehungen zu anderen: Sie isoliert sich nicht. Sie verhält sich höflich, aber selbstbewusst. Sie sagt gern Gedichte auf, spielt auch gern Theater, ist freilich dann sehr aufgeregt. Einzelleistungen mag sie nicht, Wettbewerb vermeidet sie. Man könnte also sagen: Ihr Selbstbewusstsein scheint durchaus normal zu sein; sie verhält sich sozial eher flexibel und ist vermutlich relativ komplex. Man könnte ihr also für »soziale Interaktion« etwa +6 bis +8 Punkte geben.

Unser 16-jähriges Mädchen ist klein und zierlich und leicht anfällig (vor allem Erkältungskrankheiten). Im Übrigen ist sie gesund, so dass hier die Bewertung »0« angemessen sein könnte.

Sie lernt fleißig mit, ist auch einfallsreich, besonders im Deutsch- und Sprachenunterricht. In Mathematik und den Naturwissenschaften hat sie Ausfälle – ebenso im Sport, an dem sie nicht gern teilnimmt. Dafür spielt sie im Schulorchester und ist bei Aufführungen eine beliebte Schauspielerin. Ihre kognitive Entwicklung ist also positiv zu bewerten, obwohl es sich offenbar um keine Allroundbegabung handelt. Dennoch wären +4 Punkte wohl angemessen. Das Mädchen ist nicht zuletzt deshalb beliebt, weil sie hübsch gekleidet ist und gut aussieht. Sie hat einen Freund, der sie von der Schule abholt, und hat wohl noch nie die Erfahrung gemacht, was es heißt, ein Mauerblümchen zu sein. Sie weiß, dass sie »gewinnt«; dies gibt ihr Selbstsicherheit im Auftreten. Vielleicht wurde sie deshalb auch als Klassensprecherin gewählt. Man könnte also hier +10 Punkte verteilen. Insgesamt kann man sagen, dass die Struktur dieses Selbstkonzepts eher die positiven Werte der Polaritätsskala erfasst; das Selbstkonzept erfüllt durchaus wichtige Funktionen für die psychische und physische Stabilität dieses Mädchens und die Qualität liegt insgesamt über dem Durchschnitt. Es handelt sich also hier keineswegs um einen »problematischen Fall«. Zu überlegen wäre lediglich, (a) wie man ihre Gesundheit festigen könnte, (b) wie man ihren Spaß an der körperlichen Bewegung im Sport und im Turnen erhöhen könnte und (c) warum das Mädchen Mathematik und Naturwissenschaften »nicht mag«.

McCandless machte selbst deutlich, dass es sich nicht darum handeln kann, exakte Werte zu ermitteln. Dies ist wichtig: Seine Tabelle verhilft weniger zu einer objektiven und durchaus stichhaltigen Beurteilung, wohl aber zur Orientierung. Sie ist eine heuristische Hilfe, wenn man sich ein Bild von einem Jugendlichen machen möchte. Die Urteile werden aus der Beobachtung gewonnen, die ihrerseits nicht systematisch angeleitet wird. Sie sind darum immer vorläufig, weil vielleicht falsch. Aber gerade Lehrer oder Erzieher, die in der Praxis stehen, sind kaum in der Lage, sich mehr als erste Orientierungen zu verschaffen. Während die wissenschaftliche Forschung zum Selbstkonzept eher statistische Aussagen über eine Population macht, ist der Pädagoge eher an den Personen interessiert, mit denen er umzugehen hat. Er muss also ohne komplizierte Anleitung doch einige Hilfen haben, um andere Personen angemessen einschätzen zu können, will er ihnen seinerseits helfen.

Jugendliche legen nach *McCandless* auf folgende Aspekte ihres Selbstbildes besonderen Wert:

1. *intellektuelle Fähigkeiten*: Mathematik und Naturwissenschaften, Geisteswissenschaften, Künste;
2. *Attraktivität*: mein Gesicht, mein Körper, meine Beine, meine Größe, mein Haar (Haarfülle), mein Körperbau;
3. *physische Fähigkeiten*: Stärke und Ausdauer, besondere Fähigkeiten im Schwimmen, Laufen oder in ähnlichen Sportarten;
4. *soziale Attraktivität*: Bin ich bei meinen Freunden/Freundinnen beliebt?;
5. *Identifikation als erotisch-sexueller Typ*: Welchen Grad der Männlichkeit/Weiblichkeit habe ich? Werde ich von allen als Mann/Frau akzeptiert? Bin ich ein »Zwischentyp«?;
6. *Qualitäten als Führer*: Bin ich ein Anführer, ein Gefolgsmann oder beides, je nachdem? Wenn man mich für etwas auswählt, erfülle ich dann auch die Erwartungen? Wählt man mich überhaupt?;
7. *moralische Qualitäten*: Schenkt man mir Vertrauen? Hält man mich für energisch oder nachgiebig und bestimmbar?;
8. *Sinn für Humor*: Habe ich Humor? Habe ich originelle Züge, bin ich vielleicht sogar sophisticated?

McCandless merkt selbst an: »Such a list can go on and on«

(1967, S. 446). Was Jugendliche an ihrem Selbstkonzept hervorheben, variiert nach Alter, Geschlecht, sozialer Lage, Gruppenzugehörigkeit sicher im Ganzen beträchtlich. Stärker als die Identitätskategorie »Individualität« verweist »Selbst« auf soziale Beziehungen, durch die und in denen sich ein Heranwachsender in seiner Identität konstituiert.

d) Rolle

Dieses Konzept akzentuiert die Bedeutung der sozialen Interaktion für die Identitätsbildung. Seine hier gemeinte Bedeutung ist nicht identisch mit der, die gerade dieses Konzept in der soziologischen Theoriebildung spielt. Wir schließen uns *Anselm Strauss* an, der in seinem Buch »Spiegel und Masken. Die Suche nach Identität« die Interaktion, »die zwischen Personen in ihrer Rolle als Gruppenmitgliedern stattfindet«, untersucht (1959/1968, S. 45). *Strauss* als Soziologe kümmert sich nicht so sehr um die intrapsychischen Prozesse, den Menschen als ein System von Innenraumbeziehungen; Identität ist für ihn vielmehr in erster Linie die Art und Weise, wie jemand in einer Situation sich verhält. Stabilisieren sich bestimmte Verhaltenszüge durch Wiederholung oder Erwartung der anderen, werden sie schließlich zu Rollen und damit zu einem Verhalten, das nicht zuverlässig, aber doch in gewissem Maß die Vorhersagbarkeit von Verhaltenssequenzen erlaubt. Ein Schüler etwa, der seine Rolle »gut gelernt« hat, begrüßt den Lehrer zuerst (kann freilich dann auch erwarten, dass dieser zurückgrüßt); er ist höflich und manchmal jungenhaft, spontan oder sogar frech (und er kann erwarten, dass der Lehrer ihn auch in seinen Rollensegmenten als Nichterwachsener akzeptiert); er zeigt, dass er weiß, warum er in der Schule ist: um zu lernen (er nimmt also am Unterricht teil, kann freilich auch erwarten, dass der Lehrer ihm den Unterricht in angemessener Form gibt). Je fester die Rollen sind, desto geringer ist die Varianz der Verhaltensformen, die eine Persönlichkeit in bestimmten Situationen zeigt. Ein ideales Rollenverhalten wäre solches, in dem die eigenen Erwartungen und die Erwartungen der anderen Seite vollkommen kongruent sind. In diesem Fall gäbe es keine Missverständnisse – wohl aber sind Konflikte möglich. Duellanten etwa verhalten sich strikt nach den Regeln des Komments – und gleichzeitig geht es um Leben und Tod.

Auch das Ausagieren der sozialen Rollen lernen wir erst im Lauf unserer Entwicklung. Wieder gilt, dass Kleinkinder zunächst kein Rollenverhalten an den Tag legen, sondern spontan auf ihre Umwelt reagieren, ohne sich bewusst zu machen, dass sie sich in einem besonderen Spiel befinden (z. B. Mutter-Kind-Spiel, artiges Kind-Spiel usf.). Dieses Bewusstsein setzt voraus und geht einher mit der Entdeckung des Selbst, wie diese wiederum von der Erfahrung der eigenen Individualität bedingt wird.

In der Regel wird Rollenverhalten weitgehend internalisiert. Dies bedeutet, dass man sich mit der gespielten Rolle identifiziert. Gerade Jugendliche nehmen es hier sehr genau. Eine Rolle, die man nur spielt, ohne sie zu meinen, gilt als nicht ernst zu nehmen und ihr Spieler als »verlogen« oder »unecht«. Wenn ein Jugendlicher ein »Führer« ist, wird er beispielsweise bestrebt sein, die von anderen erwarteten Eigenschaften auch ständig zu zeigen. Erst im Stadium der postkonventionellen Moral ist er in der Lage, Verhalten und Motivation zu unterscheiden, etwa zu sagen: »Als Mensch missbillige ich dieses Verhalten, aber in meiner Rolle als neutraler Schiedsrichter kann ich nur sagen, dass nicht genügend Beweise vorliegen, um eine Verurteilung angemessen sein zu lassen.« (Eine »reife« Moral würde er freilich erst dann zeigen, wenn er auch nach dieser Einsicht handelte – etwa das Schiedsmannsamt in einem Jugendgremium niederlegt oder gegen die Regeln aufgrund seiner Prinzipien entscheidet.) Dass man eine soziale Rolle, die man übernommen hat, so meint, wie man sie ausagiert, ist eine Voraussetzung für Verlässlichkeit. Es ist verständlich, dass Heranwachsende diese nicht nur in ihren Beziehungen zu den Eltern brauchen, sondern gerade im Bereich der sekundären Sozialisation mit seinen zahlreichen neuen Anforderungen auf solche Verlässlichkeit angewiesen sind. Denn nun kommen Rollen hinzu, die nicht mehr notwendig durch persönliches Mögen, Intimität und freie Wahl gekennzeichnet sind, sondern Pflichten darstellen. Man muss daher zunächst einmal wissen, woran man ist. Jüngere haben darum wenig Verständnis für Ironie, weil diese eben »verstellt«: nämlich die eigentliche Meinung in einer dieser scheinbar oder tatsächlich widersprechenden Aussageform.

Der soziale Nutzen von Rollen ist unbestritten. Sie sind Interaktionscodes und sichern damit Kommunikation. Zugleich haben sie jedoch auch eine unangenehme Seite. Denn indem ich mich auf andere einlasse, werde ich auch von ihnen beobachtet; sie legen mir nahe, ihre Erwartungen zu erfüllen, bzw. sie stellen in Aussicht, dass sie mich (durch Nichtachtung, Abwendung etc.) bestrafen werden, wenn ich mich völlig anders verhalte, als sie selbst es wünschen oder für »normal« halten. *De Levita* weist darauf hin, dass die Identifizierung durch den anderen, die auf meine Identität hinzielt, verbunden ist mit einer Verdinglichung (Reifizierung) durch den anderen, die ebenfalls meine Identitätsbildung beeinflusst (S. 18). Während Erstere mich aber als Subjekt belässt und mir einen Spielraum für den Ausdruck meines Wesens zugesteht, neigt Letztere dazu, die Entfremdung von mir selbst zu befördern, indem sie mir nahe legt, mich dem anderen zu unterwerfen – eventuell unter Aufgabe meiner selbst. *Rudolf von Delius* hat beschrieben, wie das Ich-Erlebnis ihm eine Freiheit schenkte, die ihn »unverantwortlich, einzigartig, wertvoll, für die Welt unerreichbar und unzerstörbar« machte. Der Existenzialist *Sartre* hat immer wieder darauf hingewiesen, dass der andere meine Freiheit begrenzen kann: »Die wirkliche Grenze für meine Freiheit besteht in weiter nichts als eben der Tatsache, dass ein anderer mich als Objekt-Anderen erfasst. Und in der anderen daraus sich ergebenden Tatsache, dass meine Situation für den anderen keine Situation mehr ist und zu einer objektiven Gestalt wird, in der ich als objektive Struktur vorhanden bin. Diese entfremdete Objektivierung meiner Situation ist die ständige und spezifische Grenze meiner Situation« (Das Sein und das Nichts 1962, S. 662). Solches gilt nicht nur für die konkrete Begegnung, sondern prinzipiell: »Weit entfernt, dass wir unsere Situation willkürlich ändern können, scheint es sogar, dass wir nicht einmal uns selbst ändern können. Ich bin weder ›frei‹, dem Schicksal meiner Klasse, meines Volkes, meiner Familie zu entgehen, noch auch mir Einfluss oder ein Vermögen zu schaffen, noch meine unbedeutendsten Neigungen oder meine Gewohnheiten zu besiegen. Ich komme als Arbeiter zur Welt, als Franzose, mit Erbsyphilis oder Tuberkulose. Die Geschichte eines beliebigen Lebens ist die Geschichte eines Scheiterns (…) viel mehr, als er ›sich zu machen‹ scheint, wird der Mensch scheinbar ›gemacht‹ vom Klima und von der Erde, von der Rasse und der Klasse, der Sprache, der Geschichte des Kollektivs, dem er angehört, von der Erbmasse, den individuellen Umständen seiner Kindheit, den angenommenen Gewohnheiten, den großen und kleinen Ereignissen seines Lebens« (ebd., S. 610 f.). Jugendliche empfinden die Ambivalenz der Rolle besonders intensiv. Sie brauchen Verlässlichkeit und Erwartungssicherheit, wollen sich aber zugleich vor Entfremdung und zu frühem Festgelegtsein schützen. Da ihnen das Leben noch nicht zur Routine geworden ist, ihr Alltag noch nicht in den tristen Wiederholungen eines meist mittelmäßigen und kaum Selbsterfüllung ermöglichenden Berufes aufgeht, haben sie auch prinzipiell die Möglichkeit, Alltagsrituale noch zu variieren. Schüler und Studenten haben mehr Chancen als Auszubildende, deren frühe Berufsorientierung zu einer Eingliederung in den Arbeitsprozess führt, die eine Rolle nicht mehr bewusst im Selbst zu reflektieren erlaubt. Freilich müssen wir alle erleben, wie die Spielräume kleiner, die nicht von uns geschriebenen Rollenpartituren zahlreicher werden. Der engagierte amerikanische Pädagoge *Paul Goodman* sieht in dem, was wir Ambivalenz genannt haben, mehr. Eines seiner auch ins Deutsche übersetzten Bücher heißt: »Aufwachsen im Widerspruch«. Der Widerspruch für den Jugendliche liege darin, dass er in einer »verwalteten Welt« lebt, die von ihm Initiative und Aktivität fordert und sie zugleich dann einschränkt, wenn diese sich nicht im Rahmen vorgeschriebener Rollen entfalten: »Nehmen wir ein Beispiel. Wenn jemand missbraucht oder ausgenutzt wird, auf wen soll er schimpfen? Man kann seine Wut nicht an einem abstrakten System auslassen. Aber das ist auch gar nicht nötig, denn dafür sind schon die Beschwerdekommissionen und andere Instanzen zuständig. Für die mittlere Schicht der Angestellten und Manager, das Herz der verwalteten Welt, ist die Lage nicht dieselbe wie in einer Bürokratie, die man gewöhnlich als Vergleich heranzieht, denn eine Bürokratie hat eine Dienstanweisung und eine genaue Hackordnung. Die verwaltete Welt aber beschützt die persönliche Würde jedes Einzelnen, und eine subtile Fehde oder Konkurrenz unter den Mitarbeitern kann nicht schriftlich geregelt werden, denn es hätte gar keinen objektiven Nutzen, hierfür Richtlinien aufzustellen. Sogar das mächtige System ›Staat‹ ist leichter zu fassen: Dazu gehören Fahnen, Soldaten, Wahlen, Postbeamte und Polizisten. In einem Kind erweckt er Ehrfurcht und Angst. Aber die verwaltete Welt zeigt nur ihre schmeichlerische Außenseite in Markenartikeln und Werbung. Niemand weiß, wie es darin zugeht und wer letzten Endes bestimmt.

Unter diesen Umständen wachsen die jungen Leute auf mit der Überzeugung, dass alles ein Schein ist und durch ›Beziehungen‹ zustande kommt. Nicht einmal durch den persönlichen Einfluss der Vetternwirtschaft, sondern eher durch etwas Ähnliches wie den aus der Astrologie bekannten Einfluss der Planeten. Man hat ihnen den Mut genommen, Initiative zu entwickeln, sich Ziele zu setzen und Fähigkeiten zu erwerben. Verdienst wird der ›Persönlichkeit‹ zugeschrieben. Wenn man ein Diplom hat, ist man gebildet. Durch eine Mitgliedskarte der Gewerkschaft beweist man seinen Nutzen. Man ist gerechtfertigt, wenn man dazugehört« (*Goodman* 1956, S. 143 f.).

Nach dieser Diagnose wird eine für den Jugendlichen brauchbare Identität durch ihr Rollenelement zerstört. Dieses ist gleichsam aus dem Ich herausgewuchert, nicht mehr im Gleichgewicht von Ich und Selbst zu halten. Für *Goodman* steht darum das Rollenhandeln gegen Identität: »Die Identität entdeckt man, man kämpft um sie, man macht sie sich zu Eigen. Die Identität wird durch die gegebene Aufgabe, eine Berufung oder ein Werk bestimmt; die Rolle hängt dagegen nur von der Erwartung der anderen ab« (ebd., S. 147). Die »verwaltete Welt« brauche solche Rollenspieler, die »ohne wirkliche Befähigung oder Ausbildung für irgendeine Tätigkeit und ohne sich für irgendein Ziel einzusetzen«, die Erwartungen, die die Leute »haben«, zu erfüllen wissen und »typische Proben« dafür liefern, dass sie »den verlangten Job ausführen« können. Goodman meint hier initiativelose Technokraten, die »das System« in Gang halten, ohne nach Sinn und Zweck zu fragen oder Varianten auch nur denken zu können. Es sind die, die »wissen, was sie tun« (*Erikson*), dabei aber vergessen haben, »zu wissen, was sie wollen«, und auch niemanden danach fragen.

e) Kontext

Die Überlegungen und Urteile *Goodmans* betrachten »Rolle« im Zusammenhang der Identitätsgewinnung nicht als systematisch-wissenschaftliches Konzept, sondern als einen Vorgang in einer bestimmten gesellschaftlichen Situation. Diese Erweiterung ist wichtig. Denn die Diagnose allein, dass ein Einzelner oder auch eine soziale Gruppe ein rigides, enges, einfaches Selbstkonzept besitze, das ihn autoritär, vorurteilsvoll und unüberlegt handeln lasse und ihm eine geringe Selbsteinschätzung auferlege, die durch autoritäres Gehabe kompensiert werden müsse, ist zu wenig nütze. Will man das Selbstkonzept behandeln, muss man die spezifischen Ursachen für seine Entstehung einigermaßen kennen, um ein Behandlungsprogramm entwickeln zu können. Identitäten entwickeln sich in bestimmten historischen Situationen und gesellschaftlichen Lagen, die sie einfärben. Denn sie festigen sich jeweils nur in durchschnittlich erwartbaren Umgebungen; diese sind heute durchweg vom Menschen angeeignet, von ihm konstruiert und verantwortet, nicht »von Natur«. Dieses konkrete Bestimmungsmoment von Identität wollen wir »Kontext« nennen. Wir hatten in den zu Beginn dieses Buches dargestellten Startbeschreibungen von sechs Lebensläufen gesehen, welche unterschiedlichen Szenen des Lebensspiels ökologische Zonen ermöglichen. Der Kontext ist also das Bedingungsgefüge, das Eigenart, Wahl und Ausagieren der Rollen bestimmt. Ein Missverständnis wäre es freilich, wollte man diesen »Kontext« eng soziologistisch auffassen in dem Sinne, dass die Gesellschaft bestimme, was aus einem Menschen würde. Zumindest subjektiv gibt es Wahlfreiheit. *Erikson* beobachtet, dass eine Anzahl von Jugendlichen sich für

»negative Identitäten« entscheidet. Dabei meint er solche, die im Widerspruch stehen zu den Erwartungen des Elternhauses und damit auch zu den gesellschaftlich zugelassenen Lebensformen. Ein Jugendlicher aus dem Mittelstand, der sein Elternhaus verlässt, um im Drogenuntergrund unterzutauchen, wählt ebenso eine »negative Identität« wie die weiße Studentin, die auf einer Versammlung ausruft »Ich bin ein Neger!«. Sehr häufig »wird die negative Identität von der Notwendigkeit diktiert, einen eigenen Platz zu finden und gegen die übertriebenen Ideale zu verteidigen, die entweder von krankhaft ehrgeizigen Eltern gefordert oder von zu überlegenen tatsächlich verwirklicht werden. In beiden Fällen werden die Schwächen und unausgesprochenen Wünsche der Eltern von dem Kind mit katastrophaler Klarheit erkannt. Die Tochter eines Mannes von brillanten darstellerischen Talenten lief aus dem College davon und wurde als Prostituierte im Negerviertel einer Stadt im Süden festgenommen, während die Tochter eines einflussreichen farbigen Predigers aus den Südstaaten unter Drogensüchtigen in Chicago aufgegriffen wurde. In solchen Fällen ist es von höchster Wichtigkeit, das Theater und die rachsüchtige Angeberei bei solch einem Rollenspiel zu erkennen, denn das weiße Mädchen hatte sich nicht wirklich prostituiert, und die junge Farbige war nicht wirklich süchtig – noch nicht. Es ist überflüssig, zu sagen, dass sich aber beide in ein Randgebiet der Gesellschaft begeben hatten und es der Polizei und psychiatrischen Einrichtungen überließen, zu entscheiden, welchen Stempel man diesem Verhalten aufdrücken sollte« (*Erikson* 1968/1971, S. 180). Kennzeichen der negativen Identität sind also, dass sie

– anstelle einer möglichen Sicherheit ein Höchstmaß an Unsicherheit anbietet;
– die möglichst unerfreulichsten und gefährlichsten und im Widerspruch zu den Erwartungen der Umgebung stehenden Rollenspiele wählen lässt.

Die Wahl einer negativen Identität kann Zeichen einer Identitätsstörung sein (siehe dort). Oft erfolgt sie zwanghaft, ist ein Reflex auf Versagungen. Dies gilt etwa für den Sohn, der sich die Liebe seiner Mutter dadurch zu erwerben trachtete, dass er möglichst oft krank und elend war. Diese Mutter konnte nämlich ihren jüngeren Kindern nicht die gleiche religiös getönte Zuneigung zuwenden wie dem gestorbenen ältesten Sohn. Auch das »Ausflippen« vieler Jugendlicher ist eine Reaktion auf elterliche Erwartungen, denen man nicht nachkommen will oder kann. Eine Identität, die derart an Leistung, Durchsetzungswillen und -vermögen gekoppelt ist wie in unserer Gesellschaft, kann verständlicherweise leicht ausgeschlagen werden. Sie kann jedoch insofern mehr sein als eine Störung von Beziehungen, weil das Maß an Risiko, das ihre Wahl ja beinhaltet, gleichzeitig Erlebnischarakter hat, Protest andeutet, als Alternative provoziert. Die Übernahme einer negativen Identität kann also eine Form der aktiven Gesellschaftskritik sein. Wenn etwa heute auffällig viele Jugendliche sich als homosexuell deklarieren, sich Drogenexperimenten zuwenden oder ein irritierendes Desinteresse an schulischen Angeboten zeigen und stattdessen popmusikalische Experten werden, bedeutet dies keinesfalls, dass es mehr homosexuelle Jugendliche gäbe als früher; dass die Drogen für alle Jugendlichen, die sie nehmen, zum Schicksal werden; dass bei einer Vielzahl von Jugendlichen jegliche Lernmotivation für immer verschwunden ist. Negative Identitäten, sofern sie nicht aus tief greifenden psychischen Störungen hervorgehen oder diese im Gefolge haben, stellen oft eine Art von Ideologie dar, die die Alternative überhaupt zu erproben erlaubt. Die »durchschnittlich« erwartbaren Umgebungen werden durch »möglicherweise erwartbare« ersetzt. Dies alles geschieht im gesellschaftlichen Kontext, aber nicht nur als Reflex, als Nötigung, als Krankheit und kriminelle Abweichung. Dass es sich um solch eine handele, wird mit dem Stempel, den die Erwachsenen bestimmten Verhaltensweisen geben, oft erst entschieden. *Erikson* weist mit Recht darauf hin, dass viele Jugendliche ihrerseits durchaus initiativ sind, indem sie die Erwachsenen in Situationen bringen, die eine Entscheidung (»Welchen Stempel soll ich diesem Verhalten des Jugendlichen geben?«) verlangen. Identität wird zum *Agent provocateur*, als ein Medium für den Jugendlichen, eine bestimmte Position zu beziehen. Die ältere Generation als diejenige, die die Macht in Händen hat, muss als Verwalterin dieser Macht ihn nun definieren.

In solchen Fällen ist der Jugendliche nicht Produkt seiner Umgebung, sondern er produziert seinerseits: seine Rollenabweichung und die Reaktion der Erwachsenen. Auf diese Weise realisiert er eine lebensweltliche Einzigartigkeit gegen die Zuweisung von Rollenspielen gemäß dem sozialen Stratum, in das er »eigentlich« hineinsozialisiert werden soll. Schließen wir uns der Terminologie *John Spiegels* an, so handelt es sich bei den so genannten negativen Identitäten häufig um vorgegebene, nur gespielte (assumed) Rollen. Sie unterscheiden sich von zugeschriebenen (ascribed) Rollen (diese ermöglichen keine eigene Wahl; Geschlechts- und Altersrolle gehören dazu), von erworbenen (achieved) Rollen (Übernahme nur aufgrund eigener Leistung) und von übernommenen (adopted) Rollen (Beziehungen durch Rollenpaarung, etwa: Jäger–Opfer, Beschützer–Schützling) dadurch, dass sie nicht notwendig und endgültig sind (*Spiegel* 1960, S. 360 ff.). Während durch Leistung erworbene Rollen stark berufsbezogen sind und damit in der Regel Erwachsenen vorbehalten bleiben und »adoptierte« Rollen eher Paarspiele sind, die dem Jugendlichen aufgezwungen werden, kann er in den Spielrollen einen Akt der Befreiung vollziehen, indem er gegen innerseelische Dressate seiner primären Sozialisation aufzubegehren sucht. Dies Verhalten kann freilich auch krankhafte Züge haben, worauf *de Levita* mit Nachdruck hinweist (1971, S. 171 f.).

Fazit

Es mag deutlich geworden sein, dass Erwerb und Ausdruck von Identität eine komplexe Angelegenheit ist, auch dann, wenn jemand nur ein »einfaches« Selbstkonzept besitzt. Die Beschreibung seiner Genese und die Analyse seiner Modifizierbarkeit erfordern im Grunde den gleichen analytischen Aufwand wie die systematische Herausarbeitung der bedingenden Grundzüge für eine komplexe Persönlichkeitsstruktur. Trotz des Materials, das zum Thema »Identität des Jugendlichen« vorgelegt wurde, muss ich mich immer noch weitgehend auf die Intuition des Lesers verlassen. Überblicken wir noch einmal die Definitionskonstituentien, indem wir von der Bestimmung ausgehen, die *Erikson* der Identität gegeben hat. In dem Aufsatz »Ich-Entwicklung und geschichtlicher Wandel« definiert er »Ich-Identität« folgendermaßen:

»Das bewusste Gefühl, eine persönliche Identität zu besitzen, beruht auf zwei gleichzeitigen Beobachtungen: der unmittelbaren Wahrnehmung der eigenen Gleichheit und Kontinuität in der Zeit und der damit verbundenen Wahrnehmung, dass auch andere diese Gleichheit und Kontinuität erkennen. Was wir hier Ich-Identität nennen wollen, meint also mehr als die bloße Tatsache des Existierens, vermittelt durch persönliche Identität; es ist die Ich-Qualität dieser Existenz. So ist Ich-Identität unter diesem subjektiven Aspekt das Gewahrwerden der Tatsache, dass in den synthetisierenden Methoden des Ichs eine Gleichheit und Kontinuierlichkeit herrschen und dass diese Methoden wirksam dazu dienen, die eigene Gleichheit und Kontinuität auch in den Augen der anderen zu gewährleisten« (1959/1966, S. 18).

Bestandteile der Identität nach *Erikson* sind also das Gefühl der Gleichheit mit sich selbst, das der Kontinuität, also eines lebensgeschichtlichen, begriffenen Zusammenhangs, beide dargestellt in den Augen der anderen. Während Gleichheit dem hier entwickelten Teilkonzept der »Individualität« entspricht, so »Kontinuität« der Verbindung von Individualität und Selbst; in den Augen der anderen erscheinen wir in der Wahrnehmung einer kontextspezifischen Rolle. Identität ist in diesem Verhältnis weder vollständig das Produkt des Menschen als eines seiner selbst noch Oktroi gesellschaftlicher Verhältnisse. Sie ist vielmehr die Art und Weise, in der ein Mensch sich selbst sowohl als jemanden sieht, der absolut unterscheidbar von allen anderen ist, wie auch als jemanden, der bestimmten Gruppen zugehört und durch sie lebt. Die anthropologische Prämisse dieser Aussage ist, dass Gebundenheit und Weltoffenheit des Menschen in einem ständigen Spannungsausgleich stehen. Noch einmal mit anderen Worten: Diesen Spannungsausgleich können wir »Identität« nennen, weil durch Abgrenzung und Selbstbehauptung wie Hingabe und Solidarisierung ein lebensfähig machendes, wenn auch ständig bedrohtes Gleichgewicht hergestellt ist. Identität ergibt sich nicht einfach. Sie ist eine Leistung der »Ich-Synthese« (Terminus nach *Erikson*). Diesen Begriff verwenden wir so, dass die von uns genannten Elemente der Identität einander so komplettieren müssen, dass kein Element unterdrückt wird oder vorherrscht. Identität ist kein Produkt reiner Vitalität oder ungebrochener Natur, sondern immer ein Kompromiss mit den gesellschaftlichen Lebensmöglichkeiten. Hat man dies im Blick, mag deutlich werden, welch ungeheure Leistung Jugendliche heut zu vollbringen haben – eine Leistung, für die in keinem Curriculum Instruktionen bereitgestellt werden!

Locus of control

Dieser Abschnitt ist eigentlich ein Nachtrag zur Erörterung des Selbstkonzepts. An einem Beispiel soll dargestellt werden, welche Beiträge die empirisch-experimentelle Forschung zur Operationalisierung des Identitätskonzepts zu leisten vermag. Die Untersuchungen zum »Locus of control« haben den Vorteil, dass sie einen bestimmten Teilbereich menschlichen Verhaltens im Rahmen einer Theorie untersuchen, die nicht von Handlungsmotivationen ausgeht, sondern von einer Theorie sozialen Lernens, wonach die Wahrscheinlichkeit eines Verhaltens, das in einer bestimmten Situation zu erwarten ist, eine Funktion der Erwartungen der Person ist, dass ein bestimmtes Verhalten belohnenden Charakter hat unter der Voraussetzung, dass die verfügbaren Belohnungen für die Person erreichbar sind und einen Wert besitzen (Referat der Forschungsergebnisse: *McCandless* 1970, S. 474 ff.; *Deutscher Bildungsrat* 1975, S. 38 ff.; *H. M. Lefcourt* 1970, S. 109 ff.).

Personen, die annehmen, dass das Erreichen eines Ziels (als Belohnung für eine Anstrengung) nicht unter ihrer Kontrolle ist, also nicht von ihnen abhängt, nennen wir umgangssprachlich »Menschen ohne Selbstvertrauen«, Menschen »mit Minderwertigkeitskomplexen« oder ähnlich. Wer annimmt, dass bestimmte Entscheidungen ohnehin nicht von ihm abhängen, verlagert die Kontrolle der Situation aus sich selbst heraus. Umgekehrt verhält sich der, der sich prinzipiell zutraut, Aufgaben zu lösen und mit Situationen fertig zu werden. Er wird eher der Überzeugung sein, dass der Erfolg von seiner Tüchtigkeit, seiner Einsatzbereitschaft, also von ihm selbst abhängt. »Als ein allgemeines Prinzip meint ›internal control‹ die Ansicht, dass positive und/oder negative Ereignisse eine Folge eigener Handlungen darstellen und darum unter persönlicher Kontrolle stehen; ›external control‹ dagegen meint die Überzeugung, dass positive und/oder negative Ereignisse nicht abhängig sind vom eigenen Verhalten in bestimmten Situationen und darum jenseits persönlicher Kontrolle (personal control) liegen« (*Lefcourt* 1970, S. 111). Eine häufiger untersuchte Determinante in diesem Konzept ist die Art der zu lösenden Aufgaben (task structure). Das Experiment von *Phares* (1962) etwa sieht folgendermaßen aus: Zu untersuchen war, welcher Unterschied im Verhalten entsteht, wenn man eine Situation entweder aufgrund eigener Fähigkeiten beherrschen kann oder aber nur dem Zufall unterworfen ist. *Phares* bot seinen Versuchspersonen Tasten mit sinnlosen Silben an. Für die Hälfte von ihnen galt, dass die Vp. einen Schock erhielt, wenn sie die Taste niederdrückte. Die Hypothese war nun, dass die Vp. unter der Voraussetzung, dass sie den schmerzhaften Schock aufgrund eigener Fähigkeit vermeiden könnte, sehr viel schneller lernen würde, sich die Tasten zu merken und die zu vermeiden, die mit einem Schock verbunden sind, als wenn nur der Zufall eine Rolle spielte. Im ersten Fall konnte die Vermeidung von der Vp. selbst kontrolliert werden, im anderen nicht. Vp.n, die eine interne Kontrolle über die Situation ausüben konnten (durch Lernen), erhielten die Mitteilung, dass sie Knöpfe niederdrücken könnten, die in Verbindung mit »Schocksilben« den Schock beenden würden. Die Vp.n der Vergleichsgruppe arbeiteten unter Zufallsbedingungen. Ihnen wurde gesagt, dass der richtige Knopf, mit dessen Hilfe man die Schocks beenden könne, ständig ein anderer sei, so dass eine Änderung der Situation nur durch Zufall möglich sei. Die Resultate ergaben, dass tatsächlich die Abnahme der Wahrnehmungsschwellen (positiv: die Vergrößerung der Aufmerksamkeit und Merkfähigkeit) signifikant größer war bei den Vp.n, die nicht dem Zufall unterlagen.

Diese und ähnliche Experimente, die vergleichbare Ergebnisse brachten, hatten natürlich als konstitutive Eigenschaft die Günstigkeit der Situation und der Aufgabe. Die Hypothese erscheint jedoch plausibel, und sie wurde – in verschiedenen Versuchsanordnungen und mit unterschiedlichen Variationen – immer wieder bestätigt. Verallgemeinert man dieses Ergebnis, bedeutet es doch, dass es offenbar entscheidend ist, inwieweit jemand die Absicht hat, eine Situation selbst zu bestimmen, bzw. inwieweit er selbst dazu die Gelegenheit hat. Wer sich hingegen die Überzeugung aneignet, dass ohnehin nichts von ihm abhängt und die anderen (die »Verhältnisse«) alles bewirken, wird sich resignativ verhalten. Wenig Gebildete etwa haben häufig ein dichotomisches Bild in der Weise, dass »die da oben« über »uns da unten« bestimmen, ohne dass man etwas ändern kann. Für sie gilt, dass der Locus of control extern ist. Anders bei den sozial bevorteilten Angehörigen der Mittelschicht, die von früh auf lernen, sich durchzusetzen, Leistungen zu zeigen, die gegebenen Möglichkeiten auszubauen. Sie werden eher in der Lage sein, einen internen Loc zu erwerben. Das Konzept des Loc hilft also, bestimmte Verhaltensweisen zu beschreiben und zu erklären.

Weitere Untersuchungen (die hier nicht referiert werden können) haben die Vorteile, über einen internen Loc zu verfügen, noch deutlicher herausgearbeitet. So ist mit einiger Sicherheit anzunehmen, dass
– Menschen, die über einen internen Loc verfügen, in Risikosituationen eher in der Lage sind, ihr eigenes Verhalten zu beobachten und zweckmäßig einzusetzen unter Abwägung der Chancen (sie haben also eine komplexe Persönlichkeitsstruktur);
– der interne Loc Selbstsicherheit verleiht, Angstfreiheit und eine hohe Selbsteinschätzung gewährleistet;
– gute intellektuelle Dispositionen eher in Verbindung mit dem internen Loc zu finden sind;
– Menschen mit internem Loc eine geringere Tendenz zum Konformismus zeigen; ihr moralisches Urteil ist also reifer, hat eher die Chance, das postkonventionelle Stadium zu erreichen.

Im Gegensatz dazu ist der externe Loc verbunden mit Ängstlichkeit, dem Gefühl der Entfremdung und der Entmutigung (Referat der Untersuchungen bei *Lefcourt,* S. 125). Andererseits gibt es Hinweise darauf, dass der interne Loc nicht nur Vorteile bietet. Untersuchungen an Rhesusaffen, die die Möglichkeit hatten, eine Situation zu beherrschen, haben ergeben, dass sie eher Magen- und Darmgeschwüre erwarben als Mitglieder der Kontrollgruppe, die über eine Situation nicht verfügen. Auch dieses Ergebnis ist plausibel: Eigenverantwortung ist auch anstrengend, während die Haltung »Es kommt ja doch, wie es kommen soll« (bestimmte Religionen vermitteln sie, etwa der Islam, wonach ohnehin Allahs Wille geschieht) auch eine erhebliche Entlastung darstellen kann. Die »Ergebenheit in das Schicksal« gilt unter bestimmten Umständen als Zeichen von Weisheit. Sicherlich ist der interne Loc auch ein Kennzeichen unserer westlichen Industrie- und Leistungsgesellschaft. Leider gibt es keine Untersuchungen, die danach fragen, wie ganze Gruppen interne Locs entwickeln. Dann ist nicht mehr der Einzelne verantwortlich für sich, sondern die Gruppe für die Gesamtheit ihrer Mitglieder. Ein solches Vorgehen könnte man auch »solidarisch« nennen. Hier finden die Untersuchungen zum Locus of control eine ihrer Grenzen, indem sie von bestimmten Vorfindlichkeiten und grundsätzlichen Dispositionen in unserer Gesellschaft ausgehen.

Das Konzept vom Locus of control gibt uns einige grundlegende Prinzipien, über die nachzudenken sich lohnt. Da es wohl von der jeweiligen Situation abhängt, inwieweit ein externer, inwieweit ein interner Loc empfehlenswert ist, kann es kein allgemeines Fazit geben. Prinzipiell ist festzuhalten, dass unter den Bedingungen einer leistungsorientierten, Mobilität und politische Partizipation erwartenden Gesellschaft ein interner Loc für den Einzelnen günstiger und insgesamt sozial nützlicher ist. Im Jugendalter entscheidet es sich spätestens, welcher Loc einer Person zur Verfügung steht. Generell kann man sagen, dass der interne Loc gefördert werden sollte durch die Unterstützung autonomen und rationalen Verhaltens sowie einer Orientierung an Leistungen des »für das Jugendalter charakteristischen Unabhängigkeitsstrebens« (*Deutscher Bildungsrat* 1975, S. 309). Da über den Loc meist schon in der primären Sozialisation der Familie entschieden wird, sollten Programme entwickelt werden, den internen Loc zu entwickeln – insbesondere auch in der sozialen Unterschicht, die zu resignativ-passivem Verhalten neigt.

Einerseits reichen Erziehungsprogramme zwar nicht aus, grundlegende Verhaltensdispositionen zu ändern. *Bettelheim* wies darauf hin, dass Insassen von Konzentrationslagern, je länger sie dort waren, einen umso geringeren Willen zeigten, alle Anstrengungen zu unternehmen, um ihr Überleben zu sichern (1952). Je aussichtsloser eine Lage ist, desto eher veranlasst sie das dazu, die Eigenverantwortlichkeit an die Umstände, die sich als die stärkeren erweisen, abzugeben. Dieses Argument, das sich auf Erfahrungen berufen kann, die wohl jeder einmal hatte, weist uns darauf hin, dass Situationsänderungen dann vorgenommen werden müssen, wenn die äußeren Umstände derart entmutigend sind, dass die Einübung eines internen Locs als zwecklos oder allenfalls als Ironie erscheint. Was nützt einem Inhaftierten etwa die Entwicklung von Initiativen, wenn er als »Strafgefangener« abgestempelt ist und nach seiner Freilassung nur Misstrauen und Ablehnung erwarten kann? Die Initiativlosigkeit von länger Arbeitslosen wäre entsprechend durch eine sozial wenig befriedigende Lage zu erklären, die in manchen Punkten als unveränderbar erscheint. Aufklärung allein genügt hier nicht, sondern die Veränderung der Lage.

Andererseits darf man die Möglichkeit konkreter pädagogischer Maßnahmen nicht aus den Augen verlieren. *Lefcourt* gibt dazu Hinweise. Er referiert Untersuchungen über das Verhalten von Farbigen (in seiner Untersuchung »Negern«), die im Vergleich zu Weißen vorwiegend einen externen Loc aufwiesen: Sie hatten ein Gefühl der Machtlosigkeit und Vergeblichkeit. Es gab jedoch kein religiöses Dogma, das ihnen Schutz gewährte, so dass gerade sie leichter dazu neigten, krank zu werden (Magengeschwüre zu bekommen). Denn ihre grundsätzlichen Handlungsbereitschaften waren so oft frustriert worden, dass diese Enttäuschung nun an ihnen »nagte«. (Dieser Hinweis ist wichtig, damit niemand eine falsche Kausalbeziehung herausliest derart: externer Loc – kein Ulkus, und umgekehrt!) *Lefcourt* und *Ladwig* (1965 b) versuchten nun, eine Situation herauszufinden, die die Farbigen etwas von ihrer Hoffnungslosigkeit befreite. In einer Untersuchung wurden Farbige, die vorher einen hohen externen Loc aufwiesen, aufgefordert, als Jazz-Musiker aufzutreten. Sie standen in Wettbewerb gegen eine weiße Musikergruppe. Die Farbigen spielten weiter, obgleich sie ständig verloren (dies bestätigte gleichsam die Erwartung ihres external Loc), da sie glaubten, dass die Veranstalter des Experiments an ihnen als Jazz-Musikern Interesse hatten. Zwei Kontrollgruppen (eine zweite Jazz-Gruppe, für die Musizieren nicht so viel bedeutete, und eine Gruppe von Nichtmusikern) zeigten nicht dieselbe Hartnäckigkeit. »In diesem Experiment, in dem externe Kontrollorientierungen doch vermuten ließen, Misserfolg durch Verlassen des Experiments zu vermeiden, stellte sich eine Gruppe den Herausforderungen des Wettbewerbs unter der Voraussetzung, dass sie Erwartungen entwickeln konnten, die nicht von ihnen in ihrer Eigenschaft als Neger abhingen« (*Lefcourt* 1970, S. 127).

Interpretiert man das Ergebnis dieses Versuchs grundsätzlich, so legt er nahe, bei Gruppen mit hohem externem und niedrigem internem Loc nicht so sehr kompensatorisch anzusetzen, sondern die genuinen Eigenschaften dieser Gruppe zu identifizieren und zu fördern, um durch deren Förderung zunächst Zonen zu schaffen, in denen eine interne Kontrolle sinnvoll und möglich ist. Dies Argument bedeutet, in den Rahmen der Diskussion um kompensatorische Erziehung gestellt, dass es verständlicherweise Unterschichtkinder entmutigen muss, wenn ihre Förderung primär und manchmal ausschließlich darin besteht, Eigenschaften und Fähigkeiten der Mittelschichtkinder zu erwerben. Als Ausgangspunkt einer Verbesserung ihrer psychischen und sozialen Disposition wären vielmehr jene Punkte zu wählen, die an bestimmten Fähigkeiten dieser Gruppe anknüpfen (etwa an dionysischer Spontaneität, stärkerer Gruppenorientierung im Nahraum usf.). Sie könnten dann, auf solchen ihrer Milieuidentität entnommenen Erfolgserlebnissen aufbauend, Ähnliches von sich sagen lernen wie die Schwarzen in der Untersuchung *Lefcourts*, die trotz ihrer sozialen und psychischen Behinderung, die zu einem hohen externen Loc führt, in diesem Wettbewerb weiterspielten in der Überzeugung: »Als Farbiger werde ich zwar benachteiligt, aber ich bin doch dem zum Trotz ein guter Jazz-Musiker (gerade weil ich ein Farbiger bin)!«

Dem Problem der Benachteiligung im System sozialer Schichtung vergleichbar ist das der Benachteiligung von Mädchen. Sie werden von Anfang an eher zur Zurückhaltung erzogen, halten sich mehr im Haus auf als die Jungen und ihre emotionale, aber auch finanzielle Abhängigkeit währt länger. Sie sind gegenüber den Jungen oft hilf- und machtlos, sind als das »schwächere Geschlecht« auf »ritterlichen Schutz« angewiesen. Interaktionen mit Mädchen werden weniger bewertet als die mit Jungen, gelten also als weniger wichtig, werden weniger beachtet. Dies hat zur Folge, dass Mädchen es schwieriger haben, ein Gefühl der eigenen Bedeutung und Wichtigkeit zu entwickeln (*Schenk* 1979, S. 88 ff.). Daher ist die Schlussfolgerung nicht unberechtigt, dass auch Mädchen eher zu einem externen Loc neigen und damit zu einer Art »gelernter Hilflosigkeit«. Diese psychische Verarbeitung sozial zugeschriebener Bedeutung kann ebenfalls nicht einfach dadurch aufgehoben werden, dass Mädchen wie Jungen behandelt werden und mit ihnen um die gleiche Position mit den Mitteln von Jungen kämpfen. Vielmehr würde es auch hier darum gehen, bestimmte positive Elemente des weiblichen Sozialcharakters zu verstärken (nicht also Ängstlichkeit und Hilflosigkeit, sondern Freundlichkeit, Berücksichtigung der Beziehungsebene, Interesse an friedfertigen, nichtaggressiven Lösungen). Jedenfalls ist dies die Ebene, die pädagogischen Strategien zugänglich ist. Dann wäre der erste Schritt, dass auch Mädchen sagen können: »Als Mädchen werde ich zwar benachteiligt, aber ich bin dem zum Trotz wichtig und muss darum versuchen, meinen Einfluss geltend zu machen (gerade weil ich ein Mädchen bin)!«

Identitätskrise und Identitätsstörungen

Unter »Identitätskrise« soll mit *Erikson* eine grundsätzlich normale und unvermeidbare Irritation in der jugendlichen Entwicklung verstanden werden, während »Identitätsstörung«

krankhafte und für das Individuum schädliche Folgen nicht bewältigter Identitätskrisen bezeichnen soll. *Erikson* nennt Identitätsstörungen auch »Identitätsdiffusion«.

Erikson weist darauf hin, dass die Spannung zwischen Individuum und Kultur, die Herstellung der Reziprozität sozialer Beziehungen, die Nötigung, persönliches Wachstum und Wandel der Gesellschaft in Einklang zu bringen, die im Jugendalter kulminierende Differenzierung interner Konzepte (Intellektualität, Kreativität, Moralität, Sexualität) Probleme sind, die in ihrer grundsätzlichen Eigenart einem verhältnismäßig geringen historischen Wandel unterliegen. Wert legt *Erikson* auf die Tatsache, dass sich das Identitätsproblem mit der historischen Periode jeweils ändert:

»Während wir vor 20 Jahren behutsam andeuteten, dass manche jungen Leute unter einem mehr oder weniger unbewussten Identitätskonflikt leiden könnten, teilt uns ein bestimmter Typus heute in eindeutigen Ausdrücken und mit der dramatischen äußeren Darstellung dessen, was wir einst für innere Geheimnisse hielten, mit, dass sie, jawohl, in der Tat, einen Identitätskonflikt haben – und sie tragen ihn am Ärmel, aus Leder oder in der Mode der Jahrhundertwende. Sexuelle Identitätsverwirrung? Oh ja; manchmal, wenn wir sie eine Straße entlanggehen sehen, ist es uns, ohne taktlose Kontrolle, unmöglich, zu sagen, wer der Junge und wer das Mädchen ist. Negative Identität? Oh, jawohl, sie scheinen alles sein zu wollen, wovon die ›Gesellschaft‹ sagt, sie sollten es nicht sein: Darin wenigstens sind sie ›konformistisch‹. Und was so fantasievolle Ausdrücke wie ›psychologisches Moratorium‹ betrifft, so werden sie sich ganz bestimmt Zeit lassen, und das gehörig, bis sie sicher sind, ob sie irgendeine von den Identitäten haben wollen, die ihnen in einer konformistischen Welt geboten werden, oder nicht!« (1968/1970, S. 23).

Erikson erweist sich auch hier als scharfsichtiger Beobachter. Tatsächlich kann man wohl bestätigen, dass Jugendliche ihre Krise heute weniger geheimen Tagebüchern anvertrauen, sondern öffentlich besprechen. Sie tun dies nicht zuletzt darum, weil sie dazu aufgefordert werden. Probleme, Bedürfnisse, Interessen, Krisen zu debattieren muss heute in jeder anständigen Schule oder Jugendgruppe möglich sein. *Erikson* schildert dies mit ironischem Unterton. Er meint nämlich, dass die Jugendlichen manchmal geradezu animiert würden, sich Schwierigkeiten zu machen: Wer sich nicht »höchst beschissen« fühlt, wird heute im Konversationsspiel der Jugend nicht anerkannt. Tatsächlich kann es sein, dass manchmal »Probleme« durch

Appell erst geschaffen werden. Aufklärung über Manipulationsmechanismen der Konsumwerbung mit dem Ergebnis »Alles ist da, aber du kannst wenig kaufen« kann ebenso gut eine restlose Unzufriedenheit erzeugen wie etwa die weithin vertretene Überzeugung, sexuelle Bedürfnisse zu befriedigen sei ein ebenso alltäglicher Akt wie Essen, Trinken und Schlafen. Wer von dieser Prämisse ausgeht, muss auch in einer liberalen Gesellschaft die Behinderung freier Sexualität beklagen. Leiden kann »in« sein, gleichsam als modisch-nostalgische Oberfläche einer zutiefst unbefriedigten Überflussgesellschaft. »Die Krise geschehen machen« (sie also nicht als Überwältigung natürlicher Entwicklung auffassen) ist aber auch eine vernünftig zu rechtfertigende Folge gesellschaftlicher Selbstaufklärung, an der nunmehr auch Jugendliche teilhaben. Wenn die Welt aus eigenem Verschulden der Menschen unvollkommen ist, ist dies ohne Zweifel schwerer zu ertragen, als wenn eine vitale Dynamik oder unsichtbare Mächte die Entscheidungen fällen. Genau dies ist die Konsequenz der generellen Zunahme von internen Kontrollen gegenüber externen: dass nun Handlungsbereitschaften entstehen, die, stoßen sie auf nicht durch geglaubte Tradition oder internalisierte Autorität beglaubigte Widerstände, zu Frustrationen (Handlungshemmungen) führen, die heute Bestandteil jeder Identitätskrise sind.

Neben die Krise, die sich nicht »ereignet«, sondern bewusst produziert wird, tritt als zweites Symptom moderner Schwierigkeiten bei der Identitätsfindung die Bisexualität, die von vielen Jugendlichen geradezu programmatisch favorisiert wird. Auch sie ist (wie fast alles Verhalten) ambivalent zu interpretieren. *Erikson* hebt mehr die bedenklichen Momente hervor. Wenn man die endgültige Definition der eigenen Geschlechtsrolle zu lange aufschiebt, könnte das Erreichen der späteren Entwicklungsstufen (Intimität und Generativität) verhindert werden. Wie bei der Krise, die die Jugend geschehen macht, übersieht *Erikson* auch hier die emanzipatorischen, befreienden Momente. Die dritte zeittypische Krise besteht in der Wahl von negativen Identitäten, die zugleich ein Beispiel dafür sind, wie man Krisen produzieren kann. Dass sie nicht beliebige Attitüde sind, sondern heute unvermeidlich, macht sich *Erikson* am Beispiel farbiger Schriftsteller klar: »Denn wie, wenn es weder in den Hoffnungen vergangener Generationen noch in den erreichbaren Hilfsquellen der heutigen Gemeinschaft etwas gäbe, was dazu beitragen könnte, das negative Bild zu überwinden, das die ›kompakte Majorität‹ einer Minderheit vorgehalten hat? Dann muss, so scheint es, das schöpferische Individuum die negative Identität als die eigentliche Ausgangsbasis für die Wiederherstellung akzeptieren. Und so finden wir bei unseren amerikanischen Negerschriftstellern die beinahe ritualisierte Bestätigung der ›Unhörbarkeit‹, ›Unsichtbarkeit‹, ›Namenlosigkeit‹, ›Gesichtslosigkeit‹ – einen ›leeren Raum gesichtsloser Gesichter, tonloser Stimmen, der außerhalb der Geschichte liegt‹, wie *Ralph Ellison* sagt« (1968/1970, S. 21 f.). Angesichts dieser aktuellen Identitätskrisen, die im Modell von Minderheiten besonders deutlich sichtbar werden, stellt sich mit *Erikson* die Frage, wie eine »kollektive Gesundung« zu geschehen habe. Ihre Beantwortung, die hier nicht geleistet werden kann, führte zu einer umfassenden Programmatik, deren Anspruch den leicht verzweifeln lässt, der hier und heute mit sich und seinen Mitmenschen fertig werden muss. So suspendieren wir hier die radikale Frage nach einer Gesellschaft, die Identitätskrisen der genannten Art vermeiden hilft (Ist sie überhaupt wünschbar und einrichtbar?) und begnügen uns mit der Feststellung, dass viele Jugendliche doch ganz gut mit ihr fertig werden. »Doch ganz gut« ist freilich eine sehr laxe Bewertung, über deren Angemessenheit man streiten kann.

Der in diesem Kapitel schon zitierte *Paul Goodman* etwa sieht die Hauptprobleme der heutigen Jugendlichen, die solche der Gesellschaft als verwalteter Welt sind, vor allem dort, wo scheinbar alles in Ordnung geht: in der so genannten unproblematischen Jugend, »ob sie nun im Mittelstand oder in der Arbeiterklasse aufwächst (…) Es ist meine Überzeugung, dass ein durchschnittlich angepasster Junge womöglich in seinen menschlichen Fähigkeiten noch mehr beeinträchtigt wird als ein aufsässiger Junge. Wir wollen also jetzt seinen Stumpfsinn, seinen Mangel an Patriotismus, seine sexuelle Verwirrung und seine Unfähigkeit, zu glauben, untersuchen« (1956, S. 119). *Goodman's* Denkfigur ist also: Dort, wo scheinbar alles in bester Ordnung ist, liegen die größten Probleme. Während Außenseiter, aufsässige, abweichende und protestierende Jugendliche sich wehren, liegen in der Anpassung an den glatten, technologischen und kalten Funktionalismus der heutigen Gesellschaft die Hauptprobleme für Jugendliche.

Dass wir dies nicht sehen, liegt an den äußerlich glatten Verhaltensverläufen. Sie verdecken beispielsweise die Angst, die viele Jugendliche haben. Die physiologischen Komponenten der Angst (Gefühl akuter Verunsicherung, Schweißausbruch, Zittern, Trockenheit im Mund usf.) werden nicht gelernt, sondern sie gehören zur konstitutiven Ausrüstung des Menschen. Die Verbindung jedoch zwischen einer Person, einem Gegenstand oder einer Situation, den auf sie gerichteten Gefühlen und Erwartungen sowie den physiologischen Reaktionen, die das Kennzeichen von Angst sind, ist Folge eines sozialen Lernprozesses. »Wenn etwa ein Jugendlicher entmutigende Erfahrungen mit den ersten Mädchen gemacht hat, um die er sich bemühte, wenn er gelernt hat, vor ihnen auszuweichen, dann kann er diese Reaktion auf alle Mädchen übertragen, obgleich diese anderen Mädchen ihn aller Wahrscheinlichkeit nach nicht notwendig in der gleichen Weise lächerlich machen müssen« (*Conger* 1973, S. 60). Viele unserer Ängste wurzeln in der Tiefe der (oft vergessenen) ersten Erfahrungen, die wir mit uns und anderen Menschen gemacht haben. Die Familie bietet nicht nur emotionalen Schutz, sondern sie ist auch oft eine Brutstätte der Angst. Strenge Überwachung und Bestrafung in der frühkindlichen Sauberkeitserziehung, ständiger Leistungsansporn und negative Vergleiche mit anderen Kindern (ihrer besseren Höflichkeit, ihrer eindrucksvolleren Vernünftigkeit, ihrer liebenswürdigen Hilfsbereitschaft) und andere fehlerhafte Erziehungshaltungen produzieren überangepasste Jugendliche, die vor allem »nicht auffallen« wollen. Denn dann, so müssen sie befürchten, setzen sie sich nur wieder Vergleichen aus, die für sie ungünstig ausfallen müssen. Aber auch Jugendliche, die bessere psychische Startbedingungen hatten und beispielsweise einen externen Loc ausbilden konnten, kommen mit der Pubertät in eine Phase ihrer Entwicklung, die besonders schwierige Aufgaben für sie bereithält. *Conger* (1973, S. 59 ff.) hat auf der

Grundlage vorliegender Untersuchungen einen Katalog solcher Angst auslösenden Probleme zusammengestellt. Zu ihnen gehören

- die ständige Sorge, die Selbstkontrolle, das Gleichgewicht zu verlieren. Die Veränderungen am Körper werden zunächst als »Verhässlichung« empfunden – der Jugendliche geniert sich seiner eigenen Erscheinung. Sexuelle Triebschübe, denen man immer wieder nachgeben muss, führen zu Scham und Angst, denn »die klebrigen Beweise finden sich allüberall!« (vgl. den Text von *Philip Roth* auf S. 136);
- der Wunsch nach eigener Unabhängigkeit, von der man doch nicht weiß, wie sie im Einzelnen aussieht und ob man ihr gewachsen ist. Die steigende Selbstständigkeit führt aus der Familie weg und fordert die Ausführung neuer Rollenspiele, von denen man noch nicht weiß, »was sie einem bringen«;
- die Sorge, den steigenden Erwartungen und Ansprüchen der anderen zu entsprechen. Der Jugendliche ist sich seiner intellektuellen, kreativen und moralischen Kompetenz noch nicht sicher, so dass er nicht weiß, ob er die übertragenen Aufgaben auch lösen kann (task mastering);
- die wachsende Bedeutung der Gleichaltrigen, die kompensierend für die Beziehungen zu den Eltern eintreten, die allmählich offener werden. Die Peers sind eine neue Bezugsgruppe, in der bestimmte freundliche Eigenschaften der Älteren (wie etwa Güte, Überlegenheit, Weisheit, Verständnis, Schutzbereitschaft usf.) nicht ohne weiteres zu erwarten sind.

Diese Ängste der sekundären Sozialisation sind zwar zunächst normale Bestandteile der Identitätskrise; der Jugendliche muss sie geradezu durchlaufen, um ein Selbst zu entwickeln, seine Beziehungsfähigkeit zu anderen zu beobachten und sozial angemessen zu tarieren und ein Gefühl seiner Veränderungen mit möglichen Aussichten in der Zukunft zu haben. Aber sie werden dann bedrohend, wenn man sie weitgehend mit sich selbst abmachen muss, sie also gegenüber anderen nicht zugegeben werden dürfen. Dies verhindert bei Jungen das Normbild nun zu erweisender Männlichkeit, zum andern die Konkurrenzangst (das Zugeben von Schwächen könnte von anderen ausgenutzt werden oder sie könnten sich von einmal zugegebenem Versagen ein entsprechend negatives Bild über die gesamte Person machen).

Gerade Jugendliche haben darum eine ganze Reihe von Mechanismen ausgebildet, um mit der Angst fertig zu werden. Solche Mechanismen bestehen beispielsweise in

- der *Verdrängung* (das Angst auslösende Ereignis wird nicht wahrgenommen, schnell vergessen, in seiner Bedeutung herabgemindert);
- der *Zurückweisung* einer unerfreulichen Einsicht (ein Junge, der offenbare Zeichen für feindseliges Verhalten seiner Mutter erhalten hat, bleibt doch dabei, dass sie freundlich ist und ihn liebt. Umgekehrt kann das Lob eines etwas klein geratenen Jugendlichen durch die Eltern: »Was ist er doch für ein schöner und großer Junge geworden!«, das Misstrauen in die Wahrhaftigkeit dieser Eltern wachrufen);
- der *Verschiebung* oder Projektion (die Projektion besteht oft darin, dass man die eigenen sexuellen Interessen und Wünsche oder auch Verhaltensweisen nicht bei sich, wohl aber bei anderen sehr deutlich sieht; damit ist man nicht nur gerechtfertigt, sondern, indem man die eigenen Impulse bei anderen entdeckt und nicht bei sich selbst, sogar auf bestärkende Weise von denen unterschieden, die zwar Wünschbares, aber Verbotenes tun. Die Verschiebung besteht z. B. darin, dass die Furcht vor dem Vater durch die Furcht vor Hunden kompensiert wird, bis diese zunächst nicht ursprünglich erfahrene, sondern gleichsam abgeleitete Furcht die andere zudeckt);
- der *Rationalisierung* von Verhaltensweisen (bei Misserfolgen redet man sich ein, man habe ja genau dies vorhergesehen und auch gewollt; ein junger Mann, den seine Freundin verlassen hat, »freut« sich nun darüber, denn er entdeckt plötzlich, dass er der Beziehung »schon lange überdrüssig« war);
- der *Ausbildung bestimmter Reaktionen* (ein Kind, das strikter Sauberkeitserziehung unterliegt, im Geheimen aber

gern einmal im Schmutz wühlen würde, sagt sich: »Diesen Wunsch kann ich ja gar nicht haben, denn mir ist es viel wichtiger, immer schön sauber zu sein – und das bin ich ja auch!«);

- dem *Rückzug* aus schwierigen oder uneindeutigen Situationen (ein unsicherer Jugendlicher vermeidet die Zusammenkunft mit Peers und wird zum Einzelgänger; ein Mädchen hat die Überzeugung, im A-Kurs einer Mathematikklasse nicht mitzukommen, und gibt freiwillig auf, ehe sie sich vor den anderen blamiert);
- vielfältigen Formen der *Regression* (man übernimmt plötzlich eine längst überwundene Verhaltensweise, wenn man in Erinnerung hat, dass sie einst belohnenden Charakter besaß: Ein Jugendlicher, der wegen eines kräftigen Wachstumsschubs beispielsweise von allen »Langer« genannt wird, entdeckt die kindhafte Sprache wieder, benutzt sie gegenüber seinen Eltern und macht sich »klein«, um im einst so beruhigenden Schutz des Kleinkindes die eigenen Entwicklungsschwierigkeiten zu vergessen);
- *Asketismus und Intellektualisierung* (nach *Anna Freud*), (Asketismus ist der Versuch, Instinktschübe nicht zuzulassen und strikt sowie programmatisch allen Versuchungen zu widerstehen; Intellektualisierung bedeutet die systematische Rationalisierung und Erklärung menschlichen Verhaltens im Rahmen psychologischer, psychoanalytischer oder philosophischer Theoreme, in deren Verallgemeinerungen man selbst wohl aufgehoben erscheint).

Viele dieser Sicherungsmittel funktionieren vorzüglich und teilweise sind sie notwendiger Bestandteil kultureller Entwicklung. Obwohl es sich um Ausweichverhalten, manchmal um neurotische oder psychotische Züge handelt, handelt es sich doch um sinnvolle Schritte, die oft die Stabilisierung des Ich und damit die Gewinnung einer Identität allererst garantieren. Angst zu haben und mit ihr fertig zu werden ist ohne Zweifel eine kulturelle Leistung. Freilich: »Das Ich spielt (…) die lächerliche Rolle des dummen August im Zirkus, der den Zuschauern durch seine Gesten die Überzeugung beibringen will, dass sich alle Veränderungen in der Manege nur infolge seines Kommandos vollziehen. Aber nur die Jüngsten unter den Zuschauern schenken ihm Glauben« (*Freud* 1960, S. 97). Dies meint: Es muss skeptisch betrachtet werden, ob die Mechanismen der Angstreduzierung oder -überwindung wirklich geeignet sind, eine stabile Entwicklung zu sichern. Dass sie so häufig angewendet werden, zeigt, dass man sie braucht. Besser wäre es jedoch, man hätte keine oder weniger Angst.

Während die äußerlich unauffälligen, sozial angepassten Jugendlichen sich eher mit ihrer Angst auseinander setzen müssen, so die auffälligen sich eher mit ihrer Aggression. Im Gegensatz zur Angst drückt sie sich unmittelbar im Handeln aus, ist also schwerer zu verbergen. Stark unterdrückte Aggressionen schlagen bekanntlich oft nach innen und werden zu Angst. Nicht mehr vom Ich kontrollierbare Aggressionen stellen freilich eine ebenso starke Bedrohung dar, und zwar nicht nur dessen, der angegriffen wird, sondern auch des Angreifers. Nicht nur, dass er mit gesellschaftlichen Sanktionen zu rechnen hat; der erlösende Akt des Zuschlagens etwa hat nur kurze Wirkung, und er kann die Schwierigkeiten, die ein Jugendlicher mit sich selbst hat, kaum aufheben. Zur Domestizierung sozial auffälliger Aggressionen gibt es ähnliche Mechanismen zur Unterdrückung und Regulierung. Bei den aggressiven Jugendlichen, die als spontan-dionysisch zu beschreiben sind und oft sozialen Randgruppen angehören, sind die Mechanismen der Selbstkontrolle leider oft nicht hinreichend bekannt und erfahren. Sie brauchen daher den Beistand der Erwachsenen, um eine Regulierung ihres Aggressionspotenzials in sozial annehmbare und für die eigene Entwicklung brauchbare Kanäle zu erreichen. Ein wichtiges Hilfsmittel, das die Jugendlichen selbst entdecken, ist die Ritualisierung der Aggression. So haben Untersuchungen ergeben, dass Rockergruppen gar nicht primär dadurch geprägt sind, dass sie immer zuschlagen und knüppeln. Dies tun sie verhältnismäßig selten (im Vergleich zu anderen Tätigkeiten) und nur in bestimmten Situationen (wenn sie auf eine konkurrierende Bande stoßen, durch bestimmtes Betragen herausgefordert werden, in ihrem Revier überfallen werden usf.).

Identitätskrisen der beschriebenen Art und Formen ihrer Bewältigungen gehören gleichsam zum psychosozialen Alltag.

Bei all ihren Bedenklichkeiten ist nicht zu übersehen, dass sie auch ein produktives Element enthalten, weil der Jugendliche sich durch sie allererst als ein Besonderer erfährt.

Die Identitätskrise wird zur Identitätsstörung, wenn eine Dissoziation der Elemente eintritt, die die Einheit einer Persönlichkeit ausmachen. Während beispielsweise die Verdrängung eine durchaus normale, weil häufige und alltägliche Form der Vergangenheitsbewältigung im Interesse subjektiv empfundener psychosozialer Sicherheit ist, kann sie, zur Amnesie geworden, die Kontinuität und Gleichheit der Persönlichkeit zerstören: »Während die Verdrängung sich beispielsweise gegen einen Wunsch oder eine Fantasie richtet, umfasst die Amnesie größere oder kleinere Segmente der Gesamtpersönlichkeit, im Falle einer ›multiplen Persönlichkeit‹ sogar ein so großes ›integriertes‹ Segment, dass es den Umfang einer vollständigen Person annimmt«, und (nach *Rapaport*): »Nicht die Erinnerungen, die sich auf eine einzige, unakzeptierbare Strebung beziehen, werden vergessen, wie in der eigentlichen Verdrängung, sondern eine Anzahl von kohärenten Strebungen, die ausreichen, um den Anschein von ›personaler Identität‹ hervorzurufen, wird für die Persönlichkeit selbst unakzeptabel; entsprechend werden ganze Erinnerungssummen unerreichbar« (*de Levita* 1971, S. 60). Bei jemandem, der der Amnesie unterliegt, ist die Angst so groß geworden, dass er sie nur loswerden kann, wenn er ganze Bereiche seiner Persönlichkeit gleichsam austilgt; damit ist er gleichzeitig hindernde Kontrollen los und kann nun ganz bestimmte, höchst erwünschte Handlungen durchführen: Er ist nun keinen Alternativen mehr zugänglich, weil er in sich selbst keine mehr zulässt. Solche Fälle gehören in klinische Behandlung, da Erziehungsmaßnahmen hier nichts mehr ausrichten können.

Identitätsstörungen können eine ganze Reihe von Ursachen haben. Zu den wichtigsten gehören gestörte Eltern-Kind-Beziehungen. *Horst-Eberhard Richter* hat dafür eine Liste vorgelegt (z. B. 1974, S. 118 ff.): Das Kind kann (a) zum Partnersubstitut werden, indem es von einer Elternfigur unbewusst dazu genötigt wird, »stellvertretend die Rolle eines anderen Partners darzustellen. In der Regel will die Elternfigur dadurch eine unverarbeitete Beziehung zu einem Konfliktpartner der eigenen infantilen Vorgeschichte aktualisieren«. In der Regel ist ein Kind nicht in der Lage, die Beweggründe einer derartigen Beziehung zu durchschauen, zumal es in ein Spiel hineingezogen wird, zu dem es als ursprüngliche Person gar nicht gehört. Es wird zur Ersatzfigur – kein Wunder, dass ihm als Heranwachsendem dann die Findung einer eigenen Individualität, eines reflektierenden Selbst und verlässlicher sozialer Rollen Schwierigkeiten bereiten wird! Dies gilt auch, wenn (b) das Kind als Abbild eines Elternteils figurieren muss, »das in paranoider Weise an der Idee eigener Vollkommenheit und Großartigkeit festhält. Deshalb müssen alle negativen Aspekte nicht nur im eigenen Selbstbild, sondern auch im Bilde des Kindes unterdrückt bzw. verleugnet werden«. Ähnlich ist es, wenn das Kind (c) als ideales Selbst auftreten muss. In diesem Fall weiß der Elternteil um sein eigenes Versagen, erwartet aber vom Kind, dies in seiner eigenen Lebensgeschichte zu kompensieren. Strukturell vergleichbar ist damit (d) die Rolle, die das Kind als Sündenbock spielt, wenn es nämlich »spezielle verpönte Impulse realisieren« soll, »welche die Elternfigur bei sich unterdrückt, aber nicht komplett zu verdrängen vermag«. Man entdeckt nun nicht die fehlende eigene Vollkommenheit, sondern die unerlaubten oder unerwünschten Strebungen beim Kind – beides hat nachweislich stark angsterzeugende Wirkungen. Schließlich kann (e) das Kind als schwacher Teil fungieren müssen. Es wird dann absichtlich hilflos gehalten, um in Kontrast zu seiner Schwäche und Unfähigkeit »die Elternfigur sich in unbestrittener Großartigkeit abheben« zu lassen; oder es bekommt die Aufgabe, (f) als Kampfgenosse eines Elternteils gegen den anderen oder äußere Feinde zu fungieren. In allen diesen Fällen sind nicht nur Individualität und Selbst bedroht, sondern auch der Erwerb einer eigenen Rolle und damit die Beziehung zu anderen. Diese wird häufig dann nur noch im Spiegel der neurotischen Verformung der eigenen Interaktionen gesehen.

Ein zweiter wichtiger Faktor, dessen Schädigung zu Identitätsstörungen führen kann, ist der Erziehungsstil der Eltern.

Lüdtke (1971, S. 157) hat das Erziehungsverhalten von Unter-
und Mittelschicht folgendermaßen polarisiert:

Unterschicht (geringe Bildung)	*Mittelschicht* (höhere Bildung)
Bestrafung von Handlungen	Bestrafung von Absichten
Fehlende dialogische Kommunikation	Stärkere dialogische Kommunikation
Unbegründete Sanktionen	Begründete Sanktionen
Emotionale Sicherheit der Kinder, verbunden mit strikter Kontrolle	Modifizierte emotionale Sicherheit der Kinder, verbunden mit autonomem Spielraum
Mehr negative als positive Sanktionen	Mehr positive Sanktionen
Machtaktualisierende Disziplinierungstechnik	Androhung von Liebesentzug, indirekte Techniken der Erziehung
Feindlichere Einstellung gegenüber Kindern	Stärkere Kindzentriertheit und »Wärme«
Produktion von Angst vor Strafe	Produktion von Wertverinnerlichung, Gewissen, Schuldgefühlen

Es gibt allerdings keine Untersuchungen, die die Auswirkungen dieser Erziehungsstile auf Jugendliche verfolgen. Einerseits ist anzunehmen, dass Jugendliche sich zunehmend vom elterlichen Einfluss frei machen und in den Peerbeziehungen wichtige Alternativen erfahren. Andererseits gibt es hinreichend Gründe anzunehmen, »dass die meisten Jugendlichen auch mit zunehmendem Alter ihre Eltern noch als diejenige Instanz betrachten, von der sie letzten Endes in schwierigen Lagen Hilfe und emotionale Unterstützng erwarten. In dieser Bedeutung werden die Eltern den empirischen Ergebnissen zufolge offensichtlich erst nach der Heirat durch den Ehepartner abgelöst« (*Deutscher Bildungsrat* 1975, S. 89). Gehen wir von dieser Voraussetzung aus, so hat der Erziehungsstil der Unterschicht für die Identitätsentwicklung des Jugendlichen sehr nachteilige Momente.

Familiäre Interaktionsbeziehungen und Erziehungsstile

sind ohne Zweifel nicht die einzigen Momente, die zu beachten sind, wenn man die Identitätsbildung und die Gründe ihres Misslingens analysieren will. Sie sind jedoch insofern fundamental, als sie der primären Sozialisation zugehören und damit das Arsenal erster und entscheidender Erfahrungen für das Kind bereitstellen. Doch dürfen wir nicht vergessen, dass diese Beziehungen nicht in einem luftleeren Raum stattfinden; die Familie ist keine Monade. Persönliche Entfaltung und Selbstdarstellung einschränkende ökologische Zonen verstärken eine fehlgeleitete familiäre Erziehung ebenso, wie diese im glücklichen Fall Benachteiligungen ausgleichen kann. Wie stark der Wille zur Identitätsbildung und -durchsetzung bei Heranwachsenden sein kann, zeigt das Beispiel des *Peter Brosch* (35 ff.). Auch ungünstige Bedingungen müssen kein Schicksal sein, wenn man es wie *Brosch* versteht, einen internen Loc zu errichten. Freilich sollte man auf die Durchsetzungsfähigkeit jugendlicher Vitalität und einer oft erstaunlich unbefangenen Vernünftigkeit nicht allzu sehr vertrauen oder sie gar als Naturkraft ansehen, die sich bei einem grundsätzlich akzeptablen Individuum schon durchsetzen werde. Freilich: Je mehr die Welt als machbar erscheint, desto begrenzter sind offenbar die erzieherische Glaubwürdigkeit und die erzieherische Handlungsfähigkeit von Erwachsenen. Immer noch können sie helfen, Identitätskrisen produktiv zu bewältigen – aber längst nicht mehr sie allein.

Der Beitrag der Altersgruppen zur Identitätsbildung

Mit der Pubertät treten die Jugendlichen allmählich aus der Familie heraus, ohne freilich gleich »am anderen Ufer« anzukommen. Die Jugendzeit ist dadurch gekennzeichnet, dass einerseits die engen Bindungen und Kontrollen der Kindheit gelockert werden, andererseits aber der Erwachsenenstatus (Heiratsfähigkeit, die oft von der Berufsfähigkeit abhängt) noch nicht erreicht ist. Die satellitenhafte Abhängigkeit von den Eltern verringert sich zwar, ohne dass jedoch auch eine vollständige Autonomie möglich ist. Der Jugendliche befindet sich also in einer Sphäre diffuser und teilweise widersprüchlicher Erwartungen; er wechselt zwischen mehr kindheitsorientierten und mehr erwachsenenorientierten Rollen.

In dieser Übergangszeit ohne eindeutigen sozialen Charakter bilden sich verstärkt Altersgruppen Gleichaltriger. Es gehört zum Emanzipationsprozess der Jugendlichen von zu Hause, dass sie die Erziehungskompetenz der Eltern einschränken. Vor allem im Bereich privaten und emotionalen Erlebens, also dort, wo keine auf Beruf und Karriere funktional ausgerichtete Bildung und Erziehung angeboten wird, entsteht ein pädagogisch kaum erfasster Bereich. Es entstehen jugendliche Cliquen als eine »äußerst intime kleine Gruppe von Individuen, die gemeinsame Geheimnisse (sexueller und anderer Art), gemeinsame Wünsche, gemeinsame Probleme und gemeinsame Interessen haben, die z. B. auf familiärer Herkunft, Schulunternehmungen und dergleichen beruhen können«; eine Clique hat weniger sachlich bestimmte Ziele oder rational ermittelte Interessen, entscheidend sind vielmehr »persönliches Zusammenpassen, gleicher Geschmack und Bande gegenseitiger Bewunderung und Zuneigung« (*Ausubel* 1968, S. 336). Die Cliquen sind schichtspezifisch; es mischen sich also nicht in den Altersgruppen verschiedene soziale Gruppen. Diese bleiben vielmehr streng getrennt. Genauso, wie später viele Erwachsene ihre gesellschaftlichen Beziehungen nach ihren beruflichen Kontakten ausrichten, entstehen Cliquen häufig an Schulen oder Betrieben. Es handelt sich also um parasitäre, spontane und jugendeigene Organisationsformen an von Erwachsenen eingerichteten Institutionen.

Neben der Clique gibt es den Klub (*Crowd*), der nicht primär auf spontane Wahlen und persönliche Beziehungen angewiesen ist, sondern gemeinsame Arbeitsziele und bestimmte Verhaltensformen anbietet. Auch Jugendgruppen oder Sportvereine haben in diesem Sinne Klubcharakter. Die Bande schließlich fordert von ihren Mitgliedern ein Höchstmaß an Solidarität und Loyalität und »nimmt gegenüber der organisierten Erwachsenengesellschaft eine feindseligere, rebellischere und eher verschwörerische Haltung ein und ist in ihrem Streben nach Aufregung, Abenteuern und in der Betonung der Formalitäten einer Geheimgesellschaft der Bande von Kindern in der Vorpubertät ähnlich. Bandeninteressen und -unternehmungen werden in der Reifezeit von ›Klubs‹ und Cliquen verdrängt; das trifft nur dort nicht zu, wo städtische Elendsgebiete die Bandenbildung begünstigen« (ebd., S. 336 f.).

Es sind die Kennzeichen dieser Altersgruppenkultur, die mit dem Begriff »Teenager« assoziiert werden. Eigene, auffällige Kleidung bei beiden Geschlechtern; lange Haare der Jungen, Bevorzugung der Popmusik als Ausdruck einer eigenen Welt sowie spezifische Konsuminteressen sind Kennzeichen dieser Altersgruppenkultur. Für Jungen ist sie im Ganzen wichtiger als für Mädchen. Während diese mit 13/14 Jahren am meisten Wert auf Peerbeziehungen legen, beginnen Jungen damit ein Jahr später, bleiben dann aber auch länger in den Cliquen zusammen. Je schwächer die Bindung an ein Elternhaus ist, je geringer die Leistungsbereitschaft in der Schule ist, je gleichgültiger der Jugendliche an einer vorwegnehmenden Orientierung an Erwachsenen oder rückbezüglichen Orientierung an kindlichen Verhaltensweisen ist, je weniger er Interesse hat, von anderen vorgeschlagene Aufgaben zu erfüllen und wahrzunehmen, und je mehr er ablehnt, vorhandene Angebote (Jugendgruppe, Verein usf.) anzunehmen, desto wahrscheinlicher ist es, dass er in der autonomen Clique einer Jugendkultur wichtige Orientierungen findet (*Burlingame* 1970, S. 145).

Die *Projektgruppe Jugendbüro und Hauptschülerarbeit* hat in dem Bericht über »Die Lebenswelt von Hauptschülern« (1975) eine Bestätigung der eben verallgemeinernd wiedergegebenen Beobachtungen erbracht. In der Untersuchung werden zwei Typen von Jugendlichen vorgestellt: zum einen die Mitglieder der Jugendsubkultur, zum anderen die Familienzentrierten. Die Mitglieder der Jugendsubkultur besaßen eine »jugendzentrierte Einstellung«, als deren Kennzeichen ermittelt wurden: Selbstständigkeitsstreben, Entfremdungsgefühle, jugendlicher Hedonismus, Orientierung an Gleichaltrigen, Gefühle des Diskriminiertseins (von Jugendlichen in der Gesellschaft), überdurchschnittliche Beliebtheit bei Mitschülern, überdurchschnittlicher Besuch von Freizeittreffpunkten und

Teilnahme an typischen Freizeitaktivitäten gleichaltriger Schülercliquen. Familienzentrierte hingegen »drücken eine weit reichende Identifikation mit den Eltern als Personen und, darüber hinaus, mit der Institution Familie überhaupt aus und lassen sich in folgenden Dimensionen zusammenfassen: Identifikation mit den Elternberufen; Identifikation mit den Eltern als ›Meinungsführern‹; Identifikation mit den Eltern als Bezugsgruppe für die Freizeit; Identifikation mit dem Familienleben als künftigem Lebensinhalt« (S. 12 f.).

Die Mitglieder der Jugendsubkultur zeigten insgesamt eine größere Selbstständigkeit. Sie waren nicht so oft und so gern zu Hause. Ihre Eltern legten aber auch weniger Wert auf einen innigen Kontakt, während die familienzentrierten Jugendlichen noch relativ stark unter deren Obhut standen. Während die Familienzentrierten traditionell jugendtypische Verhaltensweisen zeigten (Fußballspielen, Schwimmengehen, Bevorzugung sportlicher Tätigkeiten, ab und zu spielerische Rabaukereien), zeigen insbesondere die Jungen der Subkultur vor allem in Gegenwart von Erwachsenen ein betont »cooles« Gehabe und machen auf jede Weise deutlich, dass sie kaum Wert auf Rat oder Hilfe legen, wenn diese nicht erbeten werden. Das Verhalten der Erwachsenen Jugendlichen gegenüber wird entweder als Ausübung von Macht, Kontrollen oder einfach Einmischung erlebt. Die Schule ist primär nicht ein Ort des Lernens (und die offiziellen Klassenaktivitäten werden »nur so« mitgemacht) als vielmehr ein »Treff«, der einen zusammenführt. Subkulturjugendliche bleiben nach dem Unterricht gern noch in oder vor der Schule, weil sie kaum Räume zur Verfügung haben, sich zu treffen. Hingegen erleben sie, »wie ein ganzes Schulhaus jeden Nachmittag ungenutzt leer steht, wie Keller- und ausgebaute schrägwandige Dachbodenräume überhaupt niemals ausgenutzt werden, während sie oft wegen zu beengter Wohnverhältnisse keine Geburtstagsparty veranstalten können.

Der wichtigere Grund jedoch ist, und dadurch unterscheiden sich die Subkulturjugendlichen von den Familienzentrierten, dass sie die Schule als Kommunikationszentrum der Schüler ansehen. Die Schüler stellen sich vor, in einem solchen Schulraum könnten sie eine Diskothek machen, ausgeliehene Filme vorführen oder sogar einmal Musikgruppen einladen« (ebd., S. 88).

Subkulturschüler haben eher gegengeschlechtliche Freundschaften als Familienzentrierte. Sie vollziehen sich jedoch meist im Rahmen gemischter Gruppen; sie treffen sich also noch nicht in Paaren. Die Gruppe schützt vor einer zu weit gehenden Intimität, die man noch nicht wagt. So wird von 13/14-jährigen Schülern auch keine stabile Bindung erstrebt; die Nähe der Beziehungen kann im Schutz der Gruppe durchaus wechseln.

Wenn die Subkulturellen rauchen, trinken und Gaststättenbesuch schätzen, so weniger, um das Erwachsensein zu imitieren oder vorwegzunehmen, als vielmehr in dem Wunsch, trotz ihrer Jugend und mannigfachen Unselbstständigkeit ernst genommen zu werden. Die Subkulturellen streben entschieden aus allen satellitenhaften Beziehungen und pochen auf eine Autonomie, die sie jedoch in der Regel nicht durch die Vorbereitung von Karrieren absichern. Sie zeigen also verhältnismäßig wenig Lebensplanung, die bei den Familienzentrierten oft noch von den Eltern übernommen wird, und erleben die Jugend vorübergehend als ein absolutes Stadium ihrer Entwicklung. Die Figur auf Seite 244 zeigt typisiert Beginn, Formung und Abschluss der Altersgruppenorientierung in der Jugendzeit. In der *Vorpubertät* spielen Jungen, Mädchen oder Jungen und Mädchen zusammen. Auf *Stufe 1* entwickeln sich dann Cliquen, denen in der Regel nur Jungen oder Mädchen zugehören. Etwas später nehmen diese Cliquen Beziehungen zueinander auf. *Stufe 3* haben in der Untersuchung der Projektgruppe die 13/14-jährigen Schüler erreicht. Die gleichgeschlechtlichen Cliquen mischen sich jetzt, wobei beliebte oder besonders tüchtige (sportliche) Gruppenführer mit dem Beispiel vorangehen. (Bei den untersuchten Hauptschülern handelt es sich um koedukative Klassen, so dass hier die Mischung der Geschlechter relativ früh liegt.) *Stufe 4* wird in der Regel mit 16/17 Jahren erreicht: Man organisiert sich in verschiedenen Klubs, wobei die Cliquen, die früher vielleicht feindlich gegeneinander standen, nun miteinander Beziehungen aufnehmen. Gemischtgeschlechtliche Freundschaften überwiegen nun die gleichgeschlechtlichen. Zum Abschluss der Jugendzeit (*Stufe 5*) lösen sich die Cliquen zugunsten von Paarbeziehungen auf. Damit ist das Endstadium der Altersgruppenorientierung erreicht; der Jugendliche, der sich vor einer knappen Dekade aus der »family of orientation« gelöst hat, die seine primäre Sozialisation besorgte, ist nun soweit, seinerseits eine Familie zu gründen, die »family of procreation«.

Nach *Eriksons* Schema (vgl. S. 182) ist die Adoleszenz damit abgeschlossen. Die Identität muss nun gewonnen sein; das frühe Erwachsenenalter fordert nun die Fähigkeit zu Intimität und darauf zu Generativität.

Welchen Beitrag leisten die Altersgruppen zur Identitätsbildung? Nach dem Vorangehenden dürfte diese Frage nun einigermaßen zu beantworten sein: Die Jungen finden in Altersgruppen die Möglichkeit, Risiken einzugehen, »action« zu erleben, Autoritätskonflikte mit den Erwachsenen zu bestehen; Mädchen erproben ihre Beliebtheit und soziale Wertschätzung, zunächst als gute Kameraden, sodann als erotische Partner; beide Geschlechter finden in den Altersgruppen die Möglichkeit, solidarisch gleiche Erfahrungen zu machen und zu besprechen, erotische Attraktivität, Charaktereigenschaften wie Verlässlichkeit, Treue, Führungsfähigkeit zu erweisen, gegen die Zweckmäßigkeit der übrigen Erziehung momentane Vitalität und Spontaneität zu erfahren. Unsere Erziehung betont immer mehr die Vorwegnahme einer noch zu erarbeitenden »Stellung im Leben« durch Einübung in die dafür notwendigen Eigenschaften und durch den Erwerb von Kenntnissen; sie vergisst zunehmend, dass es auch eine Gegenwart gibt, die gelebt werden will. Die Subkultur kann so wenigstens Rudimente von Glückserfahrungen sichern, die den künftigen Erwachsenen auch auf diesem Gebiet nicht ganz anspruchslos machen.

Nach *Richard Schmuck* sind Jugendliche, die sich nicht in Peerbeziehungen engagieren, weniger im Stande, ihr Selbstbild sowie ihr Über-Ich zu variieren. Interaktion, Wettbewerb, Auseinandersetzung und Rivalität sind wichtige soziale Erfahrungen, die pädagogisch kaum zu inszenieren sind. In den Peerbeziehungen können sie gemacht werden. Jugendliche, die keine Peerkontakte haben, neigen zu Enge, Rigidität und

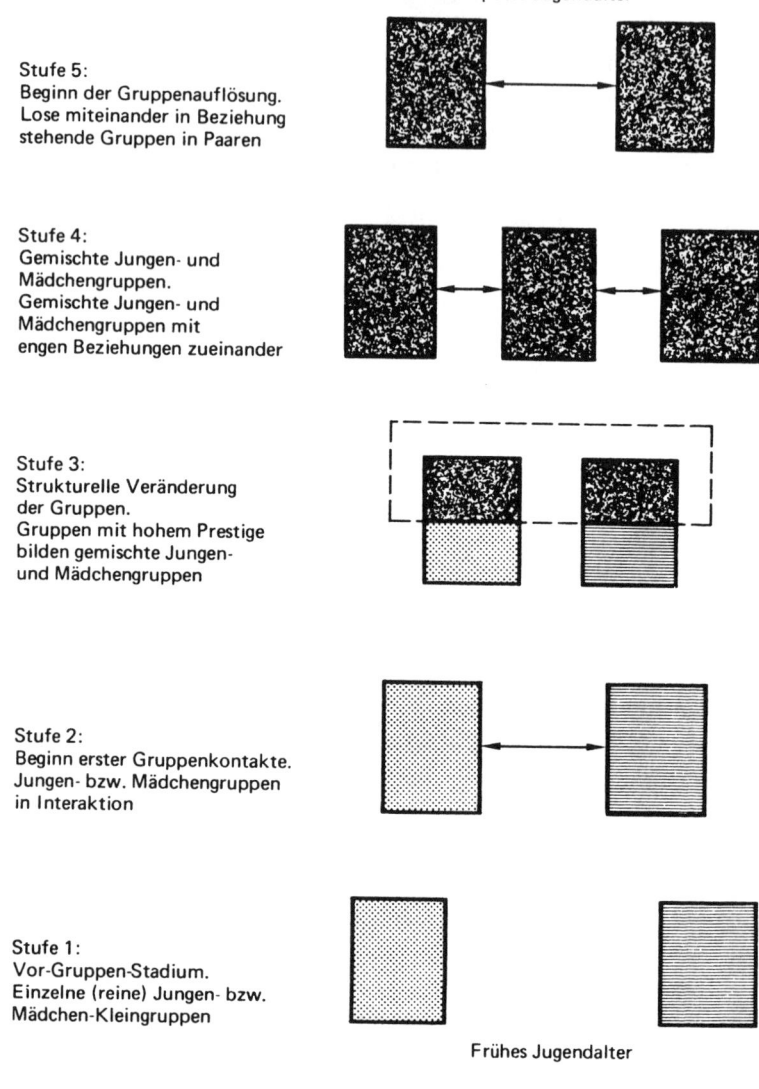

Spätes Jugendalter

Stufe 5:
Beginn der Gruppenauflösung.
Lose miteinander in Beziehung
stehende Gruppen in Paaren

Stufe 4:
Gemischte Jungen- und
Mädchengruppen.
Gemischte Jungen- und
Mädchengruppen mit
engen Beziehungen zueinander

Stufe 3:
Strukturelle Veränderung
der Gruppen.
Gruppen mit hohem Prestige
bilden gemischte Jungen-
und Mädchengruppen

Stufe 2:
Beginn erster Gruppenkontakte.
Jungen- bzw. Mädchengruppen
in Interaktion

Stufe 1:
Vor-Gruppen-Stadium.
Einzelne (reine) Jungen- bzw.
Mädchen-Kleingruppen

Frühes Jugendalter

Jungen   Mädchen   Jungen und Mädchen

entnommen: D. C. Dunphy, The social structure of urban adolescence peer
groups. Sociometry, 1963, 26, 236

Abbildung 16: Stadien der Gruppenentwicklung im Jugendalter.

einem übersteigerten individualisierenden Leistungsverhalten. Ihre meist im Umgang mit Erwachsenen erworbenen sozialen Erfahrungen fördern Autoritätshörigkeit, Bereitschaft zur Unterordnung und ein unkritisches Anpassungsstreben. Der Konflikt zwischen Eltern und Gleichaltrigengruppen in Wertorientierungen und Lebensstilen erschließt dagegen dem Jugendlichen einen ganz neuen Horizont von Alternativen, zwischen denen er sich zu entscheiden hat. Freilich sind solche Überlegungen nicht unbedingt zwingend. Man kennt umgekehrt die Überanpassung, die gerade von Gleichaltrigengruppen gefordert wird; sie sind gegenüber Außenseitern oft intoleranter und direkt-aggressiver als Erwachsene. Alle Interpretationen der Funktion von Peerbeziehungen stellen darum problematische Verallgemeinerungen dar.

Dies hat seinen Grund nicht zuletzt darin, dass gerade der Charakter von Gleichaltrigengruppen sich ständig wandelt. Als freie, nicht institutionalisierbare Aggregate entwickeln sie zudem so unterschiedliche Tönungen, dass im Grunde jede Clique besonders untersucht werden müsste, um ihren Wert oder Unwert für die Identitätsfindung des Jugendlichen zu ermitteln.

Während die Gleichaltrigengruppen bis in die Fünfzigerjahre hinein entweder aus eher kriminalisierten Banden bestanden oder aus mittelständischen Jugendcliquen, die Bestandteil einer bürgerlichen Partykultur waren, sind heute radikalere Altersgruppen entstanden. Die subkulturellen Hauptschüler der oben angeführten Untersuchung sind nicht nur jünger; ihre Subkultur orientiert sich auch entschieden weniger an von Familie oder Schule vertretenen Werten, ja steht in manchem im Gegensatz zu ihnen. Welche Bedeutung Gleichaltrigengruppen gewinnen können, hat die »neue Jugendbewegung« der Sechziger- und Achtzigerjahre deutlich gemacht. Diese Jugendbewegung produziert bewusst den Typ des Außenseiters, und zwar nicht als Einzelnen, sondern als Gruppenphänomen. Der *Bohemien* oder *Dandy* der Jahrhundertwende war sozial isoliert; er gehörte damals den oberen Kreisen an, war ihr »Abfall«, den sie sich, bei voller Macht, leisten konnten. In den frühen Sechzigerjahren wurde das Dandytum durch die *Teddyboys* in England auch in die Arbeiterklasse eingeführt, und zwar gerade im standesbewussten Protest gegen den bürgerlichen Mittelklassestil mit Schlips, sonntäglichem dunklem Anzug und weißem Hemd. Es bildeten sich Gruppen junger Leute, die einen anderen *code vestimentaire* einführten: Koteletten, mit Massen von Haar am Hinterkopf und einem krausen Haarschopf über der Stirn (mit Variationen à la Tony Curtis, Boston u.a.); ein langes und sehr weitgeschnittenes Anzugjackett, mit Rockschößen und Samtkragen im *edwardian-style*; gestrickte Krawatten, einfarbige oder geblümte Westen, eng anliegende Hosen (strides); breite Schuhe mit Kreppsohlen. Es gab bald Friseure, die sich darauf spezialisiert hatten, die von den Jugendlichen gewünschte Frisur herzustellen – mit ihrem Prinzip der Langhaarigkeit, das dann zu den Haarschöpfen der Beatles führte. Die Haarpflege und die Kleidung kosteten einen Teddyboy der Fünfzigerjahre etwa 20 Pfund – sehr viel Geld für junge Arbeiter. Diese Kleidung war nicht nur eine Marotte: Die Dandys der Unterschicht signalisierten durch die Mode, die sie wählten, ihren Widerspruch: dass sie nicht die Absicht hatten, »*climbers*« zu sein, sich also nicht bemühten, wenn möglich in eine höhere soziale Schicht aufzusteigen, deren Habitus sie ja durch ihre Mode in Frage stellten; dass sie den Mut hatten, auffällig zu sein. Die von ihnen gewählte Schönheit des Lebens war antiintegrationistisch: Die Teddyboys schufen sich nach Feierabend und an den Wochenenden ihren eigenen Aktionsraum, den sie mit Eckenstehen, Motorradfahrten, Tanzveranstaltungen (in bestimmten Lokalen) erfüllten. Aus ihnen gingen später die Mods und Rocker hervor mit ihren spezifischen Statussymbolen (*Baacke* 1987, S. 54). Die Beatniks in den USA (mit ihrer längeren Tradition) und die Hippies lösten dann Massenbewegungen aus, denen als antibürgerliche Protestbewegung bestimmte Wesenszüge gemeinsam waren: (a) Die Gruppen waren *informell*, lösten sich oft ebenso schnell auf, wie sie sich gebildet hatten. (b) Die Übergänge sowohl zur Kerngesellschaft wie auch zu anderen – z. B. kriminellen – Randgruppen waren fließend. Dies hatte seinen Grund vor allem in den gewählten Lebensbedingungen: Wer älter ist als 21 Jahre und nicht arbeitet, wandert leicht ab in den Bereich der Kriminalität; wer einem bürgerlichen Beruf für längere Zeit nachgeht, wird durch diese Anforderungen schnell wieder auf die Normen der Gesellschaft festgelegt. Zu radikalem Widerstand waren die meisten nicht kämpferisch genug, so dass ein Zwischenreich entstand, das den Widerspruch zur Gesellschaft pflegte, zugleich aber auch durch deren Bedingungen halbwegs unter Kontrolle gehalten wurde. (c) Man erstrebte bewusst eine Abkehr vom bürgerlichen Milieu, das insbesondere durch die liberale, liberalisierende Kleinfamilie geprägt war. (d) Man entschied sich für eine parasitäre Existenz – parasitär, weil sie nur durch eine das vitale Überleben sichernde Gesellschaft möglich war. Kennzeichnend für den Lebensstil waren: unregelmäßige Tageseinteilung; Verlängerung des Abends in die Nacht und Verkürzung des Vormittags; unregelmäßige Verteilung von Aktivität und Muße; verstärkter Nikotin-, Drogen- und Alkoholgenuss; häufiges Zusammenhocken im Freundeskreis, überhaupt Besuch machen und empfangen; Leichtsinn in Gelddingen; Solidarität, wenn es ein Mitglied der Gruppe zu unterstützen galt. (e) Außenseitergruppen, die eindeutig stigmatisiert sind – z. B. Kriminelle, Prostituierte, Zuhälter, Homosexuelle –, wurden mit besonderer Sympathie bedacht. Das will nicht nur die Solidarität unter Minderheiten. Vielmehr ist ein Interesse vorhanden für die Figur des Abweichlers, des Barbaren oder einzigartigen Helden, die hinter den konkreten Außenseitern als Idole erscheinen – als Projektion der eigenen Ohnmachtserfahrungen in Figuren von gesteigerter Aktivitätspotenz. (f) Die Produktorientierung der etablierten Gesellschaft wurde abgelehnt; Kreativität und Produktivität – die oft einfach als Erlebnisfähigkeit verstanden wurden – galten mehr als darstellbare Resultate. (g) Man wandte sich gegen die »etablierte Dreifaltigkeit« Hetero-, Homo- und Bisexualität, erstrebte vielmehr eine auf alle Menschen geöffnete Zärtlichkeit und Sinnlichkeit. Auf diese Weise, so hoffte man, könne die Frau nicht nur aus ihrer Abhängigkeit befreit werden, sich »erobern« lassen zu müssen. Sie werde zugleich von einem Objekt der Liebe zum Subjekt, das die Chance hat, nicht nur der genitalen Befriedigung zu dienen. Ebenso werde der Mann davon befreit, die sexuellen Besitzverhältnisse zu seiner Schmach fortbestehen zu lassen. Die klassenlose Gesellschaft schien wenigstens auf dem Gebiet der Sexualität möglich zu sein. (Dazu: *Baacke* 1972; 1987)

Eine besondere Bedeutung gewannen die politischen Bewegungen (zusammengefasst unter dem Stichwort »Schüler- und Studentenrevolte«). Sie begnügten sich nicht, alternative Lebensstile zu entwickeln, sondern erhoben den Anspruch, gesamtgesellschaftliche Veränderungen durch politischen Kampf zu erwirken. Wenn sie zwar Gesellschaftsordnungen kaum veränderten, hatten sie doch Wirkungen auf dem Reproduktionssektor (Schulen, Universitäten).

Die eben genannten Bewegungen sind inzwischen Geschichte. Eine Jugendbewegung kann eben die Macht nicht ergreifen; man täuschte sich über die Reichweite der mit viel moralischem Ernst verfochtenen, zum Teil gelebten Alternativen. Immerhin hat sich gezeigt, dass die Jugend in der Lage ist, bewusst und programmatisch Identitäten zu erzeugen, die *Erikson* »negative« nannte. »Negativ« möchte ich dabei nicht als ablehnende Bewertung verstehen, sondern in einem anderen, auch möglichen Sinn: *Absenz von Identitäten im erwartbaren Regelkreis der organisierten Gesamtgesellschaft.*

Es hat sich gezeigt, dass »Identität« heute weniger der Summand stabiler und verlässlicher Tradierung von im Konsens geborgenen Grundüberzeugungen ist, auf deren Erscheinen im sozialen Kontext man sich verlassen kann, sondern eine Leistung der Personkonstitution darstellt, deren Risiken erheblich sind. Verlässlichkeiten liegen heute oft nur an der Oberfläche. Damit ist ein Punkt erreicht, der die eher grundsätzliche, freilich unter Absehung von historischen Zusammenhängen nicht mögliche Behandlung des Identitätskonzepts zunächst abgeschlossen erscheinen lässt. Das nächste Kapitel wird jedoch unter Berücksichtigung neuer Entwicklungen und Überlegungen das gerade von PädagogInnen besonders geschätzte Identitätskonzept kritisch befragen.

6. Abschied vom Identitätskonzept?

Kann ein Autor sich gegen sich selbst bzw. seine Argumente und Leitfolien wenden? Er muss es, wenn Erfahrungen und Gedanken hinzutreten, die neue Dimensionen erschließen – nicht im Widerspruch zum bisher Ausgeführten, sondern als Ergänzung, stärker: als Variante. Im Folgenden möchte ich daher einige Überlegungen zum Identitätskonzept wiedergeben, die es eher kritisch betrachten. Ich halte dies für notwendig, weil es eine wachsende Zahl von Jugendlichen gibt, die ihre Identität anders handhaben (möchten), als es das in diesem Buch entwickelte Identitätskonzept vorlegt. Dies bedeutet also: Das erläuterte Identitätskonzept hat weiterhin seine Geltung; es gibt aber, um mit Walter Benjamin zu sprechen, Flaggensignale der Zukunft, die von bestimmten Jugendlichen gehisst werden, und diese weisen auf Veränderungen des Ich-Seins und des Selbstkonzepts, die in den fachpsychologisch orientierten Überlegungen noch nicht eingefangen werden konnten. Ihnen dient daher dieses Kapitel.

Rechtfertigung durch Identität

Das Streben von Pädagogen nach »gelungener Identität« bei sich und ihren Zöglingen verdankt sich dem Motiv, auf ganz grundsätzliche Weise das Auf-der-Welt-Sein einer/meiner Person zu rechtfertigen. Zu den Rechtfertigungsinhalten gehört seit jeher, dass ich mein Handeln plausibel mache und belegen kann, es stehe »in Übereinstimmung mit mir selbst«. Populärstes Beispiel ist die Verteidigungsrede, die Sokrates in der Rekonstruktion seines Schülers Platon gehalten hat (*Baacke* 1987, S. 192 ff.). Unabhängig von Situation und Umständen, erläuterte Sokrates seinen Richtern und Zuhörern, höre er ausschließlich auf die innere Stimme seines Daimonion, und von diesem aus konstruiert er sich flüssig, bruchlos und ohne Widersprüche: »Man wird mich mein ganzes Leben hindurch, in der Öffentlichkeit, wenn ich je dort tätig war, und im Privatleben als einen solchen Mann, als stets denselben, befinden: als einen Mann, der nie jemandem wider das Recht irgendwelche Zugeständnisse gemacht hat.« Für diese Art der in Autobiografien vorfindlichen, von Pädagogen angezielten Ichkonstruktion ist kennzeichnend, dass es einen personalen Wesenskern gibt (Kontinuität), der sich äußeren Einflüssen gegenüber verschließt. Zweitens sind öffentliche und private Person nicht geschieden. Unabhängig von Varianten der Ichkonstruktion – Rousseau hat beispielsweise in den Confessions die Psychologisierung eingeführt – gilt, dass sich durch derart gestaltete Identität mein Leben rechtfertigt. Das Modell des Sokrates ist bis heute das Ziel pädagogischer Erziehungs- und Bildungsprozesse. Danach kann es Brüche zwischen der Vergangenheit und der Gegenwart sowie der antizipierten Zukunft einer Person geben, sogar Widersprüche und Ungereimtheiten. Diese müssen jedoch erklärbar oder ableitbar sein und in der gelungenen Konsequenz zu einem Ich führen, das sich akzeptiert und von anderen akzeptiert wird.

Das Modell Camp:
Neue Prinzipien der Ichkonstruktion

Das bis heute gültige Modell der Ichkonstruktion via Identitätskonzept hat Wilhelm Busch Ende des letzten Jahrhunderts, typisch plüschärmelig, so zusammengefasst:

> »Wie wolltest du dich unterwinden,
> kurzweg die Menschen zu ergründen.
> Du kennst sie nur von außenwärts.
> Du siehst die Weste, nicht das Herz.«

Ich beobachte nun, dass es in den neuen Jugendkulturen Jugendliche gibt, die diesem Einverständnis nicht folgen. Sie kehren es um:

»Siehst du die ›Weste‹, hast du mein Ich;
mein so genanntes ›Herz‹ lass bitte in Frieden,
Du brauchst es nicht.«

Das ist urbaner Selbstzynismus, aber konsequent: Das Problem heute ist nicht nur die materielle Ausbeutung bestimmter Mehrheitsgruppen durch die macht- und staatstragende
Minderheit, sondern auch die Entstehung einer kulturellen
Leere durch Vervielfältigung der Angebote, vielfache Bedürfnisbefriedigung, Verflachungen, Optionenhast etc. (*Baacke*
1987, S. 198 ff.). Die Vereinzelung, die Auskältung durch wirt-
schaftliche Konkurrenzprinzipien und ein descartessches »co-
gito ergo sum« mit seiner lebensweltlichen Abkoppelung führen in die Vereinsamung, zur Psychotherapie. Jugendkulturen
wenden sich von solchen »Diskursen« ab, weil sie leer erscheinen, nicht bezogen sind auf affektiv angereicherte Umwelten
und biografische Elemente. Sie versuchen, das »Ich« aus der
Cogito-Identität herauszubrechen und zu öffnen in die Com-
municatio der Gruppe oder auch des Ich in der Begegnung
mit den Symbolwelten der Medien (vgl. *Baacke/Radde/Frank*
1989). Das Desinteresse an »tiefer gehender« Selbstvergewisserung stellt den Versuch dar, ohne Psychotherapie aus-
zukommen. Die Offenheit für Stile, Gesinnungen und die
Freude an Varianten der Stilisierung arbeiten mit der heutigen
Sinn-Beliebigkeit, machen sie aber auch ironisch fruchtbar.
   Eine solche Haltung des Individualitätsausdrucks durch
das Subjekt kann mit dem Begriff »Camp« beschrieben werden. *Susan Sontag* (1968) beschreibt »Camp«, ein Element ur-
ban-metropolitistischer Kultur, folgendermaßen: »Camp« ist
keine natürliche Weise des Erlebens. Zum Wesen des Camp
gehört vielmehr Liebe zum Unnatürlichen: zum Trick und zur
Übertreibung. Und Camp ist esoterisch – eine Art Geheimcode, ein Erkennungszeichen kleiner urbaner Gruppen. In den
Jugendszenen ist dieser Geheimcode inzwischen generalisiert.
Camp eröffnet »eine Erlebnisweise, die das Ernste in das Fri-
vole verwandelt«, gleichwohl »um gewichtige Angelegenheiten«. Denn: »Für die meisten Menschen gehören Erlebnisweise und Geschmack dem Bereich rein subjektiver Wahl an,
dem Bereich jener geheimnisvollen, vorwiegend sensuellen

Reize, die nicht unter die Botmäßigkeit der Vernunft gestellt sind. Sie lassen es hingehen, dass geschmackliche Erwägungen in ihrem Verhalten gegenüber anderen Menschen und Kunstwerken eine Rolle spielen«, und: »Den Geschmackssinn mit Herablassung behandeln heißt sich selbst mit Herablassung behandeln. Denn der Geschmack regiert jede freie menschliche Reaktion – im Gegensatz zur rein mechanischen. Nichts hat eine größere Prägekraft. Es gibt einen Geschmack in der Beurteilung von Menschen, einen visuellen Geschmack, einen Geschmack in Dingen des Gefühls – und es gibt einen Geschmack, der sich im Handeln bekundet, einen Geschmack auf moralischem Gebiet. Ebenso ist Intelligenz im Grunde eine Art des Geschmacks: Geschmack im Bereich des Denkens.« Und weiter: Camp geht es nicht um Schönheit, »sondern um den Grad der Kunstmäßigkeit der Stilisierung«. Schließlich: Der Camp-Geschmack ist »für den ›momentanen Charakter‹ empfänglich, nicht dagegen für die Entwicklung des Charakters. Charakter wird verstanden als ein Zustand kontinuierlicher Intensität«. Diese kontinuierliche Intensität wird erreicht durch das Wechseln der Weste, ein Akt der Theatralisierung von Erfahrungen. Die Punks haben das Theatralische beispielsweise zum Ausdruck nicht formulierten Widerstands gemacht. Avantgardistische Jugendliche definieren sich nicht primär als »Jugendliche«, sondern über die Zugehörigkeit zu wechselnden Szenen, in denen ihre Identitätsbilder wechselnd ohne Tiefenschärfe aufleuchten.

Von zivilisiertem Konventionalismus zu postkonventioneller Selbstreflexivität

Die eben angedeuteten Verhaltensweisen mancher Jugendlichen zielen auf postkonventionelle Reflexivität (*Baacke* 1985, S. 195 ff.). Was meint das? Konventionelle Haltungen sind solche, die sich gesellschaftlich einordnen und Widerspruch allenfalls im Rahmen anerkannter Regeln artikulieren. Dagegen sind postkonventionelle Haltungen solche, die das Individuum selbst als Maßstab des Arrangements einer gedanklichen Ordnung wählen. In ihnen wird über den Rand der Verhältnisse, wie sie sind, hinausgedacht: »Das postkonventionelle Arbeitsmodell gibt dem Benutzer die gedanklichen Hilfsmittel an die Hand, um sich in soziale Zusammenhänge einzuordnen, in die er nicht gesinnungsmäßig integriert ist. Es erlaubt ihm auch, sich aus der für ihn gültigen Ordnung hinauszuversetzen. Es unterbricht die Fraglosigkeit der moralischen Orientierung und erlaubt die Konstruktion von Alternativen. Es ist offenbar besonders geeignet für Zeiträume gesellschaftlicher Instabilität« (so *Vowinckel* 1983, S. 213).

Die Postmoderne hilft, solche Instabilitäten zu produzieren, vor allem durch Veränderung des kulturellen Milieus. Wenn alle Deutungs- und Interpretationsmuster prinzipiell gedacht werden können und also zur Disposition stehen, kann auch Erziehung auf Dauer nicht auf scheinbar stabile Traditionen rekurrieren; sie braucht vielmehr ein selbstreflexives Konzept. *Norbert Elias* hat gezeigt, wie die Zivilisierung in der bürgerlichen Gesellschaft über die Ausbildung von Institutionen und Zentralorganen eine »psychische Selbstzwangsapparatur« entstehen ließ, die den friedlichen und produktiven Verkehr einer zunehmenden Anzahl von Menschen überhaupt erst ermöglichte. Die Jugendkulturen und einzelne Jugendliche brechen solche Konventionen auf. Die Pluralität der von ihnen inszenierten Stile, die unterschiedlichen Wege der Selbstausbürgerung, das Insistieren auf den Rechten der Individualität: Dies alles sind Herausforderungen des zivilisierten Konventionalismus und damit der Erziehung, die in ihm ruht. Gesucht werden andere konventionelle Muster als bisher, und es werden postkonventionelle Selbstreflexivitäten erzeugt, die eher das Individuum betreffen als die Gruppe.

Ein – recht schwieriges – Beispiel aus der pädagogischen Diskussion: In dem Artikel »Robert S., 17 Jahre rechts«, (*Deutsche Jugend* 4/1984) ist Robert bereit, Zivildienst zu machen, »wenn es sein muss«. Es gibt nur einen Grund dafür: »Ich hab Angst vor Haarausfall, wenn ich den scheiß Helm aufsetze.« Dies ist alles andere als – wie die pädagogischen Autoren des Beitrags befürchten – »überangepasstes, normgerechtes Verhalten«. Die Aussage ist zynisch. Aber dieser Zynismus wird verständlich, wenn man die ehemals üblichen Prozeduren der Prüfungsausschüsse bedenkt und den Überdruss an abgehandelten moralischen Rechtfertigungen in Rechnung stellt. Robert und seine Kumpels interessieren sich nicht für Politik, »ich habe mal was von ›Türken brauchen Gas‹ losgelassen, aber nur aus Gag, nur um aufzufallen. (...) Wenn meine Kumpels alle gegen die NPD wären, würd' ich mich total anpassen. Wenn mir das (die Rechten an der Macht) was bringen würde, und ich hätte was davon, einen neuen Freundeskreis und die wären in Ordnung, wenn mir das was bringen würde, wär ich dabei, da bin ich ziemlich sicher«. Man kann dies moralisch werten, wie man will (der Pädagoge wird nicht lange zaudern): Robert offenbart mit diesen Argumenten reinsten Machiavellismus, und dieser ist Ausdruck für eine souveräne, Konventionalitäten reorganisierende Haltung. Nach Machiavelli betrachtete sich der einzelne Hofmann »gewissermaßen als Souverän, als Politiker und diplomatischen Vertreter der eigenen Person und ggf. als kriegsführende Macht. Die Menschen um sich herum sieht er gleichfalls als solche souveränen Mächte an, mit denen er Bündnisse schließt oder die er bekämpft oder für das eigene Interesse einzuspannen sucht oder mit denen er konkurriert. Das *Interesse*, der *Eigennutz*, das *Fortkommen* sind Bezeichnungen für den Flucht- und Zielpunkt, auf den hin der Einzelne sein Verhalten plant und beständig reorganisiert« (*Vowinckel*, a. a. O., S. 64 ff.). Robert arrangiert wie Machiavelli die moralischen Bestände, die Machtverhältnisse um sich herum, verfügt also über sie, und dies kann er nur, wenn er – zumindest spielweise – nicht im Konventionalismus befangen bleibt, sondern sich der Konventionen bedient, um selbst einen Vorteil daraus zu ziehen oder eine Überlebenschance zu haben.

Dieser Postkonventionalismus ist natürlich nicht zu verwechseln mit postkonventioneller Moral (nach *Kohlbergs* Stufenschema). Hier bedeutet das postkonventionelle und höchste Stadium, dass moralische Autonomie aufgrund moralischer Prinzipien erreicht ist. Robert ist da eher ein Störfall, ein gestörter Fall vielleicht überdies. Aber: *Keniston* (1977, S. 304 f.) macht darauf aufmerksam, dass man abstrakte persönliche Prinzipien postkonventioneller Höhe auch mit beträchtlichem Misstrauen betrachten kann und manchmal muss: »Solche Prinzipien (...) sind eng – vielleicht unumgänglich –

mit der Entwicklung moralischer Selbstgerechtigkeit, fanatischem Eifer, Dogmatismus, Fanatismus und Gefühllosigkeit verbunden. In der Verfolgung seiner eigenen Überzeugungen wird ein Mensch andere, die diese nicht teilen, rücksichtslos behandeln, wird menschliche Gefühle missachten oder sogar Menschenleben zerstören.« Robert steigt nicht in sein Inneres hinein, weiß nichts von Eigentlichkeit; er wechselt seine moralische Weste je nach Chancenkalkül (oder gibt vor, dies zu tun!) – und er erreicht gerade damit eine Provokation unserer moralischen Ordnung, für die er sich nicht verantwortlich, in die er sich nicht hineingenommen fühlt.

Pädagogische Resultate

Folgen wir den Gedankenlinien dieses Kapitels, das zur Diskussion anregen möchte und darum spekulativ-prognostische Elemente enthält, so gibt es einige Schlussfolgerungen, die der Autor dieses Buches jedenfalls für interessant, ja bemerkenswert hält. Er trägt sie daher im Folgenden knapp vor:

(1) Wenn das abendländische Rollenmuster der Identität aus der sozialisatorischen Tiefe an die Oberfläche gelangt, sozusagen in die Westentasche wechselnder Habitus- und Lebensstile, besteht eine Chance der Auflösung von polarisierten Rollenmustern im geschlechtsspezifischen Verhalten von Adoleszenten. Indem der Sozialcharakter von »männlich« und »weiblich« an der Oberfläche zur Disposition steht, müssen geschlechtsspezifische Verhaltensweisen und Denkmuster nicht an die Geschlechter gebunden bleiben.

(2) Indem unterschiedliche Stile gleich-zeitig werden, gleichsam eine Verräumlichung von Verhaltenspatterns in pluralisiert-benachbarten Szenen entsteht, ist es erheblich schwerer, überhistorisch haltbare Figuren einzuholen – etwa solche der Generationszugehörigkeit, die an historische Erfahrungen und daraus entwickelte Einstellungen gebunden bleibt. Historizität wird nur noch aus systematischer Distanz erkennbar; die Bedeutung von Differenz im

Spektrum der Generationszugehörigkeit wird zunehmend nur noch kognitiv vermittelbar. Hier stellt sich den Pädagogen das Problem, wie sie heute historische Differenzen und Identitätsdifferenzen als Strukturelemente gesellschaftlichen Seins und gesellschaftlicher Verantwortung übermitteln.

(3) Auch die Faszination des jugendlichen Helden rechtfertigte sich aus dessen spezifischer Identität. Wenn dieses pädagogische Kontrollmuster – Pädagogen, die die Identität eines Jugendlichen mitgebastelt haben, verfügen damit über diesen Jugendlichen – Ermüdungserscheinungen zeigt, entsteht ein psychosoziales Moratorium, dessen Dauer schwer abschätzbar wird. So haben die neuen Figurationen schnellen Wechsels über Identitätsmontagen qua Outfit ambivalente Resultate. Mit dieser Ambivalenz hängt zusammen, dass die pädagogischen Traditionen, Moralen und Deutungsmuster selbst auf dem Prüfstand stehen, denn Entwicklungsprognosen für Jugendliche wie Verhaltensdeutungen sind entschieden schwieriger, weil unzuverlässiger geworden. Dem entspricht, dass außerpädagogische Handlungsräume für Jugendliche immer wichtiger werden. Ihnen gilt daher das folgende siebte Kapitel.

7. Außerpädagogische Handlungsräume

Medienwelten Jugendlicher

Jugendliche leben heute in reich konturierten Medienwelten. Dies meint: Die symbolisch vermittelte Wirklichkeit ist derart zum Bestandteil der »Wirklichkeit aus erster Hand« geworden, dass sie zu dieser nicht hinzukommt, sondern genuiner Bestandteil von ihr geworden ist. Jugendliche leben heute nicht nur mit Fernsehen und Radio; mit Tageszeitungen, Illustrierten, Massen- und Jugendpresse, Schülerzeitschriften, Alternativblättern; sie hören auch CDs, rezipieren Videokassetten und DVDs, sie stülpen sich den Disc- oder Walkman über, kommunizieren über Handy und SMS (Short Message Service), hantieren am Computer, indem sie Computerspiele spielen, Texte und Grafiken erstellen, E-Mails schreiben und Chatten, MP3-Musikstücke *napstern* (aus der Tauschbörse Napster downloaden) und auf CD-ROM brennen oder die Regeln von Computerprogrammen ergründen; sie schauen in reich ausgestattete Schaufenster, treiben sich in Warenhäusern herum, besuchen Videotheken, Diskotheken und Warenhäuser, sind die eifrigsten Kinogänger – kurz: Medienkonsum ist konstitutives Element ihres Alltags geworden. Die Entwicklung der neuen Informations- und Kommunikationstechniken bestimmt ihre Zukunft. Am vernetzten Terminal werden sie in virtuellen Lernumgebungen lernen, Berufliches erledigen, Bestellungen aufgeben, Kommunikationen abwickeln, sich unterhalten und informieren lassen. Die Vermittlung von Politik und Kultur, von Öffentlichkeit und Privatheit geht heute über die Medien.

Auf den ersten Blick werden Jugendliche damit fast besser fertig als Erwachsene. Alle Studien zeigen (zusammenfassend dazu: *Baacke* 1990): Junge Leute benutzen unterschiedliche

Medien insgesamt flexibel und zu unterschiedlichen Zwecken; sie haben keine Berührungsängste vor neuen Techniken und entsprechend sind medienpädagogische Problemdiskussionen für sie kein interessantes Thema. Wozu das Selbstverständliche, lebensweltlich ohnehin Vorhandene zum Problem machen, da es doch schon genügend andere Probleme gibt? Dennoch: Die Strukturierung des Alltags durch die Medienwelten bis in seine feinsten Verästelungen bringt einige kommunikationskulturelle Problemlagen mit sich, von denen Jugendliche besonders betroffen sind. Im Folgenden sollen nicht die Daten der üblichen Mediennutzung wiederholt werden (dazu: *Baacke/Sander/Vollbrecht* 1990, Bd. 1 u. 2; *Feierabend/Klingler* 2000); wohl aber lohnt es sich, einen bisher weniger gewohnten Blick auf Medienorte zu werfen, die Jugendliche außer Haus besuchen. Während die häuslichen Medienausstattungen in den Metropolen, in Mittelstädten und in dörflichen Umgebungen sich fast vollständig angeglichen haben, unterscheiden sie sich doch im außerhäuslichen Bereich. Jugendliche nutzen Medien durchaus zu Hause (Audiomedien fast ebenso intensiv wie den Fernsehapparat oder, eingeschränkter, den Videorekorder oder den Computer). Aber parallel zum Ablösungsprozess, der sie verstärkt außer Haus führt, werden sie entsprechend von außerhäuslichen Medienumgebungen fasziniert. Einige sollen im Folgenden dargestellt werden:

(1) Kino: Für ein Viertel aller Jugendlichen ist das Kino der wichtigste mediale Freizeitort (*Baacke/Sander/Vollbrecht* 1990, Bd. 1, S. 133; vgl. *Baacke/Schäfer/Vollbrecht* 1994, S. 87ff.; *Lukesch* 1989, Bd. 1, S. 39ff.; *Bonfadelli u.a.* 1986, S. 94f.). Insgesamt ist das Kino ein Jugendtreff geselliger Art geworden. Abgesehen davon, dass viele Jugendliche aufgrund geringer Mobilität (Landjugendliche) und mangelnder Geldmittel auf Kinobesuche verzichten, ist der Kinobesuch zu einem wichtigen Freizeitereignis geworden, eingelagert in Hausbesuche und Abholen vorher und Kneipen- oder Diskobesuche nachher. Entsprechend viel Wert legen Jugendliche auf gut ausgestattete Kinos, Verzehrmöglichkeiten, aber auch auf ein technisch gut reproduziertes interessantes Film-

angebot. In der Kultfilm-Bewegung wird das Kino zum jugendkulturellen Treffort (*Baacke* 1988).

(2) Diskotheken: Das Konzept der Medienwelten hat der traditionellen Medienforschung auch diesen bei Jugendlichen durchaus beliebten und für ihre Identitätsbildung sowie die Aufnahme erotischer Beziehung zentralen Medienort erschlossen. Die Diskothek ist nach dem Kino der wichtigste mediale Freizeitort für Jugendliche; für Jugendliche, die 16 Jahre und älter sind, ist es sogar der mit Abstand wichtigste Medienort. Immerhin die Hälfte der befragten Jugendlichen (dazu im Folgenden: *Baacke/Sander/Vollbrecht* 1990, Bd. 1, S. 144 ff.) gibt an, regelmäßig in Diskotheken zu gehen (durchschnittlich 4,3 Mal im Monat). Das Ergebnis anderer Untersuchungen (vgl. *Schilling* 1988), Mädchen seien häufigere Diskogänger als Jungen, ließ sich in der eben genannten Untersuchung nicht bestätigen. Besonders interessant sind Unterschiede zwischen den Häufig-Gängern. Zu diesen gehören nur 10 % der älteren Gymnasiasten, aber 24,7 % der Berufsschüler. Offenbar wird das soziale Arrangement Diskothek von weniger gebildeten Schichten stärker angenommen. Als Gründe für den Diskobesuch werden angegeben: Gemeinschaftserlebnis mit Partner, Freunden oder Bekannten (je nach sozialem Arrangement zwischen 63,0 und 89,7 %). Sodann besteht ein Interesse an »Musikhören« (82,6 %) und »Tanzen« (79,2 %). Zum Diskothekenbesuch gehört das »Gut-drauf-Sein«. Diskotheken sind dabei keineswegs ein sexueller Supermarkt (*Neißer u.a.* 1979; ähnlich *Mezger* 1980); wohl aber gilt die Diskothek als einer der Orte, an dem sich besonders gut Freundschaften ergeben können. Auch die Diskotheken ermöglichen Intensitätserfahrungen (Popmusik, Körperlichkeit, Kontakte); sie sind wichtige Angebote für jugendliche Verortungsbedürfnisse.

(3) Plattenläden: Drei Viertel aller Jugendlichen (77,1 %) besuchen Musikgeschäfte und Plattenläden, wobei 18-jährige und ältere (84,1 %) hier besonders oft anzutreffen sind. Bei den Diskotheken ist der Anteil der Häufig-Nutzer unter den Haupt- und Berufsschülern größer als unter den Gymnasias-

ten. Die intensivsten Nutzer sind Mittelstadt-Jugendliche (80,1%) – wohl wegen der leichten Erreichbarkeit (in Metropolen und auf dem Lande sind längere Wege zurückzulegen). Auch Plattenläden werden als Medienorte erfahren. Es geht nicht nur um den Kauf der neuesten CD oder Kassette, sondern auch um Probehören, um das Sammeln von Informationen oder das Treffen mit Bekannten. Musikgeschäfte sind also ein kommunikativer Freizeitort, und die Medien sind wiederum der Anlass, diese Funktion zu nutzen (*Baacke/Sander/Vollbrecht* 1990, Bd. 1, S. 155 ff.).

(4) Videotheken: Nach der Untersuchung von *Baacke/Sander/Vollbrecht* 1990 (Bd. 1, S. 205 ff.) sieht sich knapp die Hälfte der Jugendlichen Videofilme an. Die Anzahl der Videothekenbesucher ist erheblich niedriger (48,8% zu 17,3%). Dies liegt daran, dass eigentlich erst 18-Jährige in Videotheken gehen dürfen. Aber auch schon jüngere Jugendliche haben Videothekenerfahrung. Besonders Mittelstädter sind unter den Häufig-Nutzern zu finden, und hier sind es wiederum die Berufsschüler, die den Löwenanteil unter den Besuchern stellen. Jungen interessieren sich entschieden stärker für Videotheken als Mädchen. Auch hier gilt: Neben dem Kauf- oder Leihwunsch sind Videotheken Freizeitorte, die der Information und geselligen Unterhaltung dienen. Erst in neuerer Zeit kommen Videotheken in Stil und Ausstattung diesem Bedürfnis insbesondere Jugendlicher stärker nach.

(5) Spielhallen: Quantitativ sind Spielhallen für Jugendliche nicht sehr bedeutend. Sie liegen mit 0,9% der Nennungen abgeschlagen auf dem 11. und letzten Platz in der Reihenfolge wichtigster Freizeitorte (dazu *Baacke/Sander/Vollbrecht* 1990, Bd. 1, S. 211 ff.). Auch die Spielhalle ist eine von Jungen häufiger besuchter Ort (15,0% zu 3,7%). Häufig-Nutzer sind ausschließlich Jungen, und unter ihnen sind es vor allem wieder Haupt- und Berufsschüler. Die meisten Jugendlichen gehen nicht in die Spielhalle, weil sie sich für zu jung halten oder noch keinen Zutritt haben (58,6% der Nennungen). Gründe für den Spielhallenbesuch: Langeweile (32,4% der Jugendlichen, die in eine Spielhalle gehen), Entspannung beim Spie-

len (30,9%), »Dampf ablassen« (16,2%), Abreagieren (13,2%). An erster Stelle steht: Bekannte treffen (63,2%); dem entspricht, dass 57,4% der Nutzer mit Bekannten eine Spielhalle aufsuchen. Auch die Spielhalle ist also ein gemeinschaftsbezogenes Erlebnisfeld. Bemerkenswert ist, dass ein Viertel der Besucher in der Regel nur zuschaut, ohne selbst zu spielen. Für die überwiegende Mehrzahl der Jugendlichen (vor allem auch wieder Mädchen) ist die Spielhalle kein interessanter oder attraktiver Ort, und auch Interessierte betrachten sie oft als »Groschengrab«. Genau hierin liegt die Gefahr: Hat einen Jugendlichen die Spielsucht ergriffen, wächst rasch ein Schuldenberg an, der Jugendliche zusätzlich in Isolation bringt. Es können neben materiellen Einbußen erheblicher Art auch seelische Schäden auftreten (*Bührmann u.a.* 1988). Hier können Pathologien entstehen, die nur durch Verhaltenstherapie oder Selbsthilfegruppen behandelt werden können. Spielhallen sind – im Vergleich zu anderen Medienorten – also potenziell eindeutig jugendgefährdend.

(6) Andere Medienorte: Auch Buchläden, Boutiquen, Musikkneipen, Kaufhäuser (kommerziell), Büchereien und Jugendzentren (öffentlich bzw. pädagogisch) sind von Jugendlichen häufig aufgesuchte Orte mit Medienausstattungen und entsprechender Nutzung. Die dörfliche Region hat im Vergleich zu den Regionen Mittelstadt und Metropole eine bemerkenswert geringere Ausstattung mit Medienumgebungen zu verzeichnen. Da zeigt die Mittelstadt im Vergleich zu Metropolen und zu dörflichen Regionen die größte interne Homogenität: Alle Medienumgebungen sind relativ erreichbar. Dies hängt wohl damit zusammen, dass die Mittelstadt, definiert als zusammenhängende örtliche Struktur, im Vergleich zur Metropole mit deren vielfältiger Zergliederung in Subnahräume über die meisten Medienumgebungen verfügt. Obgleich die Medienausstattungen in den Privathaushalten sich, unabhängig von sozialer Schicht, Bildung oder Region zunehmend angleichen, unterscheiden sich also die öffentlichen Räume stark durch unterschiedliche Ausstattung und Erreichbarkeit von Medienumgebungen. Dies gilt besonders für das Land; Landjugendliche haben lange Strecken zurück-

zulegen, um beispielsweise Diskotheken oder Kinos zu erreichen. Sie haben daher häufig ein Gefühl kulturellen Zu-kurz-gekommen-Seins entwickelt (*Baacke/Frank/Radde* 1989).

Problemlagen und Dilemmata

Während der vorangegangene Abschnitt die Bedeutung von Medienorten für die Jugendlichen veranschaulichen sollte, soll im Folgenden auf kommunikationskulturelle Problemlagen Jugendlicher eingegangen werden. Hier handelt es sich um längerfristige, oft strukturelle Veränderungen, die schwieriger durch ein Set »objektiver Daten« zu ermitteln sind, sondern (zum Teil offene) Diskussionspunkte darstellen, die sich aus Beobachtungen, tiefer gehenden Interviews (*Baacke/Frank/Radde* 1989) ergeben. Während Dilemmata Handlungswidersprüche darstellen, sind Problemlagen leichter zu bewältigen, sollten aber dennoch im Aufmerksamkeitsfokus pädagogischer Reflexion bleiben.

(1) Wertedilemma: Dieses Dilemma besteht darin, dass Arbeit und Ausbildung auf der einen, Freizeit, Medien und Konsum auf der anderen Seite verschiedene Wertorientierungen fordern. Pädagogische Einrichtungen und der Arbeitsplatz verlangen Wertorientierungen, die sich in Tugenden ausdrücken wie: Leistungsbereitschaft, Selbstkontrolle, soziale Verantwortung, Selbstdisziplin, rationale Beweisführung, Ernsthaftigkeit des Verhaltens und der Lebensführung. Die Konsum- und Mediensphäre der veröffentlichten Unterhaltungsindustrie fordern andere Grundhaltungen: Hedonismus, Vorrang von Narzissmus und Emotionalität sowie Eros, Augenblicklichkeit, ekstatische Selbstaufgabe. Dieses Dilemma verdankt sich dem strukturellen Widerspruch, dass Arbeitswelt und Daseinsvorsorge des Sozialstaates auf disziplinierende Tugenden angewiesen sind, während der Staat für das Funktionieren seiner Wirtschaft auch einer Unterstützung durch die Binnenmärkte bedarf. Jugendliche müssen auf der einen Seite planen und sparen, auf der anderen aber bereit

sein, Geld auszugeben und den Konsummarkt auf diese Weise zu beleben.

(2) Unterscheidungsproblem: Es besteht darin, dass die Unterscheidung zwischen Jugendstatus und Erwachsenenstatus schwierig wird. Gerade die Medien, so die These des Mediensoziologen *Neill Postman*, sorgen dafür, dass die Erfindung von Kindheit und Jugend rückgängig gemacht wird: Alle partizipieren an den gleichen Fernsehprogrammen, die keine kognitive Vorbereitung, keine alphabetisierende Stufung und damit keine Differenz mehr herstellen. Es gibt keine Geheimnisse des Erwachsenen mehr, und insofern ist es auch nicht mehr erstrebenswert, den Unterschied von Jugend und Erwachsensein als eine Spannung zu empfinden. Jugendliche haben nicht alle Rechte des Erwachsenen, aber qua Medien alle Kenntnisse, die zur sozialemotionalen Ausstattung eines Erwachsenen gehören. Diese Entspezifizierung der Jugendphase führt zur dauernden Nötigung einer Selbstvergewisserung, wer man denn nun eigentlich sei und welche Unterschiede in einzelnen Handlungsweisen bestehen wie in unterschiedlich angebotenem Lebensstatus.

(3) Entscheidungsdilemma: Dieses Dilemma besteht darin, dass es inzwischen eine fast unüberschaubare Beliebigkeit unterschiedlicher Waren-, Kultur- und Medienangebote gibt, die in ihrer Qualität immer weniger differenziert werden. Dieses Überangebot an konsumptiven Reizen hat zur Folge, dass ich bei der Entscheidung für einen Gegenstand, ein Erlebnis, einen Reiz alle anderen versäume. So entsteht ein ständiges Gefühl des Zu-kurz-gekommen-Seins. Dies beginnt auf dem Warensektor: Mit begrenztem Taschengeld muss sich der Jugendliche entscheiden, welche CDs er oder sie kauft: Erwirbt er die neue Platte der No Angels, muss er auf die von Britney Spears verzichten. Immerhin, auf diesem Sektor haben Jugendliche viele Strategien entwickelt, dem Dilemma zu entkommen: Sie tauschen und brennen CDs, kopieren Musik aus dem Internet (während früher aus dem Radio auf Tonkassette aufgenommen wurde) und sparen so. Auch auf dem Videosektor wird heftig kopiert. Illegale Filmkopien finden

»Experten« schon vor der deutschen Kinopremiere im Internet. Schwieriger ist es zum Beispiel in Bezug auf die Programmstrukturen des Fernsehens. Sehe ich den Fernsehkrimi im 1. Programm, versäume ich das Fußballspiel im anderen und die Talkshow im Dritten. Dies führt häufig zu einem hektischen Hin-und-her-Schalten: Mann/Frau versucht, jeweils alle Höhepunkte audiovisueller Präsentation einzufangen. Ein drittes Beispiel sind die Beziehungen, wie wir gesehen haben, wesentliches Element von Identität. Auch das ist heruntergekommenes Wissensgut: dass ich, ehe ich heirate, Erfahrungen haben sollte im Bereich von Erotik und Sexualität, damit ich vorschnelle Entscheidungen nicht später korrigieren muss; dass Bedürfnisaufschub oft von gesellschaftlichen Verhältnissen erzwungen wird, aber keine freiwillige Leistung ist – warum sich dem unterwerfen?; dass ein reiches Leben durch eine Vielfalt von Beziehungspotenzialen gekennzeichnet ist. Auch hier ist es aber manchmal zu einem Overkill gekommen – dann nämlich, wenn das Leben in Beziehungen zum alltäglichen Wechselthema geworden ist, weil eine personale Entscheidung schwer fällt. *Guggenberger* beschreibt das mit Blick auf die Posthippies und Alternativszenen der 80er-Jahre etwas boshaft: »In Wahrheit haben die Beziehungsblumenkinder längst die Unschuld verloren: null Bock auf Partnerillusion. Der Beziehungsvirtuose hat den Amateurstatus längst abgelegt. Er ist ein ausgebuffter ›Profi‹ in Sachen Gefühle: WG-fest, rechtfertigungssicher und rundum kommunikationskompetent. Mit moderater Coolness betreibt er präventives Beziehungskrisenmanagement – alles, nur keinen unnötigen Trouble, das Leben ist schon hart genug! Die sich so oft beruhigend sanft geben – sie sind gar nicht immer von der müden Sorte, wie man auf den ersten Blick glauben könnte! Ihr Repertoire an kommunikativer Gemeinsamkeitsrhetorik ist meist wortkosmetische Verkleidung, oft werbungs- und umgangspsychologische Masche! Dabei muss gar keine bitterböse Täuschungsabsicht im Spiele sein. Viel wahrscheinlicher ist, dass die geschliffenen Formen des Partnerschaftscodes der 68er-Generation sich einfach als ideologische Rechtfertigungsstruktur behaupten, obgleich sich, gleichsam in ihrem Schutz, das wirkliche Verhalten und die wirkliche psychologische Orientierung längst in eine andere Richtung bewegen« (*Guggenberger* 1988, S. 10).

Handelte es sich um Konsumwaren, um Medienangebote, um die Aufnahme von immer neuen Beziehungen: Es gibt eine überbordende Fülle von Optionen. Dies reicht bis in den Bereich moralischer und weltanschaulicher Konkurrenzen. Jede Entscheidung stellt darum eine Entscheidung dar gegen andere, ebenso mögliche und ebenso gutzuheißende Entscheidungen. Mit welchen Gründen soll man an welcher Entscheidung festhalten, und wer garantiert mir, dass mich die einmal getroffene Entscheidung nicht reut?

(4) Mediatisierungsproblem: Dieses Problem besteht darin, dass direkter, kommunikativer Austausch besteht, die Medienimages jedoch so stark faszinieren, dass dieser Austausch übersehen wird. *Günter Anders* erzählt in seinem Buch »Die Antiquiertheit des Menschen« von dem Jungen zur Zeit des Radios in New York (Anders lebte damals dort), der in das Zimmer gestürzt kam, in dem sich Anders und die Zimmerwirtin befanden. Das eigene Radio des Jungen funktionierte nicht, und er suchte nun schnell den Kanal auf dem Radio der Zimmerwirtin, auf dem die Stimme seines geliebten Rundfunksprechers ertönte. Als er ihn gefunden hatte, so *Anders*, begann der Junge erlöst zu wimmern, »nicht anders als ein in den Strand geworfener Schiffbrüchiger, der, glücklich, wieder Grund unter seinen Füßen zu verspüren, in Tränen ausbricht. Die Zimmerwirtin oder gar mich eines Blickes zu würdigen kam natürlich nicht in Betracht. Neben dem wieder gefundenen, nie gesehenen Kumpan waren wir unwirklich« (*Anders* 1961, S. 127 f.).

Für diese Situation gilt nicht das Kommunikationsaxiom *Watzlawicks*: »Man kann nicht nicht kommunizieren.« Dieser Satz meint, dass Menschen, wenn sie beieinander sind, immer Botschaften austauschen. Auch Schweigen oder eine Abwendung ist eben eine Botschaft.

Dies gilt jedoch nicht mehr, wenn die Aufmerksamkeit durch Medien so absorbiert ist, dass die Umwelt verschwindet und kommunikative Beziehungen gar nicht mehr denkbar sind. Jugendliche wollen beides: Intensität in der direkten

Kommunikation und Intensitätserlebnisse durch Medien. Wie das Dilemma lösen?

(5) Wahrnehmungsdilemma: Dieses Dilemma besteht darin, dass Jugendliche präzise Wahrnehmungen schätzen, aber auch von schnellen Bildfolgen (Videoclips) fasziniert sind. Die Entwicklungspsychologie weist darauf hin, dass es zwar einerseits wichtig ist, auch aus Anzeichen schnell Entzifferungscodes zu bilden und ganzheitliche Sichtweisen entwickeln zu können. Andererseits ist es aber auch notwendig, ruhige Bilder zu betrachten, um Weltbestände überhaupt ordnen zu können. Diese Entwicklungsnotwendigkeit gilt für Jugendliche, die doch gleichzeitig von den flackernden Stroboskopen der Disko, den rasanten Bildfolgen der Videoclips fasziniert sind. Geordnete und verrätselnde Wahrnehmung stehen nebeneinander, fordern als notwendig oder ästhetisch reizvoll Beachtung. Wie sich entscheiden?

(6) Das Problem: Alles sichtbar – wenig greifbar: Dieses Problem besteht darin, dass Medienwelten die Schleier von allen Dingen und Begebenheiten wegziehen und selbst neue, zusätzliche Szenen aufbauen. Auf dem Gebiet der Waren präsentieren die Warenhäuser eine Fülle von kaufbaren Dingen; »Shopping« ist eine Hauptbeschäftigung geworden. Aber der ausgebreitete Warenreichtum kann zwar betrachtet und begehrt werden – begreifen und besitzen kann man nur weniges, denn wieder reichen die Ressourcen nicht. Die Dialektik von Sichtbarkeit und Isolation (*Sennett* 1983) wird durch die Medien am deutlichsten. Alle können wir anschauen: Boris Becker und die Athleten des Fußballfeldes, Thomas Gottschalk, Prince und Madonna; Loriot ebenso wie Außenminister und Bundeskanzler. Doch kennen wir sie natürlich nicht wirklich: Wer hat sie schon beim Einkaufen getroffen, hat mit ihnen sprechen können; saß je mit ihnen auf einer Bank? Oder: Nackte Körper kann man überall sehen, sie sind – glücklicherweise – kein Gegenstand moralischer Entrüstung mehr. Aber ihre lockende Präsentation ist doch zugleich mit Unerreichbarkeit verbunden – freilich mag dies für Erwachsene schmerzlicher sein als für Jugendliche, die in ihrer eigenen

körperlichen Vollkommenheit noch zu Hause sind. Wie aber geht es denen, die lang und dürr oder Krüppel sind? Die Sichtbarkeit, die Hörbarkeit von fast allem macht uns oft erst deutlich, dass und was wir entbehren!

Pädagogisches Fazit:

Zunächst ist festzustellen, dass die dargestellten Problemlagen teilweise auch für Erwachsene gelten. Insofern handelt es sich um Fragen, die die gesamtgesellschaftliche Kommunikationskultur betreffen. Daher würden auch pädagogische Interventionen zu kurz greifen, die nur darauf abzielen, den Fernsehkonsum einzuschränken, den Diskothekenbesuch zu überwachen o. Ä. Unmittelbares pädagogisches Handeln stößt hier – wie auch sonst oft – an seine Grenzen: Es muss sich also mit Medien-, Sozial- und Kulturpolitik verbinden. Ergänzend ist im Übrigen darauf hinzuweisen, dass die eingangs geäußerte These: Jugendliche kämen mit den neuen Medien, insbesondere dem Computer, ganz gut zurecht, nicht falsch ist, sondern nur eingeschränkt werden müsste auf solche Jugendliche, die ihren Medienkonsum mit aktivem Freizeitverhalten und sozialen Beziehungen aller Art verbinden können. Sind aber die sie umgebenden Sozialräume der Gestaltung nicht zugänglich und insofern kommunikativ »leer«, geraten sie in Schwierigkeiten und Widersprüche, die sie selbst kaum lösen können. Besser als Jugendschutzmaßnahmen greifen wohl insgesamt aktivierende und unterstützende Angebote aus dem Mediensektor selbst. »Handlungsorientierte Medienarbeit« heißt das Stichwort. Praktisch: Jugendliche sollten die Möglichkeit haben, das Fasziniertsein an und den Konsum von Medienbotschaften zu verbinden mit eigenen Produktionen per Video, Kassette etc. Jugendliche sind kulturell kreativ, und sie haben große Lust, ihre Umgebungen so zu gestalten, dass sie sie beeinflussen können. Dafür brauchen sie Spielräume, die notwendigen Instrumente und nicht zuletzt Ermunterung und Unterstützung. Dass gerade die Schulen hier manches aufzuholen haben, liegt auf der Hand.

Aufbrüche, Ausbrüche

Medien durchdringen alle lebensweltlichen Bezüge, vom ökologischen Zentrum über den Nahraum bis in die Ausschnitte und an die Peripherie. Sie verbinden die unterschiedlichen Handlungsräume. Sozialökologisch betrachtet, bringen Medien die Jugendlichen aufgrund ihrer Allgegenwärtigkeit immer wieder nach Haus zurück. Aber es gibt auch eine Gegenbewegung, die von zu Hause wegführt, hinein in die Straßensozialisation. Jugendliche brechen auf und aus, sie lösen sich nicht nur allmählich und kaum merklich ab, sondern brechen manchmal mit ihrer Vergangenheit (vgl. das Stichwort »negative Identität«), und sie suchen neue Erfahrungsräume, in denen andere Regeln gelten.

Jugendliche, die von zu Hause weglaufen, gab es schon immer. Wenn wir also über Ausreißer sprechen, geht es nicht um ein eigentlich neues Phänomen. Schwieriger ist es, zu beurteilen, was heute Motive für Ausreißer sind, aber auch, was sie davon haben, wenn sie sich neue Sozialorte suchen. Im Folgenden soll dieser Ambivalenz des Weglaufens ein Stück weit nachgegangen werden.

To drop out

Das war die erste große US-amerikanische Fluchtbewegung der späten 60er-Jahre, der Zeit der Hippies, der großen Folk- und Rockkonzerte. Im Sommer 1987 gab es in den USA etwa 500.000 Jugendliche, die Elternhaus, Schule oder Beruf verlassen hatten (das »Time Magazine« schätzte die Zahl auf ca. 700.000). Zu ihnen gehörten etwa 200.000 wirkliche »Hippies«, 200.000 »Sommer-Hippies« (auch Plastic-Hippies genannt, weil sie zwischen sich und ihrer Herkunft keinen radikalen Schlussstrich zu ziehen sich bemühten). Man sprach von den »runaway-children«. Es handelte sich wieder einmal um eine große Jugendbewegung, um den Versuch, unter Altersgleichen eine neue Gesellschaft ins Leben zu rufen. Die *Mothers of Invention* besangen den Aufbruch einer ganzen Generation mit den Worten: *Think I'll just DROP OUT/I'll*

*go to Frisco/Buy a wig & sleep/On Owsleys floor/Walked past
the wig store/Danced at the Fillmore/I'm completely stoned/I'm
hippy & I'm trippy/I'm a gypsy on my own.*

To drop out: Das bedeutet den Verzicht, an dieser Gesellschaft
teilzunehmen, den Rückzug in einen Verhaltensbereich, in
dem jeder tun und lassen kann, was er will. Sie berufen sich
auf die Spontaneität einer revolutionären Gruppe, die freilich
kein Programm hat. Glück erfüllt sich im jeweils ergriffenen
Augenblick, der inkommensurabel bleibt zur Geschichte. Es
wird keine neue Philosophie in dem Sinne kreiert, das Dasein
mit dem Sein in Übereinstimmung zu bringen. Die Mittel, die
Befreiung von Zwängen und Anpassung zu erleben, sind andere: Bewusstseinserweiterung durch Drogen, denn auf dem
Trip kann man ungeahnte Erfahrungen hinzugewinnen. Nicht
Reflexion oder Selbstreflexion, sondern die beim Tanz oder
in der Liebe sich darstellende Leiblichkeit und die Erfahrung
der Erlebnis-Solidarität vieler auf den großen Popfestivals
sind die neuen und wichtigsten Modi einer Selbstvergewisserung. Das Feld, auf dem die gesellschaftlich verordneten Ver-
haltenszwänge und Rollenbeziehungen wenigstens vorübergehend außer Kraft gesetzt werden, ist das der Freizeit. So
wird sie von den *Runaways* verstanden. In Wahrheit hat sie
bis heute nicht diese Funktion, im Gegenteil. Sie bleibt Kompensation, vorübergehende Unterbrechung, ermöglicht kein
Leben aus sich selbst. Zwar haben schon die Hippies versucht,
dem Bezugssystem von Arbeit und Familie eins jugendzen-
trierter Geselligkeit auf Dauer entgegenzusetzen – aber wenn
der Winter kam und mit ihm die Kälte und Dunkel, zerstreute
sich die Bewegung wieder.

Dennoch: To drop out, das stellte Ansprüche. Geöffnet
werden sollten Lebensbereiche, die in der Leistungsgesellschaft automatisch verdrängt werden: nicht institutionalisierte
Beziehungen; künstlerische Produktionen, die keiner bürgerlichen Darbietungsform entsprechen; Erotik und Sexualität,
die nicht nur auf die Lust des anderen bezogen sind, sondern
zugleich bewusst der eigenen dienen wollen. Die Probleme einer künftigen freizeitbestimmten Gesellschaft werden hier pa-
radigmatisch erfahren. Es gilt, die eigenen Aktivitäten aus

nichtgelenkten Bedürfnissen zu entwickeln. Problematisch bleibt die Spannung zwischen den Einstellungsnormen, die weitgehend von der Erwachsenengesellschaft, das heißt: der von ihr kontrollierten Arbeitswelt, bestimmt sind, und den Verhaltensformen, in denen sich die Bedürfnisse zu emanzipieren trachten.

Wenn man heute in der jugendsoziologischen Forschung von einer eigenständigen Jugendkultur spricht, so vor allem deshalb, weil die Jugend sich ihre eigenen Ausdrucksmedien in Mode, Musik und Jargon geschaffen hat, also ihr Anderssein auf der Ebene von Kommunikationssymbolen betont. Wie weit freilich die von dieser Jugend behauptete Unabhängigkeit überhaupt geht und wie lange sie im Ganzen wie für jeden Einzelnen dauert, ist fraglich.

To drop out: Das kann endlich auch heißen, sich einer Gesellschaft zu entziehen, die man für gewalttätig und ungerecht hält, um ihr durch Regelverletzung einen moralischen Spiegel vorzuhalten, und sie – durch revolutionäre Solidarisierung, von »außen« wieder in sie hineinwirkend – verändern zu wollen. Die kriminalisierten Drop-outs könnten dann ihrerseits die gesellschaftliche Kriminalität aufdecken und erleben, dass ihre Drop-out-Karriere sie zu neuen Erfahrungen von Gemeinschaft führt, zur wahren Menschlichkeit der Jungen. So sangen die *Jefferson Airplane* in dem Song: »We can be together«, von den Ausgestoßenen Amerikas:

We are all outlaw in the eyes of America/In order to survive we steal cheat lie forge fred hide and deal/We are obscene lawless hideous changerous dirty violent and young/But we should be together/Come on all you people standing around/Our life's too fine to let it die and/We can be together ...

»Young« in einer Serie von Adjektiven, die das bezeichnen, wovor dem »sauberen« Amerika graut, soll nicht nur anzeigen, wo Jugend heute stehen kann – auf der Gegenseite der so hoch geschätzten Werte von sauberer und harmonischer Anpassung –, sondern auch den Triumph ausdrücken, eine Art Verheißung für die Jugend, als *forces of chaos* und *anarchie* (wie es später im Song heißt) eine Tempelreinigung vornehmen zu können. *To drop out* in diesem Sinne bedeutet nicht nur Selbsterfahrung, sondern Angriff durch Rückzug in eine Gegengesellschaft.

Selbstausbürgerung

Spätestens seit den späten 60er-Jahren gibt es immer wieder ganze Ausreißer-Szenen, die sich aufbauen, durch neue ersetzt werden, einen Anspruch auf Dauer stellen und doch verschwinden. Immer wieder gibt es solche Rückzugsbewegungen aus der gesellschaftlichen Ordnung, die als kalt, lieblos und unzureichend erfahren wird. Wer »ausreißt«, bürgert sich teilweise selbst aus, weil er aus der gesellschaftlichen Kälte in die Wärme kleiner Freundschaftsgruppen strebt. Die Wege sind freilich unterschiedlich; Chancen und Gefährdungen liegen oft nebeneinander.

So gibt es (1) die Selbstausbürgerung durch Sucht. Hierzu gehören Drogenabhängige ebenso wie Alkoholabhängige. Nicht alle von ihnen erleben dabei eine Erweiterung des Bewusstseins und imaginierte Perspektiven eines besseren Lebens. Viele benutzen den »Trip« nur, um sich zu entziehen, nicht mehr ansprechbar sein zu müssen. Im ersten Schritt wird die Beziehung zur Umwelt eingeschränkt oder aufgegeben; weitere Schritte führen häufig zu Vereinsamung, Isolation und häufig zur Selbstaufgabe.

Oder es gibt (2) die Selbstausbürgerung durch Radikalisierung des Verhaltens. Von »politischer Radikalisierung« sollte deswegen nicht ohne weiteres gesprochen, weil fraglich ist, wieweit bestimmte Prozesse »politisch« sind. Wenn »politisch handeln« nämlich heißt, dass die gemeinsamen Probleme und unterschiedlichen Interessen durch gemeinsam anerkannte Regelungen bearbeitet werden mit dem Ziel, dass dies vernünftig geschieht, und unter der Voraussetzung, dass Macht kontrollierbar wird und Inhaber von Positionen austauschbar sind, so trifft diese Definition nicht das Verhalten radikalisierter Jugendlicher. Eine Gesellschaftskritik, die zu lebenszerstörerischen Handlungen führt, verliert ihre rational-funktionale Basis als Korrektiv. Der bis heute unbewältigte Extremfall des jugendlichen Terrorismus hat deutlich gemacht: Erst bürgern sie sich aus, um den »Gegner« zu zerstören; dann zerstören sie sich selbst, weil Handlungschancen und Handlungssinn nicht aufrechtzuerhalten sind.

Ein weiteres Verfahren ist (3) die Selbstausbürgerung durch religiöse Fanatisierung. Auch hier ist Motiv der Glaube an eine ganz andere, utopische Gesellschaft, die nur in Vorwegnahme religiöser Exstase erlebt werden kann. Aber die scheinbare Freiheit wird oft teuer bezahlt: Was als Ausbruch aus dem Gesellschafts-Gefängnis erlebt wird, endet in einer neuen Fesselung, etwa in einer geschlossenen Gruppe mit festen Hierarchien und verbindlichen Regeln, die Fragen und Zweifel nicht mehr erlauben.

Sodann gibt es (4) die Selbstausbürgerung durch radikale Privatisierung und Gruppen-Fetischismus. Dazu können gehören die so genannten »Resis« (Resignierte), Leute aus der Studentenrevolte, die jetzt in Frieden ihre Äcker bauen und so überleben möchten, oder auch Vorabresignierte, die es gar nicht erst mit dieser Gesellschaft aufnehmen, oder auch Euphoriker der kleinen Gruppe, verführt durch eine falsch verstandene Gruppendynamik. Erst wird die Gruppe zum Fetisch, und dann zeigt sich, dass die alten Gewalten doch wieder durchbrechen – Rivalitäten, Ängste, Einsamkeit.

Welche Art von Selbstausbürgerung auch gewählt wird: In der Regel drückt sie sich symbolisch nicht deutlich aus. Es handelt sich häufig um wortlose, kommunikativ nicht vermittelte oder vermittelbare Ausbrüche oder Fluchten. Die Sprache geht nach innen, jeweils nur in den eigenen Kreis, in die Reihe derer, die schon Gesinnungsgenossen sind. Alle Selbstausbürgerungen haben eine Tendenz, im Kreis von Gleichaltrigen zu verbleiben, sich an ihnen zu orientieren. Wir nennen dies »Jugendzentrismus«. Die Folgen dieses Phänomens sind vielfältig: Kommunikationslosigkeit oder Desinteresse zwischen den Generationen, manchmal stattdessen Hass, Jugendfeindlichkeit auf der einen, Altenverfolgung auf der anderen Seite. Es handelt sich um eine Form von jugendlichem Ethnozentrismus, der in jugendkulturelle Überheblichkeit ausarten kann, in ein Absolutsetzen der eigenen Minderheitenkultur, die sich nicht mehr vermittelt. Denn die pluralistische Offenheit einer modernen Gesellschaft mit ihren komplexen Wertbezügen und Orientierungspunkten wird immer schwerer bewältigbar – die Flucht in die große Einfachheit bleibt dann als oft in die Irre führende Hoffnung.

Ablösung, Auflösung

Ausreißen, das ist immer ein Bestandteil des Ablösungsprozesses des Jugendlichen von der Familie. *Helm Stierlin* hat idealtypisch »zentrifugale« und »zentripetale« Orientierungen Jugendlicher gegenüber ihren Familien diagnostiziert. Jugendkulturorientierte Jugendliche weisen eher zentrifugale, Jugendliche mit starker Mutterbindung oder der Akzeptanz starker Familienkontrolle eher zentripetale Verhaltensweisen auf. Geglückt ist die Ablösung von der Familie, wenn beide Tendenzen in einem Hin und Her von Konflikt und Versöhnung zum Ausgleich kommen: »Während der ödipalen Phase introjiziert das Kind die Elternbilder, um sich auf diese Weise von seinen Inzestwünschen und den mit Strafe drohenden Eltern distanzieren. Durch diesen Prozess der Introjektion löst es sich von ihnen und bleibt doch in entscheidenden Punkten an sie gebunden. Während es sich von seinen Eltern löst, bindet es sich an Personen außerhalb der Familie, wie an Freunde oder Lehrer ... Die Phase der Adoleszenz lässt ödipale Konflikte wieder aufleben und führt im günstigen Fall zu ihrer endgültigen Lösung. Damit dies gelingen kann, muss sich der dialektische Ablösungsprozess ... erneut intensivieren und an Komplexität gewinnen.« Dieses Sichablösen von den Eltern und doch wieder Zurückkehren ist der familiendynamische Normalfall. Dieser ist aber offenbar weniger normbildend als früher. Gestörte Familienbeziehugen – Kinder, die in einem zu engen symbiotischen Verhältnis mit Mutter oder Vater aufgewachsen sind etwa – werden häufiger die Regel. Enttäuschungs- oder Abwehrreaktionen, wenn ein Elternteil sich einem anderen Partner zuwendet, sind heute heftiger. Dazu trägt sicherlich auch der schnelle soziale Wandel bei, der die Kindersozialisation unter ganz andere Bedingungen stellt wie die ihrer Eltern. Dies hat zur Folge, dass die in zeitlich verschieden gelagerten Sozialisationsprozessen gebildeten Psychostrukturen nicht mehr miteinander korrespondieren und dass die Eltern vom Jugendlichen nicht mehr als Repräsentanten der gesellschaftlichen Realität und damit als Identifikationsobjekte akzeptiert werden (so *Thomas Ziehe*). Damit werden die Eltern nicht nur wenig bedeutsam für die Zukunftsprojektionen ihrer Kinder, sondern es komplizieren sich auch die Beziehungen. Immerhin: Manchmal sind Ausbrüche die einzige Chance für Kinder, die durch zu starke Bindung an die Eltern in ihrer Identitätsentwicklung behindert werden. Ausreißersein, das kann also auch bedeuten: Versuch, ein Stück Selbstständigkeit zu erproben.

Die neuen Risikospiele

Noch eine letzte Ambivalenz: Gerade in letzter Zeit ist zweierlei zu beobachten. Einerseits machen schon Kinder aggressive Ausfälle gegen Erwachsene, die sie persönlich gar nicht kennen – sozusagen ohne Handlungsmotiv. Andererseits gibt es immer mehr Kinder und Jugendliche, die ihr Leben aufs Spiel setzen, aus purem Übermut. Das »U-Bahn-Surfen« (vor allem in München und Hamburg) ist ein Beispiel einer gefährlichen Mode: Kinder springen auf anfahrende Züge, halten sich an den äußeren Türgriffen fest und fahren bis zur nächsten Station mit oder hangeln sich von Wagen zu Wagen. In Israel und den USA gibt es immer häufiger Jugendliche, die auf Schnellstraßen vor nahende Autos laufen und erst im letzten Augenblick zur Seite springen. Auch dies sind Ausbruchsversuche, die zu nicht alltäglichen Sensationen führen sollen, zu Identitätserfahrungen besonderer Art. Das Leben wird riskiert, um die Normalität ein Stück weit zu durchbrechen. Hier gibt es nicht mehr, wie bei den *Runaway*- und *Drop-out*-Kindern, eine Utopie vom besseren Leben – es handelt sich um Risikospiele mit Lebenseinsatz. Solche Ausreißer experimentieren mit ihrem Leben im Versuch, die Alltäglichkeit hinter sich zu lassen, die für sie wohl unerträglich ist in ihrer Langeweile.

Dieses letzte Beispiel lässt die Frage verschärft stellen, welche Sozialräume, Spielräume, Lebensräume die Gesellschaft eigentlich für Kinder und Jugendliche bereithält, die so geartet sind, dass sie ihre freiheitssuchenden Bewegungen erproben können, ohne den Weg zur Rückkehr in die Gesellschaft völlig zu verlieren oder das Leben aufs Spiel zu setzen. Wenn die Welt für Kinder zu eng wird und sie das Gefühl haben, gegen Wände zu laufen, handelt es sich um Ausbrüche ohne Chance, um ein Weglaufen ins Nichts. Hier sind pädagogisches Vorbild, Ermahnungen oder gute Worte an ihre Grenze gekommen; restituiert werden muss vielmehr eine zerstörte Sozialökologie. Nicht nur die Natur verkümmert, sondern auch der gesellschaftliche Lebensraum für Kinder. Dem Waldsterben entspricht das Sterben wirtlicher Räume für Kinder. Auch hier muss schnellstens Einhalt geboten werden – einfach und billig ist dies freilich nicht!

Gruppenkulturen

Während »Selbstausbürgerung« das Verhalten Jugendlicher als Distanzierung betrachtet, wird mit dem Begriff »Gruppenkultur« die Perspektive gewechselt. Zwar bleiben wir letztlich Betrachter dessen, was geschieht, da wir die uns zugewiesene und/oder von uns übernommene Position in dieser Gesellschaft (als Eltern, Lehrer, Jugendarbeiter, Erwachsenenbildner, Psychologe, Arzt, Erziehungswissenschaftler usf.) nicht ohne weiteres verlassen können; aber wir versuchen nunmehr das, was Jugendgruppen heute konstituiert, was sich in ihnen ereignet und von den Teilnehmern selbst erlebt wird, etwas genauer zu erfassen. Dabei greifen wir zurück auf das Konzept von Identität und Altersgruppenbildung und wenden zusätzlich sozialökologische Kategorien an. Wir versuchen also zu verstehen, zu klassifizieren und zu ordnen: unabdingbar von »außen«, notwendig in kritisch abwägender Haltung, aber nicht mit einem nur fremden Blick.

Über den Beitrag der Altersgruppen Jugendlicher zur Identitätsbildung ist schon einiges gesagt. Pointiert: Gleichaltrigengruppen (Peergroups) übernehmen für immer mehr Jugendliche zu einem immer früheren Zeitpunkt ihrer Biografie sozialisierende Funktionen. Offenbar sind Familie, Schule oder andere pädagogische Einrichtungen nicht mehr in der

Lage, Jugendlichen in allen Fällen und in allen Bereichen von Erfahrungen und Anforderungen jenes Maß an Orientierung zu geben und jene Befriedigung zu gewähren, die sie für ihr gegenwärtiges und zukünftiges Leben brauchen. So entsteht eine mehr oder weniger eigenständige Jugendkultur, die sich in Gruppen gliedert. Die Organisation in nicht von Erwachsenen initiierten und gelenkten, sondern von den Jugendlichen selbst »erfundenen« Gruppenkulturen dient als Hilfe beim schwierigen Ablösungsprozess vom Elternhaus, beim Übergang in die Erwachsenengesellschaft (so die funktionalistische Annahme etwa *S. N. Eisenstadts* 1966). Da die Familie in vielerlei Hinsicht (künftiger Beruf, politische Beteiligung, Finden eines Partners etc.) in ihren Sozialisationsräumen längst nicht alle Anforderungen an einen künftigen Erwachsenen antizipieren kann, ist es die Jugendgruppe, die im Übergang und als Verbindungsbereich (»interlinking-sphere«) von der »family of orientation« zur »familiy of procreation« ein »psychosoziales Moratorium« allmählicher Anpassung an neue Aufgaben anbietet, zugleich familiengebundene und künftige berufsweltliche Handlungsdimension vermittelt. Denn die Jugendgruppe besitzt einerseits Eigenschaften der Familie, andererseits solche universalistischer Industriegesellschaften, in denen wir leben. So sind die Beziehungen in der Familie durch Nähe und Emotionalität bestimmt, und die Rollenzuschreibungen sind noch diffus und offen, wenig durch festgelegte Aufgaben geordnet und festgeschrieben: Das verbindet die Jugendgruppe mit der Familie. Andererseits ist ein Status in Ersterer nicht zugeschrieben, sondern er muss erworben werden (Achtung und Anerkennung gleichaltriger Peers stellen sich nicht von selbst ein, sondern aufgrund von in Jugendgruppen anerkannten Leistungen): Diese Art des Statuserwerbs und der Statussicherung ist wiederum etwas, was man in der Familie nicht, wohl aber später im »Erwachsenenleben« beherrschen muss. Dazu gehört auch das Arrangieren eines eigenen Lebensstils. Während in der Familie weitgehend übernommen wird, was die Eltern vorleben, will der Jugendliche sich später doch als selbstständig erfahren. Die Jugendgruppe erlaubt ihm, mit einer eigenen Mode, eigener Musik, eigenen Umgangsformen ein Stück Selbstgestaltung zu erproben, vielleicht durch »abweichendes Verhalten« die Grenzen gesellschaftlich akzeptierter Möglichkeiten zu testen.

Insofern dient die Jugendgruppe individueller Orientierung. In der Solidargemeinschaft von Gleichaltrigen, die sich gleichen Problemen gegenüber sehen, kann der Jugendliche biologisch bedingte Reifungsprozesse (Pubertät), interne Entwicklungsspannungen (kognitive und emotionale Entwicklung, Entstehung von Selbstreflexion) und sozial-kontextuelle Bedingungen (Ausbildungserfahrungen, soziale Platzierungschancen) derart zu integrieren versuchen, dass Identität entsteht, die gleichsam sozial produziert wird im Kontext der Interaktionen von Jugendgruppen. Diese werden geradezu zur Prüfstelle gelungener Sozialisation. So berichten *Achenbach* und *Edelbrock* (1981) aufgrund der Befragung von 1.600 Eltern, die eine klinische Institution oder eine Beratungsstelle wegen Erziehungsschwierigkeiten aufgesucht hatten, dass diese »mangelhafte Beziehung zu Gleichaltrigen« als wesentliches Störungssymptom angaben. Dieser Mangel verdankt sich einem »Under-Control-Syndrom« vor allem bei männlichen Jugendlichen: Aggressivität und Hyperaktivität führen zu sozialer Ablehnung und Isolation. Gerade die Gleichaltrigen scheinen also wesentliche soziale Erfahrungen des Umgangs von Menschen miteinander zu vermitteln, die man heute »können« muss, will man Normalitätsstandards genügen.

Tun das aber noch alle Jugendgruppen? Rocker und Punks, Skinheads und rechtsradikale Szenen, Grufties und Grunger, Hiphopper und Raver, Alternative und Fankulturen: Hier sind doch offenbar wiederbelebte oder neue Jugendkulturen mit eigenen, sehr selbstständigen, oft abweichenden, oft in Konfrontation mit gesamtgesellschaftlichen Erwartungen sich politisierenden Gruppen entstanden, die nicht hinreichend erfasst werden durch die Interpretation funktionalistischer Soziologie (die Jugendgruppe als Produkt der List gesellschaftlicher Vernunft angesichts der Schwierigkeit, heute erwachsen zu werden) oder sozialpsychologischer Forschungsergebnisse (Jugendgruppe als Ort der Identitätsfindung). Gesellschaftliche Überlieferungen werden ja gerade in Frage gestellt, von der Gesellschaft (den Eltern!) bereitgehaltene Identitäten nicht angenommen und durch negativ bewertete Muster des

Selbst ersetzt. Die neuen Jugendbewegungen (im Grunde seit 1900, dem Aufkommen der Wandervogel-Bewegung und der Sozialistischen Arbeiterjugend) haben immer wieder zeittypische und zeitproblematische Aromen, die von »normaler«, mit Test, Experiment, Feldstudie, Befragung etc. vorgehender Wissenschaft nicht eingefangen werden können. Da muss man schon (sofern dies möglich und moralisch erlaubt ist) in die Lebenswelten Jugendlicher eindringen, mit ihnen leben, mit ihnen intensive Gespräche führen, sich Geduld nehmen für länger laufende biografische Entwürfe. Hilfreich können dabei Dokumente der Jugendbewegung (Wandzeitungen, alternative Zeitschriften, Tagebücher, Briefwechsel, Kassiber ...) sein. Freilich hat man nur dann das prinzipielle Recht, mit solchen sensitivierenden Methoden vorzugehen, wenn man nicht »ausspionieren« möchte, um zu bestrafen und anzupassen, sondern wenn man gleichsam lernbereit sich auf Motive und Erfahrungen, die heute zumindest eine auffällige Minderheit von Jugendlichen teilt, einzulassen bereit ist.

Verfährt man auf diese Weise genauer, kann man etwa die Behauptung, Jugendgruppen ermöglichten emotionale »Nähe«, weiter differenzieren. Dies ist bspw. *Baeyer-Katte u.a.* (1982) gelungen. Ihre Untersuchung des Milieus der Westberliner »Szene« führte sie zur Kategorie »Zugehörigkeit« zu einer Gruppe. Dabei fiel eine »zum Teil extreme Bereitschaft für Gruppenanschluss und -zugehörigkeit« auf (S. 134). Diese Bereitschaft resultiert aus einer häufig geschwächten Bindung an die Eltern, weil der Vater infolge des Krieges fehlt oder beide Elternteile wegen beruflicher Aktivitäten für ihre Kinder kaum zur Verfügung stehen. Während die sozialpsychologische Forschung immer wieder betont, dass Jugendgruppen nur scheinbar abweichende Wertorientierungen hätten, eine Art von Tiefenbindung an die von Eltern überlieferten Werte bestehen bleibe, gibt es also durchaus (nicht seltene und untypische) Fälle, für die dieses nicht gilt. Stehen Eltern für ihre Kinder nicht zur Verfügung, werden diese die ohnehin mit der Pubertät ins Haus stehende Ablösung umso intensiver (und auch leichter) betreiben können. Ein anderer Hinweis von *Baeyer-Katte u.a.* ist fast noch bedeutsamer. Die Autoren weisen auf die »Entwurzelung durch Flucht oder Zerstörung sowie Traditions- und Geschichtsbruch« hin, die das Gefühl der Zugehörigkeit zu einem Volk, »zu einer nationalen Tradition verblassen oder gar nicht erst entstehen lassen« (ebd.). Hier unterscheiden sich möglicherweise Jugendkulturen der Bundesrepublik erheblich von denen in Frankreich (Aufrechterhalten nationaler Traditionen und nationalen Stolzes, unabhängig von politischer Orientierung und Radikalität) oder von denen in England (weniger Mobilität, starke Quartierzugehörigkeit gerade von Arbeitersubkulturen). Damit aber gewinnt die Gruppe eine Bedeutung, die sie zu mehr macht als nur einem Vehikel des Übergangs mit scheinbar jugendtypischen Erschütterungen: Sie ist der Raum, in dem moralische Fragen, Probleme der Sinnorientierung, des Aufbaus von Gemeinsamkeiten und Solidaritäten stattfinden. Damit ist sie in erhöhtem Maße verhaltensprägend, zugleich abgrenzend von einer Umwelt, die mit den Maßstäben des Leistungsdenkens, der Effektivität, der Technologisierung und der bürokratischen Großorganisation sozialen Lebens Regularitäten vertritt, die aus der Sicht der Jugendgruppen (etwa der Hausbesetzerszene) wie der etwas alberne Tanz um eine leere Wertmitte anmuten.

Doch stellt nicht jede Jugendszene eine Absetzbewegung oder Selbstausbürgerung dar; dies schon deswegen nicht, weil bspw. Jugendgruppen, die sich primär über die Medien von Mode und Musik ausdrücken, sehr schnell vom Kommerzsystem internalisiert werden, das sich ihre Darstellungssymbolik zu Eigen macht und mit Hilfe der ihm eigenen Werbungsmöglichkeiten in Schaufenstern, Zeitschriften und Broschüren marktgerecht vergesellschaftet. Nehmen wir als Beispiel die Punkbewegung, 1986 in England artikuliert durch die Hassgesänge der »Sex Pistols« und eine echte Ausbruchsbewegung mit stark proletarischem Zuschnitt. Sie hat den »Freizeitpunk« hervorgebracht, der die Gehalte der Bewegung zu modischen Accessoires hat verkommen lassen. Hier hat die Jugendgruppe allenfalls noch den Auftrag der Entlastung, einer milden Selbsterprobung durch oft schon verbrauchte Provokation.

Dennoch bleibt gerade diese Jugendkultur von stärkerem Einfluss auf den Jugendlichen, der sich ihr zugehörig fühlen möchte. Denn er hat die bürgerliche Imago – meist gegen den Protest seiner Eltern – zu verlassen und, meint er es ernst, dann doch wieder auch mit ernsthaften Problemen der Selbstbehauptung gegenüber der Majorität zu rechnen.

Achim, vor einigen Jahren noch Mitglied einer Punkband, guter Kenner der Szene in Berlin und der Provinz, stellt diese spannungsvolle Situation aus der Innensicht beteiligter Jugendlicher dar. Seine Äußerungen illustrieren das eben Gesagte, gehen aber auch weiter. So wird beispielsweise deutlich, dass Punksein nicht identisch ist mit »Grünsein«. Immer wieder dividieren die Szenen sich so auseinander:

»Punk kannst du irgendwie nicht übersetzen. Das ist in der Jugendbewegung eine spezielle Richtung. Also, diese Kategorisierung wie letztens im Spiegel, die sind voll fürn Arsch. Die reiten nur auf Klischees herum. Ich bin über die Musik zum Punk gekommen. Das war was Neues. Die Musik war nicht Musik, sondern eher eine Message, so ein Ausdruck einer bestimmten Haltung.

Die Punkmusik kannte doch kein Mensch, da warst du auch in der Musik ein Außenseiter. Sie ist ein Protest gegen die perfektionierte Rockmusik. Es ging uns darum, selbst Musik zu machen. Auftreten konnten wir vor Jahren nirgendwo, das ist heute auch einfacher. Jetzt spielen wieder viele kleine Bands in der Provinz. Das ist ein riesen Strom geworden, besonders in letzter Zeit.

Die so genannte Neue Deutsche Welle hat null damit zu tun. Hubert K., Trio oder Ideal ist Punk, das denken doch die Leute. Doch das sind reine Retortenbands, das hat mit dem ursprünglichen Punk absolut nichts mehr zu tun. Es ist eine rein geldorientierte Sache geworden. Die Musikindustrie ist mit den Zeitschriften eingestiegen. ›Sounds‹ und ganz neue Magazine orientieren sich auf neue Käuferschichten. Die haben gemerkt, dass man aus dieser Szene Geld rausquetschen kann.

Die Medien haben sich eingeschaltet, vermarkten ›Destroy‹ wie damals ›Peace‹. Heute ist es der Beton, früher waren es die Blumen. Ach Scheiße, überall das Gleiche. In den Elternhäusern der Punks läuft ganz schön viel Scheiße ab, und sie entziehen sich dem, ohne große Erklärung dafür anzubieten. Das ist rein spontan und gefühlsmäßig, wenn ich auf etwas Bock habe, dann mach ich es halt. Die Jungs haben ein gutes Selbstbewusstsein. Sie kennen keine Hemmungen, andere Leute anzumachen, zu provozieren.

Das heißt nicht ohne Grund: Aus der Ohnmacht die Power! Weißt du, diese Kraft kommt aus einem Ohnmachtsgefühl heraus.

Mit den Vorurteilen gegenüber Punk ist es doch ganz einfach. Es ist doch immer die gleiche Reaktion: Das kennt man nicht und es wird abgetan als bekloppt. Da befällt die älteren Leute ein Befremden, soll's ja auch. In den Großstädten ist das schon ein wenig anders. Da weiß doch jede dritte Oma, wie ein Punker aussieht. Wir sind irgendwie eine kleine Gesellschaft, ein bisschen isoliert. So ganz absplittern geht nicht, die Brötchen musst du immer noch beim Bäcker kaufen.

Punk wird nicht jeder. Da braucht man schon den Mut, sich äußerlich ganz anders zu kleiden. Die Leute gehen rein in den Laden, kaufen sich für 300,- Mark eine Lederjacke, Schuhe und Bondage-Hosen und T-Shirts – und schon sind's Punker. Das ist dann nur eine Frage des Geldes. Ob du eine Lederjacke oder kurze Haare hattest, war früher egal, das meiste hatte mit dem Kopf zu tun. Die neuen Punks sind eine Art simuliertes Proletariat. Das ist heute nur noch eine Verkleidungssache.

Blue Moon in Berlin ist der Kommerzladen überhaupt für Punks, da kriegste heute alles im Versand, läuft so ähnlich wie der Ottoversand. Da steht dann im Katalog ›Kleidung für den modernen Hassmenschen‹. Das ist nichts anderes als der ›Kleidung für die moderne Hausfrau‹. Die Verkäuferinnen laufen halt als Punkerinnen herum genauso wie im Trendshop als Popper. Wo ist denn da der Unterschied? Darauf antworten dir die Kid-Punks, dass du dazu eine Einstellung brauchst. Das muss tief in dir drin sitzen: Ich bin Punk, ich bin Dreck, ich bin Müll!

Wenn du heute in die Disko gehst, siehst du tausend Leute, die sehen so aus und sehen selbst nichts. Ich kenne viele, die wirken äußerlich viel härter als ich. Guck dir doch nur die Kid-Punks an, die haben nichts drauf, machen nichts und konsumieren nur. Aber sie können nichts dafür, überall wird ihnen die Gelegenheit dazu geboten.

Man wirft uns vor, wie wären unpolitisch. Kommt drauf an, was man darunter versteht. Politik ist eine Handlungsweise im Alltag, so, wie du dich verhältst.

Leute von uns haben mal über ein großes Wandbild von Che Guevara den Spruch ›Keine Helden‹ gesprüht. Da haben sich die Müslis fürchterlich aufgeregt. Das nervt mich, wenn die Idole unantastbar werden. Die Müslis verteidigen die Ruinen ihrer Bewegung, sie haben Angst, dass ihre Ideologie kaputtgemacht wird. Wenn sie angegriffen werden, riegeln sie sich ab und geben Kontra.

Die endlos lange Diskussion der Müslis über Emanzipation und Geschlechterrollen gibt's bei uns nicht. Solche Sachen haben für uns kaum solch eine Bedeutung. Gleichheit total kann man zwar nicht sagen, aber so klassische Macker gibt es bei den Punks nicht. Sie reißen alle die Schnauze auf, kannste höchstens an der Stimme unterscheiden, ob's ein Typ oder 'ne Frau ist. In der Sexualität gibt's keine Tabus, ob sich Männer küssen oder Frauen, da gibt's halt keine Diskussion drum, das ist halt so, weil sie es so kennen.

Das sind viele neue Maßstäbe, die Restdeutschland nicht versteht. Die Alten verteidigen ihr Wirtschaftswunder, die Müslis ihre Antiautorität und Gewaltfreiheit, für mich ist das reine Ruinenverteidigung. Irgendwie merken sie es nicht, dass auch sie es zu nichts gebracht haben. Gibt für sie selbst keine Zukunft. Bis dahin: No future lebt weiter!

Ist doch klar, dass die Punks nicht in Parteien oder in Grüne Listen eintreten und Blümchen pflanzen. Die politische Brisanz dieser Bewegung besteht doch darin, dass sie gar nichts mehr mit der Gesellschaft machen, jedenfalls nach den Regeln der Herrschenden, Boykott, das ist ein sehr wirksames Instrument.

Punk ist nicht die Massenbewegung. Aber ohne Punk würde es heute die Musik und die Jugendrevolte nicht geben. Die Beeinflussung ist doch überall. Die Hausbesetzungen in Berlin haben zum Großteil damit zu tun. Wir sind an einem bestimmten Punkt angekommen, wo sich das totale Chaos anbahnt, 3. Weltkrieg, Zerstörung der Umwelt. Ich denke, das sind Wurzeln für das innere Unruhegefühl. Jeder läuft im Endeffekt mit dem Hintergedanken durch die Gegend, dass in fünf Jahren sowieso alles vorbei ist.

Übersetzungshilfen: Destroy heißt zerstören, und wenn jemand simuliert, tut er so als ob. Kid-Punks oder Mini-Punks sind die Jüngsten unter ihnen.

Müslis nennen die Punks die Apo-Opas, Hippies und Freaks, Skinheads sind die Typen, die mit Glatze oder mit Irokesenhaarschnitten rumlaufen. Und zum Schluss noch der Sid Vicious, das war der Sänger von der Punkband ›Sex Pistols‹. Er soll angeblich seine Freundin umgebracht haben. Liegt selbst auch schon unter der Erde, zu viel Drogen genommen.«

(Quelle: *blätter*, ein Bielefelder Jugendmagazin, 301 Ausgabe, 1982)

»No future lebt weiter«: Es ist diese Mischung aus Widerspruch und Programm, Hoffnungslosigkeit und Selbstbewusstsein, die die Punkbewegung besonders irritierend macht. »Müslis«, das sind in der Sprache der Punks die »Apo-Opas, Hippies und Freaks«. Geschichte hastet in der Jugendkultur besonders schnell voran; die von den Punks abgewehrten Jugendkulturen sind selbst noch jung, zeitgenössisch. Die Botschaft »Peace« ist schon von »damals«, jetzt heißt es: »destroy« (Zerstörung). Aus der Sicht der Punks sind sie im Zentrum, die anderen sind »Restdeutschland«. Wirtschaftswunder, Antiautorität, Gewaltfreiheit: »Ruinenverteidigung«. Wozu noch ein »deferred gratifications pattern« (Bedürfnisaufschub), wozu planen und auf morgen warten, die bessere Zeit! Im No-future-Mythos drückt sich eine radikale Abkehr vom wichtigsten Element der Mittelstandsmentalität aus – zu lernen und zu sparen, um später belohnt zu werden –, eine Abkehr, die gerade für die Kinder dieser sozialen Schicht immer reizvoller wird. Erstaunlich ist dabei, welch originelle Stilmuster sie für ihr Programm der Verneinung gefunden haben. Aus der Negation holen sie die Kraft zu einer Kreativität, die ästhetisch überzeugende Ausdrucksmittel hervorgebracht hat.

Neuere Szenen entwickeln andere Verhaltens- und Ausdrucksmuster. Zugenommen haben insbesondere die Fanszenen, die sich an unterschiedliche diversifizierte Sportarten und andere massenkulturelle Erzeugnisse und Modeströmungen anschließen. Diesen Jugendlichen geht es in der Regel nicht um Gesellschaftskritik oder -veränderung, sondern um Stilisierung und Intensivierung ihres Lebensgefühls in einem gemeinschaftlichen Rahmen. So kennen beispielsweise Angehörige der Hiphopszene zwar meist die Ursprünge dieses Stils, der in US-amerikanischen Elendsquartieren wurzelt, aber dieser Bezug ist (in Deutschland) nicht entscheidend für das Lebensgefühl dieser Szene. Die – inzwischen schon wieder veraltete – Technoszene entwickelte zwar Leitvorstellungen von »Love, Peace & Unity« und knüpfte damit an die Hippiebewegung an, ohne jedoch deren Gesellschaftsverachtung und die Vorstellung von einem alternativen Leben ›außerhalb‹ des Establishments zu übernehmen. Die Raver sind vielmehr typische ›Parttime-Stylisten‹, die unter der Woche sich den gesellschaftlichen Anforderungen (Schule, Arbeit) fügen, während am Wochenende das eigentliche Leben tobt.

In individualisierten Gesellschaften werden Jugendliche mit einem pluralistischen Wertehorizont, einer Vielzahl von Sinngebungsangeboten und Perspektivitäten konfrontiert. Sie müssen früh lernen, persönliche Verantwortung für ihren »selbst gewählten« (im Sinne einer Biografisierung der Jugendphase) Lebensweg zu tragen und Entscheidungen zu treffen, die sie dann auch durchhalten müssen – und das weitgehend ohne die stützende Einbindung in traditionale soziale Milieus.

Jugendliche leben dabei mit einer Reihe von Dilemmata (s. o.), also Handlungswidersprüchen, die darin bestehen, dass zwar Alternativen angeboten werden, aber nicht zur Wahl stehen, sondern gleiche Geltung beanspruchen. Ein Teil der Jugendlichen löst dieses Dilemma dadurch, dass sie konsequent eine der beiden Seite für sich auswählen. Sie werden – pointiert gesagt – zum nüchtern kalkulierenden Selbstverwalter ihres Lebens oder sie wählen ekstatische Selbstvergessenheit, Hedonismus und unkalkulierte Spontaneität. Eine wachsende Zahl der Jugendlichen löst das Dilemma durch situationsflexible Ich-Anpassung. Ihre Identitätskonstruktion gleicht einem Patchwork-Ich mit nüchtern-rationalen Zügen in Arbeitswelt und Schule, in der Freizeit dagegen (oft in anderem Outfit) geben sich diese Jugendlichen hedonistisch, cool, wild oder ekstatisch.

Die subjektive Gewissheit der eigenen Identität und Individualität kann heute immer weniger von außen garantiert und gestützt werden. Das Risiko ist groß, dass die anspruchsvollen Lebenskonzepte, die Jugendlichen abverlangt werden, nicht eingelöst werden können. Statusverunsicherungen und Statusängste in diesem Bereich äußern sich in Gefühlen von »Hilflosigkeit, Überforderung, Hoffnungslosigkeit und Entfremdung«, anders gesagt: »in der Form von Identitätsängsten« (*Hurrelmann* 1992, 105).x

Gruppenvielfalt und sozialökologische Ordnung

Man hat immer wieder versucht, die Vielfalt von Jugendgruppen durch Typisierung und Klassifizierung zu ordnen. Die Unterscheidung erfolgte dabei meist durch einen (meist nur implizit benutzten) Kulturbegriff: als Art und Weise, in der Gruppen entstehen, in der sie ihre Lebensstile darbieten und in der sie Loyalitäten oder Abgrenzungen zur Gesamtgesellschaft ausdrücken. Neuere Versuche haben *Matza* (delinquente Gruppen, radikale Gruppen und Boheme-Gruppen) oder *Brake* (angepasste Jugendliche, delinquente Jugendliche, Kulturrebellen, politische Jugendgruppen) vorgelegt (1962; 1980). Problematisch ist dabei nicht so sehr die mangelnde Trennschärfe: Bewegungen, die dynamisch und in sich ungeschieden sind, können durch begriffliche Abgrenzungen nur auf dem Papier separiert werden. Fragwürdiger erscheint mir, dass keine Kriterien vorliegen, nach denen die Abgrenzungen vorgenommen werden; diese ergeben sich vielmehr sozusagen aus dem Material, verdanken sich der Einschätzung des Kundigen.

Vielleicht ist es eine Hilfe, auf den sozialökologischen Zugang zurückzugreifen (vgl. S. 70 ff.). Man kann sagen, dass die Jugendkulturen zwar in den Räumen stattfinden, in denen auch die übrige Gesellschaft lebt. Äußerlich gesehen handelt es sich um eine Durchmischung, jedenfalls weitgehend. Andererseits kann man sagen: Jugendliche, die sich an der Jugendkultur orientieren oder in ihr leben, haben das traditionelle Muster sozialökologischer Lebenserweiterung – vom Zentrum (der Familie) über den Nahraum (Nachbarschaft) in die

Institutionen (Schule etc.) – verlassen; sie haben sich vielmehr einen neuen Lebensraum gesucht (den der Gruppe), der nach unserer Einordnung an der »ökologischen Peripherie« zu suchen wäre. Für die Jugendlichen aber wird diese Peripherie nunmehr zum eigentlichen Zentrum, von dem aus sie ihr Leben organisieren und ihm einen Sinn geben.

Die Jugendkulturen entwickeln sich in bestimmten Arealen und räumlichen Zuordnungen, und auch, wenn sie frei flottierend und sehr beweglich erscheinen, sind sie doch auf räumliche Gelegenheiten zum Zusammentreffen, zur Selbstorganisation angewiesen. Dass »Regionen« zur Verfügung stehen, ist eine elementare Bedingung, die bisher meines Wissens zu wenig beachtet und untersucht ist.

Auf der Basis dieser Annahme unterscheide ich vier Typen von Jugendgruppen:

(1): »Lokal-ursprünglich« meint, dass das Quartier selbst diese Jugendgruppen produziert und darin eine gewisse Tradition hat. Hierzu gehören quartiersbezogene Gangs, Arbeitersubkulturen von Slums und Vierteln mit entsprechender Tradition (Eastend London, Liverpooler Docks). Auch, wenn die Jugendkulturen (Punks, Skinheads) unter den Bedingungen schlechter Wohnverhältnisse, von Jugendarbeitslosigkeit und polizeilicher Kontrolle eher dazu neigen, »Unordnung« ins Quartier zu bringen (Straßenkämpfe, Angriffe auf andere Gruppen wie Schwule, Ausländer etc.), verdanken sie sich doch der Authentizität ihres Viertels, sind mit ihren Müttern und Vätern eins in der sozialen Erfahrung einer immer noch erheblich benachteiligten Klassenlage. Dabei produziert das Viertel seine sozialen Bewegungen nicht aus sich selbst. Sein Renommee in der Öffentlichkeit spielt eine erhebliche Rolle – und diese Einschätzung wiederum produzieren die Medien (Zeitungen, Fernsehen) und sie wird aufgegriffen und definiert durch kommunalpolitische Maßnahmen. Wird bspw. eine Gegend als Problemgebiet eingestuft, hat dies einen stigmatisierenden Effekt: Die Polizei verstärkt ihre Kontrollen, dies wiederum führt zur Eskalierung der Konflikte mit »street corner groups«. Die Medien greifen diese Auseinandersetzungen auf, verstärken das negative Image einer Region, deren

Bewohner ihrerseits darauf reagieren müssen. Die Jugendlichen tun es häufig dadurch, dass sie die ihnen zugeschriebene negative Identität nun bewusst annehmen: Ihr Vandalismus wird, jedenfalls für das Quartier selbst, gesellschaftsfähig (*Armstrong/Wilson* 1973).

(2): »Lokal-adaptiert« meint, dass die Mitglieder von Jugendgruppen nicht dort geboren und aufgewachsen sein müssen, wo diese Jugendgruppen agieren. Die Jugendgruppen haben sich vielmehr geeignete Regionen und Lokalitäten ausgewählt, sie haben sie für ihre Zwecke »adaptiert« (übernommen). Voraussetzung ist natürlich, dass die Region selbst für die Entwicklung subkultureller Aktivitäten geeignet ist. Ein Beispiel ist die Westberliner Jugendszene, deren Entstehungsbedingungen *Baeyer-Katte u.a.* an der Städtebaugeschichte Berlins überzeugend rekonstruieren. Die Autoren resümieren ihre Analyse:

»Damit stellt sich das gesamte [West-City-]Gebiet als ein außerordentlich verkehrsgünstig verflochtenes, verdichtetes, durch eine hohe Anzahl von Plätzen und anderen Formen städtebaulicher Auflockerung durchgliedertes, von Theatern, Kinos und anderen Vergnügungszentren, insbesondere Restaurants in all ihren Abarten bis zur ›Pinte‹ durchsetztes und von der Wohnstruktur für Wohngemeinschaften ungewöhnlich günstig ausgerüstetes Gebiet dar. Zugleich ist es aufgrund der für die Berliner ›Mietskaserne‹ typischen tiefen Staffelung auch mit Gewerbehöfen, d.h. also Möglichkeiten für viele kleine Betriebe, und eben der darauf beruhenden Konzentration von Tausenden von Betrieben kleiner und kleinster Art relativ unübersichtlich. Für eine ›offene Untergrundgesellschaft‹ nach deutscher Manier also kein schlechtes Gebiet (...)« (S. 38).

Mitglieder der Jugendszene Westberlins sind nun keineswegs nur Berliner, sondern in überwiegender Zahl Studenten, die aus anderen Teilen der Bundesrepublik, oft kleinen Provinzorten, in die Szene eingeströmt sind. Sie hat zwar ein soziales Berliner Unterfutter, aber die Szenenmitglieder sind ihm nicht entwachsen. Dennoch produzieren sie nunmehr deren interne Intensität und Außenwirkung, indem gerade die subkulturellen Gruppen Westberlins gleichsam als ein »Atelier der Gegengesellschaft« (*Baeyer-Katte*, S. 49) funktionieren. Mitten in der Offenheit und Fluktuation einer Großstadt entstehen Treffs, Verhaltensstile, Aktionen (Hausbesetzungen,

Demonstrationen), die – durch starke Außenangriffe – ihrerseits ein geheimes Netz unverbrüchlicher Loyalitäten schaffen, die in einer Art »generalisierten Weltekels« häufig zu einer übersteigerten Dichotomisierung zur Gesamtgesellschaft enden (ebd., S. 353). Auch hier wirken im Übrigen Definitionsprozesse »von außen« (Presse) in die Szene hinein und verstärken die Aggregierung von Widerstand. Wichtig ist darauf hinzuweisen, dass lokal-adaptierte Gruppen sich nicht der Milieuidentität der Gegend verdanken, in der sie nun aufblühen. Gerade Protestbewegungen mit politischen Motiven sind darauf angewiesen, Quartiere zu finden, die sich für ihre Zwecke eignen. Zentren von Metropolen haben häufig Vorrang. Auch die Shell-Studie *Jugend '81* hat gezeigt, dass die Orientierung an Proteststilen eher von der längeren Ausbildung abhängt als von der sozialen Herkunft (Band 1, S. 501): Diese definiert biografische Entwürfe so wenig, dass auch der Weg ins gesellschaftlich akzeptierte Erwachsensein nicht vorgeschrieben ist. So entsteht das Phänomen der Postadoleszenz: Ältere Jugendliche (oft zwischen 20 und 30 Jahren, also jenseits traditioneller Jugendlichen-Konzepte), die zwar soziokulturell, aber nicht material selbstständig sind, an der Konsumtionssphäre teilhaben, eine eigene Wohnung besitzen und häufig einen Partner (ohne die Ehe einzugehen), aber freigesetzt aus Arbeitszwängen, orientieren sich, obzwar alters- und entwicklungsmäßig dem Erwachsenenstatus zugehörend, in einer Art Doppelstrategie an Jüngeren, deren Szene sie entscheidend mitgestalten (vgl. ebd., S. 100 ff.; 235; 666 f.).

(3): »Lokal-synthetische« Gruppen sind die eher normalen und sozial unauffälligen Teenagerkulturen, die sich über den überregionalen Markt und weit gestreute Werbung vermitteln. Während proletarische Jugendgruppen mit ihren lokalursprünglichen Beziehungen mehr eine *street culture* bilden, charakteristisch insbesondere für männliche Arbeiterjugendliche, werden lokal-synthetische Gruppen über die Popkultur der Medien inauguriert, zumindest stark beeinflusst: Es handelt sich eher um eine »pop media culture« (*Brake*, S. 74). Während Erstere Kneipenbesuche, Fußballspiele und öffentliche Tanzveranstaltungen vorziehen, zeigen Letztere, eher mittelschichtorientiert, mehr Interesse für spezifische Musikstile, für modische Kleidung und verwenden überregional geteilte Symbole, wie sie sich etwa in der industriell gefertigten Button-Kultur darstellen. Kommerz und Konsumangebote bestimmen weitgehend Trefforte und -gelegenheiten: Neu eröffnete Diskotheken gehören dazu, Teestuben, Cafés und andere Treffs, die Jugendliche an sich ziehen, ohne ihnen einen eigentlichen »Heimatgrund« anzubieten. Während die unter (1) und (2) behandelten Jugendkulturen stark in das lokale Ambiente eingehen und schließlich von ihm nicht mehr loszulösen sind, sind bspw. Waver, Diskofreaks und andere »Typen« nur über die Freizeit an neue Regionen oder Lokalitäten vermittelt; im Übrigen bleiben starke Bindungen an lokal wie manchmal auch sozial differenter Herkunft. Damit sind auch Abgrenzungen zur Gesamtgesellschaft eher oberflächlich, vorübergehend; sie haben selten grundsätzlichen Charakter.

(4): Zu überregional bzw. lokal organisierten Gruppen gehören bspw. Fanklubs, aber auch die großen jugendlichen »Völkertreffen« bei ein- oder mehrtägigen Popkonzerten. Hier werden Jugendliche aus allen vorangehend genannten Kulturen für kurze Zeit, die aber intensiv erlebt wird, an einen Ort zusammengezogen. Die Attraktion geht meist aus von auch überregional bekannten Rockbands oder von Liedersängern, Theatergruppen usw. In solche oft zusammenfassenden Gruppentraditionen gehören die »Hootenanies«: Folksong-Treffen der späten 50er-Jahre in den USA; die Folk Revivals, die das Lied nicht mehr als Verklärung romantischer Stimmungen benutzen, sondern als Instrument der Solidarisierung des »civil-rights-movement«. Ein gewisser Höhepunkt wurde erreicht im Jahre 1967. Im Sommer dieses Jahres hatten in den USA etwa 500.000 Jugendliche das Elternhaus, Schule oder Beruf verlassen (runaway-children), die »on the road« (so auch der Titel eines Kultbuches von Jack Kerouac) waren. Anfang 1967 hatten sich in San Franciscos Golden Gate Park 20.000 Jugendliche zu einem »Human Be-in« versammelt; am 5. Juli versammelten sich im Hydepark Londons 200.000 Jugendliche zu einem Gedächtniskonzert der Rolling Stones für Brian Jones, im August etwa 300.000 in Woodstock, wenige Tage später fand ein Beat-und-Popkonzert auf der Isle of Wight statt mit ebenfalls rund 300.000 Teilnehmern (*Baacke* 1972, S. 124). In den 90er-Jahren finden wir dieses Phänomen in den »Love-Parades« der Technoszene (vor allem in Berlin). Als träte ein unterirdischer Strom für kurze Zeit zu Tage, dokumentiert sich in diesen Völkertreffen nachdrücklich die Anziehungskraft einer Jugendkultur. Ebenso schnell zerfällt die Ansammlung wieder, Bestand hat sie nur in den lokalen Szenen und den symbolischen Repräsentationen der Medien (CDs, Filme).

Sinnsuche über Lebensstile

Die Jugendszene gewinnt für viele Jugendliche eine Bedeutung, die sie zu mehr macht als nur einem Instrument sozialen Übergangs von der Kindheit in die Erwachsenenwelt mit vorübergehenden, jugendtypischen Erschütterungen. Sie schafft ein Milieu, in dem über die Inszenierung des Ichs Fragen des Glücksanspruchs, der gegenwärtigen Verfassung, aber auch der zukünftigen Sinnorientierung behandelt werden. In einer Welt, in der nicht nur Arbeit, sondern auch Sinn knapp geworden ist, wird dieser über die lebensstilstiftenden Mythen der Jugendkulturen angeliefert. Auffällig ist, dass Sinn hier anders vermittelt wird, als wir es gewohnt sind: nämlich nicht als Traktat, Diskurs, Tiefenanalyse, sondern über so genannte hedonistische Vehikel, wie Tanz, Bewegung, erhöhtes Körpergefühl, Individualisierung durch Kleidung usf. Während in gegenkulturell orientierten Jugendkulturen »Sinn« auch im politischen Engagement gefunden wird, vermittelt er sich in eher manieristischen Jugendkulturen vorwiegend über den Gestus von Mode, Trends, immer wieder zu aktualisierender Individualität. Sinn wird zu einer Art Augenblicksempfindung, sinnlich gegenwärtig in den Arrangements der Rockszene. Diese Suchbewegungen weichen von den bisher bekannten Verfahren der »Sinnsuche« erheblich ab. *Paul Valerys* Satz: »Das Tiefste am Menschen ist seine Haut«, fasst diese neue, nicht formulierte und nicht formulierbare Philosophie zusammen. Das, was den Menschen ausmacht, liegt nicht »tief innen«, in seiner verborgenen Gesinnung, seinen versteckten Antrieben, seinen nur guten Freunden mitteilbaren »Herzensbedürfnissen«. Das Tiefste am Menschen sind seine Kleidung, sein Accessoire, sein soziales Milieu, seine Musik.

Mit diesem neuen Verfahren, Sinnsuche über den Lebensstil zu versuchen, können Pädagogen wenig anfangen. Die erziehlichen Deutungsmuster für diese Selbstinszenierung sind schnell zur Hand: unreifer Narzissmus, jugendlicher Ethnozentrismus, Provokation mit jugendlicher Triebstärke, Kompensation von Minderwertigkeitskomplexen, Protest gegen Geschlechtsrollenstereotype. Pädagogische, auch sozialwissenschaftliche Veröffentlichungen über Jugendkulturen stellen entweder übertriebene Projektionen von Erwartungen dar (Beispiele sind die Bestseller der 60er-Jahre: *Roszak* 1971; *Reich* 1970), oder sie bestehen in missgünstigen Akzenturierungen, die offenbar auch die Beobachtungsfähigkeit lenken (dies zeigen Veröffentlichungen zur Diskoszene, z. B. *Mezger* 1980; *Neißer u.a.* 1981). In einer total von Medienaussagen, ihren flimmernden Farben, Tönen und Geräuschen beherrschten Welt, die Erwachsenen Angst machen, Jugendlichen selbstverständlich sind, entstehen möglicherweise neue Methoden, sich zu seinem Identitätsproblem ins Verhältnis zu setzen. Eine pädagogische Diskussion hierzu hat bisher nicht stattgefunden.

8. Pädagogische Handlungsräume

Familie als Affektgarant?

Auf den ersten Blick haben wir gegenüber den 50er-Jahren nicht nur einen Zuwachs an Medien, sondern auch ein verändertes Familienmodell. Das der 50er-Jahre hatte noch »eine große Ähnlichkeit mit dem Familienmodell der bürgerlichen Familie des 19. Jahrhunderts: Nach draußen sichert der Ehemann und Vater den Lebensunterhalt, ist Autorität, trifft Entscheidungen. Nach drinnen sichert die Mutter das Familienglück – sie schafft Gemütlichkeit, verwaltet den Haushalt, umsorgt die Kinder, erzieht sie zur Gehorsamkeit und sorgt fürs Gefühl. Natürlich soll sie nicht berufstätig sein und der Politik fern stehen. 1957 heißt es im so genannten ›Gleichberechtigungsgesetz‹: ›Es gehört zu den Funktionen des Mannes, dass er grundsätzlich der Erhalter und Ernährer der Familie ist, während die Frau es als die vornehmste Aufgabe ansieht, das Herz der Familie zu sein.‹ Obwohl es einfach nicht stimmt, dass es durch Jahrhunderte die Aufgabe der Frauen gewesen sei, ausschließlich für Mann und Kinder da zu sein, hat sich dieses Bild bis in die 50er-Jahre als die Vorstellung von der ›richtigen‹ Frau und ›wahren‹ Mutter gehalten, die im Idealfall in einer größeren Hausfamilie waltet. Die Lockerung von innerfamiliarer Funktionszuweisung wurde gleichgesetzt mit Auflösungstendenzen von Familien an sich. In den 50er-Jahren hatte dies auch demokratiepolitische Gründe. Die Gleichschaltung im Nationalsozialismus war ein abschreckendes Beispiel staatlich betriebener Kollektivierung. Darum war beispielsweise – im Widerspruch zu Artikel 3 Abs. 2 und 3 des Grundgesetzes – nach der damals geltenden Regelung des BGB nach § 1356 a die Ehefrau nur dann berechtigt, erwerbstätig zu sein, ›soweit dies mit ihren Pflichten in Ehe und Familie vereinbar ist‹. Um dieses Modell zu schützen, tat man einiges: Ein Familienministerium wurde geschaffen, und eine Reihe von Familienvergünstigungen (Kindergeld, Steuererleichterungen, familiengerechter Wohnungsbau, Heiratsdarlehen und Heiratssparverträge, Familienermäßigungen bei öffentlichen Verkehrsmitteln, Förderung von Müttererholungsheimen). Nicht die Medien (über das Radio regte sich in den 50er-Jahren niemand auf), sondern außerhäuslich erwerbstätige Mütter galten als ›Familienstörfaktor‹, die zum ›Erziehungsnotstand‹ in den Familien beitrugen« (so *Otto Speck* in dem Buch »Kinder erwerbstätiger Mütter«, 1956).

Dieses Familienleitbild, das darauf aus war, die Frau als Gattin und Mutter zu Haus zu halten, hat sich gewandelt. Heute ist allenthalben die Rede von der »neuen Partnerschaft zwischen Mann und Frau«, und selbst eine als Bewahrerin des Konservativen klassifizierte Partei, die CDU, formulierte in ihren Leitsätzen 1985: »Es ist der Ausdruck eines überholten Denkens, die Aufgaben der Frau auf die der Mutter und Hausfrau und die Aufgaben des Mannes auf die der Erwerbstätigkeit beschränken zu wollen.« Dem entspricht eine tendenziell gewandelte Familienpolitik: Das Ehe- und Familienrecht wurde ebenso reformiert wie der § 218, Fragen des Mutterschaftsurlaubs, das Recht der elterlichen Sorge etc. Heute gehört der Beruf selbstverständlich in den Lebenszyklus der Frau. Nahezu 20 Millionen Frauen waren 1982 in der Bundesrepublik erwerbstätig, darunter 44 % verheiratete Frauen mit Kindern unter 18 Jahren. Die Erwerbsquote der Frauen hat sich bis 1985 bereits auf 40,5 % erhöht, und trotz der Arbeitslosigkeit hält der Zustrom der Frauen in den Arbeitsmarkt an – auch, wenn sie dann oft scheitern oder in die unteren Positionen abgedrängt werden. Die in Papierform inzwischen unbestrittene Gleichberechtigung der Frauen ist längst nicht realisiert. Nicht nur bietet der Arbeitsmarkt wenig familiengerechte Hilfe; es gibt keine hinreichenden Betreuungsmöglichkeiten für kleine Kinder, und die Rede vom »neuen Mann« hat bisher nichts daran geändert, dass Männer bei der Kindererziehung und im Haushalt nur ungenügend mithelfen. Die Eroberung der familienextern gerichteten Berufsorientierung durch die Frau entspricht nicht einer Eroberung der familienintern gerichteten Familienorientierung durch den Mann. Dies führt zu Disparitäten, Unzufriedenheiten, neuen Belastungen.

Denn eigentlich hat sich die Familienleitidee nur in Hinsicht auf die familieninterne Arbeitsteilung zwischen Mann und Frau geändert, nicht aber in Hinsicht auf die Erwartungen, die mit Familie für ihre Mitglieder verbunden sind. Man kann sie unter dem Stichwort »Affektentlastung« akzentuierend zusammenfassen (zum folgenden *Bieniussa*). Diese Aufgabenzuweisung bedeutet, dass die Familie zwar als wesentliche Funktion gesellschaftlicher Ordnung gedeutet werden kann, aber andererseits gerade auch im Gegensatz zur Gesamtgesellschaft gesehen wird. Sie ist ein relativ unabhängig funktionierender und autonomer Bereich mit eigenen Strukturen, Hauptaufgabe ist nach ihrem mannigfachen »Funktionsverlust« die Gestaltung der Intimsphäre des Menschen (so *René König*). Sie bietet einen Schutzraum vor Anonymität, Zweckrationalität, Bürokratie und der Festlegung durch Funktionsrollen im kalten Wind gesellschaftlicher Anforderungen. »Familie soll ein Erlebnisbereich sein, der andere Erfahrungen als das Berufsleben vermittelt. Hier soll es den Ort geben, an dem sich die Menschen ausruhen und erholen und wo den Kindern die Entwicklung ermöglicht wird, die sie für das Leben außerhalb der Familie befähigt. (…) Sie soll Bedürfnisse befriedigen, die (woanders) nicht erfüllt werden können. Zweitens werden weitgehend Forderungen an die Familie aufgezählt: Man beschreibt, was die Familie erreichen ›soll‹. Offensichtlich ist in der Vorstellung vieler Menschen, die Familie sei eine soziale Einrichtung, an die einige, in anderen gesellschaftlichen Erfahrungsbereichen nicht erfüllbare Erwartungen, Wünsche und Hoffnungen gerichtet werden. Das Ausmaß ihrer Realisierung entscheidet über den Grad der Zufriedenheit der einzelnen Familienmitglieder.« Die Sicherung »familiären Glücks« ist dabei immer noch primär eine Aufgabe der Frau. Sie muss es mit schlechtem Gewissen oder im Extremfall mit Depressionen bezahlen, wenn sie, weil sie berufstätig ist, in dieser Aufgabe versagt. Damit bietet sie ihrem Mann und den Kindern nicht die Chance, ihre Frustrationen und Enttäuschungen im Binnenraum der Familie abzu-

arbeiten und im Gegenbild einer gelungenen Erlebnisgemein-
schaft aushaltbar zu machen, wenn denn Heilung nicht möglich ist. Nähe, Zärtlichkeit, Spontaneität, Unverstelltheit,
Echtheit, die Erfüllung von Regressionsbedürfnissen – all dies
soll die Familie gewährleisten. *Bieniussa*: »Die Leitidee der
Institution Familie liegt in der Affektentlastung (durch Abde-
ckung fundamentaler Bedürfnisse), damit ihre Mitglieder außerhalb der Familie dem Konformitätsdruck genügen und optimale Leistungen durch möglichst hohe Beschränkung ihrer
biologischen und psychosozialen Wünsche erbringen können.« Dem entspricht, dass Eltern Kinder nicht haben wollen,
um Nachkommen zu erzeugen oder die Renten zu sichern, also weil sie einer gesellschaftlichen Forderung entsprechen
wollen oder müssen, sondern weil Kinder die Leitidee der in-
takten Familie mit ihrer Aufgabe der Affektentlastung stüt-
zen. So heißt es auch in einer Broschüre des *BMJFFG* (1981):
»Es ist zumeist der Umgang mit Kindern, der den Eltern die
Erfahrung von Glück und Bereicherung bringt. Im Umgang
mit ihnen erleben sie am intensivsten Zuwendung und Spontaneität und die Bestätigung ihrer Fähigkeiten.«

Damit steht die Familie unter hohem psychosozialem
Druck. Dabei sind die Rollen prinzipiell so verteilt, dass die
Frauen Affektgratifikationen bereitstellen, während diese
von den Männern und den Kindern häufig eher eingefordert
werden. Dies kann für Frauen hohen psychischen Stress bedeuten, beispielsweise, wenn sie selbst berufstätig sind und
damit unter binnenfamiliären Misserfolgserlebnissen leiden:
dass sie nämlich die gewünschten Gratifikationen nicht zufrie-
denstellend gewähren können. Diese Situation gilt für zunehmend mehr Frauen, da eben zunehmend mehr Frauen erwerbstätig sind. Eine mögliche Lösung ihres Konflikts kann
darin bestehen, dass sie die Kinder als Affektgaranten einset-
zen, ihnen also abfordern, zur positiven Gestaltung eines guten Binnenklimas beizutragen. Dies führt einerseits zu starker
Kinderbindung, andererseits auch zu erheblichen Enttäu-
schungserfahrungen, wenn die Kinder ihre Aufgabe nicht
übernehmen wollen oder frühzeitig aus der Familie drängen
(tatsächlich findet der Ablösungsprozess heute durchschnittlich früher statt als etwa in den 50er-Jahren). Der Druck auf

die Familien und insbesondere auf die Frauen verstärkt sich, wenn die Männer in der Familie nicht vollständig gewährte Gratifikationen auch außerhalb kompensieren können, etwa durch beruflichen Erfolg, ostentativ gewährte Anerkennung, steigende Einkommen. Solche Kompensate lockern die Affektnähe zu Frauen und Kindern, helfen aber das Bild einer funktionierenden Familie aufrechtzuerhalten. Bei genügend Platz (eigenes Zimmer für jedes Familienmitglied) und Geld kann die Familie immer noch als Ort der Bedürfnisbefriedigung erlebt werden – mit dem Preis (oder manchmal sogar der Hilfe?) herabgesetzter Affektregelungsansprüche an den familiären Binnenraum. Was aber, wenn ein extramuraler Ausgleich nicht gewährt wird? Offenbar ist dies häufiger der Fall, als wir zuzugeben bereit sind. Arbeitslose Männer verfügen nicht über externe Kompensate und geben den außen erfahrenen Enttäuschungsdruck voll in die Familie. Der Familiensoziologe *S. Keil*, der den 7. Jugendbericht der Bundesregierung mit dem Thema »Jugendhilfe und Familie« miterarbeitet hat, berichtet: »Wenn Sie leitende Mitarbeiter von Jugendämtern nach den einschneidendsten Veränderungen in ihrer Arbeit seit dem Beginn der 80er-Jahre fragen, erhalten Sie tendenziell von allen die gleichen Antworten. Und das gilt unabhängig davon, ob es sich um ein ländliches oder großstädtisches Jugendamt handelt, unabhängig vom Nord-Süd-Gefälle und unabhängig von der jeweiligen Rathaus- oder Landtagsmehrheit. Alle, mit denen ich gesprochen habe, nennen die Verschlechterung der wirtschaftlichen Lage der Familien an erster Stelle und beklagen im gleichen Atemzug die verschlechterten Möglichkeiten, mit den auf diese Weise gefährdeten Familien angemessen zu arbeiten (...) Die meisten von ihnen bringen das sinkende Alter der auffällig werdenden Kinder, der Strichjungen und kindlichen Prostituierten, die Überrepräsentanz der Zwölf- bis Fünfzehnjährigen bei den Heimeinweisungen, das Ansteigen der Notaufnahmen von extrem vernachlässigten Säuglingen und Kleinkindern, die zunehmende Gewalt in der Familie, Isolation und Apathie viel stärker mit eben diesen wachsenden wirtschaftlichen Schwierigkeiten der letzten Jahre in Zusammenhang als mit den klassischen Themen des Jugendschutzes, der Verführung durch

Medien und schlechte Vorbilder.« Die Arbeitslosigkeit hat nicht zuletzt solche Auswirkungen. Dabei gibt es einen deutlichen Zusammenhang zwischen Arbeitslosigkeit und Sozialhilfe; die Anzahl der Haushalte, die laufende Hilfe zum Lebensunterhalt beziehen, ist beispielsweise von 1982 bis 1984 um ca. 12% (von 908.000 auf insgesamt 1.042 000) gestiegen, wobei die Kategorie »Verlust des Arbeitsplatzes« mit 57,3% die größte Steigerungsrate in der Ursachenstatistik aufweist. Zugleich nehmen die Varianten des klassischen Familienmodells (Vater – Mutter – Kind) zu. Es gibt eine wachsende Zahl von unverheirateten Paaren mit Kindern, aber auch viele allein erziehende Mütter. Gleichzeitig nimmt der Ausgliederungsprozess älterer Menschen nicht nur aus der Arbeit, sondern auch aus sozialen Beziehungen bemerkenswerte Formen an.

Gerade also, weil die Familie weiterhin einen zentralen Stellenwert im Sozialisationsprozess besitzt, sind ihre Funktionsstörungen ernst zu nehmen. Wieder kommen pädagogische Eingriffe an ihre Grenzen, denn sozial-, familien- und kulturpolitische Erwägungen sind nicht zu trennen. Abschließend seien in diesem Zusammenhang einige pädagogische Akzentuierungen vorgenommen, die für die Sozialökologie der Familie von Bedeutung sind:

(1) Stellt die Affektentlastung eine zentrale Aufgabe des Familienlebens dar, so tragen die Medien in der Familie zur Bearbeitung dieser Aufgabe bei. Denn sie leiten Affektströme um, intensivieren Erwartungen, helfen aber auch, Affektenttäuschungen auszugleichen. Sie sind offenbar zentraler Bestandteil des Affekthaushalts vieler Familien geworden, ohne dass wir bis heute wissen, nach welchen angebbaren Kriterien gelungene oder misslingende Affektsteuerung erfolgt.

(2) Die zunehmend beklagte Entstrukturierung von Lebenswelten – gewachsene Nachbarschaften zerfallen, Sozialräume werden zerstört, Siedlungen bieten keine Heimat mehr – vermindert die sozialökologisch früher entschieden besser abgesicherte Orientierungshilfe. Auch hier können Medien als Verstärker des Entstrukturierungsprozesses fungieren, indem sie die Raumunabhängigkeit betonen. Sie können aber auch

Leerräume sozialer Gestaltung auffüllen und zubetonierte Umwelt ein Stück weit durch neue farbige Vorstellungsbilder vergessen machen.

(3) Der Entstrukturierung gewachsener Lebenswelt entspricht die Partialisierung des Lebensraums in eine Fülle unterschiedlicher Teilräume, die nur noch durch Telefon, Verkehrsmittel oder Medien miteinander verbunden sind. An die Stelle des Modells eines »einheitlichen Lebensraums« tritt heute das Modell »verinselten Lebensraums«. Dem entspricht die Zerhackung der fließenden Erlebniszeit in »Termine«. Jugendliche führen heute in der Regel einen Terminkalender, um sich in der Unterschiedlichkeit der Anforderungen noch zurechtfinden zu können. Zeit wird bereits für sie zum knappen Gut. Diese Ballung von Erlebnisquanten, die vor der Familie nicht Halt macht, stellt diese immer wieder vor eine Zerreißprobe; sie ist nicht nur der Ort der Ruhe, des Zurückgezogenseins und des Vertrauens, sondern in ihn strömen die unaufgelösten Affektschübe von außen ein, oder umgekehrt: Nicht bewältigte Familiendynamiken explodieren einfach nach außen.

(4) Damit scheint sich der Ablösungsprozess aus den Familien allmählich zu verändern. Das Bild »Ablösung« setzt ja stillschweigend voraus, dass dort ein geschlossener Binnenraum ist, aus dem sich nun einzelne Glieder – die Jugendlichen – allmählich entfernen. Auch wenn es bis heute eine Binnen- und Außenperspektive für die Familien gibt, scheinen doch die Familien heute derart durchdrungen zu sein von Vergesellschaftungsprozessen, dass sie keine nach außen geschlossene Schutzzone mehr darbieten können. Die Probleme des öffentlichen Lebens finden sozusagen auch in den Familien ihre Abarbeitung, und nichts, was »draußen« misslingt – handelt es sich um Schulversagen, Langeweile, Probleme am Arbeitsplatz –, lässt sich draußen halten.

(5) Elternbildung ist deshalb notwendiger denn je; wirkliche Erfolge hat sie aber nur, wenn die strukturellen Familienprobleme einigermaßen beschwichtigt sind. Die Selbstverständ-

lichkeit der Welthinnahme ist für Familien nicht mehr gegeben, und darum müssen sie bewusster als früher ihre internen Beziehungen regeln und gleichsam selbstreflexiv ihre Dynamiken ein Stück weit selbst abarbeiten. Außer den Familien liegende Bearbeitungsinstanzen von Problemen (Beratungsstellen) kommen weder dem Bedarf nach Hilfen nach, noch reichen sie in die Familieninteraktionen selbst hinein. Beratung in der Nachbarschaft und Selbstberatungsaktivitäten der Familien sind jedoch nur dann denkbar, wenn lebensweltlich einigermaßen funktionierende Kontexte gegeben sind. Die sozialökologische Restrukturierung der soziokulturellen Umwelt ist hierfür eine wesentliche Voraussetzung.

Schule und Jugendidentität

Das Dilemma der Schule ist seit langem bekannt und viel diskutiert: Zum einen ist sie eine »Chancenzuteilungsapparatur« (*Schelsky*), d.h., sie entscheidet durch Selektionsprozesse (Sitzen bleiben oder nicht; Aufnahme in Leistungskurse oder nicht etc.) über die künftige berufliche und damit soziale Allokation derer, die sie besuchen. Sie ist ein administratives Instrument staatlicher Lenkung. Auf der anderen Seite versteht sie sich als Erziehungs- und Bildungsprozessen in besonderer Weise verpflichtete Institution, deren Auftrag auch heute darin bestehen muss, angesichts vieler Familienschwierigkeiten und außerschulischer Unübersichtlichkeit, einen Raum der Distanzierung, Besinnung und Ruhe zu schaffen, in dem geordnetes Lernen möglich ist. Eigentlich ist es erstaunlich, dass dies trotz aller Schwierigkeiten doch immer wieder gelingen kann.

Dennoch, Beobachtungen aus dem Schulalltag machen klar, dass auch die Schule insofern in eine Identitätskrise geraten ist, weil sie ihr Dilemma bis heute nicht zu lösen vermag; da die Verweildauer der meisten Kinder im Bildungssystem angestiegen ist, Bildung insgesamt heute eine entscheidende Komponente für Lebenserfolg und -zufriedenheit ist, hat sie damit noch an Bedeutung gewonnen. Damit gewinnt das Schuldilemma umso stärkere Konturen. Hören wir uns einige Beobachtungen aus dem Schulalltag an, die der engagierte Schulreformer *Hartmut von Hentig* in der »Laborschule« angestellt hat und die Schülerverhalten als Sozialpathologie erscheinen lassen:

»Ein wohl wollender Betrachter meiner Bielefelder Laborschule, der viele Reformschulen kennt und in dieser Hinsicht abgehärtet ist, beendete seinen Besuch mit folgendem Satz: ›Es wird Sie im Übrigen weder verwundern noch kränken, wenn ich Ihnen sage: Dies ist die schmutzigste Schule, die ich je gesehen habe.‹ Er hat mich nicht gekränkt, er hat mein Selbstbewusstsein wieder hergestellt; mein eigenes Urteil – unsere Schule sei nicht nur schmutzig, sondern schwer verwahrlost, eine beunruhigende und anklagende Ausnahme – war durch die scheinbare *Gleichgültigkeit*, mit der die Schüler und Kollegen diesen Schmutz ertragen, täglich geknickt worden und schien widerlegt.

Aber damit ist auch das Wort gefallen, um dessentwillen der Schmutz zur Sozialpathologie gehört. Es geht nicht um einen unterschiedlichen Grad ästhetischer Empfindlichkeit. Es geht darum, wie gleichgültig einem die Ansprüche und Maßstäbe anderer sind. Unsere Kinder und eine nicht unbeträchtliche Zahl von Erwachsenen finden es keiner noch so geringen Empfindung oder Überlegung wert, in welchem Zustand der gemeinsam benutzte Raum – ein Großraum für zz. 240 Kinder – und alle darin enthaltenen Geräte, Möbel, Teppiche, Wände die jeweilige Tätigkeit oder Laune überstehen; wie denen zumute ist, die sauber machen; wie dies auf die zahlreichen Besucher wirkt; wie ihre Mitschüler, Kollegen, Mitarbeiter damit zurechtkommen. Die Dinge – Papier, Colaflaschen, Obstschalen, Stullen, Trinkbecher, Kaugummis – fallen ihnen aus den Händen oder dem Mund, wo sie gerade stehen. Die Aufforderung, sich an der Beseitigung zu beteiligen, lehnen sie unbekümmert und entschieden ab mit der Bemerkung, erstens hätten sie dieses Papier hier nicht fortgeworfen und zweitens seien sie heute nicht ›dran‹. Schuld und Aufgabe sind stets die der anderen. Eine Gemeinschaft, zu der man so gehört, dass man für sie einsteht – sei es eine Kleingruppe, sei es eine Stammgruppe, sei es die Schule insgesamt –, gibt es für diese Kinder nicht. Ja, sie lassen deutlich spüren, dass sie so etwas weder kennen noch wünschen.

Die Kinder an meiner Schule sind fast ununterbrochen in heftiger Bewegung. Wenn sie nicht Unterricht haben, rasen sie durch das Gebäude; wenn sie Unterricht haben, tappen sie mit den Händen auf die Tischplatten, die Sitzlehne, ihre Knie; sie kippeln mit den Stühlen. Eine gewisse Ruhe erziele ich gelegentlich, indem ich ihnen erlaube, sich hinzulegen. Auf jeder der Unterrichtsflächen haben sie zu diesem Zweck Polster zusammengetragen. Liegend sind sie meist aufmerksam – wenn sie nicht aneinander herumspielen (…).

Auf den Flächen haben sich die Kinder Buden gebaut. Dies geschah schon am zweiten Tag, so dass man nicht gut sagen kann: Dies sei die verständliche Folge des Großraums. Eher ist es wohl so, dass der Großraum Buden zu bauen erlaubt – und das nicht nur physisch. Man kann sich hier von den anderen in einer Bude absetzen, ohne sich von ihnen zu isolieren. Die Buden müssen – nach der Vorstellung der Kinder – uneinsehbar und schwer zugänglich sein und (genau wie die von der einen Stammgruppe eingerichtete Diskothek und Coca-Cola-Bar) fast vollkommen dunkel« (*von Hentig*, S. 219 f.).

Hartmut von Hentig steht sicherlich mit seinen Beobachtungen nicht allein, und die Verhaltensauffälligkeiten, die er beobachtet, sind sicherlich nicht nur bei den LaborschülerInnen zu finden. Aber *v. Hentigs* Schilderung macht besonders deutlich, worin das Problem vieler Schulen besteht: Offenbar gelingt es vielen Kindern und Jugendlichen nicht, sich tatsächlich mit der Schule und ihrer Ordnung zu identifizieren. Sie bauen vielmehr innerhalb der administrativ vorgegebenen Raumaufteilung ihre eigenen Sozialräume auf, die quer zur schulischen Lebensordnung stehen. Sie definieren sie einfach für ihre Zwecke um, bauen sich Buden, schotten sich ab, suchen das Dunkle, Geheimnisvolle – alles das, was ihnen die Schule nicht gibt, offenbar aber auch nicht ihr sonstiger Lebensraum.

Wieder kann die Schule, können pädagogische Maßnahmen allein wenig bessern. Dennoch, am Beispiel Schule soll ein Hinweis – gleichsam exemplarisch – darauf gegeben werden, wie radikal auch die pädagogische Praxis – gemeint ist die Organisations- und Kommunikationsstruktur – insgesamt verändert werden muss, wenn Besserung erreicht werden soll. (Nebenbei ist anzumerken, dass es fantasievollen Lehrern immer wieder gelingt, ein Stück weit auf diesen Weg zu gehen.) In diesem Buch wird die These vertreten: Nur Schülerpartizipation hilft, subkulturell abgespaltene Kommunikations- und Handlungskreise wieder im gemeinsamen Denken und Handeln zu vereinigen.

Was ich meine, kann die Diskussion um den »heimlichen Lehrplan« schnell verdeutlichen. *J. Henry* (1973, S. 23) hat in seinem Artikel »Der erlebte Albtraum. Lernziel Entfremdung« ein anschauliches Beispiel gegeben. Er geht aus von einer Situation, in der ein Schüler das Wort »August« an die Tafel schreibt. Dieser Schüler, so *Henry*, »lernt dabei nicht nur das Wort ›August‹. Er lernt auch, wie man die Kreide hält, damit sie nicht quietscht, wie man leserlich schreibt, wie man weitermacht, auch wenn die Klasse über Umständlichkeiten von einem kichert; wie man die Blicke der Mitschüler einschätzen muss, um zu wissen, ob man es richtig oder falsch macht, und vieles mehr«. Im offiziellen Lehrplan ist nur vermerkt: Der Schüler soll schreiben lernen und dies üben. Was nicht darin steht, ist möglicherweise aber viel lernwirksamer: Neben technischen Fertigkeiten, die in der Regel nicht besonders erwähnt werden (hier: die Kreide halten, leserlich schreiben), wird vor allem ein bestimmtes Sozialverhalten eingeübt (weitermachen trotz kichernder Klasse) sowie die Fähigkeit, den Erfolg des eigenen Handelns an den Reaktionen anderer abzumessen (die Blicke der Mitschüler einschätzen können). Der heimliche Lehrplan einer Schule besteht nun in all dem, was Schüler lernen, obgleich es nicht im offiziellen Lehrprogramm verzeichnet steht und auch nicht in den Zielformulierungen von Unterricht auftaucht. Während scheinbar »Lerninhalte« vermittelt werden, macht der Schüler für die Konstitution seiner Identität ganz andere Erfahrungen: nämlich die einer erzwungenen und hierarchischen Kommunikation. So lernt der Schüler allmählich, »sich in ein formales System sozialer Über- und Unterordnung einzufügen und die darin angelegte Machtverteilung zu akzeptieren«; da sich nonkonformes Verhalten nicht bewährt, wird er danach streben, sich den Anforderungen der Institution zu beugen, »um so die Gratifikation zu erlangen« (*Tillmann* 1976). Ich frage mich freilich, ob der heimliche Lehrplan nur Medium systemkonformer Sozialisation ist, wie die meisten Autoren nahe legen. Hier helfen Arbeiten von *Gordon* (1959) und *Getzels/Thelen* (1960) weiter. *Gordon* betrachtet die Klasse als soziales System. Diese wiederum gliedert sich in ein inneres und ein äußeres System. Beide erfüllen unterschiedliche Funktionen. So ist das äußere System orientiert

- an formeller Gruppenorganisation,
- an offiziellen und formellen Zwecken der Lerngruppe ohne Berücksichtigung individueller Neigungen, die als untergeordnet gelten,
- am Leistungssystem, an der Auffassung der Schulklasse als zweckorientierte Handlungsgruppe.

Ganz anders das innere System; es ist gekennzeichnet durch
- informelle Gruppenorganisation,
- Orientierung an Bedürfnissen und Neigungen der einzelnen Mitglieder der Klasse,
- persönliche, auch emotionale Beziehungen,

- Neigungs- und Prestigezuschreibungen informeller Art, die gleichwohl zwischen Lehrern und Schülern gelten und Wirkungen entfalten.

Diese Hinweise sind im Zusammenhang meiner Erörterungen aufschlussreich. Denn offenbar wird das personenorientierte »individuelle Verhalten« im Unterschied von »institutionellem Verhalten« in den Jugendkulturen ermöglicht – und dort von den Jugendlichen gesucht. Ich nenne dies abgekürzt Suche nach »Heimat« und belege es mit den Stichworten »Intensität, Ganzheit, Subjektivität«, weil dies die Voraussetzungen sind für gelungene Identitätsfindung. Damit entstehen zwei Kommunikations- und Handlungskreise, die je eigene Subkulturen bilden. Die Subkultur der Schule mit ihren Regularitäten steht gegen die Subkultur informellen spontanen Handelns; Schülern ist es nicht möglich, sich in beiden Sphären in gleicher Weise zu entwickeln, da sie sie als getrennt, ja widersprüchlich erleben. So schafft die Schule ein weiteres Dilemma – wenn sie nicht versucht, es zu lösen. Eine Lösung könnte über das Stichwort »Partizipation« diskutiert werden. Ich formuliere dies vorsichtig, weil es keine pädagogischen Allheilmittel gibt. Aber es liegt auf der Hand, dass der heimliche Lehrplan deshalb seine Wirkungen entfaltet, weil Schüler nicht Gelegenheit haben, ihre persönlichen Wünsche, aber auch ihre Lerninteressen zu artikulieren. Ich meine damit nicht die Strategie »Hereinnahme«, sondern »Austausch von Kompetenzen« (vgl. dazu das nächste Kapitel). Dann würde die Schule nicht beanspruchen, alle Lebensäußerungen der Schüler zu kontrollieren oder die Normen ihres eigenen Systems absolut zu setzen. Sie würde nach dem Prinzip der Generationssolidarität die Beratungs- und Helferfunktion des Lehrers neben seiner Funktion als Arrangeur von Lernsituationen und als Stoffvermittler stark akzentuieren und ihn ermutigen, unterrichtliche und soziale Experimente nicht zu scheuen, damit der Schüler den Eindruck hat, dass die Schule ihn wirklich ernst nimmt. Dann kann sie ein Fluchtraum sein, den er braucht, wenn er in den Irritationen der außerschulischen Sphären nicht standhalten kann (und das gibt es häufig!). Die Schule kann und soll nicht »jugendkulturell« werden

– ebenso, wie Jugendkulturen nicht »verschult« werden können. Aber die Flaggensignale zukünftiger Entwicklungen werden wahrscheinlich nicht nur in der Schule gehisst. Will sie ihre erzieherische Funktion dennoch wahrnehmen, braucht sie die Solidarität des Verstehens und Gewährenlassens.

Wie das praktisch aussieht, hat der amerikanische Pädagoge *J. Herndorn* in seinem Buch »Die Schule überleben« an vielen Beispielen sehr anschaulich und überzeugend dargestellt. Er beendet sein Buch mit der Geschichte der beiden schwierigen Freunde Richard und Tizzo: »Gelegentlich wurde Richard wütend auf Tizzos Tyrannei und stellte ein Plakat her: Ein Junge in der Achten, der sich sehr stark vorkommt, versucht sich als Julius Cäsar aufzuspielen und anderen Leuten zu befehlen, was sie tun sollen. Die ganze achte Klasse sollte sich zusammentun und ihn dazu bringen, dass er das lässt.

Dann wurde Tizzo wütend und sagte, es sei ihm egal, was Richard tue, und wenn der Vizedirektor ihn schnappe, dann sei das eben Pech, und Richard ließ sich gehen und war auch montags oder dienstags ein Auto. Und dann plötzlich war der Streit wieder vorbei, und ich konnte genau sagen, wann. Die Klingel schrillte, und für Tizzo war es Zeit, zum Leseunterricht zu gehen, worauf er sauer war, weil Eileen ihn nicht aufs Klo hinausließ. Die Klingel schrillte, und Tizzo stand einfach da in der Klasse und ich sagte: Na los, Tizzo, und er sagte: Tut mir Leid, Mister Herndon, ich kann nicht zum Lesen gehen, Richard hat mich gerade in einen Frosch verwandelt! Und immer wenn das passierte, lachten Tizzo und Richard und ich und viele anderen Kinder, die herumstanden, wie verrückt los, und ich schlug Tizzo beim Hinausgehen auf die Schulter und er knuffte mich in die Rippen und Richard schlüpfte grinsend mit hinaus, mit erhobenen Armen wie beim Beifallsgebrüll auf dem Sportplatz, und dann erkannten wir alle einen Augenblick lang, wie närrisch und absurd unser Weg durch die Welt war, und spürten die Wirkung jener großen, gelegentlichen und zufälligen Freude, die unser einziger Lohn auf diesem Weg bleiben würde.«

Außerschulische Jugendarbeit

Der »Entstrukturierung der Jugendphase« entspricht, so vermute ich, zunehmend eine Entstrukturierung der Pädagogik, verbunden mit einer Auflösung traditioneller pädagogischer Rollenmuster. Freilich: Disziplinen und Berufe sind beharrlich. Auch die Pädagogik scheint mir bisher kaum in der Lage zu sein, die neuen Sinn-Notate angemessen zu entziffern. So gibt es eine ganze Reihe von Fragen und Entwicklungen, mit denen gerade außerschulische Pädagogen sich heute verstärkt auseinander setzen müssen. In diesem ganzen Buch hat sich ja gezeigt, dass jugendliche Entwicklung und Entfaltung in wachsenden Kreisen sozialökologischer Orientierung mit einer Fülle von gesellschaftlich erzeugten, weitgehend aber auch angebbaren und damit bearbeitbaren Problemen konfrontiert sind. Weder die Familie noch die Schule können die kommunikationskulturellen Problemlagen beispielsweise, von denen die Rede war, vor den Toren halten; schon gar nicht möglich ist dies für den Bereich der außerschulischen Pädagogik. Diese zeichnete sich ja seit jeher dadurch aus, dass sie weniger institutionalisiert ist, offene Zugänge anbietet und auf dem Prinzip der Freiwilligkeit beruht. Seit Jahren wird der Rückgang an Besucherzahlen in Häusern der »Offenen Tür« und anderen Einrichtungen der außerschulischen Jugendarbeit/Jugendausbildungsarbeit beklagt. Die soziokulturellen Veränderungen werden hier am ehesten spürbar. Freizeit ist heute nicht nur Medien-, sondern auch Kommerzfreiheit. D. h.: Eine wachsende Zahl von Jugendlichen nutzt die bereitgehaltenen kommerziellen Angebote (Beispiel: Medienorte), da diese attraktiver ausgestattet sind. Jugendarbeit wird mancherorts zu Ausländerarbeit, zur Arbeit mit problembeladenen Gruppen, wenn sie nicht ganz ihrer Klientel hinterherläuft.

Daher sollen im Folgenden einige Diskussions- und Handlungspunkte für die außerschulische Pädagogik aufgeführt werden:

(1) Viele Jugendliche suchen außerpädagogische Sozialräume. Sie gehen nicht in Häuser der »Offenen Tür« oder Jugendzen-

tren, nehmen nicht an Ferien- oder Freizeitveranstaltungen teil, die vom Jugendamt oder anderen pädagogischen Institutionen angeboten werden. Tun sie es doch, fügen sie sich nicht den Erwartungen der Pädagogen. Man kann den Tatbestand auch so formulieren: »Institutionalisierte Freizeitorte, wie Jugendhäuser, werden nahezu ausschließlich von den unterprivilegierten Jugendlichen besucht. Die Annahme, dies sei vor allem eine finanzielle Frage, liegt nahe, da ein Jugendhausbesuch billiger ist als ein Kneipen- oder Diskobesuch. Doch kann dies nicht der einzige Grund sein: Zwei Seiten scheinen sich gegenseitig zu bedingen. Jugendhäuser sind nicht attraktiv für Jugendliche. Weder die meist kalte, sterile Ausstattung noch die Reglementierung (die alleine schon durch festgelegte Öffnungszeiten gegeben ist) fördern die Ausbildung von Stilen. Deshalb ziehen sie subkulturell aktive Jugendliche nicht an, verhindern aber möglicherweise auch bei anderen Besuchern die Ausbildung von Stilen durch eine gewisse Abschottung« (*Peinhardt/Sparschuh* 1986, S. 251). *Becker/Hafemann/May* (1984) haben die Raumstrukturen untersucht, am Beispiel des Jugendzentrums Schwalbach. Sie machen deutlich, dass die Erwachsenen (die eingestellten Sozial- und Freizeitpädagogen wie die hinter ihnen stehenden kommunalen Ämter und sonstigen Träger) auch über die Definition und Nutzung von Räumen verfügen. Die pädagogische Administration spricht von »Tischtennisraum«, »Fernseh-« oder »Medienraum«, von »Spielstube« usw. Aus der Sicht der Jugendlichen haben die Räumlichkeiten andere Akzente. Da werden sie genannt »Exitus«, es gibt das »Go in«, den »Diskokeller«, aber auch den »Matratzenraum«, einen »Abschlaffraum« (heute würde man sagen: »chill room«), den »Chaoskeller«, den »Laber-Raum« usw. Die Raumetikettierungen sind unterschiedlich, und immer schwerer gelingt es den Pädagogen, ihre Definitionsmacht durchzusetzen. Noch deutlicher wird dieses bei subkulturellen Gruppen, die das Heim besuchen, den »Wikingern« oder der »Punk-Gruppe«. Diese benutzen nicht die pädagogisch vorbereiteten und bereitgestellten Räume, sondern das Treppenhaus, das oberste Stockwerk und andere, in ihren Funktionen noch nicht festgelegte Orte (vgl. dazu *v. Hentigs* Beobachtungen!). Natürlich führte dies zum Konflikt und schließlich zu einer vom Träger verfügten Änderung der pädagogischen Konzeption: mehr organisierte Gruppen, geregelte Gruppenarbeit, Abschaffung der »Offenen Arbeit«. Damit verschwanden jedoch die jugendkulturellen Ablagerungen aus dem Heim, es entleerte sich und wurde fahl.

Fazit: Jugendliche definieren sich heute ihre Sozialräume selbst. Pädagogisch gut gemeinte Raumstrukturierung wird als Vor- und Eingriff in Jugendautonomie angesehen.

(2) Es gibt Anzeichen, dass sich die Erziehungshaltungen der Erwachsenen entsprechend ändern, auch wenn zwischen den Generationen konstitutive Spannungen bleiben. Jugendliche orientieren sich zwar häufig weiterhin an Eltern oder auch an Lehrern, ebenso häufig jedoch an Idolen der Jugendszene (Rock, Pop, Filme, Videos, Altersgefährten der Peergroup). Die Konkurrenz zwischen Familie und Schule auf der einen und Peergroup mit ihren Freizeitorientierungen und Konsummustern auf der anderen Seite liegt nicht nur in der zeitlichen Beanspruchung.

Wesentlich ist auch die Rivalität in der Wertorientierung, die historisch eine geringere Rolle gespielt haben dürfte. Dies gilt, obwohl sich der erzieherische Diskurs gewandelt hat, wie in der Shell-Studie »Jugendliche + Erwachsene '85« gezeigt wurde (Bd. 3, 151 ff.; vgl. die Einleitung). Die Einschätzung von Erziehungspersonen erfolgt heute weniger – wie früher – nach »gütig« oder »streng«; an diese Stelle treten neue Themen wie »Gleichberechtigung des Kindes (im Sinn von Bürgerrechten)« oder »Kind als persönlicher Partner des Erwachsenen« oder »herrschaftsfreier Diskurs zwischen Eltern und Kind«. Auch das Elternverhalten wird lockerer, informeller; Wert wird gelegt auf die Individualität des Kindes. Die Bereiche der Selbstständigkeit wachsen. Der Akzent liegt auf der Selbstaktualisierung der Personen. Entscheidend ist dabei, wie diese neuen Haltungen umgesetzt werden. Dies ist eine ästhetische Frage, eine des Stils. Was sollen Jugendliche beispielsweise tun, denen Pädagogen ständig »verständnisvoll« begegnen? Gerade dann kann sich eine Protesthaltung entwickeln – es hilft nur noch die Punk-Existenz. Also: Eltern und andere Pädagogen bleiben wichtige Bezugsfiguren für die

Jugendlichen und ihre Reaktionen. Wesentlich jedoch scheint mir jetzt zu sein, dass ein falsch ausagierter Gestus liberaler Grundhaltung Jugendliche eher abstößt. Sie können sich nicht mehr reiben: Der schlaue Erwachsene benutzt die List des Igels gegenüber dem Hasen, indem er mit »Verständnis« vorab einholt, was der Jugendliche erst erobern will. »Freundliches Verständnis« kann nämlich Herablassung sein – ein antiquierter Erziehungsstil, auch wenn er gut gemeint ist. »Wohlwollen« oder »Gutmütigkeit« sind stilistisch veraltete Erziehungshaltungen.

(3) Das Stichwort »Kultur« hat unscharfe Ränder. Im hier erörterten Zusammenhang dürfte jedoch deutlich sein, was mit Kultur gemeint ist: Jugendsozialarbeit und Erziehung sind heute vorrangig als Jugendkulturarbeit zu verstehen. Dies bedeutet: Dimensionen der Lebensformen, der Lebensstile und der raumaneignenden Milieugestaltung müssen mit ihren kreativen, fantasieentbindenden Potenzen in entsprechende Angebote eingebunden werden. Dabei ist auch das Problem zu bearbeiten, das gerade in der jugendkulturellen Orientierung einmündet. Indem Jugendliche sich nämlich stilistisch von anderen abgrenzen, neigen sie oft zu einer ego- bzw. ethnozentrischen Gruppenhaltung, die andere kulturelle Ausdrucksmöglichkeiten aggressiv ausschließt. Die Pluralität der Jugendszene hat nicht notwendig Liberalität im Gefolge, noch weniger Verstehen und Akzeptanz von Andersartigem. Interkulturelles Verstehen zwischen Milieus, unterschiedlichen Bevölkerungsgruppen, verschiedenen Völkern ist zentrale Aufgabe der Jugendkulturarbeit, die gleichsam in zwei Schritten zu erfolgen hat: Der erste besteht in der Förderung jugendeigener Kulturalität und Raumaneignung; der zweite besteht in der grenzüberschreitenden Verbindung von Szenen und Entwürfen und dem Einüben, auch anders gelagerte Lebensstile und Lebensentwürfe zu akzeptieren.

(4) Die Lebensformen werden heute durch Konsum, Markt und Mode sowie die Medien bestimmt. Der pädagogische Einfluss ist marginalisiert. So schwierig es ist: Wir müssen nach Wegen suchen, um Kooperationsmodelle zwischen kom-

merziell betriebenen Diskotheken (nur ein Beispiel) und der Jugendarbeit zu ermöglichen. Ebenso müssen Jugendarbeit und Schule stärker bemüht sein, aufeinander zuzugehen und ihre unterschiedlichen Kompetenzen kooperativ zu vermitteln. Chancen und Möglichkeiten der Kooperation von öffentlicher Hand und kommerziellen Angeboten – dies ist eine zu lösende Aufgabe.

(5) Kulturarbeit mit Jugendlichen braucht Wechsel und Wandel und zugleich Kontinuität. Ihre Kontinuität könnte darin bestehen, erprobte Arbeitsformen nicht einfach über Bord zu werfen, wohl aber einer genauen Prüfung zu unterziehen. Zum Beispiel ist in der außerschulischen Jugendarbeit das Medium »Gruppe« stets zentral gewesen, auch wenn es gerade in der offenen Arbeit schwer ist, Gruppenleistung über einen längeren Zeitraum zu koordinieren – kein Wunder angesichts der Optionenvielfalt, der Jugendliche heute gegenüberstehen. Haben sie sich für etwas entschieden, entgehen ihnen tausend andere Möglichkeiten und dies führt zu Nervosität und kurzzeitigem Planungsverhalten. Dennoch ist es notwendig, gerade diese Arbeitsform beizubehalten, da in ihr Heimat, Solidarität und Geborgenheit gefunden werden können (auch die jugendkulturellen Szenen machen ja gerade in dieser Hinsicht entsprechende Angebote). Freilich kann Gruppenarbeit nicht mehr mit den pädagogischen Mitteln früherer Zeiten arbeiten, ohne dass dies durch die »Stilprüfung« der Versammelten gegangen ist.

(6) Unsere gesellschaftliche Kultur kann sich nicht mehr nur aus Überlieferung legitimieren. Ein permanenter kultureller Legitimationsschwund hat stattgefunden. Das »bessere Wissen«, »die gründlichere Übersicht«, die »menschliche Reife« oder die »qua Amt zugesprochene Verantwortung« – dies alles sind Vokabeln, die einer Systemrationalität dienen, auf die viele Jugendliche nur in einer endgültigen und einer endzeitlichen Satire Antwort geben können. Dies muss nicht bedeuten, dass es keinerlei Übereinkünfte, keine gemeinsam geteilten Überzeugungen mehr gibt oder geben sollte. Aber: Wenn diese stilistisch nicht mehr glaubwürdig vermittelt werden

können, sind sie selbst am Verschwinden. Denn über Lebensstile, nicht nur über Lebenswelten, die zunehmend zerfallen, laufen heute die neuen Deutungsmuster der Kultur. Zwar gibt es noch die »feinen Unterschiede«, wie sie *Bourdieu* materialreich und engagiert beschreibt, als die zwischen dem »Bildungsadel«, den Leuten mit dem »reinen« Blick auf kulturelle Strukturen, und dem »populären« Geschmack, der in der Operette und im gegenständlichen Bild seine Wiedererkennungssignale sucht. Der Ästhet mit dem reinen Blick erfreut sich am Foto einer Fabrik oder eines abgelaufenen Schuhs, während die Frau von der Straße meint, das habe sie täglich, sie wolle lieber die Braut im Schleier und den hellen Mond hinter der Gartenlaube. Da heute alles möglich ist, gibt es auch alles und also auch diese Unterschiede und Unterscheidungen. Gesellschaftliche Klassengegensätze sind beharrlich. Aber es gibt auch den Punk, der mit grell gestylten Haaren und Sicherheitsnadel im Ohr kulturellen Protest ausdrückt, als programmatischen Selbstdeklassierer; es gibt Berührungen und Vermischungen zwischen Hoch-, Trivial- und Massenkultur (*Baacke* 1987), und damit gibt es die Chance zum ersten Mal in der europäischen Geschichte, im Scherbenhaufen der Standards und Ansprüche zu wühlen und neue Muster zusammenzusetzen. So interpretiere ich das postmoderne Deutungsmuster: Während das der Modernität ausscheidet und abgrenzt, nimmt das der Postmodernität alle Elemente zunächst als prinzipiell gleichberechtigt auf, um – vielleicht zum ersten Mal in der Kulturgeschichte – kulturelle Disparitäten aufzuweichen und die Rede von Kultur nicht auf Institutionen zu begrenzen, sondern auf Lebensformen verschiedener Art auszuweiten. Dieses gewährende Geltenlassen, dieses Versuchen in Bricolagen gibt gerade denen eine Chance, die bisher als kulturelle Abseitler gestempelt waren, als minderwertig und dem »Höheren« nicht aufgeschlossen. Zwar: Kulturelle Maßstäbe bleiben, aber sie müssen erarbeitet werden, sind nicht mehr postulierbar. Noch in den standardisiertesten Trivialitäten der Massenkultur sollten wir bereit sein, mögliche Edelsteine künftigen Glücks zu finden. Dass Kultur zum Such-Raum geworden ist, birgt auch Chancen.

Hans Magnus Enzensberger (1988) hat unter dem Titel

»Mittelmaß und Wahn« einige »Gesammelte Zerstreuungen« ausgegeben. Er setzt sich auch mit der Frage der »neuen deutschen Mittelmäßigkeit« auseinander. Er sieht es positiv, dass wir uns endlich mit unserem Alltag versöhnt haben und nicht immer die außergewöhnliche Situation, den Weltenbrand brauchen, um bedeutend zu erscheinen – auch kulturell. Allerdings, in dieser Nation der Normalität, in der Jugendliche heute aufwachsen, ist zugleich jeder normale Wert wahnhaft verzerrt. Beispiele: die Apothekerin im Nicaragua-Komitee; der Altphilologe im Warentermingeschäft. Aber: Intellektuelle und künstlerische Extremwerte sind längst in den pädagogischen Diskurs der Öffentlichkeit integriert. Von *de Sade* bis *Faßbinder*, es gilt: »Die Mehrheit lässt es sich gefallen, als Kompensation, ›Denkanstoß‹, Bereicherung, als ›Herausforderung‹, die auf tausend Symposien und Volkshochschulen ›nachdenklich macht‹ und ›verarbeitet wird‹, die also mit einem Wort das Mittelmaß in seiner fantastischen Lernfähigkeit nur noch unangreifbarer macht, was wiederum den Wunsch, sich zu unterscheiden, weiter steigert usw.« Die Bundesrepublik ist nach Enzensberger die Avantgarde dieses Mittelmaßes, und es sind ohne Zweifel die Pädagogen, die sich in diesem Feld besonders hervortun. Es sind heute eher die Jugendlichen, die, mit Bloch zu sprechen, den Vorschein des Goldenen Zeitalters in ihren Szenen und Kostümierungen noch denkbar machen. Von ihnen gehen heute die wichtigen Fragen aus, auf die die biedere pädagogische Welt noch kaum geantwortet hat.

9. Pädagogische Strategien

Vorbemerkung

Erzieherisches Handeln ist heute verunsichert. Welches sind die Maßstäbe, an denen es sich orientieren kann? Und wo sind seine Grenzen? Verbindliche Antworten hat die Erziehungswissenschaft auf diese Frage im Augenblick nicht anzubieten. Erst allmählich beginnt sie, wieder pädagogische Erfahrungen und Handlungen in ihrer Ganzheit in den Blick zu nehmen und nicht nur Daten zu ermitteln. Die Frage nach der Lebenswelt von Jugendlichen erlaubt, sensibler als bisher ihre Sichtweise – auf Probe – einzunehmen oder doch wenigstens ein Kontextverständnis zu erarbeiten, ohne dass erzieherisches Handeln heute richtungslos bleiben muss. Wenn es richtig ist, dass die Familie immer noch entscheidende erzieherische Voraussetzungen schafft, dann ist ein familienpädagogischer Ansatz unabdingbar. Für sich allein aber bliebe er halb blind. Denn dem »Zentrum« folgen »Nahraum« und »Ausschnitte«, die manchmal von der Familie befreien (wenn in ihr geschlagen, vergewaltigt, lieblos kontrolliert wird und hinter der Fassade von Wohlanständigkeit terroristische Familiendramen ablaufen), aber auch neue Verwirrungen bringen können. Spätestens jetzt auch dringt die Kälte unseres öffentlichen Lebens in noch verwundbare Seelen ein. Schule, Jugendverbände, offene Freizeitarbeit, Heime, Betriebsausbildung: Das sind nur einige der pädagogischen Bereiche, für die sich zunehmend selbstständige »Pädagogiken« entwickeln. Damit aber droht der Lebenszusammenhang des Jugendlichen wieder zu verschwinden. Jeder sieht dann nur auf den pädagogischen Bereich, den er zu verwalten hat: Der Lehrer auf die Schule, der Sozialarbeiter auf das Freizeitheim, die Eltern auf die Familie. Sie müssten miteinander reden, Fremdheiten und Konkurrenzen zu überwinden trachten. Dies sicherlich nicht mit dem Ziel, die Jugendlichen »einzukreisen«, sondern ihnen jenen Spielraum der Entwicklung zu gewähren, der die Adoleszenz als erfolgreiche Identitätsgewinnungsphase zu verstehen erlaubt.

Wie das aber anfangen? Zunächst bedarf es weniger der Handlungsanweisungen und Rezepte, die nur scheinbar handhabbar machen, was sich nicht ohne weiteres ergreifen lässt: die facettenreiche Biografie von Heranwachsenden mit den mannigfachen Schaltstellen der Gefährdung, aber auch Stimulierung, die sie heute durchlaufen muss. Wichtiger sind derzeit vielmehr Grundhaltungen und Erziehungskonzepte, aus denen nicht jede einzelne Aktion, aber doch ein Grundverständnis des erzieherischen Auftrags ableitbar ist. Denn daran ist festzuhalten: Auch, wenn die pädagogisch organisierten Bereiche eher wie Inseln erscheinen in einem weiten Meer sonstiger Einflüsse und Erlebnischancen (von den Massenmedien über die Straßenöffentlichkeit bis zu den Jugendkulturen), so wird in diesem Buch doch an einer (freilich der Interpretation bedürftigen) pädagogischen Verantwortung festgehalten. Je älter und selbstständiger der Jugendliche wird, je reifer sein moralisches Urteil sich darstellt, je mehr er angstlos (wenn auch zögernd) seiner neugewonnenen Identität vertraut, desto eingeschränkter wird sicherlich die Reichweite erzieherischen Handelns. Das ist gut so. Denn es ist nicht die Pädagogik, die Identitäten schafft; sie kann lediglich Hilfestellung geben. Dazu bedarf sie nicht nur einer Annäherung an die Lebenswelt des Jugendlichen, sondern auch der historisch gewachsenen, kritisch zu sichtenden philosophischen Reflexion, vor allem in den Dimensionen des anthropologischen, ethischen und ästhetischen Denkens.

Hier wird abschließend keine Erziehungsphilosophie ausgebreitet. Vielmehr geht es um pädagogische Strategien, die erprobt worden sind (bis auf die letzte). Unter ihnen muss sich jeder pädagogisch Tätige die seine begründet auswählen. Ich selber meine allerdings, dass die pädagogischen Strategien nicht beliebig sind und die mit dem letzten Stichwort mitgeteilte Strategie »Austausch von Kompetenzen« am angemessensten ist.

Strategie 1: Kontrolle

Kontrolle meint, dass die Erwachsenen sich gegenüber der neuen Generation vollständig verantwortlich fühlen, und zwar in der Rolle des »Führers«. Es sind die Erwachsenen, die die Welt gemacht haben und die den Nachwuchs in diese ihre Welt einführen. Es gilt, ihre Ordnungen zu tradieren.

Praktisch kann sich diese Strategie ausdrücken in Haltungen wie: Wer abweicht, muss eben ins Gefängnis und muss dort sühnen; Ursachenuntersuchungen sind einzuschränken, denn wer sich erzieherischen Bemühungen verweigert, versieht das Erziehungsverhältnis mit einem Makel, den er selbst beseitigen muss; zeigen mehr Jugendliche kriminelles Verhalten, brauchen wir eben mehr Polizei, mehr strenge Erzieher, mehr Regeln, mehr »Dinge, an die man sich halten kann«.

Subtiler wurde diese Haltung im Januar des Jahres 1978 im viel diskutierten *Bonner Kongress* mit dem appellativen Thema »Mut zur Erziehung« vertreten, und zwar in neun Thesen. Ich zitiere zwei dieser Thesen als Beispiele:

1. These:
Wir wenden uns gegen den Irrtum, die Mündigkeit, zu der die Schule erziehen soll, läge im Ideal einer Zukunftsgesellschaft vollkommener Befreiung aus allen herkunftsbedingten Lebensverhältnissen. In Wahrheit ist die Mündigkeit, die die Schule unter jeweils gegebenen Herkunftsverhältnissen einzig fördern kann, die Mündigkeit derer, die der Autorität des Lehrers schließlich entwachsen sind. Denn wenn die Schule die Mündigkeit einer Zukunftsmenschheit zum pädagogischen Ideal erhöbe, erklärte sie uns über unsere ganze Lebenswelt bis in die Zukunft hinein zu Unmündigen.

4. These:
Wir wenden uns gegen den Irrtum, die Schule könne Kinder »kritikfähig« machen, indem sie dazu erzieht, keine Vorgegebenheiten unbefragt gelten zu lassen. – In Wahrheit treibt die Schule damit die Kinder in die Arme derer, die als ideologische Besserwisser absolute Ansprüche erheben. Denn zum kritischen Widerstand und zur Skepsis gegenüber solchen Verführern ist nur fähig, wer sich durch seine Erziehung mit Vorgegebenheiten in Übereinstimmung befindet.

Es ist deutlich, wogegen diese Thesen zielten: gegen so genannte Linke, sozialistische Indoktrination. Aber ist diese tatsächlich so wirkungsvoll in unseren Erziehungsinstitutionen? Und ist die angemessene Antwort die Errichtung einer Ge-

gendoktrin, die fast ebenso bedenklich ist – sieht man einmal davon ab, dass diese Thesen alle vernünftigen Reformen, alle pädagogischen Emanzipationsbestrebungen diskreditieren? Die »Vorgegebenheiten«: Ist es wirklich möglich, heute auf irgendetwas als »fraglos gegeben« zu verweisen? Die Analyse der vorausgegangenen Kapitel gibt darauf die eindeutige Antwort: Nein. Jugendlicher Narzissmus kann nicht durch Strenge und Verweis auf »objektive Ordnungen« eingeholt werden. Natürlich gibt es Maßstäbe, gibt es vernünftige Überzeugungen, die Ältere den Jüngeren vorleben und plausibel machen sollen. Dazu gehören: Humanität, Antifaschismus, Fairness, Ehrlichkeit und andere »Grundtugenden«, deren Wert eigentlich nie umstritten war. Natürlich gilt auch dies: Der Heranwachsende braucht zunächst eine verlässliche Welt, damit er sich überhaupt orientieren kann. Aber nichts Verlässliches lässt sich heute einzementieren als unveränderlich; der Jugendliche muss früh lernen, mit sich verändernden Situationen fertig zu werden und sie dennoch deuten zu können. Trainiert er dies nicht, wird er mit Flucht, Ablehnung und Gleichgültigkeit reagieren. »Kontrolle« scheint mir keine probate Erziehungsstrategie mehr zu sein.

Strategie 2: Hereinnahme

Mit diesem Ausdruck bezeichne ich eine pädagogische Strategie, die beispielsweise der amerikanische Soziologe *Coleman* (1961) vorgeschlagen hat. In seinem Buch »The Adolescent Society« stellte er fest, dass sehr viele Jugendliche ihre entscheidenden Erlebnisse in Altersgruppenbildungen suchen und die Einflüsse der Schule dagegen verblassen. So ist für Jungen Popularität ein hoher Wert, und sie wird erworben durch Erfolg im Fußball, durch die Zugehörigkeit zu einer höheren sozialen Schicht und durch Erfolg in der Schule, der erst an dritter Stelle rangiert. Statt dass die Söhne ihrem Vater zu Hause helfen, spielen sie in der Jugendmannschaft eines Baseballvereins, gehen zu den Pfadfindern oder anderswohin – dort, wo jugendeigene Aktivitäten den Einfluss der Eltern verdrängen. Auch die Attraktivität der Schule hat nachgelassen. *Coleman* meint nun, es sei nicht angemessen, diesen Dingen ihren Lauf zu lassen. Andererseits könne man den Jugendlichen nicht verbieten, ihre neuen Interessen auszuleben. Kontrollen und Verbote würden die Probleme nur vergrößern. Stattdessen schlägt Coleman vor, dass die Schule, will sie erfolgreich sein, das Interesse für Autos, für Sport und vor allem gesellige Aktivitäten innerhalb ihres eigenen Angebots befriedigen muss. Sie muss für den Jugendlichen so attraktiv sein, dass sie seine intellektuellen und vitalen Energien bindet und auf diese Weise kanalisiert.

Dies sind Überlegungen, die in viele Konzepte zur Schulreform eingegangen sind. Man will die Schule lebendiger, realitätsgerechter machen und nicht nur von den Forderungen des Gegenstands ausgehen, sondern auch von den artikulierten Bedürfnissen der Heranwachsenden. Freilich hat sich auch gezeigt, dass diese Strategie ihre Grenzen hat. Übernimmt man nämlich in pädagogisch regulierte Bezirke diejenigen Aktivitäten, die Jugendliche bisher »für sich« hatten, gewinnen diese dadurch eine andere Qualität: Sie werden zu Bestandteilen einer zwar offenen, aber doch vorhandenen »pädagogischen Provinz«, in der Lehrer, Eltern und Erzieher letztlich eine wesentliche Rolle spielen. Auf diese Weise werden die Jugendlichen zwar eingeschränkt in ihren Fluchtmöglichkeiten, denn wohin sollten sie fliehen, wenn alles immer schon da ist; dennoch wissen wir, dass sie häufig selbst Wege suchen, wie sie Interessen artikulieren, ihre sozialen Aktivitäten ausleben können. Manch prächtiges Freizeitheim wird kaum aufgesucht, während Jugendliche mit Leidenschaft eine Pop-Diskothek ausbauen; wird Rock zum Thema des Musikunterrichts, verliert er seine provozierende Kraft usf. »Hereinnahme« in die Erziehungswelt ist eine vernünftige Strategie, wenn man darunter nicht die totale Institutionalisierung der Lebenswelt von Jugendlichen versteht und Fluchtwege, Abenteuerräume offen lässt.

Strategie 3: Akzeptanz der Distanzierung

Diese Verhaltensstrategie »akzeptiert« einfach, dass Jugendliche von einem gewissen Alter ab (etwa ab 14 Jahren) sich von Erwachsenen zurückziehen, Vertrauen nur noch in kleinen Dosen schenken (oder gar nicht). Es gibt ein Schamgefühl, das auch Pädagogen gegenüber Jugendlichen wiedererwerben müssen. Freilich, dieses Verhalten setzt voraus eine hohe Risikobereitschaft und das Vertrauen, dass die Mehrzahl der Jugendlichen nicht scheitert, wenn sie ohne pädagogischen Einfluss, ohne pädagogischen Rat bleibt. Wer die Heranwachsenden auf der Straße sieht: in ihrer lässigen Eleganz, ihrer zur Schau getragenen Selbstsicherheit, der wagt, sofern er einiges Taktgefühl besitzt und seine eigene Generationszugehörigkeit richtig einschätzt, keine pädagogische Einmischung.

Aber der Schein trügt oft. Jugendlicher Ethnozentrismus, zur Schau gestellte Originalität sind nicht notwendig ein Zeichen von Lebenssicherheit, sondern ein Versuch, Interventionen abzuwehren und wenigstens äußerlich als selbstständig zu erscheinen. Ich selbst habe immer wieder erfahren, dass der Pädagoge dann doch häufig von sich aus die Distanzierungsbarriere durchbrechen muss, will er nicht zu spät kommen und vermeiden, dass ein Jugendlicher Schaden leidet. Die hier gemeinte Strategie setzt also ein hohes Maß von pädagogischer Intuition und Sensibilität voraus: zu wissen, wann Rückzug angemessen ist, wann Hilfe angeboten werden muss, auch wenn sie nicht erbeten wurde.

Strategie 4: Dialektik von Distanz und Nähe

Aus den Überlegungen zur »Akzeptanz der Distanzierung« ergibt sich eine vierte Grundhaltung, die am angemessensten mit »Dialektik von Distanz und Nähe« bezeichnet wird. Stierlin hat auf zentripetale und zentrifugale Tendenzen im Rahmen der Familiendynamik hingewiesen. Einerseits weicht der Jugendliche aus, er sucht seine eigenen Erfahrungen und Abenteuer, ja er lässt sich von Erwachsenen unbewusst »ausschicken«, um für sie die Fülle des Erlebnisses einzuheimsen. Doch er kehrt auch gern zurück, um Schutz zu suchen, um zu berichten, sich anhören zu lassen. Nach *Stierlin* glückt der Ablösungsprozess dann problemlos, wenn der Jugendliche nicht zu sehr gebunden bleibt, aber doch die Fähigkeit zur Bindung nicht aufgibt. Der narzisstische Sozialisationstyp hat sie verloren, weil die Eltern ihm nicht die Chance gaben, zu ihm dauerhafte Objektbeziehungen aufzubauen. Hier versagen die verhaltensstrategischen Elemente »Distanz« und »Nähe« einfach deshalb, weil beide nur dann erfahren werden können, wenn es Personen gibt, an denen man gelernt hat oder lernen kann, dass man sich »nahe« oder »fern« sein kann. Ein ozeanisch zerfließender Narzissmus im Konsumschlaf ist ebenso schwer in solche personalen Verantwortlichkeiten hereinzuholen wie dessen Umwandlung in Jugendzentrismus, die aus Jugendlichen neue Ethnien macht, die neue Werthorizonte und Deutungsmuster zu entwickeln trachten. Auch diese pädagogische Grundeinstellung, so vernünftig sie sein mag, hat eingeschränkten pädagogischen Durchsetzungswert.

Strategie 5: Austausch von Kompetenzen

Es bleibt ein fünfter Weg zu skizzieren, für den bisher praktische Einlösungen noch ausstehen.

Das »pädagogische Verhältnis« zwischen Erwachsenen und Jugendlichen hat sich gewandelt; darauf wurde des Öfteren verwiesen. Die Kindheit endet eher, und das, was wir »Jugend« nennen, setzt früher ein. Die Ursachen wurden einleitend diskutiert: Die Medien, die Verwissenschaftlichung des Alltags insgesamt führen zu einer hochgradigen Selbstreflexivität schon bei 13-jährigen Mädchen und Jungen, die sie in die Lage versetzt, nicht nur die eigenen Motive, sondern beispielsweise die ihrer Eltern zu durchschauen, teilweise sogar zu verstehen. Das Role-Taking ist also keine Ausnahmefähigkeit für besonders gebildete Personen mehr, sondern wird in gewisser Weise alltäglich.

Aus diesen Entwicklungen sind Konsequenzen zu ziehen. Wenn »Erziehungsberechtigte« und Jugendliche partnerschaftlich miteinander umgehen, so muss dies keine liberale Ideologie sein, sondern ist Folge eines gewandelten Generationenverhältnisses. Von »retroaktiver Sozialisation« war schon die Rede: Jugendliche lernen nicht nur von Erwachsenen, sondern diese auch von jenen. Dies bedeutet: In einer sich schnell wandelnden Welt besitzen alle Menschen, welcher Alterskohorte sie sich auch zugehörig fühlen, bestimmte Kompetenzen, über die sie verfügen und die sie weitergeben können. Ganz deutlich wird dies beim Computer, der vor allem von geisteswissenschaftlich gebildeten Pädagogen noch heute teilweise mit Misstrauen betrachtet wird, während Jugendliche sich grundsätzlich durchaus unbefangen mit den elektronischen Möglichkeiten und ihren Leistungskapazitäten auseinander setzen, so dass in Computercamps häufig Jüngere Ältere belehren, ohne dass dies zu Schwierigkeiten führt.

Dies meint »Austausch von Kompetenzen«: Bildungswissen, moralische Integrität, selbst Lebenserfahrung sind nicht mehr nur auf der einen Seite, dagegen Neugier, Experimentieren und transitorisches Erprobungsverhalten nicht nur auf der anderen Seite abzubuchen. Immer mehr Erwachsene suchen nach neuen Mustern in ihrem Lebenslauf; sie brechen aus – wie Jugendliche –, versuchen sich in neuen Partnerfigurationen oder ändern ihre beruflichen Interessen oder Schwerpunkte. Dies ist ein Verhalten, das bisher nur Jugendlichen in ihrem so genannten psychosozialen Moratorium zugestanden wurde. Offensichtlich gestehen es sich die Gesellschaftsmitglieder jetzt, unabhängig vom Alter, als generelle Möglichkeit zu. Ich sehe in dieser Entwicklung auch positive Zeichen. In einer ohnehin weitgehend systemrational verwalteten Welt werden auf diese Weise, durch Interaktion, Handeln und neue Entwürfe immer wieder Varianten denkbar, die die Vergesellschaftung des Lebenslaufs und seine Standardisierung in Schranken weisen. Genau dies ist ja die Hoffnung von Jugendlichen: dass sie ganz anders leben werden als alle anderen vor ihnen und Zeichen setzen können, die bemerkenswert seien. Die Cooling-out-Strategie des Lebens verdünnt solche Hoffnungen dann bald so stark, dass sie verschwinden. Der Impetus der Veränderung geht heute vom subjektiven Erleben aus – entsprechend der Tatsache, dass die

Ansprüche an Selbstverwirklichung entschieden gestiegen sind. Bei Bessergebildeten ist dies am deutlichsten. Diese Ansprüche bestehen, solange soziale Verpflichtungen nicht vernachlässigt werden, zu Recht in einer Gesellschaft, die zwar nicht im Überfluss lebt, aber es sich doch leisten kann, neue kulturelle Figurationen zu wagen. Sie muss dies tun, will sie nicht ausschließlich in Kapitalisierungsprozessen veröden.

Nach dem Konzept »Austausch von Kompetenzen« gibt es kein kategoriales Prius einer Altersgruppe mehr. Nur dies erlaubt letztlich, heute noch von »Erziehung« zu sprechen: wenn kein anmaßendes Besserwissen, kein kontrollorientiertes Bescheidwissen zugrunde liegen, sondern die Einsicht, dass sozialer Wandel eine Fülle von Kompetenzen braucht, die mehr oder weniger ungleich unter den Menschen verteilt sind. Diese auszutauschen bedeutet übrigens nicht, die Schule abzuschaffen, weil nun jeder auf einer freien Lernbörse Lehrer und Schüler sein könne. Dies geht schon deshalb nicht, weil es Institutionen geben muss, die den Austausch von Kompetenzen regeln. Hinzu kommt, dass eine Fülle von gesellschaftlichem Wissen tatsächlich von den Älteren verwaltet wird; gibt es keinen Ort, wo es geordnet und ungestört weitergegeben werden kann, unterstützen wir noch die Ausrottung lebensweltlicher Bindungen und tradierter Orientierungen. Auch, wenn diese sich stets befragen lassen müssen, welchen Geltungsanspruch sie aus welchen Gründen haben, bleibt auch ihr Platz im Bildungskanon. Denn »Austausch von Kompetenzen« meint nicht, diesen der Beliebigkeit anheim zu geben, wohl aber, die Debatte darüber, was gelernt werden muss und was nicht, nicht enden zu lassen.

Die von mir vorgeschlagene Strategie ist relativ nüchtern. Sie bezieht insofern das Erbe der Aufklärung ein, als sie davon ausgeht, dass einander diskursfähige Subjekte begegnen. Freilich bezieht sie ein, dass die Reduktion auf kognitive Prozesse nicht ausreicht; Leidenschaften, Emotionen, Begeisterung sind die besten Medien auch für inspirierende Lernprozesse. Vorausgesetzt ist, dass Partizipation generalisiert wird, also allen Personen zugestanden wird, die an Bildungs- und Erziehungsprozessen teilhaben. Auch hier kann es keine einseitige Vorherrschaft einer Gruppe mehr geben. Erst auf dieser Basis kann dann auch Solidarität entstehen: Aufgrund gemeinsamer Interessen, Einsichten oder Leidenschaften treten Altersgruppen füreinander ein. Denn nach interaktionistischer Lehre kann Selbstverwirklichung nur dann gelingen, wenn sie die Verwirklichungschancen des anderen mit einbezieht.

Freilich setzt der Versuch, miteinander zu handeln, nicht nur Empathie und Verständigungsbereitschaft voraus, sondern auch das Erreichen einer möglichst hohen moralischen Stufe (nach Kohlberg) bzw. der Ebene der interindividuellen Orientierung – bei beiden Partnern, Jugendlichen wie Erwachsenen. Dies wiederum setzt voraus, dass die sozialökologische Basis nicht zerstört und gemeinsame Definitionen dessen zugänglich sind, was »Zentrum« oder eher »Peripherie« ist.

Schlussbemerkung

Der Leser sollte diese Typologie von Erziehungsstrategien allenfalls als Denkanstoß oder Orientierung benutzen, sie aber nicht überbewerten. Vielleicht sollten wir auf zu grundlegende Annahmen verzichten, zumal sie alle – wenn auch in unterschiedlicher Weise – eine »Pädagogisierung« der Welt nahe legen in dem Sinne, dass die eine Gruppe (der Wissenden, der Theoretisierenden, der Zielesetzenden, kurz: der Erwachsenen) der anderen Gruppe (den Unfertigen, noch nicht Wissenden, Ungefestigten, kurz: den Jugendlichen) anempfiehlt und vorgibt, was zu tun sei. Gerade in Hinsicht auf Jugendliche ist die richtige Pädagogik wohl eher die, die auf jeden Pädagogismus verzichtet. Der Erwachsene als solidarischer Partner des Jugendlichen – auch das kann schnell ein Schlagwort werden. Die Schwierigkeit der gegenseitigen Beziehungen kann vorschnell überdeckt werden. Denn diese Beziehungen zwischen Erwachsenen und Jugendlichen sind ambivalent (vgl. Kap. 1).

Jede der beiden Gruppen kann nicht sein, was die andere ist, möchte es aber teilweise doch und beneidet sie (teilweise) darum. Das Spiel der Erwachsenen ist häufig: »Angenommen, ich wäre noch einmal (…)«, während das Spiel der Jugendlichen häufig ist: »Angenommen, ich wäre schon (…).« Aber Erinnerung und Vorwegnahme laufen keineswegs immer aufeinander zu. Zugleich denken die Erwachsenen und die Jugendlichen voneinander: »Ich möchte nie so sein/ich könnte nie so sein wie die.« Die Gruppen können sich in ihren Orientierungsspielen treffen oder verfehlen.

Je stärker die Identifikation mit der eigenen Altersgruppe ist, desto schwieriger ist es, Lebenswelten der anderen Altersgruppe zu antizipieren. Jugendliche, die in Peerbeziehungen »aufgehen«, interessieren sich kaum für Erwachsene und neigen dazu, deren Vorschläge zu missachten. Erwachsene verhalten sich ihrerseits nicht anders, wie Alltagserfahrung leicht belegen kann. Dem kann man nicht entkommen, indem man versucht, den Jugendlichen ein Jugendlicher zu sein. Es wäre denkbar, dass der Austausch von Kompetenzen die Unterschiedlichkeit der vom Alter abhängigen Erfahrungen nicht leugnet, sondern gerade deutlich macht. Eine wichtige Schwelle, über die ohne Zweifel erst stabile und stabilisierende affektive Beziehungen führen, ist die Nüchternheit. Es könnte sein, dass wir zu wenig miteinander argumentieren, zu wenig das Denken üben, immer zu schnell überwältigen und gewinnen wollen.

Wir wollen zu viel und erklären zu wenig. Aber auch eine an Kompetenzenaustausch orientierte pädagogische Bemühung darf nicht vergessen, dass die »großen« Erlebnisse, die einschneidenden Erfahrungen nicht in ihrem Schutz gemacht werden: Liebe, Sexualität, Abenteuer, Freundschaft, Abschied, Freiheitserfahrungen, Hoffnungen, Entscheidungen: Eine Pädagogik kann sie allenfalls begleiten, nie bestimmen. Der Produktionssektor, die Konsumgüterindustrie, die Massenmedien sind mächtigere Instrumente mit entschiedeneren Wirkungen. Die Handlungsspielräume, die ein Heranwachsender hat, werden kaum von der Pädagogik bestimmt. Ökonomisch begründete Benachteiligungen etwa können durch Lernen allein nicht aufgehoben werden. Dennoch bleibt es die einzige Chance, um realistische Bescheidenheit und misstrauische Vernünftigkeit zu erwerben – und die Fähigkeit, Glückserfahrungen für sich und andere nicht nur zu wünschen, sondern im Handeln anzustreben.

Literatur

Veröffentlichungen, die einen breiten Überblick über die Jugendforschung geben, sind mit einem Stern gekennzeichnet. Ein Kreis vor dem Titel bedeutet, dass er gut verständlich und als Einführung geeignet ist. Alle als grundlegend bezeichneten Werke enthalten im Übrigen ausführliche Bibliografien.

Achenbach, T. M./Edelbrock, C. S.: Behavioural problems and competencies reported by parents of normal and disturbed children aged four through sixteen. Monografs of the Society for research in child development 188, 1981

Adam, C./Rützel, J. u.a.: Lebenssituation von Arbeiterjugendlichen. Frankfurt/M. 1982

Adelson, J./Green, B./O'Neill, R. P.: The growth of the idea of law in adolescence. In: Developmental psychology 1, 1969, S. 327 ff.

* Allerbeck, K. R./Hoog, W. J.: Jugend ohne Zukunft? Einstellungen, Umwelt, Lebensperspektiven. München/Zürich 1985

Amann, S.: Jugendliche und ihre Einstellung zu Liebe, Sexualität und Partnerschaft. Die Sexualaufklärung der Bundeszentrale für gesundheitliche Aufklärung (BZgA) und ihre zentralen Ergebnisse zur Jugendsexualität. In: tv diskurs, 1998, H. 4, S. 80–91

Apel, H.: Intergenerative Bildungsmobilität in den alten und neuen Bundesländern. In: Jugendwerk der deutschen Shell (Hg.): Jugend '92. Bd. 2, Opladen 1992, S. 353–370

Arbogast, Ch./Tippelt, R.: Jugendarbeit. München 1981

Armbruster, B./Kübler, H.-D. (Hg.): Computer und Lernen. GMK-Schriftenreihe, Opladen 1988

Armstrong, G./Wilson, M.: Easterhouse, Glasgow. In: Taylos, L. u. I.: Politics and deviance. Harmondsworth: Penguin 1973

* ○ Ausubel, D. P.: Das Jugendalter. Fakten, Probleme, Theorie. München 1968 (Originalausgabe: 1954. New York, Grune & Stratton)

Baacke, D.: Beat – die sprachlose Opposition. München 1968

Baacke, D.: Zur Psychoanalyse und neuen Ethik. Zu Erik H. Erikson. In: deutsche jugend 6, 1971, S. 276 ff.

Baacke, D.: Jugend und Subkultur. München 1972

Baacke, D./Schulze, Th. (Hg.): Aus Geschichten lernen. Zur Einübung pädagogischen Verstehens. München 1991 (2. überarbeitete und ergänzte Auflage)

Baacke, D.: Jugend heute: Der leise Widerstand. In: psychologie heute-Redaktion (Hg.): Lebens-Wandel. Die Veränderung des Alltags. Weinheim 1981

Baacke, D.: Jugend und Jugendkulturen. Darstellung und Deutung. Weinheim/München 1987

○ Baacke, D.: Die 6- bis 12-jährigen. Weinheim 1984; Überarbeitete Neuausgabe: Weinheim/Basel/Berlin 1999

○ Baacke, D.: Einführung in die außerschulische Pädagogik. Weinheim 1985

Baacke, D./Brücher, B.: Mitbestimmen in der Schule: Grundlagen und Perspektiven der Partizipation. Weinheim 1982

Baacke, D./Dollase, R. u.a.: Jugend und Mode. Opladen 1988

Baacke, D./Frank, A. u.a. (Hg.): Am Ende postmodern? Next Wave in der Pädagogik. Weinheim/München 1985

Baacke, D./Frank, G./Radde, M.: Jugendliche im Sog der Medien. Medienwelten Jugendlicher und Gesellschaft. Mit Fotos von Manfred Schnittke. Opladen 1989.

Baacke, D./Heitmeyer, W. (Hg.): Neue Widersprüche, Jugendliche in den Achtzigerjahren. Weinheim 1985

Baacke, D./Lauffer, J. (Hg.): Familien im Mediennetz? GMK-Schriftenreihe, Opladen 1988

Baacke, D./Sander, U./Vollbrecht, R.: Neue Netzwerke der Unmittelbarkeit und Ich-Darstellung. Individualisierungsprozesse in der Mediengesellschaft. In: Heitmeyer, Wilhelm/Olk, Thomas (Hg.): Individualisierung von Jugend. Gesellschaftliche Prozesse, subjektive Verarbeitungsformen, jugendpolitische Konsequenzen. Weinheim 1990 a, S. 81–98

Baacke, D./Sander, U./Vollbrecht, R.: Lebenswelten Jugendlicher. Bd. 1: Lebenswelten sind Medienwelten; Bd. 2: Lebensgeschichten sind Mediengeschichten. Opladen 1990 b

Baacke, D./Sander, U./Vollbrecht, R.: Spielräume biographischer Selbstkonstruktion. Vier Lebenslinien Jugendlicher. Opladen 1994

Baacke, D./Schäfer, H./Vollbrecht, R.: Treffpunkt Kino. Daten und Materialien zum Verhältnis von Jugend und Kino. Weinheim/München 1994

Baacke, D./Schulze, T.: Aus Geschichten lernen. Zur Einübung pädagogischen Verstehens. München 1991

Baethge, M./Hantsche, B. u.a.: Jugend: Arbeit und Identität. Lebensperspektiven und Interessenorientierungen von Jugendlichen. Opladen 1988

Baeyer-Katte, W. von/Claessen, D. u.a.: Gruppenprozesse. Analysen zum Terrorismus 3. Opladen 1982

Battegay, R.: Narzissmus und Objektbeziehungen. Über das Selbst zum Objekt. Bern/Stuttgart/Wien 1977

Beck, U.: Jenseits von Stand und Klasse: Soziale Ungleichheit, gesellschaftliche Individualisierung und die Entstehung neuer sozialer Formationen und Identitäten. In: Kreckel, R. (Hg.): Soziale Ungleichheiten. Sonderband 2 der Sozialen Welt, Göttingen 1983, S. 35 ff.

Becker, H./Häsing, H./Stubenrauch, H. (Redaktion): Narziß: Oder ein neuer Sozialisationstypus? In: Päd extra, Heft 1/1978, S. 19 ff.

Becker, H./Hafemann, H./May, M.: »Das ist hier unser Haus, aber ...«. Raumstruktur und Raumaneignung im Jugendzentrum. Veröffentlichungen des Instituts für Jugendforschung und Jugendkultur e. V., Bd. 5, Frankfurt/M. 1984

Behr, W.: Jugendkrise und Jugendprotest. Stuttgart 1982

* Benseler, F./Heitmeyer, W. u.a. (Hg.): Risiko Jugend. Leben, Arbeit und politische Kultur. Münster o. J. (1988)

Berger, H./Legnaro, A./Reuband, K. H. (Hg.): Jugend und Alkohol. Trinkmuster, Suchtentwicklung und Therapie. Stuttgart 1980

Berger, P. L./Luckmann, Th.: Die gesellschaftliche Konstruktion der Wirklichkeit. Eine Theorie der Wissenssoziologie. Frankfurt/M. 1970 (Original-ausgabe: 1966)

Bergius, R.: Jugend in unserer Zeit. Im Blickpunkt der Psychologie. In: Jugend in unserer Zeit. München 1961, S. 23 ff.

Bernfeld, S.: Ein Archiv für Jugendkultur. In: Zeitschrift für angewandte Psychologie, 1914, S. 373 ff.

Bernfeld, S.: Trieb und Tradition im Jugendalter. Kulturpsychologische Studien an Tagebüchern. Leipzig 1931

Bernfeld, S.: Trieb und Tradition im Jugendalter. Kulturpsychologische Studien an Tagebüchern. Frankfurt/M. 1978

Bernfeld, S.: Über die einfache männliche Pubertät. In: Zeitschrift für psychoanalytische Pädagogik, 1935, S. 360 ff.

* Bertram, H.: Jugend heute. Die Einstellungen der Jugend zu Familie, Beruf und Gesellschaft. Schriftenreihe des Bundeskanzleramtes, Bd. 1, München 1987

Bettelheim, B.: Individual and mass behavior in extreme situations. In: G. E. Swanson u.a. (Hg.), Readings in social psychology. New York, Holt, Rinehart & Winston 1952

Bieniussa, P.: Familie – Alltag – Katastrophe. Die Selbstwertregulation in Familien. In: neue praxis, 17. Jg. Heft 2, 1987, S. 137 ff.

Blatt, M./Kohlberg, L.: The effects of classroom moral discussion upon children's level of moral judgement. In: Journal of Moral Education 4, 1974, S. 29 ff.

Blos, P.: Adoleszenz. Stuttgart 1973

Blos, P.: Sohn und Vater. Vor und nach dem Ödipuskomplex. Stuttgart 1990

Blücher, Viggo Graf: Die Generation der Unbefangenen. Düsseldorf u. Köln 1966

Böhnisch, L./Gängler, H./Rauschenbach, T.: Handbuch Jugendverbände. Weinheim 1990

BMBF (Bundesministerium für Bildung und Forschung): Grund- und Strukturdaten 1998/99. Bonn 1999

Böhnisch, L./Funk, H.: Jugend im Abseits? Zur Lebenslage Jugendlicher im ländlichen Raum. München 1989

Böhnisch, L./Münchmeier, R.: Wozu Jugendarbeit? Orientierungen für Ausbildung, Fortbildung und Praxis. Weinheim 1987

Böhnisch, L./Münchmeier, R.: Pädagogik des Jugendraums. Weinheim 1990

Böhnisch, L./Winter, R.: Pädagogische Landnahme. Einführung in die Jugendarbeit des ländlichen Raums. Weinheim 1990

Bonfadelli, H./Darkow, M. u.a.: Jugend und Medien. Eine Studie der ARD/ZDF-Medienkommission und der Bertelsmann Stiftung. Schriftenreihe media perspektiven, Heft 6, Frankfurt/M. 1986

Bourdieu, P.: Die feinen Unterschiede. Kritik der gesellschaftlichen Urteilskraft. Frankfurt/M. 1982

Brake, M.: Soziologie der jugendlichen Subkulturen. Frankfurt/M. 1981 (Originalausgabe: 1980. London, Routledge & Kegan Paul)

Breyvogel, W./Krüger, H.-H. (Hg.): Land der Hoffnung – Land der Krise. Jugendkulturen im Ruhrgebiet 1900–1987. Berlin/Bonn 1987

Bronfenbrenner, U.: Die Ökologie der menschlichen Entwicklung. Stuttgart 1981 (Originalausgabe 1979. Harvard University Press, Cambridge, Mass.)

Brosch, P.: Fürsorgeerziehung. Heimterror und Gegenwehr. Frankfurt/M. 1971

Büchner, P./Krüger, H.-H./Schisholm, L. (Hg.): Kindheit und Jugend im interkulturellen Vergleich. Opladen 1990

○ Bühler, Ch.: Das Seelenleben des Jugendlichen. Frankfurt/M. 1975 (Erstausgabe: 1921)

Burlingame, W. V.: The youth culture. In: E. D. Evans (Hg.), Adolescents. Readings in behavior and development (siehe dort)

Caesar, B.: Autorität in der Familie. Ein Beitrag zum Problem schichtenspezifischer Sozialisation. Reinbek 1972

Caesar, B.: Der Beitrag der Ökologischen Psychologie Barkers zur Erforschung von sozialisatorischen Umwelten. Eine methodologisch orientierte Betrachtung. In: Walter, H./Oerter, R. (Hg.): Ökologie und Entwicklung. Donauwörth 1979, 146–156

Caplan, G./Lebowici, S. (Hg.): Adolescence: Psychosocial Perspectives. Harper & Row, New York 1969

Carlson, R.: Stability and change in the adolescent's self-image, in: Child Development 36, 1965, S. 659 ff.

Clarke, J. u.a.: Jugendkultur als Widerstand. Frankfurt/M. 1979

Clement, U.: Sexualität im sozialen Wandel. Eine empirische Vergleichsstudie an Studenten 1966 und 1981. Stuttgart 1986

Coleman, J. S. u.a.: The Adolescent Society. The Social Life of the Teenager and Its Impact on Education. Glencoe, Ill.: Free Press 1961

* Conger, J. J.: Adolescence and youth. Psychological developments in a changing world. New York, Harper & Row 1973

Cronbach, L. J.: Intelligence? Creativity; A parsimonious reinterpretation of the Wallach-Cogan Datta. In: American Educational Research Journal 5, 1968, S. 491 ff.

Damm, D./Schröder, A.: Projekte und Aktionen in der Jugendarbeit. München 1990

de Levita, D. J.: Der Begriff der Identität. Frankfurt/M. 1971 (Originalausgabe: 1965)

* Deutscher Bildungsrat (Gutachten und Studien der Bildungskommission): Lernen im Jugendalter. Ergebnisse, Fragestellungen und Probleme sozialwissenschaftlicher Forschung (Mitarbeiter: W. Hornstein, W. Schefold, G. Schmeiser, J. Stackebrandt). Stuttgart 1975

Döbert, R./Nunner-Winkler, G.: Adoleszenz-Krise und Identitätsbildung. Frankfurt/M. 1975

* Döbert, R./Habermas, J./Nunner-Winkler, G. (Hg.): Entwicklung des Ichs. Köln 1977

Dudek, P.: Jugend als Objekt der Wissenschaften. Opladen 1990

Eckensberger, Lutz H.: Die ökologische Perspektive in der Entwicklungspsychologie: Herausforderung oder Bedrohung? In: Walter, H./Oerter, R. (Hg.): Ökologie und Entwicklung. Donauwörth 1979, S. 264–282

Eckenberger, L./Silbereisen, R.: Entwicklung sozialer Kognitionen. Stuttgart 1980

* Eisenstadt, S. N.: Von Generation zu Generation. Altersgruppen und Sozialstruktur. München 1966 (Originalausgabe: 1956)

Enzensberger, H. M.: Mittelmaß und Wahn. Gesammelte Zerstreuungen. Frankfurt/M.1988

Erikson, E. H.: Identität und Lebenszyklus. Frankfurt/M. 1966 (Originalausgabe: 1959)

* Erikson, E. H.: Jugend und Krise. Die Psychodynamik im sozialen Wandel. Stuttgart 1970 (Originalausgabe: 1968)

* Evans, E. D.: Adolescents. Readings in behavior and development. The Dryden Press, Illinois 1970

Ewert, O.: Entwicklungspsychologie des Jugendalters. Stuttgart 1983

Eyferth, H./Otto, H.-U./Thiersch, H. (Hg.): Handbuch zur Sozialarbeit/Sozialpädagogik. Neuwied/Darmstadt 1984

Faltermaier, M. (Hg.): »Nachdenken über Jugendarbeit«. Zwischen den Fünfziger- und Achtzigerjahren. Eine kommentierte Dokumentation mit Beiträgen aus der Zeitschrift »deutsche Jugend«, München 1983

Faulstich-Wieland, H./Nyssen, E.: Geschlechterverhältnisse im Bildungssystem – Eine Zwischenbilanz. In: Rolff, H.-G. u.a. (Hg.): Jahrbuch der Schulentwicklung. Bd. 10, Weinheim/München 1998, S. 163–199

Feierabend, S./Klingler, W.: JIM 99/2000 – Jugend, Information, (Multi-) Media. Basisuntersuchung zum Medienumgang 12- bis 19-Jähriger in Deutschland. Baden-Baden 2000

Fend, H.: Schulklima: soziale Einflußprozesse in der Schule. Weinheim 1977

Ferchhoff, W./Olk, Th. (Hg.): Jugend im internationalen Vergleich. Sozialhistorischer und sozialkulturelle Perspektiven. Weinheim/München 1988

Fischer, A./Münchmeier, R.: Die gesellschaftliche Krise hat die Jugend erreicht. Zusammenfassung der zentralen Ergebnisse der 12. Shell Jugendstudie. In: Fischer, A./Münchmeier, R.: Jugend '97. Opladen 1997, S. 11–23

Franzkowiak, B./Sabo, P.: Aids-Risiko-Kommunikation im Jugendalter. GJG-Forschungsbericht 2/95. Mainz-Schwabenheim

Franzkowiak, B./Sabo, P.: Stolperstein Sexualaufklärung. Warum die Kluft zwischen Eltern und 12–20jährigen an der intimen Kommunikation immer größer wird. In: Prävention 1, 1996, S. 19ff.

Freud, S.: Zur Geschichte der psychoanalytischen Bewegung. In: Gesammelte Werke Bd. 10. Frankfurt/M. 1960

von Freyberg, Th.: ausspioniert und angeschmiert. Das Bewusstsein der Arbeiterjugend als Objekt von Forschung und Erziehung. Lahn/Giessen 1978

* Friedeburg, L. von: Jugend in der modernen Gesellschaft. Köln 1965

○ Friedenberg, E. Z.: Die manipulierte Adoleszenz. Selbst-Verständnis und Konflikt. Klärung durch Erfahrung. 5 Fallstudien. Stuttgart 1971 (Originalausgabe: 1959)

Funk, H./Lösch, H.: Freizeit im Alltag von Jugendlichen. Deutsches Jugendinstitut. München 1980

Furian, M. (Hg.): Gefährdete Jugend. Zwischen Zweifel, Resignation und Hoffnung. Heidelberg 1980

○ Fyvel, T. R.: Die ratlosen Rebellen. Stuttgart 1969 (Originalausgabe 1961)

Gagnon, J. H.: Sexuality and sexual learning in the child. In: Psychiatry 28, 165, S. 212 ff.

Gaiser, W./Müller, H.-U.: Lebenslage und Lebensbewältigung von Jugendlichen und jungen Erwachsenen. In: Friebel, H. (Hg.): Berufsstart und Familiengründung – Ende der Jugend. Opladen 1988

Getzels, J. W./Thenen, W. H. A.: The classroom group as a unique social system. In: N. B. Henry (Ed.): The dynamics of instructional groups. Chicago: University of Chicago Press 1960

Giesen, H.: Vom Schüler zum Studenten. Bildungslebensläufe im Längsschnitt. München 1981

Gilligan, C.: In a different voice: Women's Conception of Self and Morality. In: Harvard Educational Review 47, 1977, S. 481 ff.

Gilligan, C./Murphy, J. M.: Moral development in late adolescent and adulthood. A critique and reconstruction of Kohlberg's theory. In: Human development 23, 1980, S. 77 ff.

* Gillis, J. R.: Geschichte der Jugend. Tradition und Wandel im Verhältnis der Altersgruppen und Generationen. Weinheim 1980 (Originalausgabe: 1974)

Glotz, P.: Die sanfte Kohorte. Die deutschen Studenten auf der Suche nach einer neuen Identität. München 1981

Golann, St. E.: A psychological study of creativity. In: E. D. Evans (Hg.): Adolescents (siehe dort)

○ Goodman, P.: Aufwachsen im Widerspruch. Über die Entfremdung der Jugend in der verwalteten Welt. Darmstadt o. J. (Originalausgabe: 1956)

Gordon, C. W.: Die Schulklasse als soziales System. In: Heinz, P.: Soziologie in der Schule. In: Kölner Zeitschrift für Soziologie, Sonderheft 4, 1959

Gottlieb, D./Reeves, J./Ten Houten, W. D.: The Emergence of Youth Societies, The Free Press. New York 1966

Gottlieb, D. (Hg.): Youth in contemporary Society. Sage Publication. Beverly Hills 1973

* Griese, H. M.: Sozialwissenschaftliche Jugendtheorien. Eine Einführung. Weinheim 1987

Guggenberger, B.: »Liebt, was euch kaputtmacht«. Intimität und Identität – postmoderne Tendenzen in der Jugendkultur. In: Aus Politik und Zeitgeschichte. Beilage zur Wochenzeitung »Das Parlament«, 4. Oktober 1986

Guilford, J. B.: Persönlichkeit. Weinheim 1965 (Originalausgabe: 1959)

Haan, N.: A Manual for Interpersonal Morality. Berkeley/Cal.: Institut of Human Development. University of California 1977 (Hektogramm nach: W. Lempert: Moralische Urteilsfähigkeit. In: Zeitschrift für Sozialisationsforschung und Erziehungssoziologie 1, 1982, S. 113 ff.

Haan, N./Smith, N. W./Block, J.: Moral reasoning of young adults: Political-social behavior, familiy background, and personality correlates. In: E. D. Evans (Hg.): Adolescents (siehe dort)

Hagemann-White: Sozialisation: weiblich – männlich? Alltag und Biografie von Mädchen. Opladen 1987

Hartwig, H.: Jugendkultur. Reinbek 1980

Hauck, B.: Differences between the sexes at puberty. In: E. D. Evans (Hg.): Adolescents (siehe dort)

Havinghurst, R. J.: Developmental Task and Education. New York: McKai 1948; 1972

* Heitmeyer, W. (Hg.): Interdisziplinäre Jugendforschung. Fragestellungen, Problemlagen, Neuorientierungen. Weinheim 1986

Ders.: Rechtsextremistische Orientierungen bei Jugendlichen. Empirische Ergebnisse und Erklärungsmuster einer Untersuchung zur politischen Sozialisation. Weinheim/München 1987

Heitmeyer, W./Peter, J.-I.: Jugendliche Fußballfans. Soziale und politische Orientierungen, Gesellungsformen, Gewalt. Weinheim/München 1988

Heitmeyer, W./Olk, Th. (Hg.): Individualisierung von Jugend. Gesellschaftliche Prozesse, subjektive Verarbeitungsform, jugendpolitische Konsequenzen. Weinheim 1990

von Hentig, H.: Jugend. Oder: Die Unzuständigkeit der Pädagogik. In: Jugend in der Gesellschaft (siehe dort)

von Hentig, H.: Sozialpathologie der Schule. In: Merkur 334, März 1976, S. 213 ff.

Herndorn, J.: Die Schule überleben. Stuttgart 1972

Hillmann, K.-H.: Umweltkrise und Wertwandel. Die Umwertung der Werte als Strategie des Überlebens. Frankfurt/M. 1981

Hopf, Werner: Bewußtseinsformen der Mensch-Umwelt-Beziehung. In: Walter, H./Oerter, R. (Hg.): Ökologie und Entwicklung. Donauwörth 1979, S. 112–133

* ○ Hornstein, W./Bäuerle, W. u.a.: Situation und Perspektiven der Jugend. Problemlagen und gesellschaftliche Maßnahmen. 5. Jugendbericht der Bundesregierung. Weinheim 1982

Hurrelmann, K.: Warteschleifen. Weinheim 1989

Hurrelmann, K.: Statusverunsicherungen und Statusängste im Jugendalter. Jugendliche reagieren heute wie empfindliche politische Seismographen – eine Herausforderung für die Jugendarbeit. In: Kind, Jugend, Gesellschaft, H. 4, 1992, S. 104–120

* Hurrelmann, K./Rosewitz, B./Wolf, H. K.: Lebensphase Jugend. Eine Einführung in die sozialwissenschaftliche Jugendforschung. Weinheim 1985

Hurrelmann, K./Uhlich, D. (Hg.): Handbuch der Sozialisationsforschung. Weinheim 1980

Jäger, H./Schmidtchen, G./Süllwold, L.: Lebenslaufanalysen. Analysen zum Terrorismus 2. Opladen 1981

Jaide, W.: Das Verhältnis der Jugend zur Politik. Darmstadt 1963

Jaide, W.: Die jungen Staatsbürger. München 1965

Jaide, W.: Generationen eines Jahrhunderts. Wechsel der Jugendgenerationen im Jahrhunderttrend. Zur Geschichte der Jugend in Deutschland 1871–1985. Opladen 1988

Jaide, W./Hille, B. (Hg.): Jugend im doppelten Deutschland. Opladen 1977

Janig, H. (Hg.): Jugend heute – betreut oder selbstbestimmt. München 1981

Josselyn, I. M.: Psychological changes in adolescence. In: Children 6, 1959, S. 43 ff.

○ Jugend in der Gesellschaft. Ein Symposium. München 1975

○ Jugendwerk der Deutschen Shell (Hg.): Jugend '81. Lebensentwürfe, Alltagskulturen, Zukunftsbilder. Hamburg: Band 1, 1981; Band 2, 1981; Band 3, 1981

○ Jugendwerk der Deutschen Shell (Hg.): Jugendliche + Erwachsene '85. Generationen im Vergleich. 5 Bände, Leverkusen 1985

Kärn, M.: Vorsicht Stufe! Ein Kommentar zur Stufentheorie der moralischen Entwicklung. In: G. Portele (siehe dort)

Kaegan, R. E.: There the Dance is: Religious Dimensions of a developmental Framework. In: C. Brusselmans/J. A. O'Donohoe (Hg.): Toward Moral and religious Maturity. Morristown u.a. Silver burdett 1980, S. 403 ff.

Kagan, J./Coles, R. (Hg.): Twelve to sixteen, early Adolescence. W. W. Norton & Co, New York 1971

Kaplan, L. J.: Abschied von der Kindheit. Eine Studie über die Adoleszenz (Aus dem Amerikanischen). Stuttgart 1988

Keniston, K.: Entwicklung der Moral, jugendlicher Aktivismus und moderne Gesellschaft. In: R. Döbert u.a. (Hg.): Entwicklung des Ichs (siehe dort)

Klawe, W.: Arbeit mit Jugendlichen. Einführung in Bedingungen, Ziele, Methoden und Sozialformen der Jugendarbeit. Weinheim 1986

Klewes, J.: Retroaktive Sozialisation. Weinheim 1983

Könneker, M.-L.: Mädchenjahre. Ihre Geschichte in Bildern und Texten. Neuwied 1980

Körfgen, P.: Warum sie sich verweigern. In: Merkur 365, Oktober 1978, S. 993 ff.

Koebner, Th./Janz, R.-P./Trommler, F.: »Mit uns zieht die neue Zeit«. Der Mythos Jugend. edition Suhrkamp, Frankfurt/M. 1985

Kohlberg, L.: Moral development and the education of adolescents. In: E. D. Evans (Hg.): Adolescents (siehe dort)

Kohlberg, L./Turiel, E.: Moralische Entwicklung und Moralerziehung. In: G. Portele (siehe dort)

Kohlberg, L. et al: Standard Form Scoring Manual. Cambridge, Mass. 1979

Kohut, H.: Narzißmus. Eine Theorie der psychoanalytischen Behandlung narzißtischer Persönlichkeitsstörungen. Frankfurt/M. 1973 (Originalausgabe: New York 1971)

Krafeld, F. J.: Geschichte der Jugendarbeit. Von den Anfängen bis zur Gegenwart. Weinheim 1984

Kraußlach, J./Düwer, F. W./Fellberg, G.: Aggressive Jugendliche. Jugendarbeit zwischen Kneipe und Knast. München 1976

Kreutz, H.: Soziologie der Jugend. München 1974

* Krüger, H.-H. (Hg.): Handbuch der Jugendforschung. Opladen 1988

Krüger, W./Lösch, H. u.a.: Armutsrisiko von Familien. Einkommensverhältnisse, Wohnungsmarkt und öffentliche Hilfe. Materialien zum 7. Jugendbericht, Bd. 2, Deutsches Jugendinstitut. München 1987

Küppers, W.: Mädchentagebücher der Nachkriegszeit. Ein kritischer Beitrag zum so genannten Wandel der Jugend. Stuttgart 1964

Kursbuch: Der große Bruch – Revolte '81. Kursbuch 65. Berlin 1981

Lefcourt, H. M./Ladwig, G. W.: The effect of reference group upon Negroes' task persistence in a biracial competitive game. In: Journal of Personality and Social Psychology 1, 1965, S. 668 ff.

Lefcourt, H. M.: Internal versus external control of reinforcement: A review. In: E. D. Evans (Hg.): Adolescents (siehe dort)

Lempert, W.: Moralische Sozialisation durch den »heimlichen Lehrplan« des Betriebs. In: Zeitschrift für Pädagogik 5, 1981, S. 723 ff.

Lempp, R. (Hg.): Reifung und Ablösung. Das Generationsproblem und seine psychopathologischen Randformen. Bern/Stuttgart/Toronto 1987

Lerner, R./Spanier, G.: Adolescent development. A life-span Perspective. McGraw Hill. New York 1980

Lessing, H.: Wilde Cliquen. Szenen einer anderen Arbeiterjugendbewegung. Bensheim 1981

Lessing, H./Damm, D. u.a.: Lebenszeichen der Jugendkultur, Beziehung und Lebensbewältigung im Jugendalter. Weinheim 1986

Lessing, H./Liebel, M.: Wilde Cliquen. Bensheim 1981

Lüdtke, H.: Soziale Schicht, Familienstruktur und Sozialisation. In: b:e redaktion (Hg.): Familienerziehung, Sozialschicht und Schulerfolg. Weinheim 1971

Lukesch, H.: Video im Alltag der Jugend. Quantitative und qualitative

Aspekte des Videokonsums, des Videospielens und der Nutzung anderer Medien bei Kinder, Jugendlichen und jungen Erwachsenen. Bd. 2. Regensburg 1989

Lukesch, H./Kischkel, K.-H./Amann, A./Birner, S. u.a.: Jugendmedienstudie. Eine Multi-Medien-Untersuchung über Fernsehen, Video, Kino, Video- und Komputerspiele sowie Printprodukte. Bd. 1. Regensburg 1989

Maslow, H. H.: Motivation and Personality. New York: Harper 1954

Mayr, M. J.: Die kommende Generation. Junge Österreicher weisen Wege in die Zukunft. Wien/Köln/Graz 1988

McCandless, B. R.: Children: Behavior and development. New York, Holt, Rinehart & Winston 1967

* McCandless, B. R.: Adolescents: Behavior and development. The Dryden Press, Illinois 1970

McRobbie, A./Savier, M. (Hg.): Autonomie – Aber wie? München 1982

Mead, G. H.: Mind, Self and Society. Chicago, University of Chicago Press 1934

Mead, M.: Brombeerblüten im Winter. Ein befreites Leben. Reinbek 1978 (Originalausgabe: 1972)

O Mead, M.: Der Konflikt der Generationen. Olten u. Freiburg 1971 (Originalausgabe: 1970)

Meili, R.: Faktorenstruktur und Intelligenzentwicklung. In: Schweizer Zeitschrift für Psychologie 29, 1970, S. 404 ff.

Melzer, W./Ferchhoff, W./Neubauer, G. (Hg.): Jugend in Israel und in der Bundesrepublik. Sozialisationsbedingungen im Kulturvergleich. Weinheim/München 1990

Mende, J./Dubrovich, G.: Schülersexualität. Ein kritisches Experiment zur Sexualpädagogik mit Interviews und Schülerzeichnungen. Frankfurt/M. 1971

Mezger, W.: Diskokultur. Die jugendliche Superszene. Heidelberg 1980

Mietzel, G.: Wege in die Entwicklungspsychologie. Kindheit und Jugend. München 1989

Milgram, S.: Obedience to authority. An experimental view. London 1974

Miller, A.: Das Drama des begabten Kindes und die Suche nach dem wahren Selbst. Frankfurt/M. 1979

O Mitterauer, M.: Sozialgeschichte der Jugend. Frankfurt/M. 1986

Müller, H.-U.: Wo Jugendliche aufwachsen. Umweltaneignung in verschiedenen Lebensräumen. München 1983

Müller-Thurau, C. P.: Laß uns mal 'ne Schnecke angraben. Sprache und Sprüche der Jugendszene. Düsseldorf/Wien 1983

Muchow, H. H.: Jugend und Zeitgeist. Morphologie der Kulturpubertät. Reinbek 1962

Muhr, A.: Die frechen Söhne. Sturm und Drang seit 2000 Jahren. Frankfurt/M. 1970

Mussen, P.H./Congger, J.J./Kagan, J./Huston, A.C.: Lehrbuch der Kinderpsychologie, Bd. 1 und 2. Stuttgart 1993

O Mussen, P. H.: Einführung in die Entwicklungspsychologie. München 1971 (Originalausgabe: 1963)

Nachtwey, R.: Pflege – Wildwuchs – Bricolage. Ästhetisch-kulturelle Jugendarbeit. Opladen 1987

Negt, O./Kluge, A.: Öffentlichkeit und Erfahrung. Zur Organisationsanalyse von bürgerlicher und proletarischer Öffentlichkeit. Frankfurt/M. 1972

Neißer, H. F./Mezger, W./Verdin, G.: Jugend in Trance? Diskotheken in Deutschland. Heidelberg 1979

Neubauer, G./Olk, Th. (Hg.): Clique, Mädchen, Arbeit. Jugend im Brennpunkt von Jugendarbeit und Jugendforschung. Weinheim/München 1987

Nickel, H.: Entwicklungspsychologie des Kindes- und Jugendalters. Band 1: Allgemeine Grundlagen. Bern 1982; Band 2: Schulkind und Jugendlicher. Bern 1979

* Oerter, R./Montada, L.: Entwicklungspsychologie. Ein Lehrbuch. München 1982 (Vollständig überarbeitete und erweiterte Neuausgabe: Weinheim/Basel/Berlin 2002)

Offer, D.: The psychological world of the teen-ager: A study of normal adolescent boys. New York 1969

O Olbrich, E./Todt, E. (Hg.): Probleme des Jugendalters: Neuere Sichtweisen. Berlin 1984

van Onna, B.: Jugend und Vergesellschaftung. Eine Auseinandersetzung mit der Jugendsoziologie. Frankfurt/M. 1976

Orth, X./Payne, H. M.: Bedingungen der Identitätsbildung in sozialgeschichtlicher Perspektive. Bielefeld 1984 (Dissertation)

Oswald, H.: Abdankung der Eltern? Eine empirische Untersuchung über den Einfluss von Eltern auf Gymnasiasten (Beltz Forschungsberichte). Weinheim 1980

Pagenstecher, L.: Jugend und Sexualität. In: Krüger, H.-H. (Hg.): Handbuch der Jugendforschung. Opladen 1988, S. 327 ff.

Papenbreer, G./Sardei-Biermann/Stein, G.: Verselbständigung Jugendlicher. Probleme der Berufseinmündung im Kontext unterschiedlicher Lebenslagen. Materialien zum 7. Jugendbericht, Bd. 5, Deutsches Jugendinstitut, München 1987

Parloff, M. B./Datta, L./Kleman, M./Handlon, J. H.: Personality characteristics which differentiate creative male adolescents and adults. In: E. D. Evans (Hg.): Adolescents (siehe dort)

Parow, E./Hegi, F./Niemeyer, H. H./Strömer, R.: Über die Schwierigkeit, erwachsen zu werden. Rauschmittel und Adoleszenzkrise. Frankfurt/M. 1976

Payne, D. C.: Sex education and the sexual education of adolescents. In: E. D. Evans (Hg.): Adolescents (siehe dort)

Peinhardt, L./Sparschuh, U. u.a.: Einblicke – Jugendkultur in Beispielen. Baden-Baden 1982, S. 248 ff.

Peinhardt, L./Sparschuh, U. u.a.: Thesen/Perspektiven. In: Dies.: Einblicke – Jugendkultur in Beispielen. Baden-Baden 1982, S. 248 ff.

Phares, E. J.: Perceptual threshold decrements as a function of skill and chance expectancies. In: Journal of Psychology 53, 1962, S. 399 ff.

Piaget, J.: Intellectual evolution from adolescents to adulthood. In: Human development 15, 1972, S. 1 ff.

Plake, K.: Umweltstrategien und Strukturprobleme der Sozialisationsorganisation. In: Soziale Welt, Heft 3/1978, S. 288 ff.

Popp, W. (Hg.): Kommunikative Didaktik. Weinheim/Basel 1976

Portele, G. (Hg.): Sozialisation und Moral. Neuere Ansätze zur moralischen Entwicklung und Erziehung. Weinheim 1978

Postman, N.: Das Verschwinden der Kindheit. Frankfurt/M. 1983

Presting, G./Sielert, U./Westphal, R.: Erziehungskonflikte und Beratung. Institutionelle Hilfen für Familien und Jugendliche. Materialien zum 7. Jugendbericht, Bd. 7, Deutsches Jugendinstitut, München 1987

○ Projektgruppe Jugendbüro und Hauptschülerarbeit: Die Lebenswelt von Hauptschülern. Ergebnisse einer Untersuchung. München 1975

Projektgruppe Jugendbüro (Hg.): Karin Q.: »Wahnsinn, das ganze Leben ist Wahnsinn«. Ein Schülertagebuch. Frankfurt/M. 1978

Projektgruppe Jugendbüro und Hauptschülerarbeit: Subkultur und Familie als Orientierungsmuster. München 1977

Prosch, P.: Leben und Ereignisse des Peter Prosch, eines Tyrolers von Ried im Zillerthal, oder Das wunderbare Schicksal. Geschrieben in den Zeiten der Aufklärung. München 1964

Ratzel, F.: Jugenderinnerungen. München 1966

Reich, Ch.: Die Welt wird jung. Wien 1970

Richter, H.-E.: Psychoanalytische Beiträge zur Familienerziehung. In: P. Fürstenau (Hg.): Der psychoanalytische Beitrag zur Erziehungswissenschaft. Darmstadt 1974, S. 106 ff.

Rittelmeyer, Ch. u.a.: Erziehung und Gruppe. München 1980

Rolf, H.-G./Zimmermann, P.: Kindheit im Wandel. Eine Einführung in die Sozialisation im Kindesalter. Weinheim 1985

* Rosenmayr, L.: Hauptgebiete der Jugendsoziologie. In: R. König (Hg.): Handbuch der empirischen Sozialforschung II. Stuttgart 1969, S. 65 ff.

Roszak, Th.: Gegenkultur. Gedanken über die technokratische Gesellschaft und die Opposition der Jugend. Düsseldorf 1971

Roth, L.: Die Erfindung des Jugendlichen. München 1983

Roth, Ph.: Portnoys Beschwerden. Reinbek 1970 (Originalausgabe: 1967)

Rumpf, H.: Die übergangene Sinnlichkeit. Drei Kapitel über die Schule. München 1981

Sandberger, J.-U.: Zu Struktur und Relevanz von sozio-politischen Grundwerten – Am Beispiel von Abiturienten. In: Klages, H./Kmieciak, P. (Hg.): Wertwandel und gesellschaftlicher Wandel. Frankfurt/M. 1979

Sander, U./Vollbrecht, R.: Zwischen Kindheit und Jugend. Träume, Hoffnungen und Alltag 13–15jähriger. Weinheim/München 1985

* Sander, U./Vollbrecht, R. (Hg.): Jugend im 20. Jahrhundert. Sichtweisen – Orientierungen – Risiken. Neuwied 2000

Sartre, J.-P.: Das Sein und das Nichts. Versuch einer phänomenologischen Ontologie. Reinbek 1962 (Originalausgabe: 1943)

Sartre, J.-P.: Die Wörter. Reinbek 1965 (Originalausgabe: 1964)

○ Schäfers, B.: Soziologie des Jugendalters. Opladen 1982

Schelsky, H.: Die skeptische Generation. Düsseldorf u. Köln 1957 (folgend zahlreiche Auflagen)

Schenk, J.: Die Persönlichkeit des Drogenkonsumenten. Weinheim 1979

Scheuch, E. K.: Die Jugend gibt es nicht. Zur Differenziertheit der Jugend in heutigen Industriegesellschaften. In: Jugend in der Gesellschaft (siehe dort)

Schilling, J.: Kommerzielle Diskotheken und Diskotheken in der Jugendarbeit. Ergebnisse einer empirischen Untersuchung in Nordrhein-Westfalen. In: Jugendforum, Heft 7/8, 1988, S. 199 ff.

Schilling, J.: Kursbuch Jugendarbeit. München 1983

○ Schmeer, G./Schöbel, V.: Jugendliche. Krisen, Fragen, Lösungen. Stuttgart 1978 (Fotoband mit Begleittexten)

Schmidt, G.: Sexuelle Motivation und Kontrolle. In: W. Fischer u.a. (Hg.): Inhaltsprobleme in der Sexualpädagogik. Heidelberg 1973

Schmuck, R.: Some relationships of peer liking relations in the classroom to pupil attitudes and achievement. In: School review 71, 1963

Schurian, W./Horst, K. W.: Autorität und Jugend. Zu einer Sozialisationstheorie des Jugendalters. Stuttgart 1976

Schurian, W.: Jugendfeindlichkeit. Weinheim 1976

Schofield, M.: The sexual behavior of young people. Boston, Little Brown 1965

Sennett, R.: Verfall und Ende des öffentlichen Lebens. Die Tyrannei der Intimität. Frankfurt/M. 1983

Sigusch, V./Schmidt, G.: Veränderungen der Jugendsexualität zwischen 1960 bis 1970. In: W. Fischer u.a. (Hg.): Inhaltsprobleme in der Sexualpädagogik. Heidelberg 1973, S. 62 ff.

Sigusch, V./Schmidt, G.: Jugendsexualität. Dokumentation einer Untersuchung. Stuttgart 1973a

Silbereisen, R./Vaskovics, L./Zinnecker, J. (Hg.): Jungsein in Deutschland. Opladen 1996

Sontag, S.: Anmerkungen zu »Camp«. In: Kunst und Antikunst. Reinbek 1968, S. 169 ff.

○ Spender, St.: Das Jahr der jungen Rebellen. München 1969

Spiegel, J.: The resolution of role-conflict within the family. In: Bell/Vogel: The familiy. Glencoe Ill., 1960

Spindler, G. D.: The education of adolescents: An anthropological perspective. In: E. D. Evans (Hg.): Adolescents (siehe dort)

Spranger, E.: Psychologie des Jugendalters. Leipzig 1924 (bis heute zahlreiche Auflagen)

Stein, G.: Bohemien-Tramp-Sponti. Boheme und Alternativkultur. Kulturfiguren und Sozialcharaktere des 19. und 20. Jahrhunderts, Bd. 1. Frankfurt/M. 1982

Stierlin, H.: Conflict and reconciliation: A study in human relations and schizophrenia. Garden City, New York 1969

Stierlin, H.: Eltern und Kinder. Das Drama von Trennung und Versöhnung im Jugendalter. Frankfurt/M. 1975, 1976 (Originalausgabe: New York 1974)

Strauss, A.: Spiegel und Masken. Frankfurt 1968 (Originalausgabe: Glencoe Ill. 1959.)

Strzyz, K.: Sozialisation und Narzissmus. Wiesbaden 1978

Theysohn, F./Spazier, D.: Nowhere. Therapeutische Expedition in die Unwegsamkeit der Drogenszene. Frankfurt/M. 1981

Thomae, H./Endo, T. (Ed.): The Adolescent and his Environment: Contributions to an Ecology of teen-age Behavior. Basel 1974

Tillmann, H. J.: Unterricht als soziales Erfahrungsfeld. Sozialisationseffekte der Institution Schule. Frankfurt/M. 1976

Towns, P.: Educating disturbed Adolescence. Theory and Practice. New York 1981

Turner, R. H.: The Real Self. From institution to impulse. In: American Journal of Sociology 1976

Undeutsch, U.: Das Verhältnis von körperlicher und seelischer Entwicklung. In: L. v. Friedeburg (Hg.): Jugend in der modernen Gesellschaft (siehe dort)

Vowinckel, G.: Von politischen Köpfen und schönen Seelen. Ein soziologischer Versuch über die Zivilisation der Affekte und ihres Ausdrucks. München 1983

Walter, H./Oerter, R. (Hg.): Ökologie und Entwicklung. Donauwörth 1979

○ Weidenmann, B./Krapp, A.: Pädagogische Psychologie. München 1986

Watzlawick, P./Beavin, J. H./Jackson, D. D.: Menschliche Kommunikation. Formen, Störungen, Paradoxien. Bern/Stuttgart/Wien 1969

Wellendorf, F.: Schulische Sozialisation und Identität. Zur Sozialpsychologie der Schule als Institution. Interaktions- und Identitätsprobleme. Weinheim 1973

Whiting, W. B./Whiting, W. M.: Children of six cultures. A psycho-cultural analysis. Cambridge, Mass. 1975

Wieser, W.: Conrad Lorenz und seine Kritiker. In: Merkur (Teil I: Nr. 329, Okt. 1975; Teil II: Nr. 330, Nov. 1975)

Willis, P.: »Profane culture«. Rocker, Hippies: Subversive Stile der Jugendkultur. Frankfurt/M. 1981 (Originalausgabe: 1978)

Willis, P.: Spaß am Widerstand. Gegenkultur in der Arbeiterschule. Frankfurt/M. 1979 (Originalausgabe 1977)

Wirth, H.-J.: Die Schärfung der Sinne. Jugendprotest als persönliche und kulturelle Chance. Frankfurt/M. 1984

Witkin, H./Goodenough, D./Karp, S.: Stability of cognitive style from childhood to young adulthood. In: E. D. Evans (Hg.): Adolescents (siehe dort)

Ziehe, Th.: Pubertät und Narzißmus. Frankfurt/M./Köln 1978 (Originalausgabe 1975)

Zinnecker, J.: Jugendkultur 1940 bis 1985. Opladen 1987

Zinnecker, J.: Jugend als Bildungsmoratorium. Zur Theorie des Wandels der Jugendphase in west- und osteuropäischen Gesellschaften. In: Melzer, W./Heitmeyer, W./Liegle, L./Zinnecker, J. (Hg.): Osteuropäische Jugend im Wandel. Ergebnisse vergleichender Jugendforschung in der Sowjetunion, Polen, Ungarn und der ehemaligen DDR. Weinheim/München 1991, S. 9–24

Sachverzeichnis

342

Kinder verstehen

Dieter Baacke

PÄDAGOGIK

DIE 6-12JÄHRIGEN

EINFÜHRUNG IN DIE
PROBLEME DES KINDESALTERS

BELTZ
Taschenbuch

Kinder zwischen sechs und zwölf Jahren, – Schulkinder, Medienkinder, Kinder zu Hause und auf der Straße, spielend und lernend, kreativ, emotional, neugierig, manchmal schwierig. Wir wissen einiges über sie, und doch ist es kaum möglich, einen ganzheitlichen Begriff von Kindheit zu bekommen und Kindern wirklich angemessen zu begegnen. Indem wir das eine hervorheben, schotten wir manches andere ab. Dieter Baacke fügt unter pädagogischen Gesichtspunkten zusammen, was es an Aussagen und Wissen über die Kindheit gibt: informierend, lebendig, manchmal erzählend. Sein Buch hilft Eltern und Pädagogen, Kinder zu verstehen und unbefangen zu erziehen.

Dieter Baacke
Die 6-12jährigen
Einführung in die Probleme des Kindesalters
Beltz Taschenbuch 5, 437 Seiten
ISBN 3 407 22005 7

BELTZ
Taschenbuch

Die ersten Jahre

Dieter Baacke

DIE 0-5JÄHRIGEN

PÄDAGOGIK

EINFÜHRUNG IN DIE
PROBLEME DER FRÜHEN KINDHEIT

BELTZ
Taschenbuch

**Längst spielt sich die frühe Kindheit
– von der Geburt bis zum 6. Lebensjahr – nicht mehr ausschließlich im
intimen Raum der Familie ab.** Schon
im Kleinkindalter spielen Gleich-
altrige, aber auch pädagogische
Einrichtungen und Medienwelten
eine entscheidende Rolle. Konsequenterweise beschreibt Dieter
Baacke in seinem Buch diese entscheidende Entwicklungsphase
des Kindes aus pädagogischer, psychologischer und soziologischer Sicht. Wissenschaftlich genau und gut lesbar nicht nur für
Fachleute, ein Buch für alle, die mit Kindern zu tun haben.
Bei Beltz erschienen auch Dieter Baackes Bücher »Die 6-12jähri-
gen« und »Die 13-18jährigen«.

Dieter Baacke
Die 0-5jährigen
Einführung in die Probleme der frühen Kindheit
Beltz Taschenbuch 7, 444 Seiten
ISBN 3 407 22007 3

BELTZ Taschenbuch

Ein Lehr- und Lesebuch

Andreas Flitner
Hans Scheuerl (Hrsg.)

Einführung in
pädagogisches Sehen
und Denken

PÄDAGOGIK

BELTZ
Taschenbuch

Seit seinem ersten Erscheinen 1967 ist dieser inzwischen mehrfach gründlich überarbeitete Band ein unentbehrliches Lehr- und Lesebuch für Pädagogen, Studenten und alle, die mit der Erziehung von Kinder und Jugendlichen zu tun haben.

Immer wiederkehrende Themen der Erziehung sind Leitmotive dieser Textsammlung: Autorität und Gehorsam, Leistungsanforderung und Spontaneität, Überforderung und Nachgiebigkeit, Anpassung und Widerstand, persönlicher Umgang und anonyme Sozialzwänge.

Und mit jedem dieser Themen soll deutlich werden, was die pädagogische Situationsbetrachtung und Theoriebildung ausmacht. Den Abschluss bilden Ausblicke auf die Verfahren pädagogischen Denkens.

Andreas Flitner / Hans Scheuerl (Hrsg.)
*Einführung in
pädagogisches Sehen und Denken*
Beltz Taschenbuch 68
248 Seiten
ISBN 3 407 22068 5

Überarbeitete Neuausgabe

BELTZ
Taschenbuch